D1569808

Images of the
Commune

Images de la
Commune

McGill-Queen's University Press
Montreal-London

Edited by JAMES A. LEITH

Images of the Commune

Images de la Commune

063005|

051683

This book has been published with the help
of grants from the Humanities Research
Council of Canada, using funds provided by
the Canada Council, from the School of
Graduate Studies and Research of Queen's
University, and from the Glen Shortliffe
Memorial Fund.

© McGill-Queen's University Press
International Standard Book Number
0-7735-0297-1
Legal Deposit second quarter 1978
Bibliothèque nationale du Québec

Design by Peter Dorn, RCA, MGDC

Phototypeset by
Eastern Typesetting Company

Printed in Canada

IN MEMORY OF
GLEN SHORTLIFFE
FRIEND OF THE COMMUNE

CONTENTS

u030031   051683

ILLUSTRATIONS

Glen Shortliffe, from the painting by Elizabeth Harrison.
Collection of Mrs. Glen Shortliffe. *Page xvi*

Plates in text (pp. 103-47)

Where a caricature is listed in Jean Berleux, *La Caricature en France pendant la Guerre, le Siège de Paris et la Commune* (Paris, 1890), the page number is given.

1 Draner (pseud. of Jules Renard)
"Gardien de la paix publique"
*Souvenirs du Siège de Paris:
les Défenseurs de la Capitale*, no. 2
Au Bureau de l'*Eclipse*;
imprimerie Coulboeuf
(Berleux, p. 39)
Victoria and Albert Museum

2 Le Petit, Alfred (signed "Zut")
"La V ... espagnole"
Chez Duclaux et chez Madre;
typographie Rouge et frères
(Berleux, p. 115)
Bodleian Library

3 [Faustin]
"La Poule"

Editor and printer not indicated
(Berleux, p. 50)
University of Sussex

4 Anonymous
"L'Education d'un Prince,
Sous l'Empire"
Lithograph, coloured by hand
Editor and printer not indicated
University of Sussex

5 E-D.
Composite likeness of the head of
Napoleon III
Editor and printer not indicated
(Berleux, p. 44)
Bodleian Library

6 Anonymous
  "Badinguet allant à la guerre!!!
  Badinguet revenant de la guerre!!!"
  Lettered *Déposé*, lithograph
  Editor and printer not indicated
  Musée Carnavalet

7 Le Petit, Alfred
  "L'Aigle impériale"
  Album de *La Charge*, no. 7
  Chez Duclaux et chez Madre;
  typographie Rouge et frères
  (Berleux, p. 112)
  Bodleian Library

8 Faustin
  "La Seule Colonne à laquelle
  il puisse prétendre"
  Imprimerie Coulboeuf;
  lithographie Barousse
  (Berleux, p. 48)
  University of Sussex

9 Pépin
  "Vingt ans après"
  Lefman sc.; typographie
  Rouge et frères
  (Berleux, p. 143)
  Bodleian Library

10 H[adol]
  Title page of series
  La Ménagerie Impériale
  Imprimerie Coulboeuf;
  au Bureau des Annonces
  (Berleux, p. 89)
  Bibliothèque Thiers

11 H[adol]
  "Emile Ollivier, le Serpent"
  La Ménagerie Impériale, no. 9
  Imprimerie Coulboeuf;
  au Bureau des Annonces
  (Berleux, p. 89)
  Bibliothèque Thiers

12 H[adol]
  "Pierre Bonaparte, le Sanglier"
  La Ménagerie Impériale, no. 6
  Imprimerie Coulboeuf;
  au Bureau des Annonces
  (Berleux, p. 89)
  Bibliothèque Thiers

13 H[adol]
  "Pietri, la Mouche"
  La Ménagerie Impériale, no. 14
  Imprimerie Coulboeuf;
  au Bureau des Annonces
  (Berleux, p. 89)
  Bibliothèque Thiers

14 [Faustin]
  "Un Nid de Chenilles"
  Lithographie Lemaine
  (Berleux, p. 50)
  University of Sussex

15 Le Petit, Alfred
  "Le 4 septembre 1870"
  Album de *La Charge*, no. 10
  Au Bureau de l'*Eclipse*
  (Berleux, p. 112)
  Bodleian Library

16 [Faustin]
  "Les Amazones de la Seine"
  Imprimerie Coulboeuf
  (Berleux, p. 55)
  Bodleian Library

17 Moloch
  "Rassurez-vous, monsieur ..."
  Paris dans les Caves, no. 3
  Chez Deforet et César;
  imprimerie Talons
  (Berleux, p. 128)
  Bodleian Library

18 Faustin
  "Elle me résistait, je l'ai assassinée"
  Actualités unnumbered
  Dépôt chez Madre
  (Berleux, p. 54)
  Bodleian Library

19 F[austin]
  "Grandeur et servitude militaire"
  Chez Duclaux;
  lithographie Lemaine
  (Berleux, p. 53)
  Victoria and Albert Museum

20 Faustin
  "La Clef de la situation"
  Chez Duclaux, dépôt chez Madre;
  lithographie Lemaine

69 Brionne, Paul
    "Ruines du ministère des finances,
    incendié le 23 mai"
    Paris Mutilé, no. 2
    Bibliothèque Nationale

70 Cham
    "Sont-ils bêtes ..."
    Les Folies de La Commune, no. 1
    Au Bureau de l'*Eclipse*;
    typographie Rouge et frères
    (Berleux, p. 19)
    University of Sussex

71 Cham
    "1871. Va donc, Berquin ..."
    Les Folies de La Commune, no. 4
    Au Bureau de l'*Eclipse*;
    typographie Rouge
    (Berleux, p. 20)
    University of Sussex

72 Cham
    "C'est dégoûtant!
    Ils ne vous donnent ..."
    Bibliothèque Royale Albert 1er,
    Belgium

73 Bertall
    "La Barricade"
    *Les Communeux, 1871. Types,
    Caractères, Costumes*, no. 34
    Gotshalck, Paris-Londres
    (Berleux, p. 15)
    University of Sussex

74 Dubois
    "Une Pétroleuse"
    Paris Sous La Commune
    Imprimerie J. Moronval;
    dépôt central de l'*Imagerie
    populaire*
    (Berleux, p. 42)
    University of Sussex

75 Girard, Eugène
    "La Femme émancipée répandant
    la lumière sur le monde"
    No. 4 in series
    J. Lecerf
    Musée Carnavalet

76 Cham
    "Ces Dames. Détruire la société
    ..."
    La Revue Comique,
    22 octobre 1871
    (Berleux, p. 24)
    Bibliothèque Nationale

77 Robida, A.
    "Choses du jour, L'émancipation
    de la femme"
    Le Journal Amusant, 1er juillet
    1871
    (Berleux, p. 154)
    Bibliothèque Nationale

78 Gillot
    "A Saint-Jacques-du-Haut-Pas
    ..."
    La Vie Parisienne,
    30 septembre 1871
    Bibliothèque Nationale

79 Shérer, Léonce
    "Le Club des femmes"
    Souvenirs de la Commune, no. 17
    Chez Deforet et César;
    lithographie Barousse
    (Berleux, p. 158)
    University of Sussex

80 Belloguet, A.
    "Le Carnaval des singes"
    Chronique illustrée, 24-31
    décembre 1871
    (Berleux, p. 12)
    Bibliothèque Nationale

81 Cham
    "Voyons mon ami ..."
    Bibliothèque Royale Albert 1er,
    Belgium

82 Darjou
    "Revue du mois de mai. Les
    allumeurs de gaz ayant demandé
    eux aussi à travailler le jour"
    Le Grelot, 4 juin 1871
    (Berleux, p. 32)
    Bodleian Library

83 Chouquet, L.
    "Si tu veux être Capitaine, je vais

arrêter le mien" (see no. 66)
Musée Carnavalet

84 Shérer, Léonce
"Jamais Paris n'a été si tranquille
..."
Souvenirs de la Commune, no. 11
Chez Deforet et César;
lithographie Barousse
(Berleux, p. 158)
University of Sussex

85 Shérer, Léonce
"Les Défenseurs du secteur"
Souvenirs de la Commune, no. 16
Chez Deforet et César;
lithographie Barousse
(Berleux, p. 158)
University of Sussex

86 Shérer, Léonce
"L'Enseignement"
Souvenirs de la Commune, no. 26
Chez Deforet et César;
lithographie Barousse
(Berleux, p. 159)
University of Sussex

87 Théo, Ringues
"Delescluze"
*Les Hauts d'Ignitaires de la
Commune*, no. 4
Mauger, éditeur;
imprimerie Leclercq
(Berleux, p. 166)
Bibliothèque Nationale

88 Nérac
"Le Délégué aux domaines:
Fontaine"
Les Communeux, no. 3
Imprimerie Jailly;
chez Deforet et César
(Berleux, p. 138)
Bibliothèque Nationale

89 Klenck, Paul
"Frankel"
La Commune, no. 48
Imprimerie Talons
(Berleux, p. 102)
University of Sussex

90 Bertall
"Les Joujoux de Paris"
Le Grelot, 7 mai 1871
(Berleux, p. 16)
Bodleian Library

91 Anonymous
"Insurrection de Paris à Monmartre.
Assassinat de deux généraux
19 mars 1871"
University of Sussex

92 Anonymous
"Les Otages Martyrs"
Bibliothèque Nationale

93 Médard, E.
"La Délivrance"
Bibliothèque Nationale

94 Bar, G.
"La France et Paris"
Types de Jour, no. 1
Chez Grognet; imprimerie Talons
(Berleux, p. 9)
Bodleian Library

95 Lemot
"Résurrection"
Le Monde pour rire,
3 septembre 1871
(Berleux, p. 111)
Bibliothèque Nationale

96 Renaux, Ed. (signed "Marcia")
"Le Travail, c'est la liberté"
Chez Deforet et César;
imprimerie Barousse
(Berleux, p. 153)
Bodleian Library

97 Vieillard, J.
"La Commune. Troupes acclamées
dans Paris" (plate)
Musée de Saint Denis

98 Perré, E.
"Louise Michel" (bust)
Musée de St. Denis

99 Girardet, Jules
"Louise Michel

ARTHUR R. M. LOWER

Glen Shortliffe
1913-1969

"In the life of every undergraduate there is always one teacher who stands out. In my case it was Glen Shortliffe. His brilliant mind threw a searching light into all the dark places ... and his boundless enthusiasm for 'le fait français' helped determine my choice of a career," a former student wrote. Could any academic expect a greater tribute? Other men offer their studies, their laboratory findings, their printed books. Glen Shortliffe offered himself. That the gift was appreciated the quotation makes clear. Shortliffe was an enthusiast for his discipline, at whatever level he wrestled with it, undergraduate or graduate, but his enduring contribution consisted in the fire he struck out of his students and the fires he ignited in them. Those who know something from the inside about the teaching of modern languages in Canada will understand how great that tribute was.

The facts of Shortliffe's life may be briefly summarized. He was born in Edmonton, Alberta, in 1913. His education up to the M.A. level was obtained in Edmonton. It was carried on in Paris and at Cornell, from which university he obtained his doctorate in 1939. His adviser there, of whom he always spoke highly, was Morris Bishop. From Cornell he came to Queen's, where he taught for the rest of an all too short life. In 1934 the paths crossed of himself and a fellow student, who later became his wife, Margaret Aldwinkle. Mrs. Shortliffe reports that on their first "date" – she was seventeen, he twenty-one – he talked about little except Old High German verbs. His skill in exposition must already have been well developed, for he evidently charmed the lady and three years later they were married. They had three children and Glen was fortunate enough to live long enough to see his grandchildren.

At Cornell a course had been assigned to him on Victor Hugo. This was the formal beginning of his interest in those aspects of French life of which this volume is a study, for interest in Hugo led on to interest in the Commune and thence to the "left-wing" aspects of life in general. This did not all spring out of a graduate course on Hugo, definitive as that may have been. A step further back must be taken to explain the real Shortliffe. His father was a high school teacher of mathematics, and much interested in public affairs, as was his mother. Both of them came originally from the Digby area of Nova Scotia and had been brought up Baptist. It would have been reasonably safe to predict that they would be strongly marked individuals of independent mind. Join this with the Great Depression and the lively, bubbling atmosphere of Alberta life, plus one very sharp domestic experience, and you have the product, Glen Shortliffe. The sharp circumstance was the serious illness of a brother and the immense handicap that paying for it imposed on a father whose own position in those days of hardship was insecure and ill-paid. The elder Shortliffe had already become an active worker in the old CCF (Co-operative Commonwealth Federation) and as such was apt to be under fire from the upper ranks of Alberta toryism. Mrs. Shortliffe tells humorously of how her father-in-law had been instrumental in founding the present Social Credit party. It appears that he and a colleague were marking departmental examination papers together and Shortliffe Senior had with him a book. At one point he tossed it over to his colleague. "Bill had only read one other book," he used to say, "the Gospel, and he thought this was Gospel too." The book was Major Douglas's exposition of the principles of Social Credit and the colleague was William Aberhart, "Bible Bill," as he came to be called, and the first Social Credit premier of Alberta.

The Depression and its circumstances made the Shortliffes, father, mother, and son (but not brothers) into socialists of a rather advanced type. This banner Glen Shortliffe was to carry until the end, though in his fifties some of the militancy had begun to wear off. The family atmosphere that produced him is described as liberal and generous, free-thinking. Dining-room table debates occurred at nearly every meal (those who knew Glen would agree that they could not have failed to occur). The house was full of books and most of them were heavily political. Glen early became active in the CCF and as an undergraduate marked himself out by writing long public letters defending the right of Professor W. H. Alexander to become a candidate for Parliament (CCF) without first resigning. He always stood for

these rights and other civil liberties. As one who has had a certain experience
in the same area, the writer can testify that those who stand up for rights
against the grain of society are never popu lar. So far did this go in Shortliffe's
case that when in the late 1940s he was offered an appointment in an
American university, the American authorities refused him entrance. The
United States' loss, however, was Canada's gain, for he went on to make
himself into the most ingenious, active, and stimulating of Canadian modern
language professors. The occasion of the refusal of admission was typical.
Shortliffe had been doing a good deal of broadcasting, both radio and
television, and on international affairs, a field always full of thistles for the
broadcaster. The occasion was the civil wars in China, concerning which
Shortliffe suggested that if the Americans had no alternative to offer but
Chiang Kai-shek, the Chinese people would throw him over and accept
Communism. This did not improve his standing in American eyes. Nor was
he free from attacks at home. Letters came in to the board and there were
members who might have been ready to dismiss him. It is greatly to the credit
of the then principal of Queen's, Dr. R. C. Wallace, that he informed the
board, so I understand, that if Shortliffe were dismissed, they could have his
resignation too.

Shortliffe, nevertheless, withdrew from the broadcasting field and went on
to develop his own particular contributions to language studies. Those who
knew him will readily understand that a mind like his necessarily raises
hackles in every direction. He was far too intelligent to go down well with the
average man. His tongue, while it was never unkind, was far too sharp for
ordinary people. Paradoxical statements would come pouring out, epigram-
matic terseness, syllogism and quick deductive reasoning, all of which made
him the delight of a small group of colleagues, but puzzled or annoyed those
who walk with feet solidly on the ground. He must have been much at home in
French university circles, for his mind, despite Alberta and Nova Scotia, was
a French mind in its clarity of thinking, its extreme logical qualities, and the
alarming speed with which it worked. He was a modern Voltaire. In fact, he
even looked like Voltaire. He was a great destroyer of complacencies. As one
of his principals said, he did not know what party Shortliffe actually belonged
to, but he was quite certain that whichever one it was, he, if active in it,
would soon have it divided into pieces. This was by no means love of
destruction. Like many another generous soul, he had a vision out in front of
him and in working towards it, he found much that impeded him and which
he tried to brush aside. Apart from that, he probably never realized how
strange to an English mind is the logical, deductive type of statement,
couched in abstract language.

Shortliffe invariably disclaimed the title of writer, even of scholar. For him, it was the spoken word. Yet he made a certain contribution. That part of his work which has been most noticed lies in the area of translation: his translations of his friend Gérard Bessette's books have been commended as fine pieces of writing in themselves. Nevertheless, useful as translations are, it does not seem to me that they call for high talent. I therefore think that there was considerable misapplication here, as I more than once told Shortliffe: he should have been doing original work. If he had lived, he probably would have done so, for at his death he was at work on an account of Henri Rochefort, a Parisian journalist during the Commune. Unfortunately, just before he died, he discovered that someone else had written a book on Rochefort. He had gathered a great deal of material on the period. This has all been deposited in the Douglas Library of Queen's University and I understand gives Queen's one of the best collections of Commune material on the continent.

In many respects Shortliffe was the universal man, scholar, teacher, music lover, amateur politician, astronomer, electrician, soldier, sailor. He built the modern language laboratory of Queen's, making many of the electrical gadgets himself. He built his own house. He built an astronomical telescope and made the machinery for it out of old washing machines. During the war, he had been a major in the Queen's COTC. He was a lieutenant in the Kingston Power squadron. He built an island, or most of it, down the St. Lawrence, and it was there, at the end of his birthday celebration (which he had marked by shovelling sand and cement), surrounded by his children and grandchildren, suddenly, without one word of warning, he died.

As a close personal friend for a quarter of a century and as a fellow sailor I leave it to readers to judge how happy I am to write these few words about him.

The Commune lasted only seventy-two days, but it has continued to arouse interest and provoke controversy ever since. The centenary in 1971 demonstrated this dramatically. There was an outpouring of books ranging from specialized monographs, documentary compilations, and collected papers, to profusely illustrated general works. Articles filled scholarly journals and even newspapers. Commemorative conferences were held in such centres as Paris, Strasbourg, Sussex, Amherst, and Canberra. Impressive exhibitions were staged in Paris – or more precisely the red suburb of Saint-Denis – London, Brussels, Moscow, and other cities. And medallions were struck and postage stamps issued around the world. The core of this collection consists of papers delivered at a bilingual centennial conference held at Queen's University, but we have added papers delivered elsewhere or specially commissioned. This has delayed publication, but the delay has enabled our contributions to benefit from all the new material which has appeared.

Like Janus the Commune looked back and looked forward. Because it was largely spontaneous, was led partly by Blanquists and Jacobins, occurred before the organization of political parties, and preceded any clear formulation of a socialist program in France, it can be seen as the last of the eighteenth and nineteenth-century French revolutions. But temporary existence of a government freely elected by the workers, sizable representation by workers or their spokesmen, embryonic efforts to create large radical organizations, repeated discussion of specifically socialist questions, the transference of vacant factories to workers' cooperatives, negotiation of government contracts directly with workers, and a number of other steps taken to improve working conditions, to a certain extent justify considering this the first modern revolution.

Its position between two worlds, its extreme complexity, the ambiguities of its program, the mixed composition of its membership, the controversial nature of its decrees, combined with the different ideologies of the observers, have produced varied pictures of the event from 1871 to the present. That is why we have entitled our collection *Images of the Commune*. Through the eyes of our contributors, who come from eight different countries, we learn how the ill-fated uprising has been seen by communists, anarchists, rightists, historians, novelists, dramatists, poets, songwriters, and caricaturists from Paris of the time to modern Russia and China. The images which our contributors describe may reflect or distort the real nature of the event, but they have influenced the way men act. Myths are themselves facts which shape history. At the same time these diverse images enrich our own picture of that many-faceted upheaval.

Besides analysing the common theme of how the Commune has been viewed from very different vantage points, another related theme links our collection together, namely the persistent problem of the revolutionary state, especially the role of dictatorship in founding a new order. As Albert Soboul demonstrates, this problem first emerged clearly in the French Revolution with various notions of the revolutionary state put forward by Marat, the creators of the *gouvernement révolutionnaire*, the spokesmen for the *sans-culottes*, and the followers of Babeuf. Paradoxically, nineteenth and twentieth-century revolutionaries, intent on creating a free society, have repeatedly reverted to the notion of a temporary or tutelary dictatorship, of which the dictatorship of the proletariat is only the most famous variant. Chimen Abramsky shows that the problem played a significant part in the thought of the young Marx. The Commune, featuring both direct democracy and a Committee of Public Safety, dramatized the problem. Other contributors examine how that example influenced the conception of the revolutionary state elaborated by the later Marx, Bakunin, Lenin, recent Soviet writers, and contemporary Chinese Communists.

I would like to thank all those who have assisted in the preparation of this volume. The librarians of the Bibliothèque Nationale, the Bibliothèque Thiers, the British Museum, the Bodleian Library, the University of Sussex, Queen's University, and the Australian National University have been most helpful. The Bibliothèque Nationale, the Musée de Saint-Denis, the Musée

Thiers, the Bibliothèque Royale de Belgique, the Victoria and Albert Museum, the Bodleian Library, and the University of Sussex Library have all furnished illustrative materials. Mlle Nicole Villa of the Cabinet des Estampes of the Bibliothèque Nationale deserves special thanks for making the rich de Vinck and Hennin collections readily accessible. Pierre Gobin, who as director of the Centre for French Area Studies at Queen's organized the centenary conference from which many of our papers are derived, also deserves our gratitude. So too do Mrs. Mary Boadway who ably processed the manuscript, and Joseph Jones who compiled the index. I would like to thank especially the Australian National University for a Visiting Fellowship in the History of Ideas Unit of its Research School of the Social Sciences, a post which enabled me to complete the editing of this volume.

Also I would like to thank all those groups and individuals whose financial support has made publication of this collection possible. We are grateful for a grant from the Humanities Research Council of Canada using funds provided by the Canada Council. Also we are appreciative of a further subvention from the School of Graduate Studies and Research of Queen's University. Finally we are indebted to all the friends of Professor Glen Shortliffe whose generous contributions have helped make this handsome illustrated volume feasible.

Details of Moreau-Vauthier's *Le Mur des Fédérés*. Château de Montreau, Parc Daniel Renoult, Montreuil, appear on the title-pages, endpapers, and jacket of this book.

Queen's University   James A. Leith

CONTRIBUTORS

CHIMEN ABRAMSKY
Department of Hebrew and Jewish
Studies
University College London

PIERRE AUBÉRY
Professor of French Studies
State University of New York at Buffalo

J.-R. CHOTARD
Professeur au département d'histoire
Université de Sherbrooke

SANFORD ELWITT
Associate Professor of History
University of Rochester

PIERRE B. GOBIN
Professor of French
Queen's University

GÜNTER GRÜTZNER
West Berlin

MONTY JOHNSTONE
London, England

HENRI LEFEBVRE
Professeur de Sociologie
Université de Paris, Nanterre

ARTHUR LEHNING
Editor, *Archives Bakounine*
Internationaal Instituut voor Sociale
Geschiedenis, Amsterdam

JAMES A. LEITH
Professor of History
Queen's University

ARTHUR R. M. LOWER
Emeritus Professor of History
Queen's University

MARIAN SAWER
Post-doctoral Research Fellow
Department of Politics
University of Adelaide

EUGENE SCHULKIND
Reader in French History and Literature
School of European Studies
University of Sussex

ALBERT SOBOUL
Professeur d'histoire
Directeur de l'Institut d'Histoire de la
Révolution française
La Sorbonne

JOHN BRYAN STARR
Assistant Professor of Political Science
University of California, Berkeley

YU TSUNG-HSIN
People's Republic of China

J.-C. VILQUIN
Assistant Professor of French
University of Western Ontario

J. S. WOOD
Professor of French
University of Toronto

ALBERT SOBOUL

De la Révolution française à la Commune: problèmes de l'Etat révolutionnaire

On connaît la formule célèbre de Marx, analysant dans *La Guerre civile en France* la nature politique de la Commune: "la forme politique enfin trouvée qui permettrait de réaliser l'émancipation économique du travail."[1] Lénine, dans *L'Etat et la révolution,* a repris cette formule et l'a amplifiée: "La Commune est la forme *enfin trouvée* par la révolution prolétarienne, la forme sous laquelle peut s'accomplir l'affranchissement économique du travail. La Commune est la première tentative faite par la révolution prolétarienne pour briser la machine d'Etat bourgeoise, c'est la forme politique *enfin trouvée* par quoi l'on peut et doit remplacer ce qui a été brisé."[2] A travers ces textes, la Commune apparaît à la fois comme l'aboutissement d'une longue expérience historique et le point de départ d'une réflexion critique qui devait aboutir à la théorie et à la pratique léninistes de la dictature du prolétariat.

"La forme politique *enfin* trouvée": Lénine, après Marx, fait implicitement référence aux expériences historiques françaises et aux solutions qui, au cours de près d'un siècle de luttes révolutionnaires, de 1789 à 1871, ont été apportées ou suggérées aux problèmes de l'Etat révolutionnaire, plus particulièrement à celui de la dictature révolutionnaire. Cette influence ou cette

Ce texte constitue la communication d'Albert Soboul au Collogue sur la Commune qui s'est tenu à Varsovie, les 20-23 avril 1971. Il parut en *La Pensée, revue de rationalisme moderne,* no. 158 (1971), 3-21.

filiation de la Révolution française à la Révolution russe, en passant par la Commune de 1871, a été soulignée par les historiens. Par Georges Lefebvre, entre autres, écrivant dans *Le Directoire*, à propos de la Conjuration des Egaux: "Il [Babeuf] est parvenu à une idée claire de cette dictature populaire dont Marat et les Hébertistes avaient parlé sans la préciser; par Buonarroti, il l'a léguée à Blanqui et à Lénine qui en a fait une réalité."[3]

Ainsi s'affirmerait sur les problèmes de l'Etat et de la dictature révolutionnaires une ligne de pratique politique et de réflexion critique qui irait de Marat et des Hébertistes à Babeuf et Buonarroti, puis à Blanqui, à Lénine enfin à travers l'expérience de la Commune.

Hypothèse séduisante, généralement admise, sans que l'on se soit bien soucié de la préciser ou de l'étayer. Hypothèse quelque peu simpliste aussi, qui, mettant au même rang Marat et les Hébertistes, masque l'opposition fondamentale de deux tempéraments révolutionnaires face au problème de l'Etat et de la dictature, opposition qui se concrétisa historiquement dans l'antagonisme entre sans-culottisme et jacobinisme. En fait, s'affirmèrent dès la Révolution française deux lignes fondamentales de théorie et de pratique révolutionnaires qui parcoururent tout le XIXe siècle et s'entrecroisèrent dans la Commune de 1871: mouvement et dictature populaires de masse, ou organisation d'un parti révolutionnaire et concentration des pouvoirs aux mains d'un groupe dirigeant?

Il ne nous paraît pas inutile de préciser ces problèmes, quant à la Révolution française. Ainsi se préciseront peut-être aussi certains aspects du problème de l'état à l'époque de la Commune: quelle part revient, en 1871, à l'une et l'autre traditions révolutionnaires? La Commune fut-elle bien "la forme enfin trouvée" de l'Etat révolutionnaire, ou ne fut-elle qu'une étape?

A nous en tenir donc à la Révolution française, il semble bien que la réflexion sur l'Etat révolutionnaire et sur la notion de dictature soit allée en se clarifiant et en se précisant de Marat à Babeuf: de la dictature d'un homme à celle d'un parti révolutionnaire, de la dictature d'un tribun du peuple à celle, sinon encore d'une classe, du moins des "plébéiens" et des "pauvres." Mais on ne saurait isoler la réflexion individuelle d'un Marat ou d'un Babeuf sur la dictature et l'Etat révolutionnaires de l'histoire elle-même. D'une part toute idéologie singulière, toute pensée individuelle dépendent de leur rapport au champ idéologique existant et aux structures sociales et politiques qui le soutiennent. Et, d'autre part, l'histoire effective se réfléchit nécessairement dans ce développement individuel, selon les liens complexes de l'individu à cette histoire. C'est au travers de luttes révolutionnaires que se précisèrent les notions de dictature et d'Etat révolutionnaires. L'action précéda souvent et justifia la justification théorique qui, en retour, renforça la lutte. La pensée de Marat ni celle de Babeuf ne sauraient s'isoler des deux grands courants idéologiques, des deux pratiques révolutionnaires du temps: sans-culottisme et jacobinisme. Si Marat disparut trop tôt pour préciser sa conception de la dictature et de l'Etat révolutionnaires, à la lumière des solutions suggérées ou apportées par le mouvement populaire sans-culotte ou par le Gouvernement révolutionnaire à direction jacobine, Babeuf du moins put enrichir sa réflexion critique de cette double expérience: il légua finalement au XIXe siècle une théorie et une pratique révolutionnaires qui, pour évidente que soit la filiation, n'en marquaient pas moins un fécond dépassement.

Dès 1789, les exigences de la Révolution suscitèrent la réflexion sur la nature du pouvoir révolutionnaire et la nécessité de la dictature. Elle s'orienta dès l'abord dans une double direction: nécessité de la concentration des pouvoirs, certes, mais aboutissant pour l'un, Sieyes, à la dictature collective d'une assemblée, pour l'autre, Marat, à la revendication d'un dictateur ou d'un tribun du peuple.

Sieyes, tête politique par excellence, posa, dès 1789, dans sa fameuse brochure *Qu'est-ce que le Tiers Etat?* la pierre angulaire sur laquelle les hommes de 1789, puis ceux de 1793 appuyèrent toute leur lutte révolutionnaire: la théorie du *pouvoir constituant*, fondement et justification de la concentration de tous les pouvoirs entre les mains de l'Assemblée constituante, puis de la Convention, et de leur dictature.[5]

Le pouvoir constituant résulte d'une délégation spéciale et directe de la Nation, seule souveraine; il a pour objet la rédaction de la Constitution. Quand une nation veut se donner une nouvelle constitution, elle nomme des "représentants extraordinaires [qui] auront tel nouveau pouvoir qu'il plaira à la nation de leur donner." Ces représentants extraordinaires qui forment le pouvoir constituant, remplacent la nation elle-même et ne sont pas tenus par la légalité antérieure. "Il leur suffit de vouloir comme veulent des individus dans l'état de nature." "Une représentation extraordinaire [entendons: le pouvoir constituant] ne ressemble point à la législature ordinaire. Ce sont des pouvoirs distincts. Celle-ci ne peut se mouvoir que dans les formes et aux conditions qui lui sont imposées. L'autre n'est soumise à aucune forme en particulier; elle s'assemble et délibère comme le ferait la nation elle-même si, n'étant composée que d'un petit nombre d'individus, elle voulait donner une constitution à son gouvernement." La volonté de la nation est souveraine et indépendante de toutes formes civiles, de même celle de l'assemblée qui détient le pouvoir constituant: "toutes les formes sont bonnes et sa volonté est toujours la loi suprême."

En vertu de cette théorie, l'Assemblée constituante, puis la Convention s'arrogèrent tous les pouvoirs sans exception: pouvoirs anciens, pouvoirs constitués disparurent devant le pouvoir constituant, représentant de la souveraineté populaire dans son intégralité. La théorie du pouvoir constituant conféra à l'Assemblée constituante, puis à la Convention, une dictature sans limite dans tous les domaines: elles administrèrent et elles gouvernèrent tout à la fois par le moyen de leurs Comités, la séparation des pouvoirs disparut. Sans doute la dictature du pouvoir constituant ne pouvait entrer en application qu'avec l'appui de la force; pour amener le roi à reconnaître l'union des trois ordres et l'Assemblée nationale constituante, il fallut la prise de la Bastille. De la théorie à la pratique, la dictature du pouvoir constituant devenait aussi dictature de la violence: "il fallut user de la force pour accoucher le droit."[6]

Sieyes devait écrire en l'an VIII que sa brochure avait été "le manuel théorique par lequel se sont opérés les grands développements de notre Révolution." La théorie du pouvoir constituant devait en effet exercer une influence décisive sur tout le cours des événements de 1789 et révéler une singulière efficacité révolutionnaire. Elle entra finalement parmi les justifications théoriques de la dictature jacobine.

La réflexion politique de Marat s'était cependant engagée dans une tout autre voie.

La notion de dictature apparaît nettement chez Marat, dès *Les chaînes de l'esclavage* (1774), liée à une évidente méfiance de la spontanéité révolutionnaire des masses. "Qu'attendre de ces infortunés? ... Leurs mesures sont mal concertées, et surtout ils manquent de secret. Dans la chaleur du ressentiment ou dans les transes du désespoir, le peuple menace, divulgue ses desseins et donne à ses ennemis le temps de les faire avorter." Marat a déjà une vision pessimiste de l'histoire: "Ainsi la liberté a le sort de toutes les autres choses humaines; elle cède au temps qui détruit tout, à l'ignorance qui confond tout, au vice qui corrompt tout et à la force qui écrase tout." Il faut donc un chef pour conduire le mouvement, "quelque audacieux qui se mette à la tête des mécontents et les soulève contre l'oppresseur, quelque grand personnage qui subjugue les esprits, quelque sage qui dirige les mesures d'une multitude effrénée et flottante." Quinze ans avant la prise de la Bastille, Marat posait ainsi le premier jalon d'une réflexion sur le pouvoir révolutionnaire qui alla en se précisant sous le poids des nécessités de la Révolution elle-même.

C'est au cours de la crise de septembre 1789 que se fit nettement jour dans l'esprit de Marat l'idée d'une nécessaire concentration du pouvoir révolutionnaire qui ne se réalisa qu'au cours de l'été 1793, entre les mains du Comité de salut public.[7] Dispersée en trop de mains, l'action révolutionnaire languit. "Il ne faut livrer la France," commente J. Jaurès dans son *Histoire socialiste de la Révolution française*, ni à l'anarchie des foules surexcitées et aveugles, ni à l'anarchie des assemblées trop nombreuses." Marat propose la constitution d'un jury révolutionnaire qui exercera au nom du peuple, mais plus exactement que lui, la répression nécessaire (c'est déjà "la force coactive" de Quatre-vingt-treize); l'épuration de l'Assemblée constituante réduite au quart de ses membres; la substitution à l'Assemblée de l'Hôtel de Ville incohérente et impuissante d'un Comité peu nombreux et résolu. "Jamais la machine politique ne se remonte que par des secousses violentes." Nous ne suivrons pas J. Jaurès dans son commentaire critique; nous soulignerons plus volontiers, à la suite de J. Massin, la clairvoyance, la prescience même de Marat.[8] A une heure où elle n'est point encore concevable, l'Ami du peuple entrevoit la seule route par où passera le salut de la Révolution.

Sans doute, la notion maratiste de dictature demeurait, en ces débuts de la Révolution, sommaire, sans contenu social précis. C'est forcer le trait que d'écrire, avec J. Massin: "la dictature révolutionnaire est liée pour lui à la lutte de classes," celle-ci se réduisant le plus souvent pour Marat en lutte des pauvres contre les riches, des plébéiens contre les patriciens. Quant à la dictature, si elle est nécessité de la concentration du pouvoir aux mains d'un groupe restreint ou d'un seul homme, n'est-elle pas tout autant exigence de violence révolutionnaire? "C'est le comble de la folie que de prétendre que des hommes en possession depuis dix siècles de nous gourmander, de nous piller et de nous opprimer impunément, se résoudront de bonne grâce à n'être que nos égaux" (*L'Ami du peuple*, 30 juillet 1790). De là, le recours à la violence et la phrase célèbre du placard du 26 juillet 1790, *C'en est fait de nous*: "Cinq à six cents têtes abattues vous auraient assuré repos, liberté et bonheur; une fausse humanité a retenu vos bras et suspendu vos coups: elle va coûter la vie à des millions de vos frères." Violence extrême, dictature brève. "Si j'étais tribun du peuple et soutenu de quelques milliers d'hommes déterminés," écrit Marat, ce même 26 juillet 1790 dans *L'Ami du peuple*, "je réponds que sous six semaines la Constitution serait parfaite, que la machine politique bien organisée marcherait au mieux." Un tribun du peuple ou un dictateur, selon *L'Ami du peuple* du 30 juillet, pour six semaines ou pour trois jours. ... Pour mettre un frein à l'audace contre-révolutionnaire, il faudrait "avant tout l'érection d'un vrai tribunal d'Etat, ... puis l'institution d'une charge de dictateur, élu par le peuple dans les temps de crise, dont l'autorité n'aurait duré que trois jours."

La pensée politique de Marat parvient mal à se dégager des souvenirs d'une Antiquité romaine idéalisée à travers les souvenirs scolaires des manuels du bon Rollin. Tribun du peuple ou dictateur, peu importe. Mais "élu par le peuple," ou "soutenu de quelques milliers d'hommes déterminés"? Simples réminiscences antiquisantes, ou Marat hésitait-il entre deux voies que devait emprunter l'histoire: dictature plébiscitaire ou dictature d'une minorité révolutionnaire? On se doit d'ailleurs de souligner (et l'on mesure ici la distance de Marat à Babeuf) que l'Ami du peuple si soucieux de donner un chef au mouvement révolutionnaire vainqueur, paraît s'en remettre, malgré une certaine méfiance initiale, à la spontanéité des masses pour vaincre. Il les appelle à l'action sans guère se soucier de construire l'avenir: aucun programme politique précis. Un tribun du peuple ou un dictateur: tout serait balayé en six semaines, voire en trois jours, et "la nation serait libre et heureuse" ... "Pour cela je n'aurai pas même besoin d'agir; il suffirait de mon dévouement connu pour la patrie, de mon respect pour la justice, de mon amour pour la liberté."

On touche ici les limites de la pensée politique de Marat. Sans doute serait-il nécessaire de pousser l'analyse plus loin. Il ne semble pas cependant que Marat soit allé au-delà de ses affirmations de 1789-90 ("J'arrivai à la Révolution avec des idées toutes faites," déclara-t-il en 1790): nécessité de la violence révolutionnaire et de la concentration des pouvoirs entre les mains d'un dictateur, pour une durée brève, suffisante pour briser les résistances et instaurer prospérité et bonheur définitifs.

Marat prophète, a-t-on dit. Oui, sans doute, plus que théoricien. Il faut bien reconnaître que ses appels à la dictature n'éveillèrent guère d'écho: les masses lui étaient instinctivement hostiles, tandis qu'elle rappelait de fâcheux souvenirs historiques parmi le personnel politique. Plus accordée au tempérament et au comportement révolutionnaires des masses, la justification mar000atiste de la violence.

Au-delà des positions individuelles, ce sont bien en effet les conceptions et les pratiques collectives qui s'imposent à notre examen: pour les progrès de la Révolution, sans-culottisme et jacobinisme furent autrement efficaces. L'antagonisme de leurs orientations sur le problème de l'Etat révolutionnaire n'en contribua pas moins, pour sa part, à la ruine du système de l'an II.

De 1792 à 1795, s'ils ne purent concevoir de programme social original et efficace, les militants populaires parisiens mirent en oeuvre dans le domaine politique un ensemble cohérent d'idées et de pratiques. Déduisant de la souveraineté populaire conçue au sens total du terme, l'autonomie et la permanence des sections comme le droit à la sanction des lois, au contrôle et à la révocabilité des élus, ils tendaient vers la pratique d'un gouvernement direct et l'instauration d'une démocratie populaire.[9] Ainsi s'affirma, en l'an II, en matière de gouvernement et d'Etat révolutionnaires, une conception qui allait à l'encontre de la conception maratiste de la dictature comme de la pratique jacobine de la concentration des pouvoirs et du centralisme. Et ainsi s'esquissa, dès l'an II, l'une des lignes spécifiques du tempérament et de la pratique révolutionnaires en France, au XIXe et au XXe siècles: la ligne libertaire, la ligne "spontanéiste."

La souveraineté réside dans le peuple: de ce principe dérive tout le comportement des militants populaires, s'agissant là pour eux, non d'une abstraction, mais de la réalité concrète du peuple dans ses assemblées de sections et exerçant ses droits en totalité: la concentration révolutionnaire des pouvoirs se fait à la base; elle ne se délègue pas, sous peine d'aliénation.

De là, dans la mentalité populaire, la méfiance et la haine à l'égard de toute dictature personnelle ou collégiale: elle ne peut être qu'usurpation.

La souveraineté populaire étant, même en temps de révolution, "imprescriptible, inaliénable, indélégable," la section de la Cité en conclut le 3 novembre 1792 que "tout homme qui s'en prétendra revêtu sera regardé comme un tyran, usurpateur de la liberté publique et digne de mort."[10] Le 13 mars 1793, un citoyen ayant déclaré dans l'assemblée générale du Panthéon-Français: "On nous menace d'un dictateur," l'assemblée se leva toute entière et jura de poignarder "tout dictateur, protecteur, tribun, triumvir, régulateur, ou tous autres, sous quelque dénomination que ce soit, qui tendraient à détruire la souveraineté du peuple."[11] Ce trait de mentalité politique, ce souci de conserver entre les mains du peuple le pouvoir révolutionnaire, expliquent sans doute le peu de succès des propositions de Marat, en diverses circonstances, de nommer un tribun du peuple ou un dictateur, comme l'accusation portée contre Hébert et le groupe cordelier, et bien faite pour les perdre dans l'esprit populaire, d'avoir médité de créer un grand juge.

L'exercice de la souveraineté populaire ne pouvant souffrir de restriction, les sans-culottes entendaient en jouir en totalité, même en temps de révolution. Et d'abord en ce qui concerne le législatif: la loi n'est valable que faite par le peuple ou sanctionnée par lui. En des circonstances exceptionnelles, les sans-culottes reprennent effectivement l'exercice du pouvoir législatif. Ainsi, lors de l'acceptation de l'Acte constitutionnel, le 6 juillet 1793; ainsi, cela va de soi, en cas d'insurrection. L'établissement du Gouvernement révolutionnaire ne semble pas avoir atténué ces prétentions, tout au moins jusqu'au printemps de l'an II où se renforça le centralisme jacobin. Section des Marchés, "lorsqu'un décret gênait les intrigants [c'est un modéré qui parle], ils disaient, nous sommes le souverain, nous seuls avons le droit de faire des lois, et en conséquence de ne point exécuter celles qui ne nous conviennent pas." Section du Contrat-Social, Guiraut, commissaire révolutionnaire, ne craignait pas de déclarer à la tribune, au cours de l'été 1793: "Le moment est arrivé où il faut que les sections se lèvent et se présentent en masse à la Convention, qu'elles lui disent de faire des lois au peuple, et des lois surtout qui lui conviennent; qu'elles lui fixent l'époque de trois mois et la préviennent que si, à cette époque, elles n'étaient pas faites, on la passerait toute au fil de l'épée."[12]

Du principe de la souveraineté populaire confusément poussé jusqu'à une certaine pratique du gouvernement direct, les militants populaires déduisirent encore la sanction des lois par le peuple, l'exercice populaire de la justice, le libre armement de tous les citoyens. Ainsi s'affirma, à des moments cruciaux de la Révolution, dans l'été 1792, au printemps 1793, une véritable dictature populaire, combien efficace dans le processus d'établissement du Gouvernement révolutionnaire. Nous n'insisterons pas sur ces aspects, développés ailleurs; nous en soulignerons plutôt les conséquences quant au problème de la dictature et de la concentration du pouvoir révolutionnaire de l'an II.

Dès l'été 1793, en effet, se manifesta l'antagonisme entre le comportement et les exigences populaires et celles de la bourgeoisie montagnarde ou jacobine: le pouvoir révolutionnaire devait-il rester entre les mains du peuple, devait-il se concentrer aux mains d'une dictature collégiale? Problème essentiellement de direction politique: mais la politique peut-elle s'abstraire du jeu des forces sociales en présence? Problème aussi de la dualité des pouvoirs. Qui ne reconnaît là les problèmes qui se sont posés aux mouvements révolutionnaires du XIXe siècle, pour ne pas parler de ceux du XXe?

Le Gouvernement révolutionnaire à direction jacobine se consolidant, puis se stabilisant, de l'été à l'automne 1793, et cela grâce à l'instauration d'un pouvoir populaire dans les sections parisiennes, la souveraineté et donc les pouvoirs, ne tardèrent pas à se concentrer dans la Convention, puis dans les mains de ses Comités de gouvernement, essentiellement le Comité de salut public. L'expression même de souveraineté populaire, dont il avait été fait un si large usage en 1792 et 1793, disparut en l'an II du vocabulaire gouvernemental. On la chercherait en vain dans le discours de Saint-Just du 10 octobre 1793 sur la nécessité de déclarer le gouvernement révolutionnaire jusqu'à la paix; dans le décret du 14 frimaire an II (4 décembre) constitutif de ce gouvernement; dans le discours de Robespierre du 5 nivôse (25 décembre) sur les principes du Gouvernement révolutionnaire. A la démocratie directe, fondement de la dictature populaire, se substitua la démocratie représentative, base de la dictature jacobine. A l'élection succéda la nomination.

L'évolution des comités révolutionnaires est significative à cet égard. Organes essentiels de la dictature populaire au printemps 1793, ils furent à l'origine élus par les assemblées générales de section, aux termes mêmes de la loi du 21 mars qui régularisait leur existence (un certain nombre avaient été formés spontanément par les militants). Réélus en application de la loi des suspects du 17 septembre 1793, mais épurés par la Commune de Paris, ils tombèrent au cours de l'hiver sous le contrôle du Comité de sûreté générale; au printemps de l'an II enfin, leurs membres furent à la nomination du Comité de salut public qui tendait à concentrer tous les pouvoirs. Il en alla de même pour le Conseil général de la Commune, épuré après germinal et complété d'autorité de salut public, sans consultation des sections. Le 16 floréal an II (5 mai 1794), l'agent national de la Commune de Paris, Payan, bon robespierriste, rappela aux sections que "sous le gouvernement révolutionnaire, il n'y a pas d'assemblées primaires, on n'y connaît que des assemblées générales"[13]: c'était signifier aux sans-culottes que leurs droits souverains étaient transférés au Gouvernement révolutionnaire. Ainsi s'achevait une évolution inéluctable: la fin du pouvoir révolutionnaire populaire et la concentration de tous les pouvoirs aux mains de la dictature jacobine.

Encore faut-il replacer cette évolution dans son contexte social et historique général pour la mieux comprendre. La bourgeoisie, du moins cette fraction qui ne vit le salut de la Révolution que dans l'alliance avec le peuple, gardait la haute main. Si le pouvoir populaire régnait dans les sections, c'est elle qui avait préparé et organisé les grandes journées des 31 mai-2 juin 1793. Ces grandes journées populaires furent en ce sens des journées révolutionnaires bourgeoises: elles accélérèrent la marche à la dictature jacobine. Pouvait-il en être autrement? Les velléités d'insurrection de la sans-culotterie isolée, en ventôse an II, comme ses tentatives de germinal et de prairial an III, se soldèrent par de tragiques échecs: comme si la violence populaire abandonnée à elle-même était vouée à l'impuissance. Mais le Gouvernement révolutionnaire à direction jacobine, privé de la force populaire, n'avait-il pas sombré dans la nuit du 9 au 10 thermidor?

Il y avait finalement contradiction entre les conceptions populaires de l'Etat révolutionnaire et celles de la bourgeoisie jacobine: devait-il demeurer sous le contrôle constant des organisations de base du peuple souverain? Devait-il, au nom des principes de la démocratie représentative, se concentrer aux mains d'une assemblée et finalement d'un comité dirigeant? Dans les circonstances du temps, la conception jacobine l'emporta; mais c'était briser l'élan du mouvement populaire qui avait porté le Gouvernement révolutionnaire au pouvoir et qui seul le soutenait. Le jacobinisme ne put survivre au sans-culottisme.

Jacobinisme: historiquement, on n'en peut parler sans autre précision, alors que le club évolua au cours de ses quatre années d'existence. Michelet, clairvoyant dans son parti-pris anti-jacobin, note l'entrée dans la Société, sur la fin de 1792, d'une troisième génération. Alors "commence le jacobinisme

de 93, celui de Couthon, Saint-Just, Dumas, etc., lequel doit user Robespierre, s'user avec lui."[14] Jacobinisme de 93, donc, pour reprendre l'expression de Michelet: celui-là même qui, associé au rousseauisme, a cristallisé la
haine aussi bien de la tradition et de la contre-révolution, que du sans-
culottisme (baptisé "hébertisme") et des courants qui s'y rattachent. Pensons
à Proudhon enveloppant dans la même détestation "le charlatan genevois" et
le jacobinisme défini comme "une variété du doctrinarisme." Pensons à
Tridon, à sa tentative de réhabilitation des Hébertistes, à ses imprécations
anti-robespierristes.[15] Mais pensons aussi à Taine, écrivant dans *Les Origines de la France contemporaine*, après une large analyse du *Contrat social*:
"Là-dessus la pratique accompagne la théorie et le dogme de la souveraineté
du peuple, interprété par la foule, va produire la parfaite anarchie [voilà pour
le sans-culottisme et le pouvoir populaire], jusqu'au moment où, interprété
par les chefs, il produira le despotisme parfait [voilà pour le jacobinisme et la
dictature de salut public]."[16]

Tout autant que par un tempérament politique, le jacobinisme se définit
par une technique révolutionnaire.

Attachement aux principes, certitude et orgueil d'avoir raison: la raideur
de l'attitude masqua souvent le flou de la doctrine. Facilement intolérant,
parfois sectaire, le jacobinisme s'appliqua cependant, non sans une certaine
contradiction, à une recherche passionnée de l'unité: mais n'est-ce point là
aussi l'un des traits caractéristiques du sans-culottisme? Encore faut-il
préciser que plus homme de cabinet qu'homme de masse (ce que fut le
militant sectionnaire), le jacobin fut facilement désorienté au contact des
foules.[17]

Le mécanisme de la technique révolutionnaire du jacobinisme a été
depuis longtemps démonté, non sans parti-pris d'hostilité.[18] Les Jacobins
ont mis au point la pratique des comités restreints fixant la doctrine,
précisant la ligne politique, la concrétisant par des mots d'ordre simples et
efficaces. L'élection est corrigée par l'épuration et son corollaire, le noyau-
tage: la concurrence une fois limitée par le scrutin épuratoire, qui permet aux
affiliés de juger de l'aptitude des candidats à remplir leur mandat, liberté est
laissée aux électeurs de choisir. A la limite, la cooptation ou la nomination
remplace l'élection. Le citoyen est enserré dans le réseau des organisations
affiliées qui reçoivent l'impulsion de la société-mère, "centre unique de
l'opinion publique," comme le Comité de salut public l'est de l'action
gouvernementale: de là partent, selon une circulaire de la société populaire
de Belleville en l'an II, "les traits de lumière et de vie qui éclaireront,
animeront et échaufferont le patriotisme."[19]

Cette pratique politique et cette technique révolutionnaire, conjuguées à
la violence populaire, se révélèrent d'une grande efficacité: elles assurèrent

en Quatre-vingt-treize la conquête du pouvoir, l'instauration du Gouvernement révolutionnaire et de la dictature de salut public, finalement, au printemps de l'an II, la victoire des armées de la République. Mais elles s'affirmaient en contradiction flagrante avec la pratique politique et le comportement révolutionnaire du sans-culottisme. Le jacobinisme ne put survivre à sa victoire.

Le problème de l'Etat révolutionnaire et de son orientation se posa dès les débuts d'août 1793: dictature des masses populaires ou dictature centralisée? Emanation de la Convention, seule détentrice de la souveraineté nationale, en vertu des principes de la démocratie représentative, le Comité de salut public entendait être obéi, cependant que les militants sectionnaires prétendaient être suivis. Si ces derniers réussirent à imposer dans l'été 1793 une série de mesures révolutionnaires, le Comité s'attacha à les tourner au profit de l'Etat et au renforcement de la dictature de salut public. "Les mouvements populaires ne sont justes que lorsque la tyrannie les rend nécessaires," écrivit l'officieux *Journal de la Montagne*, le 19 septembre 1793; "heureusement, le peuple de Paris a toujours senti cette nécessité." En fait, le Comité de salut public voulait en finir avec la pression des masses et les formes populaires de dictature, afin de parachever la concentration des pouvoirs entre ses mains.

Une première étape fut franchie lorsque le 10 octobre 1793, sur le rapport de Saint-Just, le gouvernement provisoire fut déclaré révolutionnaire jusqu'à la paix: le Comité de salut public recevait la haute main sur le pouvoir exécutif, non seulement sur les ministres, mais sur les administrations locales, pour ne pas parler des armées.[20]

Une seconde étape fut constituée, après le coup d'arrêt porté à la déchristianisation, par le décret du 14 frimaire an II (4 décembre 1793), qui couronna les efforts du Comité de salut public en consacrant en principe sa dictature.[21] Tous les corps constitués et les fonctionnaires publics furent placés sous l'inspection immédiate du Comité de salut public; il leur fut interdit de prendre des arrêtés extensifs, limitatifs ou interprétatifs du sens littéral de la loi: coup droit porté au penchant naturel des autorités populaires au gouvernement direct. Le procureur de la commune devient un agent national, simple délégué de l'Etat révolutionnaire, soumis au contrôle des Comités de gouvernement. La faculté d'envoyer des agents ou des commissaires fut exclusivement réservée aux organes du pouvoir central: c'en était fini des commissaires de la Commune de Paris qui, à certains moments, avaient joué un si grand rôle dans le mouvement révolutionnaire. Il fut défendu aux autorités constituées de communiquer par commissaires ou délégués et de former des assemblées centrales: procédé courant dont usaient les sections parisiennes et qui faisait leur force. De même pour les sociétés populaires: il leur était désormais interdit de se fédérer sous la forme d'un comité ou d'un club central, considéré comme subversif de l'unité d'action gouvernementale. Ainsi s'achevait, dans la loi, l'évolution vers la concentration dictatoriale des pouvoirs.[22]

Restait à la faire entrer dans la pratique par la réduction de tous les pouvoirs autonomes: l'élimination des factions y pourvut, et plus encore la destruction de l'organe essentiel de la dictature populaire, les sociétés sectionnaires.

Solidement campé dans les assemblées générales et les comités révolutionnaires, le pouvoir populaire, depuis la suppression de la permanence des sections et la mise au pas des comités, s'était concentré, à l'automne 1793, dans les sociétés sectionnaires: elles devinrent rapidement les organes de direction et de contrôle de l'activité politique populaire. Elles s'adressaient ainsi en rivales du pouvoir; plus précisément, leur influence contrebalançait celle des Jacobins.

De là, la guerre sourde que leur déclara dès l'abord le Gouvernement révolutionnaire, et qui se manifesta par une intervention significative de Robespierre dès le 19 brumaire (9 novembre 1793). Un projet de décret, qui figure dans les papiers du Comité de salut public et qui date sans doute de l'hiver 1794, ne laisse aucun doute sur les intentions gouvernementales: "...1er que pour maintenir l'unité dans la République, il ne pût y avoir de sociétés nouvelles que celles qui seraient affiliées à la Société des Amis de la liberté et de l'égalité [les Jacobins]; 2e que pour conserver l'unité dans chaque grande ville, il ne pût s'y former de nouvelles sociétés qu'en correspondance avec la société première affiliée à celle de Paris et comme en formant une section."[23] Ce projet donnait aux Jacobins le contrôle et la direction de toutes les sociétés: un réseau hiérarchisé et centralisé de sociétés populaires, sous la main du Gouvernement révolutionnaire.

Le Comité de salut public parvint à ses fins après la chute des factions. Les sociétés sectionnaires furent dénoncées par Saint-Just, dès le 23 ventôse (13 mars 1794), dans son rapport sur les factions de l'étranger; puis à nouveau le 21 germinal (10 avril 1794), par Collot d'Herbois, au nom de l'unité et de l'efficacité: quatre jours auparavant, elles avaient été accusées de *fédéraliser* l'opinion.[24]

Le débat s'amplifia en floréal, aux Jacobins. Le 26, Couthon stigmatisa ces sociétés qui donnaient dans Paris "le spectacle hideux du fédéralisme," il faut rétablir l'*unité d'opinion*, que tous les patriotes *se concentrent* aux Jacobins. Pour Collot d'Herbois, ce même jour, les sociétés sectionnaires "tendaient visiblement à l'établissement d'un fédéralisme nouveau ... on y voulait faire de chaque section une petite république."[25] Collot d'Herbois s'en prenait à la pratique populaire du pouvoir révolutionnaire, soulignant son incompatibilité avec celle du centralisme jacobin. L'unité d'opinion devait être rétablie sous l'égide de la société-mère, les Jacobins, eux-mêmes expression et soutien à la fois de la dictature de salut public; ainsi disparaîtraient les derniers obstacles à la concentration des pouvoirs aux mains de l'Etat jacobin.

Finalement, de germinal à prairial an II, trente-neuf sociétés furent dissoutes, dont trente et une du 25 floréal au 5 prairial, après l'offensive jacobine des 23 et 26 floréal: ce qui souligne l'aspect autoritaire de l'opération. Les sociétés se sont dissoutes sous la pression jacobine et gouvernementale, sur l'initiative des comités révolutionnaires fonctionnarisés ou de tel personnage officiel. L'armature du mouvement populaire fut ainsi brisée. Ayant abattu les factions, tenant les militants populaires par la menace de la répression, le Gouvernement révolutionnaire unifiait toutes les forces et concentrait tous les pouvoirs: un centre unique d'opinion, comme un centre unique d'action, l'Etat révolutionnaire appuyé sur le réseau des Jacobins et de leurs filiales.

Cette construction logique, mais rigide, ne tenait cependant aucun compte des nuances sociales des forces révolutionnaires. A intégrer de force dans les cadres jacobins un mouvement populaire jusque-là autonome, qui avait ses aspirations propres, ses organisations et sa pratique de la démocratie, le Gouvernement révolutionnaire s'aliéna les militants sectionnaires. Ainsi s'affirma l'antagonisme irréductible du sans-culottisme et du jacobinisme. Ainsi se prépara, par la division des forces révolutionnaires, le chemin de Thermidor.

La dictature jacobine de salut public avait échoué pour s'être coupée de l'essentiel de sa base sociale, le mouvement populaire: "La Révolution est glacée," avait noté Saint-Just, en messidor. La crise de la Révolution après thermidor, l'effroyable épreuve de l'an III incitèrent les militants révolutionnaires à un examen critique des expériences vécues. Si la chute du Gouvernement révolutionnaire suscita, de l'été à l'automne 1794, une réaction anti-jacobine et un "néo-hébertisme" (disons plus précisément un renouveau du sans-culottisme), la défaite des sans culottes aux journées de prairial an III réhabilita dans une certaine mesure la pratique jacobine. De cette double expérience se dégagea une pratique révolutionnaire nouvelle et une nouvelle conception de 'Etat révolutionnaire, non synthèse conciliatrice, mais mutation véritable. Cette étape essentielle fut constituée par le babouvisme. Par delà le sans-culottisme et le jacobinisme, Babeuf, héros de la pensée et de l'action, sut concevoir la pratique et l'idéologie révolutionnaires de la société nouvelle, née de la Révolution elle-même. Particulièrement féconde s'affirma sa réflexion critique sur les problèmes de la dictature et de l'Etat révolutionnaires.

L'organisation de la Conjuration des Egaux au cours de l'hiver de l'an IV

(1795-96) souligna une rupture avec les diverses méthodes jusque là employées par le mouvement révolutionnaire, que ce soit le jacobinisme ou le sans-culottisme.

Jusqu'en 1794, comme l'ensemble des militants populaires, Babeuf s'était affirmé partisan de la démocratie directe. Dès la fin de 1789, sa méfiance s'affirma à l'égard du système représentatif et des assemblées élues ("le veto du peuple est de rigueur"); en 1790, il défendit l'autonomie des districts parisiens. La pensée de Babeuf n'était ici guère originale: la filiation par rapport à Rousseau, dont il paraphrasa souvent le *Contrat social*, est évidente, et nette la concordance avec les tendances politiques des militants parisiens de la sans-culotterie.[26] D'autant plus remarquables les principes, l'organisation et les méthodes qu'il fit adopter en 1796 par ses conjurés.[27]

Les buts de la Conspiration furent précisés au cours de réunions d'un comité secret chez Amar, dans l'hiver de l'an IV (1796):[28] d'abord, la destruction de la Constitution de l'an III, "comme illégitime dans son origine, oppressive dans son esprit et tyrannique dans son intention"; ensuite, le rétablissement de la Constitution de 1793, "point de ralliement nécessaire pour renverser l'autorité existante"; enfin, "préparer de loin l'adoption de la véritable égalité."[29] A la lumière de cette analyse apparaît, parmi les exigences révolutionnaires, la nécessité de la destruction de l'Etat ancien, celle aussi d'une étape intermédiaire avant d'atteindre au système social que l'on veut définitivement instaurer: nécessités qui n'étaient point apparues dans la pratique jacobine.

Demeurent deux problèmes fondamentaux: "les moyens d'opérer [la destruction de la Constitution de l'an III]," et "la forme publique à substituer subitement au gouvernement qu'on voulait abattre."

Quant à l'organisation de la Conspiration, la mutation paraît moins nette qu'on ne l'a souvent dit, par rapport aux méthodes jusque-là caractéristiques de l'action révolutionnaire, qu'elle ait été sans-culotte ou jacobine. Conspiration organisatrice par excellence, a-t-on affirmé. Sans doute, mais débouchant sur une insurrection populaire, non sur un coup d'Etat ou sur un coup de main. Mais l'insurrection du 10 août 1792 n'avait-elle pas été préparée par une Commune insurrectionnelle, secrètement formée? Et les journées populaires des 31 mai-2 juin 1793 par le Comité secret de l'Evêché? Il semble bien qu'il y ait ici différence de degré, plus que de nature. L'exigence du secret n'en fut pas moins très nettement affirmée, les règles nécessaires de l'action clandestine clairement édictées par la "Première instruction du directoire secret à ses agents révolutionnaires principaux."[30]

Au centre donc de l'organisation clandestine, le petit groupe de la direction collégiale: ces hommes "rattachent à un point unique les fils épars de la démocratie, afin de les diriger uniformément vers le rétablissement de la souveraineté du peuple." Ainsi s'affirme la nécessité du centralisme, déjà pièce maîtresse du système jacobin. Au-delà du noyau dirigeant, un petit nombre de militants clandestins éprouvés: les agents révolutionnaires des douze arrondissements parisiens et des agents intermédiaires pour la liaison avec le directoire.[31] Au-delà, la frange des sympathisants, patriotes et démocrates au sens de l'an II, tenus hors du secret et dont il n'apparaît pas qu'ils aient partagé le nouvel idéal révolutionnaire: les agents révolution- naires sont chargés "d'organiser, chacun dans son arrondissement, une ou plusieurs réunions de patriotes, d'y alimenter, d'y diriger l'esprit public par des lectures de journaux populaires et par des discussions sur les droits du peuple et sur la situation présente." Au-delà, enfin, les masses populaires elles-mêmes qu'il s'agit d'entraîner. Conspiration organisatrice, sans aucun doute, mais où le problème des liaisons nécessaires avec les masses semble avoir été résolu de manière incertaine. Si "l'Instruction aux agents sur l'ordre du mouvement"[32] règle l'encadrement du peuple insurgé, rien ne paraît avoir été prévu pour l'étape précédente: aucun texte ne précise comment s'établis- sait à l'echelle de l'arrondissement la liaison entre les "réunions de patrio- tes" et les masses. Comme le remarque M. Dommanget, "la conjuration babouviste était avant tout pourvue d'une direction puissante."[33] On est encore loin de la conception d'un parti fortement structuré. L'avant-garde révolutionnaire paraît comme détachée des masses populaires qu'elle veut entraîner: trait qui ne sera pas sans caractériser aussi l'organisation révolu- tionnaire blanquiste.

L'insurrection triomphant et l'Etat ancien détruit, se pose le problème du pouvoir révolutionnaire à lui substituer. Ici, à suivre Buonarroti dans son histoire de la *Conjuration pour l'Egalité*, s'affirme l'idée d'une étape inter- médiaire, nécessaire pour le succès de l'entreprise, "entre la chute du pouvoir aristocratique et l'établissement définitif de la constitution popu- laire."[34] Etape intermédiaire de dictature révolutionnaire ainsi définie par Buonarroti: "autorité extraordinaire et nécessaire, par laquelle une nation peut être mise en pleine possession de la liberté, malgré la corruption qui est la suite de son ancien esclavage, et à travers les pièges et les hostilités des ennemis intérieurs et extérieurs conjurés contre elle."[35] Trois solutions s'offraient aux conjurés: celles-là mêmes que révélait l'expérience de la Révolution depuis 1789. "Les uns nous proposaient de rappeler les débris de la Convention nationale qu'ils regardaient comme existante encore de droit; d'autres voulaient confier le gouvernement provisoire de la République à un corps nommé par le peuple de Paris en insurrection; d'autres enfin étaient d'avis de remettre, pour un temps déterminé, à un seul homme qu'on eût appelé *dictateur* ou *régulateur*, le pouvoir suprême et le soin d'instituer la République."[36] Le rappel de la Convention épurée, proposé par Amar, constituait la solution jacobine; la dictature mise en avant par Debon s'affirmait dans la tradition maratiste; la nomination d'un gouvernement provisoire par le peuple insurgé dans la tradition sans-culotte (dite "hébertiste").

Aux premiers jours de germinal an IV (mars 1796) fut institué le directoire secret de salut public. Le débat reprit sur la question de savoir "par quelle forme d'autorité on remplacerait subitement celle dont on méditait la destruction." Il importe ici, pour éclairer les origines lointaines de la notion de dictature du prolétariat, de suivre attentivement Buonarroti dans son histoire de la *Conjuration pour l'Egalité*.[37]

Première évidence: la nécessité d' "un intervalle quelconque ... entre l'insurrection et l'installation de la nouvelle autorité constitutionnelle," étant entendu qu' "il eût été de la dernière imprudence de laisser un moment la nation sans directeur et sans guide." Les arguments rapportés par Buonarroti sont ceux-là mêmes que l'histoire et l'expérience de la Révolution française suggéraient aux conjurés: "un peuple, si étrangement écarté de l'ordre naturel, n'était guère capable de faire d'utiles choix, et avait besoin d'un moyen extraordinaire qui pût le replacer dans un état où il lui serait possible d'exercer effectivement et non fictivement la plénitude de la souveraineté." De là, la nécessité d'"une autorité révolutionnaire et provisoire, constituée de manière à soustraire à jamais le peuple à l'influence des ennemis naturels de l'égalité, et à lui rendre l'unité de volonté nécessaire pour l'adoption des institutions républicaines."

Quelle sera cette autorité? Les trois propositions agitées chez Amar furent reproduites.

Le rappel de la Convention, seule autorité légitime, qui s'inscrivait dans la filiation révolutionnaire de tradition jacobine, fut rejeté: l'épuration nécessaire posait des problèmes trop complexes, bien des Montagnards et des Jacobins ayant pris part "aux crimes du 9 thermidor." L'exigence de l'efficacité révolutionnaire l'emporta sur le souci de légitimité.

La dictature fut définie par Debon et Darthé comme une autorité extraordinaire, confiée à un seul homme, chargé d'une double fonction: "proposer au peuple une législation simple et propre à lui assurer l'égalité et l'exercice réel de la souveraineté, ... dicter provisoirement les mesures préparatoires tendant à disposer la nation à la recevoir." Un tâche aussi importante exigeait unité de pensée et d'action: donc une seule tête. La collégialité ne pouvait avoir que des suites funestes; les divisions au sein du Comité de salut public, à la veille du 9 thermidor, le prouvaient. Sans doute, l'exercice d'une telle magistrature pouvait entraîner de dangereux abus; ils seraient évités par la vertu du citoyen qui en serait revêtu, par l'exposition claire des buts à atteindre, par les limites posées à l'avance à sa durée. Ces arguments furent rejetés par le Directoire secret, invoquant la difficulté du choix et plus encore "le préjugé général qu'il semblait impossible de vaincre" : entendons l'animosité populaire contre toute forme de pouvoir personnel, fût-il d'origine révolutionnaire.

Restait la troisième solution, dans la ligne sans-culotte : faire nommer par les insurgés de Paris l'autorité provisoire à laquelle il fallait nécessairement confier le gouvernement de la nation. Cette solution était en harmonie avec les principes de souveraineté populaire auxquels les masses étaient profondément attachées. Présentait-elle les garanties nécessaires d'efficacité révolutionnaire ? Le Directoire secret lui-même en douta, puisqu'il décida de faire des recherches scrupuleuses sur les démocrates à proposer ; "et que, la révolution faite, il ne cesserait pas ses travaux et veillerait sur la conduite de la nouvelle assemblée."[38] C'était en revenir, d'une certaine façon, aux pratiques du centralisme jacobin.

A s'en tenir à ces textes il y a quelque exagération à faire dériver la pratique blanquiste de la théorie babouviste. Disons plus exactement qu'en se prononçant en 1848 pour l'ajournement des élections et pour une dictature révolutionnaire provisoire, Blanqui précisa, en l'étayant sur une analyse attentive des conditions politiques et sociales de son époque, la théorie babouviste. Sans doute, Babeuf et ses conjurés ont affirmé la nécessité d'exercer la dictature au lendemain de la conquête révolutionnaire du pouvoir : ils ne semblent pas être parvenus à une claire définition des organes de cette dictature. Mutation par rapport aux idéologies révolutionnaires qui l'avaient précédé, le babouvisme se dégageait encore mal, par certains aspects, des pratiques sans-culotte ou jacobine.

Tel fut bien, en définitive, le double legs de la Révolution française au XIXe siècle : il imprima sa marque au mouvement révolutionnaire et à la Commune elle-même, avec les contradictions tragiques qui en découlèrent. La tradition sans-culotte, caractéristique du comportement populaire, se maintint vivace pour s'affirmer finalement dans le "néo-hébertisme" (disons néo-sans-culottisme) de Tridon et de ses amis : une ligne libertaire traversa ainsi tout le XIXe siècle. Et de même une ligne centraliste qui s'incarna dans le néo-jacobinisme d'un Delescluze. Mais à travers l'héritage babouviste, le blanquisme, par sa pratique autoritaire, par sa conception d'une dictature centralisée, par sa conception "élitiste" de la Révolution, n'appartiendrait-il pas à la même famille révolutionnaire ?

Dictature populaire de masse ou concentration des pouvoirs aux mains d'une minorité d'avant-garde : la Révolution française avait légué au XIXe siècle le problème de l'Etat révolutionnaire. Ecartelée entre des tendances contraires, dont certaines singeaient tragiquement l'histoire, il n'apparaît pas que la Commune l'ait nettement résolu. "La Commune révolutionnaire maîtresse du pouvoir : elle n'en avait," selon Edouard Vaillant, "ni l'unité de pensée et d'action, ni l'énergie. C'était une assemblée délibérante, sans cohérence suffisante." Et ne peut-on dire de même du Comité central des vingt arrondissements de Paris, club de discussion plutôt qu'organe d'action? Il serait ici nécessaire de mesurer exactement la part qui, dans l'histoire de la Commune de 1871, revient aux traditions révolutionnaires de Quatre-vingt-treize et à celles de l'an IV; on mesurerait ainsi la dégénérescence de celles-ci, tout en soulignant l'une des causes de l'échec de celle-là.

La forme politique de la révolution ne pouvait être "enfin trouvée" qu'une fois surmonté le lourd handicap de ce double héritage révolutionnaire. Mais ce double héritage n'est-il pas dans la nature même des choses, dans la nature même de l'homme?

NOTES

1 K. Marx, *La Guerre civile en France* (Paris, 1953, p. 45.

2 Lénine, *L'Etat et la Révolution* (Paris, 1947) p. 54.

3 G. Lefebvre, *Le Directoire*, 2ᵉ éd., (Paris, 1971), p. 35. Voir aussi la préface de Georges Lefebvre à F. Buonarroti, *Conspiration pour l'égalité dite de Babeuf* (Paris, 1957): "Il n'est pas défendu de se demander si, comme à Blanqui, le livre de Buonarroti ne présenta pas à Lénine des sujets de méditation" (p.. 11).

4 "Qu'est-ce qu'une Révolution politique en général? Qu'est-ce, en particulier, que la Révolution française? Une guerre déclarée entre patriciens et plébéiens, entre les riches et les pauvres," Babeuf, *La Tribune du peuple*, no. 34, 15 brumaire, an IV.

5 Voir A. Mathiez, "La Révolution française et la théorie de la dictature. La Constituante," *Revue historique*, no. 32 (juillet-août 1929), 304. Voir aussi P. Bastid, *Sieyes et sa pensée*, 2e éd. (Paris, 1970), p. 391. Pouvoir constituant et pouvoir constitué.

6 A. Mathiez. Il prend ici, et à juste titre, le contre-pied des idées d'A. Aulard qui, dans son discours du 6 avril 1923, "La théorie de la violence et la Révolution française" (Paris, 1923), s'était efforcé de réfuter "la légende qui montre dans les hommes de la Révolution française des théoriciens de la violence, et qui montre dans cette Révolution un exemple de violence féconde en tant que violence."

7 Sur la campagne du journal de Marat en 1789, voir en particulier le no. 5, 15 septembre, *Observations importantes sur les droits des Constituants et les devoirs des Constitués*; le no. 6, 16 septembre, qui comporte les premières attaques contre le Comité des subsistances de l'hôtel de Ville; le no. 7, 17 septembre, qui dénonce la lenteur et la fausse marche de l'Assemblée nationale. Voir J. Jaurès, *Histoire socialiste de la Révolution française*, éd. A. Soboul (Paris, 1968), I, 518.

8 "En septembre et octobre 1789, c'est probablement à la dictature d'un Comité modéré, nommé par l'Assemblée nationale, qu'aurait abouti la politique de Marat," Jaurès, *Histoire socialiste*, I, 518. Voir J. Massin, *Marat* (Paris, 1960), p. 98.

9 Nous trouvons l'expression de *république populaire* dans un texte de juillet 1793. Sur tous ces aspects, voir A. Soboul: *Les Sans-culottes parisiens en l'an II. Mouvement populaire et Gouvernement révolutionnaire; 2 juin 1793 – 9 thermidor an II* (Paris, 1958), p. 505, chapitre consacré aux tendances politiques de la sans-culotterie parisienne.

10 Cité par F. Braesch, *La Commune du 10 août 1792* (Paris, 1911), p. 1092, sans référence.

11 Archives nationales (ci-après AN), AD XVI, p. 37; Buchez et Roux, XXV, 104.

12 AN, F^7 4774^{45}, dénonciation, s.d. (an III). Bibliothèque nationale (ci-après BN), Lb^{40} 1781; Tourneux, no. 8755.

13 BN, Mss, Nouv. acq. fr. 2663, f. 178.

14 J. Michelet, *Histoire de la Révolution française*, livre IX, chap. IV.

15 G. Tridon, *Les Hébertistes. Plainte contre une calomnie de l'histoire (Paris*, Paris, 1864). Cette brochure n'offre d'intérêt que du point de vue de l'histoire des idées au XIXe siècle; elle fut réimprimée pendant la Commune.

16 *Les Origines de la France contemporaine*. 1ère partie, *L'Ancien régime*, livre III, L'esprit et la doctrine, chap. IV, sec. 3.

17 "C'était une compagnie toute exclusive, concentrée en soi. Ils se connaissent entre eux et ne connaissent qu'eux; tout ce qui n'était pas jacobin leur restait suspect." Michelet, *Histoire de la Révolution française*, livre IX, chap. III.

18 Voir A. Cochin, *Les Sociétés de pensée et la Révolution en Bretagne* (Paris, 1925); L. de Cardenal *La Province pendant la Révolution ... (Paris*, , 1929), en particulier le livre IV, Les moyens d'action. Plus rapide, mais plus objectif, Gaston-Martin: *Les Jacobins* (Paris, 1945), 89, La méthode.

19 Archives de département de la Seine (ci-après ADS), 4 AZ 590.

20 *Moniteur*, XVIII, 110. "Votre Comité de salut public, placé au centre de tous les résultats, a calculé les causes des malheurs publics, il les a trouvées dans la faiblesse avec laquelle on exécute vos décrets ... , dans l'instabilité des vues de l'Etat, dans la vicissitude des passions qui influent sur le gouvernement."

21 *Moniteur*, XVIII, 584, 590, 610.

22 Robespierre a présenté la théorie du Gouvernement révolutionnaire, mais après coup, dans son *Rapport sur les principes du Gouvernement* révolutionnaire (5 nivôse an II−25 décembre 1793), et dans son *Rapport sur les principes de morale politique qui doivent guider la Convention* (18 pluviôse an II−5 février 1794). Théorie fondée essentiellement sur la distinction entre le gouvernement constitutionnel, dont le but est "de conserver la République," et le gouvernement révolutionnaire, dont le but est "de la fonder." "Si le ressort du gouvernement populaire dans la paix est la vertu, le ressort du gouvernement populaire en révolution est à la fois la vertu et la terreur." Ces thèmes sont bien connus. En fait, il n'y a pas, chez Robespierre, ni chez aucun Jacobin, de véritable théorie de l'Etat révolutionnaire. De formation spiritualiste croyant à la toute-puissance des idées et des appels à la vertu, Robespierre était incapable d'une analyse sociale précise. Les Jacobins, d'autre part, ne constituaient pas une classe, encore moins un parti de classe. L'Etat révolutionnaire jacobin reposait finalement sur une conception spiritualiste des rapports sociaux: les conséquences lui en furent fatales.

23 AN, AF II 66, pl. 488, p. 11. Aucune mention de cette pièce dans le *Recueil des actes du Comité de salut public*.

24 Saint-Just, *Moniteur*, XIX, 688. Collot d'Herbois, *Journal de la Montagne*, 24 germinal an II; *Moniteur*, XX, 203; *Jacobins*, VI, 61.

25 *Journal de la Montagne*, 28 et 29 floréal an II; *Moniteur*, XX, 489; *Jacobins*, VI, 125. Couthon: "La division est nuisible et l'unité d'opinion ne peut être rompue sans un grand danger. Si vous conservez toutes ces sociétés ... , l'esprit public sera prodigieusement divisé ... , les opérations du gouvernement seront entravées."

26 Voir V.-M. Daline, *Gracchus Babeuf avant et pendant la Révolution française*,

1785-1794 (Moscou, 1963), en russe, compte rendu par A. Soboul, *Revue d'histoire moderne et contemporaine* (1966), p. 166.

27 Voir M. Dommanget, "La structure et les méthodes de la Conjuration des Egaux," *Annales révolutionnaires* (1922), pp. 177, 281; repris dans *Sur Babeuf et la Conjuration des Egaux* (Paris, 1970), p. 145.

28 Voir essentiellement Buonarroti, *Conspiration*.

29 Buonarroti, *Conspiration*, I, 84, "Points de ralliement offerts aux républicains."

30 Ibid., II, 84, Sixième pièce justificative, "Première instruction du Directoire secret, adressée à chacun des agents révolutionnaires principaux." "En même temps que nous nous sommes armés de toutes les précautions propres à nous rendre insaisissables et à rendre nos mesures impossibles à déconcerter, nous avons voulu que vous fussiez à l'abri de toute surprise. ... Le directoire secret a poussé la prudence jusqu'à isoler entre eux les douze agents principaux. ... Les mêmes précautions d'isolement sont prises à l'égard des agents intermédiares. ... En général, le directoire secret ayant adopté le grand système de tout isoler, de couper toutes les communications, il subordonnera toute son organisation à cet ordre, tellement que chaque individu employé médiatement ou immédiatement par lui ne pourra trahir personne, et que sa perte n'enlèvera que lui aux révolutionnaires." On ne doit pas non plus exagérer le caractère strict de la clandestinité de la Conjuration des Egaux. Il suffit de la dénonciation de Grisel pour entraîner l'arrestation des dirigeants: ils n'avaient point prévu ce cas ni désigné des suppléants. Même absence de précaution en ce qui concerne les noms et adresses des agents révolutionnaires qui furent saisis par la police dans le local qu'occupait Babeuf lors de son arrestation, en même temps que de nombreuses pièces qui servirent de chef d'accusation contre les inculpés du procès de Vendôme. Voir les remarques en ce sens de M. Dommanget, "Conjuration des Egaux," p. 166.

31 Buonarroti, *Conspiration*, II, 82, Cinquième pièce justificative, "Organisation des agents principaux au nombre de douze et des agents intermédiaires. Première fonctions de chacun d'eux." Ajoutons aux agents d'arrondissement, les agents militaires chargés des mêmes fonctions auprès des bataillons stationnés à Paris et aux environs.

32 Ibid., II, 192, Vingt-cinquième pièce justificative, "Le Directoire aux agents."

33 M. Dommanget, "Conjuration des Egaux," p. 166.

34 Buonarroti, *Conspiration*, I, 84, "Autorité à substituer au gouvernement de l'an III," et p. 109, "Autorité à substituer à l'autorité existante."

35 Voir aussi cette note de Buonarroti: "L'expérience de la Révolution française, et plus particulièrement les troubles et les variations de la Convention nationale ont, ce me semble, suffisamment démontré qu'un peuple, dont les opinions se sont formées sous un régime d'inégalité et de despotisme, est peu propre, au commencement d'une révolution régénératrice, à désigner par ses suffrages les hommes chargés de la diriger et de la consommer. ... Peut-être faut-il, à la naissance d'une révolution politique, même pour la souveraineté réelle du peuple, s'occuper moins de recueillir les suffrages de la nation que de faire tomber, le moins arbitrairement que possible, l'autorité suprême en des mains sagement et fortement révolutionnaires." Buonarroti, *Conspiration*, p. 111, n. 1.

36 Ibid., I, 85, "Autorité à substituer au gouvernement de l'an III."

37 Ibid., I, 109, "Autorité à substituer à l'autorité existante."

38 Ibid., I, 115, "Corps composé d'un démocrate par département, à proposer au peuple de Paris en insurrection."

CHIMEN ABRAMSKY

Marx's Theory of the State: from the Communist Manifesto to the Civil War in France

One of the ironies of history is that the only lasting monument to the tragic Paris Commune was, and is, Marx's obituary to the Commune. During its heroic existence Marx kept silent. While the Commune was fighting for its existence Marx refused the request of the General Council of the International to issue an address of solidarity with the workers manning the barricades in Paris. During the period of the Commune Marx wrote privately to some of his close friends that the Communards "were storming heaven,"[1] yet publicly he preferred, for profound reasons, to keep silent. Once the Commune was overthrown, in fact within four days of the event, he produced his immortal masterpiece, *The Civil War in France*. The Commune, Marx admitted, had compelled him to introduce certain changes in his own theory of revolution and the state, changes which he hinted at in the preface (dated 24 June 1872) to the new edition of the *Communist Manifesto* issued by the German Social Democratic Party.

Reviewing the "state of things" since the manifesto was composed in

This paper was originally presented at the Queen's University symposium on the Commune, and subsequently at the Universities of Oxford, Sussex, and Kent. The discussions which followed helped to reformulate several passages. In discussing the origins and early use by Marx of the concept of the "Dictatorship of the Proletariat," I have avoided references to other writings on the subject and have confined myself to the texts of Marx himself and his use of them.

1847, he asserted that "the general principles laid down in this manifesto are ... as correct today as ever." Details here and there might be improved, particularly those points dealing with the practical application of the main principles, and this would depend on the historical conditions prevailing in given periods in different countries. The practical application would have to take into account the enormous changes in European society and in the ranks of the working class since 1847-48, but the most important development, according to Marx, was the fact that "in the Paris Commune, where the proletariat for the first time held political power for two whole months, this program [the *Communist Manifesto*]has in some details become antiquated. One thing especially was proved by the Commune," Marx emphasized, citing a passage from his own *Civil War in France*, viz., that "the working class cannot simply lay hold of the ready-made state machinery, and wield it for its own purposes."[2]

The problem of determining Marx's attitude toward the state has aroused considerable controversy in the past, and is bound to be a major topic of interest and argument in the future, not only for Marx scholars but for all the many political groupings professing allegiance to Marx. Because of the vastness of the subject, I shall limit myself to Marx's political writings from the time of the *Communist Manifesto*, and omit his earlier writings, particularly his polemics with Hegel, Bruno Bauer, Ludwig Feuerbach and others, as well as his later economic theoretical works.

In the *Communist Manifesto* Marx, as is well known, developed his philosophy of historical materialism, and outlined the origins of the modern state, that is, the bourgeois state. Unlike Hegel, Marx did not see the state as something eternal, but rather as a historical phenomenon, corresponding to the division of society into conflicting classes, in his words the "relations of production," and the historic development of the modes of production. As the bourgeoisie developed economically, it began to advance political demands, and later on fought for its supremacy in the state. The struggle between the bourgeoisie and the nobility lasted many centuries, but finally this collision between the contending forces led to the overthrow of the feudal order and the supremacy of the bourgeoisie, not only economically but in the state. Marx provided us with a sweeping picture composed of brilliant generalizations:

> An oppressed class under the sway of the feudal nobility, an armed and self-governing association in the medieval Commune; here independent urban republic (as in Italy and in Germany), there taxable "third estate" of the monarchy (as in France), and afterwards, in the period of manufacture proper, serving either the semi-feudal or the absolute monarchy as a counterpoise against the nobility, and in fact, corner-

stone of the great monarchies in general, the bourgeoisie has at last, since the establishment of modern industry and of the world market, conquered for itself, in the modern representative state, exclusive political sway.

Marx concluded this historical picture with another of his overwhelming conclusions: "The executive of the modern State is but a committee for managing the common affairs of the whole bourgeoisie."[3]

We have in the above a highly abstract conception of the state. Government and state are used in the same sense. The state is portrayed as representing the interests of the bourgeoisie and Marx deliberately left open the question of the presence of contradictory trends within society. He did not raise the question whether the state represents, at certain periods, particular groups and conflicting interests of sections of the bourgeoisie, and at other times different interests and groups. Nor did he analyse how the state acts vis-à-vis other groups in modern society. But the conclusion that he drew is highly important for his other theory of the future rule of the working class, namely, that just as the state under the capitalist system is "but a committee for managing the common affairs" of a class as a whole, so when the workers succeed in overthrowing the bourgeoisie, they will have a centralized form of government claiming to represent the interests of the working class as a whole.

The centralized state is in itself a historical product. Its dim ancestry can be traced to the Middle Ages, but its development has been parallel to the growth of the bourgeoisie, which "keeps more and more doing away with the scattered state of the population, of the means of production, and of property. It has agglomerated population, centralised means of production, and has concentrated property in a few hands. The necessary consequence of this was political centralisation." Marx proceeded to explain the merging of different provinces into one state: "Independent, or but loosely connected provinces, with separate interests, laws, governments and systems of taxation, became lumped together into one nation, with one government, one code of laws, one national class interest, one frontier and one customs-tariff."[4]

As industry compels society to join its onward march, "it batters down all Chinese walls," it forces every group in society to capitulate to its demands or face extinction, but it cannot fully do this to the workers. The bourgeoisie, which was responsible historically for the rise of the working class, subordinates the workers for a time, but the latter gradually challenge the bourgeoisie and the state, first by the primitive means of breaking machinery. Then the workers organize unions, and finally they form a class, and organize themselves in political parties. The contradictions in society are at first reflected among the workers themselves, but then more and more of them

051683

unite against the bourgeoisie and the bourgeois state, and through different methods, e.g. strikes, political campaigns, alliances with different groupings which have grievances against the bourgeois state in one way or another, they compel the state organs to provide "legislative recognition of particular interests," since the workers' representatives themselves learn about "taking advantage of the divisions among the bourgeoisie itself."

Here Marx almost abandons the earlier formulation of the state representing "the whole bourgeoisie." In stressing contradictions within the capitalist class, and the possibility of extracting concessions from it, he provided one of the very few concrete examples in his writings of the experience of the working class struggle against the bourgeoisie: "thus the ten-hours bill in England was carried." We shall see that he returned to this example much later on, in 1864, when he drafted the program of the First International.

The workers in their continuous challenge to the bourgeoisie, in their need to become conscious of themselves as a class, require an ideology and a leadership which in the early stages are provided by members of the aristocracy, or the bourgeoisie, who abandon their own class origins, and place themselves at the head of the workers. The Communists, in Marx's view, will provide the consciousness required for this, and at the same time without representing any separate interests to the workers themselves. The workers are here a category of people about whom Marx himself knew very little at the time. Marx himself expressed it succinctly, and perhaps an autobiographical explanation has come in here, a kind of *apologia pro vita sua*: "Finally, in times when the class struggle nears the decisive hour, the process of dissolution going on within the ruling class, in fact within the whole range of old society, … a small section of the ruling class, cuts itself adrift, and joins the revolutionary class."

Marx argued that since a similar development had taken place earlier on, when the leadership of the bourgeoisie came over from the aristocracy, "so now a portion of the bourgeoisie goes over to the proletariat and in particular, a portion of the bourgeois ideologists, who have raised themselves to the level of comprehending theoretically the historical movement as a whole." The words "who have raised themselves,' etc., are of crucial importance in understanding the central idea of the *Communist Manifesto*, concerning the role of the *ideologues*, the Communists, who were, are, and will be providing the leadership, and even more, helping the proletariat to raise itself to the status of a class, overthrow the bourgeoisie, and conquer political power. In the first stage of its development the proletariat cannot rise, of its own accord, "to be the leading class of the nation" and therefore this great task falls on those who have comprehended "theoretically the historical movement as a whole; to raise the proletariat to the position of the ruling class," "to acquire

political supremacy," and, Marx added, "to win the battle of democracy."
"Democracy" is used here not in the sense of each person being free to
vote, but in the sense that the working class "must constitute itself the
nation" – though not in the bourgeois sense of the word. To become the ruling
class the workers must aim to do exactly what the bourgeoisie did in the past,
that is, create a centralized state, with one major difference. The bourgeois
state centralized only the means of government machinery, and did not
interfere with the various branches of the economy. The proletariat, however,
must "centralize all instruments of production in the hands of the State," it
must make "despotic inroads in the rights of property" in order to make
"further inroads upon the old social order," by means of heavy taxation,
abolition of inheritance rights, "confiscation of property of emigrants and
rebels," and "centralization of credit, of means of communication and
transport." Nationalization of various industries will follow. All adults will be
compelled to work. The proletarian state will also sweep away private
property in land and force the "combination of agriculture with manufacturing industries," thereby removing the last vestiges of the division between
town and country.

This is a program not of universal suffrage, as some historians have
claimed, but of an authoritarian rule, particularly when the proletariat does
not yet form the majority of the population. It should be noted that in the
Communist Manifesto Marx never used the formula "Dictatorship of the
Proletariat," a term which he was to adopt only in 1850, and even then only
for a short while.

Looking beyond the time when class divisions have been removed, under
the rule of the working class, "and all production has been concentrated in
the hands of a vast association of the whole nation," Marx claimed (unlike
Hegel who saw the state as the supreme embodiment of the spirit, destined to
last and develop forever) that then "the public power will lose its political
character." Without providing any proof for this assertion, he went on to
explain the disappearance of conflict in society, and of the oppressive side of
the state, by the historic origin of the rise and decline of classes:

> Political power, properly so-called, is merely the organised power of
> one class for oppressing another. If the proletariat during its contest
> with the bourgeoisie is compelled, by the force of circumstances, to
> organize itself as a class, if, by means of a revolution, it makes itself the
> ruling class, ... sweeps away by force the old condition of production,
> then it will, along with these conditions, have swept away the conditions
> for the existence of class antagonisms and of classes generally, and will
> thereby have abolished its own supremacy as a class.

Marx refrained from examining the problem of who will issue orders and instructions to the people to work and raise production. He relied, surprisingly, on the innate goodness of man as an abstract being, and failed to see that people in power are very reluctant to surrender power. This view was, of course, global. It is a vision of a universal social revolution which is to break out simultaneously in a number of countries and spread rapidly to the rest of the world. He did not take into account the different stages of historic development in many countries, nor the possibility of resistance by many different groups of people. He did not mention the possible failure of certain states to disintegrate according to some *a priori* recipe, nor at this stage did he take into account war between states, which might be a factor in the disintegration of particular states, and as a consequence of that lead to the outbreak of the social revolution. He put forward here a kind of theory of historical inevitability, and claimed that it was scientifically proved without ever admitting that in his own time the state representing the bourgeoisie as a whole did not yet fully exist.

To complete his picture of a classless society, and to explain how people will produce in the future, without the continued existence of the state as an organ of force, he added the following vision which, not being proven by historical experience according to his own analysis, must belong to the realm of Utopia: "In place of the old bourgeois society, with its classes and class antagonisms, we shall have an association, in which the free development of each is the condition for the free development of all." Marx, the scholar-scientist, is no exception to other socialists who retained on this issue a very strong Utopian element derived from Godwin and Fourier.

Later on, in 1859, when he tried to formulate what he called the "scientific principles" for the coming social revolution, which he believed "can be determined with the precision of natural science," Marx had to admit that "No social order ever perishes before all the productive forces for which there is room in it have developed, and new, higher relations of production never appear before the material conditions of their existence have matured in the womb of the old society itself."[5] How are we, ordinary mortals, to know when all these potential productive forces will have developed? Are Russia, China, or Vietnam good and convincing examples of countries where all productive forces have developed before the social revolution? Developed capitalism hardly existed in any of these societies. This conclusion leads not to inevitability, but to voluntarism in political action. Further, what are the signs, if any, of the disappearance of the state, as an oppressive organ, in Communist countries? We are left with many difficult questions, to which no ready-made answers are available.

I have begun by outlining some of the basic philosophic points of the

Communist Manifesto, because this booklet contains the richest and most original ideas of Marx, although some of these were formulated in a highly abstract manner. The Revolution of 1848-49 provided him with an opportunity for a detailed examination of the state machinery, of the role of the bureaucracy, the army, and conflicting interests in the state, and how to utilize these to advance the struggle of the working class, and even to bring it some benefits. This he carried out in his political writings of 1848-52, which remain the most important philosophical development of his views, partly superimposed over his earlier views, and already foreshadowing the changes that resulted from the experience of the Commune.

Between April and July 1850 Marx analysed in detail the course of the 1848 Revolution in France, the causes of its origin, and the reasons for its defeat. He studied deeply French history of the recent past, as well as of earlier revolutions. In particular he paid the most minute attention to the tactics and writings of the Blanquists whom he admired as revolutionaries of action.

Early in April 1850, after the defeat of the 1848 Revolution, Marx and Engels met in London Adam and Vidil, two prominent followers of Blanqui, and with them drafted a joint program of action, to which the German socialist Carl Schapper and the English chartist George Julian Harney also appended their signatures. The program states that they will all work to overthrow the existing system, bring about the Social Revolution, and proclaim the "Dictatorship of the Proletariat."[6] A few months later they issued a further statement, saying that the program was no longer valid, since the conditions had changed.[7] This is the first mention of the dictatorship of the proletariat by Marx.

What is the origin of this famous phrase? It seems to have been first used during the 1830s by some followers of Buonarroti, or by the arch-conspirator himself, probably in Belgium, and later on was taken over by the Blanquists in France. It was definitely used by them about 1838-39. We do not find the term in Marx's writings up to this time. Even in the famous *Address to the Communist League*, written in March 1850, the formula did not appear. Instead Marx used such phrases as "to make the revolution permanent ... until the proletariat has conquered state power ... in all the dominant countries of the world." He referred to increasing the pressure by the workers, in the first stage of the social revolution, on the various liberal and petty bourgeois parties by demanding more and more extreme radical measures, which they would be unable to carry out, and thus "to prevent the direct revolutionary excitement from being suppressed again immediately after victory." The workers should arm "to establish ... their own revolutionary governments, whether in the form of municipal committees, ... municipal councils ... or workers' clubs."[8] The purpose of all this was to exert constant pressure on the wavering elements of the petty bourgeoisie. The demands which he enumerated in the *Address* correspond closely to the ten-point program outlined at the end of the second chapter of the *Communist Manifesto*.

In discussing the concept of the "Dictatorship of the Proletariat," Marx pointed out how "the Paris proletariat was forced into the June insurrection by the bourgeoisie," without being fully prepared for it, and this was the beginning of its collapse. The workers by themselves were then not strong enough to overthrow the bourgeoisie. At the same time the revolutionary activists were now in control of the movement, and Marx summed it up in the following way: "In place of its demands, exuberant in form, but petty and even bourgeois still in content, the concession of which it wanted to wring from the February republic, there appeared the old slogan of revolutionary struggle; overthrow of the bourgeoisie! Dictatorship of the working class!"[9] The use of the word *slogan*, as employed in Paris at the time, is noteworthy here.

In case there is still any doubt concerning the origin of this phrase, let us have a look at the further use by Marx of this term in the same text, namely, *The Class Struggles in France*. He summarizes there in a very long sentence the accepted arguments of French ruling circles against socialist theories, particularly those of what Marx called "doctrinaire socialism" and "revolutionary socialism." After reviewing the arguments of the French bourgeois press against the various socialist theories of the day, he singled out two groups of socialists: those who, professing "Utopian, doctrinaire Socialism" (he had in mind Louis Blanc and his associates), seek to "do away with the revolutionary struggle of the classes and its requirements by small conjurers' tricks or great sentimentality. The proletariat surrenders this socialism to the petty bourgeoisie"; and a second praiseworthy group, referred to by the bourgeois press as the "Party of Anarchy," which in Marx's view practised "revolutionary socialism." He contended that "the proletariat rallies more and more around revolutionary socialism, around Communism, for which the bourgeoisie has itself invented the name of Blanquist. *This Socialism is the declaration of the permanence of the revolution, the class dictatorship of the proletariat*" (italics added). Marx leaves no shadow of doubt in associating this formula with Blanqui. However, being fully aware that Blanqui was a revolutionary of distinction, yet poor in revolutionary theory, almost without a philosophy of history, Marx continued by adding his own gloss on this slogan. The dictatorship, according to Marx, is "the necessary transit point to the abolition of class distinctions generally, to the abolition of all the relations of production on which they rest, to the abolition of all social relations that correspond to these relations of production, to the revolutionizing of all the ideas that result from these social relations."[10] This statement is almost a full paraphrase of the last sections of the second chapter of the *Communist Manifesto*.

Two more points may be made in this connection. First, in the historical development of France at that time, Blanqui was for Marx the model of a consistent revolutionary, as he was later to figure for him at the time of the Paris Commune. As is well-known, during the Paris Commune Blanqui was a prisoner of Versailles. The Communards wanted to exchange the hostage Archbishop Darboy for the imprisoned Blanqui. Thiers, however, refused to agree to this exchange. Marx commented with biting irony in *The Civil War in France*: "He [Thiers] knew that with Blanqui he would give to the Commune a head; while the Archbishop would serve his purpose best in the shape of a corpse."[11] Secondly, the formula "revolutionary dictatorship of the proletariat" will reappear for the last time in Marx's writings, in terms almost identical with those quoted above, in the *Critique of the Gotha Programme*, written twenty-five years later, and this time as Marx's own theory.

When Marx wrote his analysis of the coup d'état of Louis Bonaparte between December 1851 and March 1852, he pointed out that the executive power of the state had grown enormously through the bureaucracy and its armed forces and that it had one aim, namely, to suppress the people. The task of the future social revolution in regard to the state would be unlike previous revolutions, "which perfected this machine instead of smashing it."[12] Thus we see that the changes Marx proposed, after the experience of the Commune, to introduce in the *Communist Manifesto*, had already been envisaged by him after the experience of the defeat of the 1848 Revolution. It is surprising that even such an acute student of Marx as Lenin did not notice this.

Between 1850 and 1875 the term "dictatorship of the proletariat" appears only once more on Marx's horizon, and in a most startling manner. In a private letter to his friend Joseph Weydemeyer, in 1852, the thirty-four year-old revolutionary indicated what he considered to be his own specific, original contribution to socialist theory. He did not claim to have discovered the class struggle. Bourgeois historians and economists had done this long before him. "What I did," wrote Marx, "that was new was to prove: (1) that the existence of classes is only bound up with particular historical phases in the development of production, (2) that the class struggle necessarily leads to the dictatorship of the proletariat, (3) that this dictatorship itself only constitutes the transition to the abolition of all classes and to a classless society."[13] He failed, however, to define the exact meaning of the concept of the dictatorship of the proletariat. Marx knew quite well, and stated it explicitly in his *Class Struggles in France*, and the *Eighteenth Brumaire*, that no class as a whole ever rules. Groups representing various interests are in power, with the silent approval of the majority, and often against the majority. The only possible conclusion one can draw from his concept of the "Dictatorship of the Proletariat" is the early abstract formula of the *Communist Manifesto* relating to the bourgeoisie, that "the executive of the modern state is but a committee for managing the common affairs of the whole bourgeoisie." Substitute the word "bourgeoisie" for the word "proletariat," and the formula is as valid, or non-valid, here and as applicable to the bourgeoisie as to the proletariat.

Marx never used this formula in regard to the Paris Commune, although much later Engels used it a number of times. Nor could Marx have done so. The Paris Commune was only "the glorious harbinger of a new society";[14] basically it was a motley of different and contradictory groups, speaking a babel of political languages and lacking a head, and even a coherent policy or ideology. Had time been given to it, Marx claimed, the Commune might have developed toward such a society, but from the start it was doomed to destruction. Marx understood this and hence kept silent.

It is of more than merely verbal interest that in his *Critique of the Gotha Programme* Marx did not mention the example of the Commune, while Engels, in his letter of 18 March 1875, to August Bebel, paid attention to it by arguing "that the Commune was no longer a state in the proper sense of the word." This is not the place to deal with the many differences between the subtle ideas of Marx and the simplified versions propagated by Engels. Obviously Marx had been pondering deeply on the Paris Commune, and ten years after the event he expressed an opinion of the Commune totally different from the one recorded in *The Civil War in France*. In a letter of 8 March 1881, to the Dutch anarchist Domela Niewenhuis, he said: "Perhaps you will refer to me the Paris Commune; but apart from the fact that this was merely the rising of a city under exceptional conditions, the majority of the Commune was in no wise socialist, nor could it be. With a modicum of common sense, however, it could have reached a compromise with Versailles useful to the whole mass of the people — the only thing that could be reached at the time. The appropriation of the Bank of France alone would have been enough to put an end with terror to the vaunt of the Versailles people, etc., etc."[15]

Some apologists for Marx have claimed him as a champion of universal suffrage, "of the battle of democracy," whereas it seems to me that he remained all his life deeply loyal to a centralist doctrine of the state, which he inherited from Hegel and converted for his revolutionary purposes. Let me illustrate his attitude to universal suffrage, as a kind of panacea offered to mankind by various liberals, by the following quotation: "Universal suffrage hardly fulfilled its mission. The majority of the people had passed through the school of development which is all that universal suffrage can serve for in a revolutionary. It had to be set aside by a revolution or by the reaction."[16] This idea is found many times in the writings of Marx, who remained true to his early ultra-revolutionary stand on the question of the revolution, and the dictatorship to which it is bound to lead.

NOTES

1 Marx to L. Kugelmann, 12 April 1871, *Selected Correspondence* (Moscow, 1956), p. 318.
2 K. Marx and F. Engels, *Selected Works* (Moscow, 1950), I, 22; cf. *The Civil War in France*, ibid., p. 468.
3 Ibid., pp. 34-35.
4 Ibid., p. 37.
5 Preface to "Zur Kritik der politischen Oekonomie," *Selected Works*, I. 329.
6 See K. Marx and F. Engels, *Werke*, VII (Berlin, 1960), 553-54, 615 n. 276. It was written in French in the handwriting of August Willich.
7 Ibid., p. 415.
8 *Selected Works*, II, 101-103, 104.
9 Ibid., I, 149.
10 Ibid., p. 203.
11 Ibid., p. 489.
12 See *Eighteenth Brumaire of Louis Bonaparte, Selected Works*, I. 301, and cf. Marx to Kugelmann, 12 April 1871, in which Marx used the same expression.
13 5 March 1852, *Selected Correspondence*, p. 86.
14 *Selected Works*, I, 491.
15 *Selected Correspondence*, p. 410. Contrast this with the diametrically opposed view in the letter to Kugelmann of 12 April 1871 that the Communards "should have marched at once on Versailles," and also *The Civil War in France, Selected Works*, I, 466: "In their reluctance to continue the Civil War opened by Thiers' burglarious attempt on Montmartre, the Central Committee made itself, this time, guilty of a decisive mistake in not at once marching upon Versailles."
16 See *The Class Struggles in France, Selected Works*, I, 212.

HENRI LEFEBVRE

La Commune: dernière fête populaire

Je ne suis pas venu pour un simple acte commémoratif. Il y en a déjà eu beaucoup cette année, d'importance et intérêt inégaux. Je voudrais apporter témoignage et accompagner ce témoignage d'un essai d'analyse théorique – témoignage politique qui concerne la spontanéité révolutionnaire.

J'en donnerai une première définition, extrêmement sommaire, qu'il faudra affiner. La spontanéité, c'est un mouvement et un événement qui ont des causes, qui ont des conditions, qui ont des raisons et des motivations, mais qui tendent à les déborder et à les dépasser. La spontanéité constitue une expérience politique.

Je vous parlerai donc d'une de ces expériences politiques – la Commune de Paris, expérience d'un vieux pays politique, le plus ancien avec l'Angleterre: la France. Notons que la France a connu beaucoup plus de révolutions que l'Angleterre, qui s'est contentée d'une seule, d'ailleurs inachevée. Les révolutions françaises ont été réussies ou manquées. Il est très difficile de donner le critère de la réussite ou de l'échec, et il est possible, après tout, que tel grand échec, comme celui de la Commune, soit le plus riche d'enseignements pour l'avenir.

La France, a dit Engels, l'ami et le collaborateur de Marx, est la terre

Cette communication a été présentée pour la première fois au colloque commémoratif de la Commune tenu à Queen's University en 1971.

classique des révolutions et des luttes de classes. Cette formule est elle-même devenue classique. Elle agace beaucoup de gens aujourd'hui, de tous côtés, aussi bien à l'Est qu'à l'Ouest, aussi bien du côté américain que du côté soviétique.

La France — la France actuelle, la France de mai 1968 — serait-elle encore ou ne serait-elle plus la terre classique des révolutions? Ne serait-elle plus le laboratoire de la révolution? Voilà l'un des problèmes que je veux poser ici.

Terre de révolutions, c'est-à-dire parcourue de forces contradictoires, la France est tantôt effervescente, convulsive, bouillonnante, tantôt abattue, écrasée. Ces contrastes font la vie de la culture française — tout à fait autre chose qu'une culture du juste milieu et de je ne sais quel rationalisme politique et social modéré, terne, médiocre.

Mais ici — au Canada — je pose une question parce que je me la pose: quel sens peut avoir ce qui s'est passé en 1871, il y a un siècle, à Paris, en France, en Europe? Quel sens peut avoir une effervescence locale, vite et facilement écrasée par les forces de l'ordre? Pourquoi lui donner plus de sens qu'à tant d'autres insurrections du XIXe et du XXe siècles? Et quel sens la Commune de Paris peut-elle avoir ici, en Amérique, pour un étudiant, pour un intellectuel, pour un membre de la classe ouvrière? Combien connaissent ces événements d'il y a un siècle autrement que par quelques allusions, quelques brèves mentions ici ou là? Pour beaucoup, certainement, la Commune de Paris est une anecdote historique. Or, je voudrais savoir quel est ici le sens de ces événements, ici, dans un lieu de confrontation entre l'Europe et l'Amérique, entre l'expérience d'un vieux peuple politique — la France — et l'expérience d'une culture — la culture anglo-saxonne, qui doit beaucoup moins aux révolutions?

Je voudrais apporter ici quelques éléments qui puissent atteindre au moins certains d'entre vous, qui traversent cette invisible frontière.

Je me suis posé la même question en mai 1971, à l'autre bout de ce que l'on appelle parfois l'aire culturelle française: à Varsovie, en Pologne, cette Pologne qui tient par tant de liens à la France. J'ai posé cette question: quel est le sens, ici, des événements ce 1871? (C'était au cours d'un colloque consacré à la Commune de Paris, et j'avais les éléments de la réponse. Officiellement, dans ces pays de l'Est, on a célébré le centenaire de la Commune de Paris; on l'a célébré par des fêtes qui ressemblaient par certains côtés à des cérémonies funèbres. Comment se présente dans ces pays, au moins officiellement, la Commune de Paris? Eh bien! c'est d'abord un événement capital de l'histoire, c'est la première révolution prolétarienne. Ecrasés dans un bain de sang par la classe adverse — la bourgeoisie — les Communards sont au moins des martyrs. Mais il y a quelque chose de beaucoup plus important: la Commune de Paris, comme *expérience*, est un point essentiel pour comprendre la pensée de Marx, celle d'Engels, celle de Lénine. C'est la pensée reconnue, officialisée dans les pays de l'Est.

Pour Marx, pour Engels, pour Lénine, la Commune est l'ébauche, le prototype de la révolution totale, la révolution qui brise la société existante, ses cadres, ses structures, son Etat, et qui permet de créer une société complètement différente, où tout est changé, et surtout l'Etat, cette puissance contraignante, cet instrument de violence.

L'Etat, transformé par la révolution, doit dépérir et disparaître, ont dit Marx, Engels et Lénine. La révolution n'est une révolution que dans la mesure où elle conduit l'Etat au dépérissement. Ainsi de la Commune de Paris. C'est Lénine, dans *L'Etat et la révolution*, qui a dit cela.

Or, vous le savez, l'Etat socialiste issu d'octobre 1917 n'est pas un Etat faible; il n'a pas l'air jusqu'à présent de dépérir. Qu'est-ce alors que la théorie du dépérissement de l'Etat? Est-ce un mythe ou une idéologie?

Il y a plus grave. Donc, j'étais à Varsovie en mai 1971 pour une commémoration de la Commune de Paris. Mais, six mois auparavant, il s'était passé beaucoup de choses dans une grande ville de Pologne, un port appelé maintenant Gdansk, avant la guerre Dantzig. Ce qui s'est passé à Gdansk en décembre 1970 ressemblait par plus d'un côté à la spontanéité révolutionnaire de la Commune de Paris. A Gdansk, les marins et les dockers se sont emparé des armes d'un cargo, qui était — circonstance aggravante — à destination du Vietnam, de Hanoi; ils ont saisi sur ce cargo des armes et ils ont pris d'aussaut la ville, y compris le siège du parti, le siège des syndicats, le siège de la police. Ils ont tenu la ville pendant plusieurs jours.

Cela rend singulièrement gênante et embarrassante la commémoration de la Commune de Paris et pose beaucoup de problèmes qui sont des problèmes politiques essentiels de notre époque. On refuse de tous côtés la qualité politique à la spontanéité révolutionnaire. On la refuse par référence à la Commune de Paris, en prenant prétexte de son échec, en tirant argument de cet échec. Qui refuse cette qualité politique à la spontanéité révolutionnaire? Le mouvement communiste dans son ensemble, les partis communistes traditionnels, mais pas seulement eux car, en France, j'ai entendu des trotzkystes, des maoïstes, refuser la qualité politique à la spontanéité. Ce faisant, les partis communistes renient leurs origines, car ils sont nés de la spontanéité révolutionnaire, mais ils restent ainsi en accord et pleine cohérence avec leur survie, avec leur stratégie, car la spontanéité révolutionnaire, partout où elle apparaît aujourd'hui, menace de déborder les appareils d'Etat et les institutions politiques existantes. Voilà pourquoi les partis communistes, dans leur ensemble, ont décidé stratégiquement de se limiter au quantitatif contre le qualitatif. Entendons par le quantitatif: l'organisation du travail et de la production, la croissance économique, les questions de salaires et d'horaires; par le qualitatif: les revendications de changer la vie, de vivre différemment; elles sont exclues de la perspective par décision stratégique.

Quant aux trotzkystes, j'ai entendu de curieuses interventions que je suppose en contradiction avec leurs espoirs politiques; en effet, détiendraient-ils un avenir politique si les partis communistes actuels n'étaient pas débordés par une spontanéité? Quant aux maoïstes que j'ai entendu parler contre la spontanéité, ils me semblent en contradiction avec leur pratique; si la révolution culturelle ne fait pas appel à la spontanéité cultivée, celle qui vient d'une connaissance politique, je ne sais pas ce qu'il faut entendre par révolution culturelle! Toutes ces discussions, ces objections préalables, cet écrasement de la question, empêchent d'arriver à la notion qui sera le fond de mon exposé: la spontanéité est de deux sortes: spontanéité brute, sauvage, irréfléchie, et la spontanéité cultivée, celle qui a assimilé une expérience politique et une pensée politique.

Donc, on refuse la qualité politique à des mouvements comparables à la Commune de Paris, qui ont fait tomber Gomulka en Pologne en 1970, de Gaulle en 1968-69 en France; qui ont mis fin, au moins momentanément, au stalinisme aussi bien en Tchécoslovaquie qu'en Hongrie. On refuse la qualité politique à un phénomène spontané qui a produit la démocratie en France. Il y a là non seulement un paradoxe mais une curieuse contradiction que la pensée politique doit élucider. Ceci a lieu depuis juste un demi-siècle: depuis la révolte de Cronstadt en 1921 (la révolte des marins de Cronstadt). C'est depuis ce moment-là que, dans le mouvement communiste, on frappe sur la spontanéité en la disant "gauchiste" parce qu'on ne considère que la croissance économique quantitative, en vertu d'une théorie que l'on attribue à Lénine et qui, à mon avis, ne s'y trouve pas. La théorie léniniste, fondée précisément sur l'expérience de la Commune, dit et montre: premièrement, que la spontanéité est indispensable, qu'on ne peut rien faire quand il n'y a pas de mouvement spontané révolutionnaire; deuxièmement, que les peuples ne font des révolutions que lorsqu'ils veulent changer leur vie; ils ne font pas des révolutions pour changer de gouvernement ou pour changer de constitution; ils font des révolutions pour vivre autrement. Et cette théorie remplit la pensée de Lénine depuis ses premiers écrits, depuis *Ce que veulent les amis du peuple* jusqu'à *L'Etat et la révolution*, son dernier grand écrit politique. Mais Lénine montre aussi que la spontanéité peut se fourvoyer, ou se laisser dévoyer — se laisser entraîner hors de la voie révolutionnaire — ou qu'elle peut retomber. C'est un instinct. Elle a donc, troisième point, besoin d'être orientée par une pensée théorique, par une analyse théorique, par un savoir théorique. Nécessaire, la spontanéité ne suffit pas et ne se suffit pas. Pour Lénine, la spontanéité est créatrice (créatrice de nouveaux rapports sociaux sur une base pratique); la pensée, la réflexion politique viennent ensuite ordonner le contenu ainsi dégagé, formuler ce contenu qui a émergé de la spontanéité. La réflexion politique n'est pas créatrice, comme telle. Voici donc la pensée de Lénine, et toute politique qui refuse la qualité politique à la spontanéité se réclame indûment de Lénine. On met sous le boisseau à la fois la théorie léniniste de l'Etat et de la spontanéité, et la théorie léniniste du dépérissement de l'Etat, ce qui est grave.

Ici, les questions d'ordre historique affluent. J'essaierai de les poser rapidement. N'y aurait-il pas un certain décalage, une disproportion entre le fait historique de la Commune de Paris et ses répercussions? Entre l'événement et la pensée de Marx, d'Engels, de Lénine? Lénine, après Marx et après Engels, n'aurait-il pas interprété, amplifié l'événement, y ajoutant un sens qui n'y était pas? Mener l'Etat au dépérissement … L'Etat, cette puissance monstre! N'est-ce pas disproportionné avec la petite expérience de quelques milliers d'ouvriers parisiens? Et la théorie de Marx, à savoir qu'il y a trois aspects à ce processus révolutionnaire, je dis bien trois aspects solidaires, inséparables: la dictature du prolétariat, la démocratie approfondie, le dépérissement de l'Etat, qu'en penser? Par la suite, on a séparé, dissocié ces trois aspects, alors que dans la pensée de Marx, d'Engels, de Lénine, ces trois aspects sont indissolubles. Le même processus avec trois dimensions, cette thèse ne serait-elle pas un paradoxe? Qu'en reste-t-il? Serait-ce la mythologie de la Commune ou l'idéologie élaborée par ces grands penseurs? L'histoire de la Commune, avec les leçons qu'on a cru en tirer, ressemblerait maintenant aux belles paroles du Christ que l'on répète dans les églises et qui n'ont plus grand rapport avec la pratique de ces églises.

D'autre part, il reste — à mon avis — une curieuse impression des récits que font les historiens spécialisés — je parle des historiens de profession et je ne parle que des historiens honnêtes. Il y a chez eux deux tendances: les uns sont réducteurs, ils ont un schéma, ils réduisent les faits à quelque chose de tout à fait plat, en les relatant ils veulent démontrer leur enchaînement. Il y a dans leurs récits une manière d'unidimensionalité, qui résulte de l'aplatissement. Et c'est la pensée historique tout entière qu'ils aplatissent. Pour eux, les faits s'enchaînent d'une certaine date à une autre date, d'un commencement à une fin, et n'ont d'autre sens que cet enchaînement. Voilà ce que donne la lecture de ces historiens. Les autres, pour des raisons politiques, ajoutent de l'héroïsme, prennent le ton lyrique ou épique, amplifient le récit. Il y a une contradiction entre deux récits qui tous deux se disent historiques. C'est peut-être un aspect d'une crise de l'histoire sur laquelle j'ai eu l'occasion d'attirer l'attention des étudiants d'Ottawa en 1969.

Il se trouve que j'ai été frappé, en tant que marxiste, par ce décalage, par ces contradictions et j'y ai vu une problématique. Comment éviter de réduire le sens d'un événement? Et, d'autre part, comment ne pas introduire ce sens d'une façon arbitraire dans le récit? Comment ne pas sortir de la connaissance et de l'analyse pour dégager le sens? C'est alors que je fais une hypothèse, (ce n'est pas un modèle). L'hypothèse consiste à chercher des concepts dans la sociologie, à chercher à articuler la pensée historique avec ces concepts sociologiques. Cette recherche a pour but, d'une part, de rendre la sociologie plus concrète et de saisir son insertion dans la pratique politique; d'autre part, de délivrer dans la mesure du possible l'histoire et les historiens de ces schémas réducteurs, de ce dessèchement des faits dans le récit historique qui se veut objectif et exact. C'est avec cette préoccupation méthodologique que j'ai publié en 1965 un livre sur la Commune, dont je vous dirai tout de suite qu'il a été plutôt mal accueilli. J'aurai le front de m'en vanter, vous allez voir pourquoi. Silence officiel, aussi bien du côté "bourgeois" que du côté communiste. Surtout du côté communiste où on a réussi cette performance: donner des bibliographies dans lesquelles mon livre, un gros livre, publié par une maison d'édition connue – Gallimard – dans une collection connue – "Les grandes journées qui ont fait la France" – est omis. Bon, ce n'est pas grave. Mais après le silence, on a lancé quelques attaques. L'amusant, c'est qu'elles sont contradictoires: pour les uns, il y a dans mon livre une recherche inutile d'originalité; pour les autres, c'est un plagiat. Sans importance encore. Ce qui m'importe, c'est que ce livre, paru en 1965, a été lu avec passion par les étudiants. J'ai eu l'occasion de dire bien souvent que les événements de 1968 en France étaient l'oeuvre des étudiants qui avaient assimilé la critique marxiste de la société bourgeoise, notamment le groupe des étudiants en sociologie de Nanterre. Ces étudiants ne se sont pas contentés des études générales sur la société; ils ont lu, commenté, et étudié de très près la Commune de Paris ... et mon livre. Ne croyez pas que j'introduise ici un élément subjectif, comme on dit; ceux qui le penseraient, je les inviterais à consulter les ouvrages les plus sérieux sur mai 1968, à savoir: du point de vue de la gauche, le livre de P. Vidal-Naquet, du point de vue officiel, celui de M. Dansette, membre de l'Institut.

Il ne faut pas être naïf et croire que les étudiants se sont référés à un livre comme à un guide. La spontanéité était véritable, spontanéité cultivée, avertie, capable – dans certaines limites, bien entendu, et nous reviendrons sur ce point – de chercher son orientation sans faire appel à une instance supérieure.

Je reviens sur ces considérations méthodologiques et théoriques parce qu'elles sont importantes. Comment Marx, historien, penseur du matérialisme historique, concevait-il l'histoire? Jamais Marx n'a conçu l'histoire comme un déterminisme. L'interprétation qu'on a faite de son oeuvre, en profitant de quelques ambiguïtés, à savoir le déterminisme économique, est symptomatique d'une époque. Une époque mécaniste a interprété Marx de cette manière. Or, jamais Marx n'a présenté l'histoire comme un enchaînement causal, comme une nécessité brute. Ce schéma justifie tous les schémas réducteurs qui limitent un développement à ses causes, à ses conditions, à ses antécédents, Pour Marx, le mouvement historique est un développement, c'est-à-dire un passage du simple au complexe, c'est-à-dire la découverte de certaines possibilités et la réalisation d'une de ces possibilités. La complexité dans le temps historique est de plus en plus grande; Marx le souligne souvent.

La connaissance historique, lorsqu'elle se cherche, va nécessairement d'avant en arrière, du présent au passé. Quand elle en vient à exposer le passage du passé au présent, c'est qu'elle a trouvé ce qu'elle cherchait. Elle donne la genèse ou la formation du présent à partir du passé, mais c'est son dernier moment. En cherchant dans le passé les conditions du présent, la connaissance procède par régression, par récurrence; elle remonte le temps. C'est ainsi que dans un texte célèbre, très peu compris, Marx explique que l'économie capitaliste, lorsqu'elle est connue comme telle et critiquée comme telle, donne la clé des économies passées: celle de la société antique et celle de la société médiévale, celle de la société orientale et du mode de production asiatique. La théorie de la rente foncière telle qu'on la trouve dans la société capitaliste (la propriété capitaliste du sol et du revenu du sol), permet de comprendre ce qui s'est passé au moyen âge, lorsque le sol appartenait à un seigneur; de même, cette théorie permet de comprendre ce que furent les dîmes et les tributs prélevés sur les récoltes dans l'antiquité. On peut contester cette procédure, mais c'est incontestablement la méthode et la pensée de Marx.

Une catégorie essentielle, pour Marx, c'est celle du *possible* et le possible fait partie, dialectiquement, du *réel*. Inversement, le mouvement du réel implique le possible. Un événement révolutionnaire crée des possibilités. La spontanéité rend possible ce qui n'était pas possible auparavant et ensuite, quand ces possibles se réalisent (par exemple, en France, une certaine démocratie bourgeoise, limitée mais réelle), on s'aperçoit que ces possibles se réalisent parce qu'il y a eu, auparavant, l'événement, et ils éclairent cet événement, par exemple la poussée de la Commune. Le programme de la Commune, ses objectifs, s'éclairent par la suite de l'histoire politique de la France et de l'Europe, où certaines des possibilités ont été réalisées: la séparation de l'Eglise et de l'Etat, pour prendre un exemple concret. Une grande spontanéité révolutionnaire constitue ainsi un événement total; non seulement il ébranle ce qui existe mais il produit du possible. La production du possible, c'est peut-être, selon Marx, le secret de l'histoire! L'histoire et le temps ne se bornent pas, comme certains le croient aujourd'hui, à produire du langage et des institutions. Eclairer le passé par le présent parce que le présent sort du passé, voilà donc la méthode. Ensuite, exposer la naissance, les conditions, l'accomplissement du possible. ...

Or, que s'est-il passé dans quelques expériences révolutionnaires du XXe siècle auxquelles j'ai assisté? De l'événement a surgi la fête. Le Front populaire – en 1936 – fut une immense fête. La Libération, en 1944, prit des airs de fête. Alors, je me suis demandé, en 1871, n'y aurait-il pas eu un phénomène analogue? N'y aurait-il pas eu des jours de fête pendant la Commune? Nous savons qu'en avril 1871, comme en 1792, pendant la grande révolution française, il y a eu des fêtes. Mais ce n'est pas la question. Est-ce qu'à la genèse, à la naissance du phénomène révolutionnaire, il n'y aurait pas une fête? Voilà la question que je me suis posé. Je prends le mot Fête au sens fort. Il ne s'agit pas de la fête banale, celle qu'on fait pour aller s'amuser, non. Les vraies fêtes, ce sont les moments où un groupe social tout entier se trouve ou se retrouve, se reconnaît ou se constitue. Il y a de cela dans un groupe familial, certes, mais combien plus fortement dans un grand groupe social. Le groupe se reconnaît dans et par une fête, dont le côté "chahut" n'est que l'ombre. La tragédie antique fut une fête. Autour de ces grands jeux où la Grèce se trouvait et se reconnaissait, il y avait la tragédie, la résurrection des héros morts. C'est pourquoi j'ai mis mon livre sous le signe d'une citation des *Trachiniennes* de Sophocle. Cette fête-là, ce n'est pas un amusement, c'est souvent violent et cruel. Je me suis donc demandé s'il n'y avait pas eu, dans la Commune de Paris, la fête d'un groupe social défini, pas le groupe prolétarien, pas le peuple français, non: le peuple de Paris. C'est une simple hypothèse, que d'ailleurs je ne suis pas seul à avoir posée. C'était une simple hypothèse jusqu'au jour où j'ai découvert un document capital. Je l'ai trouvée à la bibliothèque Feltrinelli, à Milan.

On savait déjà qu'il existait un récit complet de la Commune fait vers 1880 par un Communard qui, déporté en Nouvelle-Calédonie, avait, à son retour, publié un certain nombre de fascicules. J'en avais lu un ou deux dans des collections, mais c'est Feltrinelli qui a pu les réunir tous. Pour la première fois, j'ai utilisé ce document qui s'intitule *La Vérité sur la Commune*. Dans ce récit minutieux, dont j'ai reproduit de larges extraits dans mon livre, l'auteur présente la Commune comme une fête, une fête qui a manqué son destin, mais qui, dès les premières journées exprime les grandes joies populaires. Un peuple se retrouve en se libérant.

Il ne s'agit pas de présenter ce document pris à part comme la preuve historique absolue, celle qu'exigent les historiens. Non. Une fois l'hypothèse vérifiée par un texte, on s'aperçoit que tous les récits, ou presque, donnent le même tableau et que c'était simplement un aspect jusque-là négligé de la réalité historique. La Commune s'éclaire ainsi d'une autre manière, les images d'Epinal disparaissent. C'est autre chose qui apparaît.

En premier lieu, un concept sociologique: celui de révélateur ou de catalyseur, permet une meilleure compréhension des faits. Tel ou tel phénomène accidentel, apparemment secondaire, peut précipiter ou catalyser, *révéler* une situation extraordinairement confuse. Dans le cas de la Commune de Paris, c'est l'affaire des canons. Les canons qui avaient servi à la défense de Paris contre les Prussiens avaient été transportés par le peuple parisien sur les hauteurs, sur la colline de Belleville pour une partie, mais surtout à Montmartre. Il y avait beaucoup de canons, certains d'un modèle récent (récent en 1870) et même des mitrailleuses, les premiers jouets de ce genre qui aient été mis en service.

Qu'est-ce que ces canons? Pour les historiens, ils représentent un nombre, une force matérielle. Mais pour le peuple de Paris, ils représentaient un symbole, le symbole de la force, de la puissance. Les canons n'étaient-ils pas la dernière raison des rois? Or ceux-ci appartiennent au peuple. Le peuple les a payés. La plupart des canons portent, gravé dans le bronze ou l'acier, le nom de l'organisation ou du quartier qui les a payés par ses cotisations. Ces canons sont le bien du peuple. Ce symbole lui appartient, on veut le lui prendre. On sait dans Paris depuis quelques jours que le gouvernement veut reprendre les canons et la situation entière change parce qu'elle est révélée. Plus tard, on se demandera si Thiers n'a pas voulu provoquer les événements, mais peu importe. Ce qui importe, c'est qu'un peuple est en alerte.

Alors, imaginez cette nuit, une nuit de fin d'hiver, brumeuse. Les organisations se sont réunies, notamment l'Internationale. Les Internationaux ont tenu réunion jusqu'à deux heures du matin, puis ils sont rentrés chez eux. Ils n'ont rien vu. Tel International raconte ensuite que pour rentrer chez lui cette nuit-là, il a traversé la moitié de Paris et qu'il n'a rien vu. Tandis que les dirigeants des organisations ne voient rien, dans tout Paris les soldats bougent; ils montent vers Montmartre, silencieusement, dans la brume. Pour ne pas faire de bruit, ils laissent leurs chevaux place de la Concorde, ce qui leur sera fatal car au lieu d'atteler les chevaux aux canons pour les enlever à toute vitesse, ils devront s'atteler eux-mêmes aux canons. Pendant ce temps-là, cette espèce de sujet collectif, Paris, alerté progressivement, se prépare. (J'emploie l'expression "sujet collectif" avec précaution parce que ce sujet n'existe pas encore pratiquement; il est pour ainsi dire à l'état de virtualité.) Donc, les soldats sont à Montmartre; ils commencent à enlever les canons. Un garde national, c'est-à-dire un homme du peuple, veut les en empêcher; on le tue d'un coup de fusil. Alors, des gens arrivent en courant, parmi eux Louise Michel, et le futur homme d'Etat de la bourgeoisie, alors maire de Montmartre, Clemenceau. Ces gens étaient déjà en état de veille, en état d'alerte. Mais qu'arrive-t-il à ce moment précis? Quelque chose de tout à fait extraordinaire. C'est l'aube. Le brouillard fait place au soleil, le fameux soleil de la Commune, la première journée printanière, le 18 mars. Peu de bruit, un coup de fusil, quelques cris, et tout d'un coup, tout le peuple de Montmartre est là. Qui dans le peuple? Bien sûr, il y a des gens avec des fusils — dont ils ne se serviront pas — mais il y a surtout des femmes. Elles arrivent de partout, sorties de chez elles à peine habillées, elles arrivent et elles entourent les soldats. Elles crient: "Vive les soldats! Vive l'armée!" Elles leur tendent des bouteilles de vin, des casse-croûtes confectionnés à la hâte. N'ont-ils pas marché toute la nuit sans rien à manger, sans rien à boire — car on les traite durement — pour venir s'emparer des canons? Et tout à coup se produit cette chose extraordinaire: en une heure ou deux, l'armée disparaît; elle fond comme sucre dans l'eau. La police, qui accompagne l'armée, disparaît, se fond elle aussi dans ce peuple qui envahit les rues. Il y a juste une escarmouche plus dure entre un groupe de policiers et de soldats qui mènent un officier et quelques gardes nationaux, place Pigalle, mais tout se passe d'une façon qui ne correspond en rien aux images d'Epinal de la révolution. Même la pénible affaire de généraux, les deux généraux qui seront fusillés, se passe dans une atmosphère de fête. Sur le boulevard extérieur, entre la place Pigalle et la place Clichy, la foule chante, les soldats se promènent entre des hommes et des femmes qui leur donnent le bras. Un monsieur — grand, cheveux gris, l'air d'un officier en retraite — regard un fossé, une espèce de fortification. Quelqu'un le reconnaît: c'est celui qui a fait tirer sur le peuple de Paris en 1848, le général Clément Thomas. On l'amène sur les hauts de la butte. La foule y retrouve un autre général, prisonnier, le général Lecomte qu'on avait laissé là, et à ce moment-là, la foule les exécute.

L'important, c'est qu'à cette heure-là, la vie quotidienne est brisée. Quelque chose de neuf surgit: l'effervescence, la création populaire. Quelques heures plus tard, ce n'est pas seulement l'armée et la police qui sont désintégrés, c'est l'Etat entier. Il n'y a plus d'Etat. L'appareil d'Etat s'est décomposé.

En 1968, il s'est passé un phénomène analogue. En 1871, le gouvernement a été chassé de Paris, il a fui, et l'appareil d'Etat s'est décomposé. Je dis bien: dé-com-po-sé. Et pendant ce temps-là, le peuple cherche les modalités d'une vie différente, d'une pratique sociale autre, échappant aux contraintes, produisant librement — dans la liberté découverte — ses formes. C'est l'exploration d'une façon de vivre qui commence dans les semaines de la Commune. C'est une utopie, mais utopie concrète, la révolution elle-même, qui découvre le possible et l'impossible, qui s'efforce d'atteindre l'impossible et qui, dans cet effort, réalise certains possibles. C'est seulement au cours du processus révolutionnaire qu'on voit ce qui est impossible et ce qui est possible. Quand Marx dit que les communards sont partis à l'assaut du ciel, c'est ce qu'il veut dire!

Il y a un dernier aspect de la Commune sur lequel j'ai mis l'accent, celui de *révolution urbaine*. Je ne sais pas si vous avez en mémoire l'image du Paris historique, qui d'ailleurs est en voie de disparition puisque les Halles viennent d'être démolies. Dans ce centre historique, le peuple et l'aristocratie jadis cohabitaient. Dans l'espace politique de la royauté, le peuple et les nobles habitaient les mêmes quartiers, souvent même le peuple habitait soit dans les mansardes, soit dans les cours des hôtels de l'aristocratie. C'est ainsi que l'aristocratie et le peuple pouvaient se battre, et qu'il y a eu une fort belle révolution en 1789. Pour se battre, il faut être l'un à côté de l'autre. La bourgeoisie l'a fort bien compris. Le célèbre baron Haussmann, avec l'accord de Napoléon III, commence vers 1860 à rejeter les classes laborieuses, les classes dangereuses, comme l'a dit un historien, vers la périphérie. Le centre de Paris se dépeuple et les banlieues, les pourtours, les quartiers excentriques s'agrandissent, s'étoffent, deviennent des quartiers prolétariens. C'est une stratégie de la bourgeoisie européenne: disperser les ouvriers, éloigner le prolétariat, le peuple, les classes dangereuses, du centre politique; créer ainsi l'espace politique de l'Etat bourgeois (capitaliste), qui diffère de l'espace politique de l'Etat monarchique.

Alors, le 18 mars 1871, les ouvriers reviennent vers le centre de la ville dont ils ont été expulsés peu auparavant. Ils reprennent possession du centre urbain, le réoccupent, se le réapproprient, et c'est dans ce cadre, dans cet espace, qu'ils tentent de changer la vie à travers la fête révolutionnaire. La révolution urbaine a pour présage la Commune de Paris. Je crois que c'est cet aspect urbain que les étudiants ont le mieux compris en mai 1968. Un jour, le vendredi 10 mai à 5 heures de l'après-midi, il y eut, place Denfert-Rochereau, soixante-dix mille étudiants qui se demandaient ce qu'ils allaient faire. Les groupes politiques, les "groupuscules," étaient déjà constitués. Ces groupuscules, qui n'avaient pas encore été atteints par le dogmatisme qui les a gagnés depuis, se sont consultés. Conformément à leur idéologie ou à leur tactique, les trotskystes voulaient aller dans les quartiers ouvriers, les maoïstes vers les banlieues prolétariennes, les anarchistes de différents courants vers les quartiers bourgeois pour chahuter la bourgeoisie. Si l'une ou l'autre de ces orientations l'avait emporté, il n'y aurait pas eu les événements de mai 1968. Les étudiants se sont spontanément dirigés vers leur espace, la Sorbonne, d'où la police les avait expulsés. Ils ont voulu reprendre leur espace urbain; ils se le sont réapproprié.

Voilà, je pense, la leçon essentielle qu'ils avaient tirée de la Commune de

Paris. D'ailleurs, comme vous le savez, la suite des événements a reproduit d'une certaine manière la Commune de Paris — avec, bien entendu, un changement d'échelle et des modifications appréciables. Le général de Gaulle, chef du gouvernement, est allé en Allemagne d'où il a, selon toutes probabilités, préparé une opération analogue à celle que Thiers avait préparée à Versailles en 1871. Si la poussée révolutionnaire issue du mouvement étudiant et qui, quelques jours plus tard, touchait 10 à 12 millions de travailleurs, si ce mouvement gigantesque avait trouvé son issue révolutionnaire, il est probable que nous aurions eu affaire, non seulement à l'armée française stationnée en Allemagne, qui compte 60,000 hommes fortement équipés, mais sans doute aussi à l'armée américaine, 400,000 hommes. Quant à l'armée soviétique, elle n'aurait pas gardé la neutralité, j'imagine, car les événements de Paris auraient été suivis, s'il y avait eu une prise du pouvoir, par des mouvements révolutionnaires en Hongrie, en Pologne, et peut-être en d'autres pays, en Tchécoslovaquie certainement où le "Printemps de Prague" venait de se lever. Donc, il ne fallait pas compter sur la neutralité bienveillante de l'armée soviétique. La situation était d'une gravité extrême et l'on aurait pu avoir une version nullement améliorée des événements de mai 1871.

Je parle de la Commune comme actuelle; il ne s'agit pas de réactivation. Il ne s'agit pas de dire que la Commune est immortelle: c'est une bonne façon de la tuer. Le problème de la Commune reste un problème politique central. Il est indispensable de faire émerger à nouveau la question de la spontanéité. On a voulu écraser non seulement la spontanéité mais anéantir la question et les concepts eux-mêmes. Cette question de la spontanéité est aujourd'hui liée aux questions qualitatives qui se posent de tous côtés, donc à la lutte contre les schémas réducteurs qui écartent la conscience ouvrière des revendications qualitatives, celles qui touchent à la hiérarchie, aux centres de décision, pour les réduire à des questions quantitatives d'horaires et de salaires. La qualité politique doit être rendue à la spontanéité.

En gros, la spontanéité est traitée, selon les tendances, de la manière suivante. Certains la rejettent: les penseurs et les politiques de droite pour qui la spontanéité n'est que du désordre. Une certaine gauche dévalorise la spontanéité au point de la nier. Par exemple, au nom de la théorie de la conscience de classe, chez Lukacs, on arrive non seulement à déprécier la spontanéité mais à lui dénier existence. Par contre, elle est valorisée sans limite par tous les courants anarchistes depuis Bakounine. Pour eux, ces courants anarchistes, la spontanéité coïncide avec la conscience sociale et politique. De sorte que pour eux, dans une espèce d'immédiateté, la conscience effervescente, spontanée, est la conscience de la société globale.

Enfin, elle est souvent dévalorisée au nom de la pensée léniniste, et réduite à un instinct grossier des masses.

La position que je défends ici consiste à dire que la spontanéité est fondamentale mais qu'elle a des limites. Ces limites ne sont pas définitives; elles se dépassent, de sorte qu'il y a passage de la spontanéité brute, sauvage, celle des ouvriers du xixe siècle qui cassaient les machines, à la spontanéité cultivée, élaborée, qui a assimilé des éléments de connaissance. Puisque nous sommes ici dans un groupe de science politique, j'insisterai. On examine souvent le rôle de la spontanéité dans la prise du pouvoir, dans l'exercice du pouvoir, dans le maintien du pouvoir. Parfois, on accepte que la spontanéité ait un rôle dans la prise du pouvoir. Il y aurait une offensive des masses: premier moment. Le deuxième moment, suivant cette théorie, se traduirait par la substitution des chefs et des institutions au mouvement spontané. Au deuxième moment du processus révolutionnaire, la spontanéité n'aurait plus qu'un rôle défensif. Parvenu au troisième moment, on considère, dans la plupart des tendances, que la spontanéité n'y a plus qu'un rôle négligeable et même qu'elle est dangereuse.

Je pense que ces schémas sont inexacts. La spontanéité, au fur et à mesure que le temps avance, est de plus en plus réceptive de savoir, de connaissances sur la société; elle est le symptôme des possibilités; c'est la percée dans la société existante, c'est elle, la spontanéité, qui découvre et crée le possible. Ensuite, la pensée politique doit dégager le contenu du mouvement spontané. C'est alors un contenu nouveau qui apparaît. L'institutionaliser, c'est le mettre en péril. Voilà le schéma que je vous présente.

PIERRE AUBÉRY

Poésies et chansons populaires de la Commune

La Commune n'est pas un événement incompréhensible, une explosion d'irrationalité exceptionnelle, un déchaînement de violence démente, pour qui connaît la condition ouvrière. Elle n'a été qu'un moment crucial où les frustrations et les tensions réprimées par la pression constante de l'ordre établi, en brisent la surface apparemment calme et amènent au grand jour de la parole et de l'action les sentiments et les revendications des masses contraintes au silence. Les revendications d'ordre politique et économique de la Commune étaient peut-être moins fondamentales, moins essentielles que l'aspiration à une révolution sociale débouchant sur l'égalité et la fraternité entre les classes, toujours promises et jamais atteintes. Il y avait, depuis longtemps, une solide tradition de solidarité et de fraternité parmi certains éléments de la classe ouvrière, née dans ses organisations propres, à l'atelier, dans le compagnonnage. Elle s'exprimait notamment par le goût des réunions amicales, des goguettes, où l'on chantait en choeur tout un répertoire populaire. Pendant la Commune, derrière les barricades on reprit ce répertoire en y ajoutant les chants patriotiques hérités de la Révolution de 1789. Plus tard, dans les prisons et en exil, dans la solitude et l'impuissance, les survivants de la semaine sanglante, composèrent des poèmes et des chansons disant la grandeur de la Commune, le martyre de ses combattants, désignant l'ennemi de classe et esquissant tout un programme d'action ouvrière dans des couplets tels ceux de *L'Internationale* qui firent peut-être plus pour la diffusion des idées révolutionnaires en milieu ouvrier que toutes les oeuvres des théoriciens réunis. Cette période de grande activité poétique parmi les Communards fut aussi une époque de grande impuissance politique pour la classe ouvrière décapitée par les exécutions sommaires, les emprisonnements et les proscriptions. Les mots ne pouvaient se substituer à la chose absente qu'ils appelaient, à l'élan révolutionnaire retombé. Au moins ils lançaient un appel aux générations montantes, un appel à l'avenir qui retentit aujourd'hui encore dans nos consciences et sait émouvoir nos coeurs.

Parler de la Commune, de ses hommes, de ses idées, de sa littérature, c'est pour moi qui suis né et qui ai passé toute ma jeunesse parmi les plus pauvres et les plus déshérités des ouvriers français, parler de ma propre famille et de tous mes camarades de travail et de combat, tout comme si j'étais moi aussi un "vieux de la vieille" ayant miraculeusement survécu à la répression et au temps.

L'histoire de la Commune illustre de façon sanglante la violence et l'acharnement de la lutte des classes en France. Dans le faubourg ouvrier où j'ai grandi il y avait peu de bourgeois. Mais ils veillaient à ce que leurs enfants n'aient aucun contact avec nous. Ceux-ci d'ailleurs fréquentaient d'autres écoles que les nôtres. Si par hasard l'un de nous parvenait à y entrer on le remettait vite à sa place. Jusqu'à l'âge adulte je n'ai jamais eu de rapports personnels avec des membres des classes bourgeoises et possédantes. Je devais m'en féliciter pendant l'occupation allemande de 1940 où, comme en 1871, les réactionnaires prirent le pouvoir et commencèrent sans tarder la chasse aux opposants. La répression fut dure alors mais heureusement il était possible de trouver des appuis et des refuges au sein de la classe ouvrière pour éviter l'emprisonnement, la réquisition et le travail forcé en Allemagne, bien que nos employeurs aient scrupuleusement obéi aux ordres des Allemands en leur livrant le nom et l'adresse des plus jeunes parmi les membres de leur personnel.

Si je me permets de rappeler ici ces pénibles souvenirs personnels, c'est pour souligner à quel point la lutte des classes en France prend, en permanence, le caractère d'une guerre larvée, d'un antagonisme sans rémission et sans pitié. Nous n'avons jamais oublié, nous autres ouvriers français, l'enseignement de La Fontaine qui démontre avec éclat dans "Le Vieillard et l'âne"[1] que "Notre ennemi, c'est notre maître." Aussi bien des militants de ma génération se considèrent comme les rescapés d'une "semaine sanglante" qui avec plus ou moins d'intensité s'est étirée sur des années et dure encore pour certains. Aussi dans ce climat en France, plus encore peut-être qu'on ne le fait dans d'autres pays, avons nous pris l'habitude de vivre entre nous, afin de réduire autant que possible tout contact avec l'employeur, avec l'exploiteur, avec la société mercantile et les autorités qui en assurent le maintien et la prospérité. Etre un prolétaire en France cela signifie non seulement habiter d'autres quartiers, fréquenter d'autres écoles, tenir d'autres emplois, avoir d'autres opinions que les bourgeois, c'est aussi avoir un autre style de vie, cultiver sans calcul la camaraderie et la solidarité, entretenir le culte d'autres héros, lire d'autres livres, chanter d'autres chansons.

La Commune nous est d'autant moins étrangère que notre condition n'est pas tellement différente de celle des ouvriers parisiens du XIXe siècle, souvent citadins de fraîche date. Notre expérience sociale et politique comporte d'étranges parallèles avec la leur. Juin 1936 et le Front Populaire ont été notre 48, la deuxième guerre mondiale notre guerre de 1870, le régime de Vichy notre Versailles et la Résistance un bien pâle embryon de Commune.

Dans le milieu où j'ai grandi on gardait un vivant souvenir de la Commune. Mes grands parents avaient assisté aux conférences de Louise Michel dont l'éloquence les vengeait un peu de toutes les humiliations qu'ils avaient subies. Chez l'ouvrier français il n'y a pas besoin de gratter longtemps pour retrouver le paysan, le petit fermier. Nos parents et nos grands parents n'avaient pas oublié qu'ils étaient nés à la campagne, qu'ils avaient connu l'indépendance de la vie des champs, le dur travail de la terre où l'homme est son maître. Je ne sais si l'on mesure encore bien aujourd'hui la brûlante, l'intolérable humiliation que ressentaient nos parents et que nous ressentions plus vivement encore peut-être qu'eux-mêmes, de nous retrouver petits salariés, à la merci des caprices ou de l'humeur d'un contremaître ou d'un chef de service, d'un patron, moins de 150 ans après la Révolution qui nous avait délivrés des seigneurs de l'ancien régime féodal.

Heureusement nous n'étions pas sans défense. Nos anciens avaient montré qu'ils savaient se lever, les armes à la main, lorsque l'oppression devenait intolérable ou qu'à l'exploitation par notre propre classe dirigeante s'ajoutait celle d'une armée étrangère d'occupation comme en 1871 et en 1940. La Résistance en 1944 n'accomplit, hélas, qu'une partie de sa tâche véritable. Elle contribua à la défaite de l'ennemi mais elle renforça, l'emprise de la bourgeoisie sur l'Etat et ses services, sa propriété des moyens de production et d'échange ayant été laissée pratiquement intacte.

Il y a cent ans la Commune fut une joyeuse manifestation de camaraderie, une exubérante explosion de fraternité populaire s'exprimant dans des réunions de toutes sortes, politiques ou simplement amicales, où l'on chantait verre en main, la joie d'être ensemble et de préparer un avenir meilleur, comme l'on chantait dans les ateliers et dans les rues.

Aux heures de crise, pendant le combat, lorsque la classe ouvrière cherche à se reprendre et à se ressaisir, elle élabore dans ses quartiers et ses organisations, un style de vie fraternel et chaleureux qui contraste vivement avec le dur "chacun pour soi" de la bourgeoisie. Marx dans les manuscrits de 1844 en notait la genèse et le développement avec beaucoup de justesse:

> Lorsque les travailleurs communistes constituent leurs associations, ils considèrent tout d'abord la doctrine, la propagande, etc., comme un but. Mais par là, ils acquièrent en même temps un nouveau besoin, le besoin de la société, et, ce qui leur était apparu comme un moyen est maintenant devenu une fin. Ce mouvement pratique, on peut le saisir, dans ses résultats les plus éclatants, lorsqu'on assiste à des réunions d'ouvriers français. Fumer, boire, manger, etc., ne sont alors plus de simples moyens d'union, des moyens destinés à unir. La société, l'association, la conversation ayant à son tour la société pour but, tout cela suffit. Pour eux, la fraternité des hommes n'est pas une phrase, mais la vérité et, dans leurs figures durcies par le travail, rayonne vers nous la noblesse humaine.

Et oui, "la fraternité," je sais qu'en parler aujourd'hui, dans notre société implacablement compétitive, cela fait naïf, vieux jeu, quarante-huitard. Pourtant ce besoin, cette soif de fraternité, de camaraderie est bien sans doute l'une des caractéristiques les plus frappantes de la classe ouvrière de la Commune, qui hésita, trop peut-être, à sévir même contre ses adversaires les plus dangereux demeurés dans Paris.

Comme le soulignait Marx, l'activité des sociétés ouvrières, comme du compagnonnage, n'était pas entièrement tournée vers l'organisation ou la profession. On chantait à l'atelier et dans les fêtes corporatives des chansons de métier, des chansons satiriques et politiques, des chansons sentimentales aussi, à travers lesquelles s'exprimaient les convictions, les réactions et la sensibilité d'un peuple dont les loisirs n'étaient pas encore contrôlés et utilisés par d'habiles commerçants, marchands d'oubli et de démission, prospérant à l'ombre du Moloch capitaliste qui endort ses victimes avant de les dévorer toutes vives.

Péguy pouvait écrire en 1913 dans *L'Argent* "qu'un enfant élevé dans une ville comme Orléans entre 1873 et 1880 a littéralement touché l'ancienne France, l'ancien peuple, le peuple tout court, qu'il a littéralement participé à l'ancienne France, du peuple." Et il ajoutait: "Le croira-t-on, nous avons été nourris dans un peuple gai. De mon temps tout le monde chantait. (Excepté moi, mais j'étais déjà indigne d'être de ce temps-là.) Dans la plupart des corps de métier on chantait. ... [Les ouvriers] ... se levaient le matin, et à quelle heure, et ils chantaient à l'idée qu'ils partaient travailler. A onze heures ils chantaient en allant à la soupe. En somme c'est toujours du Hugo; c'est toujours à Hugo qu'il en faut revenir: *ils allaient, ils chantaient*."

On fera la part de l'inflation lyrique qui gonfle le style de Péguy et le pousse à l'hyperbole. Mais le sentiment qu'il cherche à projeter, à communiquer n'en demeure pas moins authentique et juste. L'ouvrier français, au moins jusqu'en 1914, chantait à l'atelier et en famille ses revendications, ses convictions et ses espoirs, en des couplets qui valaient mieux que les mièvres ou vulgaires rengaines des cafés concerts, colportées par les chanteurs des rues dont nous avons entendu les derniers survivants avant que la radio et la télévision ne les aient réduits à un silence définitif.

On chantait sous la Commune pour exprimer et exalter son enthousiasme patriotique et son messianisme social. Pour cela il suffisait de reprendre tout un répertoire datant de la grande révolution de 1789 où tant de communards recherchaient des modèles ainsi que les airs mis à la mode par les Béranger et les Pierre Dupont qui ont été les vrais poètes populaires de la première moitié du dix-neuvième siècle. On chantait d'abord les chants révolutionnaires traditionnels tels "Ça ira," "La Carmagnole," et surtout "La Marseillaise" proscrite sous l'Empire. Lissagaray rapporte comment à Saint-Nicolas-des-Champs, l'une des églises où les clubs politiques tenaient leurs séances, "l'orgue et la foule mugissent *La Marseillaise*," tandis qu'aux Tuileries "Mlle Agar déclame les *Châtiments*, l'*Idole*."[2]

Derrière les barricades on chantait aussi du Béranger qui fut, au dix-neuvième siècle en France, plus authentiquement populaire à certains égards que Victor Hugo lui-même. En effet les chansons de Béranger, qui se proclamait "le champion des intérêts populaires," avaient trouvé un public dans toutes les classes de la société, parmi les pauvres et les illettrés.

Mais surtout on chantait Pierre Dupont dont Baudelaire dès 1851 se demandait: "quel est le grand secret de Dupont, et d'où vient cette sympathie qui l'enveloppe? Ce grand secret, je vais vous le dire, il est bien simple ... il est dans l'amour de la vertu et de l'humanité, et dans ce je ne sais quoi qui s'exhale incessamment de sa poésie, que j'appellerais volontiers le goût infini de la République."[3] Les chansons de Pierre Dupont tirent leur inspiration du souvenir "de ses émotions d'enfance, de la poésie latente de l'enfance, jadis si souvent provoquée par ce que nous pouvons appeler la poésie anonyme ... , la chanson du premier venu, du laboureur, du maçon, du roulier, du matelot."[4] Son recueil de chants rustiques *Les Paysans*, écrit, dit encore Baudelaire, "dans un style net et décidé, frais, pittoresque, cru,"[5] remporta un succès immédiat qui fut très grand.

Dans les familles ouvrières que j'évoquais au début de cet exposé il se trouvait toujours les jours fastes, un oncle ou un cousin à la voix forte pour entonner à la fin du repas "Les Boeufs" de Pierre Dupont dont les paroles rudes et brutales affectaient étrangement l'enfant que j'étais alors:

> J'ai deux grands boeufs dans mon étable
> Deux grands boeufs blancs tachés de roux
> S'il me fallait les vendre
> J'aimerais mieux me pendre.
> J'aime ma femme Jeanne
> Mais j'aimerais mieux
> La voir mourir
> Que de voir mourir mes boeufs ...

Je ne suis pas sûr que je comprenais exactement le sens de ces paroles, le réalisme viril de cette philosophie pratique du paysan qui sans ses boeufs ne pourrait plus labourer la terre ni exploiter sa ferme ni gagner librement sa vie, alors que sans sa femme, enfin il se débrouillerait toujours bien. L'attachement, qui me semblait bizarrement sentimental, du paysan pour ses boeufs, me troublait mais je pressentais, derrière cela, quelque grave secret de la vie adulte, l'explication peut-être de la malédiction qui avait frappé notre famille, si proche encore de la terre, l'avait précipitée dans l'enfer urbain et réduite à l'humiliante condition salariée qu'elle connaissait maintenant.

Sous la Commune on chantait encore plus volontiers que ces airs agrestes les chants politiques et socialistes de Pierre Dupont dont le plus connu est sans doute ce "Chant des ouvriers," datant de 1846 que Baudelaire célèbre en ces termes:

> Quand j'entendis cet admirable cri de douleur et de mélancolie, je fus ébloui et attendri. ... Il est impossible, à quelque parti qu'on appartienne, de quelques préjugés qu'on ait été nourrie, de ne pas être touché du spectacle de cette multitude maladive, respirant la poussière des ateliers, avalant du coton, s'imprégnant de céruse, de mercure et de tous les poisons nécessaires à la création des chefs d'oeuvre, dormant dans la vermine, au fond des quartiers où les vertus les plus humbles et les plus grandes nichent à côté des vices les plus endurcis et des vomissements du bagne.[6]

Les paroles du "Chant des ouvriers" parlent encore plus directement aux consciences ouvrières que celles des pièces rustiques de Pierre Dupont. C'est le chant des producteurs, qui se savent source et origine de toutes les richesses et se demandent amèrement: "Quel fruit tirons nous des labeurs qui courbent nos maigres échines? Où vont les flots de nos sueurs?" Mais l'accaparement de la plus-value par l'employeur n'est qu'une frustration parmi d'autres. L'ouvrier est humilié secrètement à travers ses femmes et ses filles, d'une manière plus blessante encore par les "derniers courtauds de boutique." L'indignation fait bouillir son sang généreux qu'il ne versera plus désormais pour la plus grande gloire d'un tyran et de ses séides. Il chantera, en attendant des jours meilleurs, "L'amour plus fort que la guerre."[7]

Ces sentiments simples et profonds vigoureusement proclamés par Pierre Dupont étaient bien, comme l'écrivait Baudelaire, "le décalque lumineux des espérances et des convictions populaires!"[8] Pierre Dupont chantait l'utopie qui énonce, pour les exorciser, les vexations intolérables qui constituent la trame quotidienne de la condition prolétarienne.

Le chant de l'ouvrier c'est un cri de douleur, une interrogation ardente, une explosion de vitalité qui apporte un soulagement momentané à sa souffrance. Ce n'est pas encore, avec Pierre Dupont, l'énoncé d'une doctrine, la justification d'une action. Car ses chansons évoquent une vigueur, une santé, qui n'étaient que bien rarement le lot des ouvriers parisiens à la fin de l'Empire, affaiblis par les maladies prises au service militaire ou à la guerre, par les privations dues au chômage puis enfin au siège de leur ville.

Les chansons et les poèmes les plus expressifs et les plus caractéristiques de la Commune sont sans doute ceux qui furent écrits après l'événement par les exilés et les proscrits ayant échappé aux massacres de la semaine sanglante. Chansons et poèmes sans prétention, très directs de ton et de langage qui retracent une expérience, une émotion vécue, ainsi que les épisodes exaltants ou tragiques du soulèvement pour en tirer la leçon. On peut cependant discerner parmi ces textes plusieurs catégories distinctes par leur facture, leurs intentions, leur inspiration.

On a publié plusieurs recueils de ces poèmes et de ces chansons où se côtoient poètes célèbres, polémistes, journalistes et paroliers populaires. Les poèmes que la Commune a inspiré à Victor Hugo, à Verlaine et à Rimbaud (dont la révolte n'était pas de celles que comble une révolution) ne sont ni négligeables ni médiocres, mais ils nous éclairent plus sur leurs auteurs que sur la Commune elle-même. Jules Vallès, Clovis Hugues, Louise Michel, Henri Rochefort, Eugène Vermersch, tous journalistes et polémistes chevronnés dès avant la Commune ont redit en vers, avec plus ou moins de bonheur, ce qu'ils avaient déjà proclamé ailleurs. Il nous semble plus utile pour notre propos, qui est de cerner dans leur jaillissement le plus spontané les réactions de la sensibilité populaire devant la Commune et l'expression de sa réflexion sur l'événement, de nous attacher à relire quelques poèmes de chansonniers à la langue pure de ruses rhétoriciennes, qui participèrent à l'action et nous livrent au fil de la plume les leçons qu'ils en ont tirées. Non pas que nous pensions pouvoir trouver dans ces pièces éphémères, poèmes de circonstance, récités ou chantés dans les réunions d'exilés, livrés parfois à de plus hasardeux véhicules, la réponse à toutes les questions que soulève l'histoire de la Commune, ni surtout l'explication toujours problématique du passage de la révolte latente des opprimés à la révolution en armes. Mais du moins les poètes populaires de la Commune y disent avec une rude franchise pourquoi ils ont voulu combattre. Plus l'auteur est proche de l'événement plus son explication est directe, sans équivoque. Les poètes populaires de la Commune soulignent notamment le frappant parallèlisme qu'on peut distinguer entre la situation du manant attaché à la glèbe peinant pour le noble seigneur du château et l'ouvrier lié par le salaire au maître de l'usine. Le seigneur avait accaparé la terre, le bourgeois s'est emparé des machines, privant l'un et l'autre le travailleur d'une partie des fruits de son labeur. Tous deux sont d'une insolence et d'une immoralité pareilles auxquelles seule l'insurrection peut répondre digne-ment. La polarisation des classes peut paraître assez sommaire mais elle est évidente pour nos auteurs qui distinguent nettement "possédants" et "pro-ducteurs."

En mai 1873 Clovis Hugues rapporte en ces termes ce qu'on chantait alors en prison:

> Le travailleur n'a que ses doigts;
> Chaque siècle en passant l'outrage.
> Après les nobles, les bourgeois!
> Le salaire après l'esclavage!
> Nous voulions, comme nos ancêtres,
> Ne plus tomber à deux genoux
> Devant le lâche orgueil des maîtres;
> Et nous voulions dans la cité
> Garder nos droits et nos cartouches.[9]

Après la déchéance de l'Empereur, le 4 septembre 1870, le peuple s'aperçoit que les classes possédantes se préparent, comme en 1830 et en 1848, à escamoter la révolution sociale qu'il veut en même temps que la République. Pour éviter de retomber sous le joug d'un système oppressif, qui perpétue en fait l'ancien régime, avec un autre personnel et un vocabulaire légèrement modifié, il n'y a alors qu'une solution: l'autonomie municipale et la garde nationale, c'est-à-dire la Commune. L'ennemi de classe est claire-ment désigné, c'est le bourgeois, l'employeur.

Dans son poème "Le Proscrit de 1871" daté de Windsor 1877, Eugène Chatelain résume en quelques vers ce que fut son engagement et ce que furent ses mobiles.

J'ai combattu contre les crimes
De la vieille société,
Qui martyrise ses victimes
Au nom de la propriété.

.   .   .   .

Mourir n'est rien. C'est tout de vivre;
Mais comment faire pour manger?
Le maître a dit: il vous faut suivre,
Comme des moutons le berger.
En m'insurgeant contre cet ordre,
Révolté, j'ai fait mon devoir;
Je suis tombé sans pouvoir mordre,
J'ai vu le sang de l'abattoir.[10]

Eugène Chatelain combat donc cet ordre inique sacralisant la propriété, parce qu'il engendre la souffrance des pauvres, parce qu'il leur refuse le nécessaire, mais surtout parce qu'il les humilie dans leur dignité d'homme en exigeant d'eux la soumission docile d'un troupeau domestiqué à l'exploitation. En face de la forme nouvelle de tyrannie que le bourgeois impose à la classe ouvrière, Eugène Chatelain suggère, comme l'affirmait La Fayette, que l'insurrection est le plus saint des devoirs. Et son seul regret c'est d'avoir été terrassé avant même d'avoir pu frapper l'ennemi.

"L'Insurgé" d'Eugène Pottier, qui date du retour d'exil à Paris en 1884, reprend des thèmes semblables:

Il revendique la machine
Et ne veut plus courber l'échine
Sous la vapeur en action,
Puisque l'exploiteur à main rude
Fait instrument de servitude
Un outil de rédemption.
Contre la classe patronale
Il fait la guerre sociale
Dont on ne verra pas la fin
Tant qu'un seul pourra, sur la sphère,
Devenir riche sans rien faire
Tant qu'un travailleur aura faim!
A la bourgeoisie écoeurante
Il ne veut plus payer la rente.[11]

Là encore les causes de la révolte et la nature de l'adversaire sont clairement définis. La machine, c'est-à-dire le progrès technique, les moyens de production massive, ont été par le truchement du capital, accaparés par une minorité d'exploiteurs. La "classe patronale" en imposant la loi d'airain des salaires et des prix accule l'ouvrier à la misère, s'empare de la plus-value créée par son travail et jouit des rentes qu'elle s'est ainsi assurées. Certes tout cela est bien schématique comparé aux savantes analyses des économistes, mais ce n'est pas faux. En tout état de cause c'est un bon raccourci des explications que les communards se donnaient à eux-mêmes et destinaient au monde de leur révolte et de leur combat pour hâter l'avènement d'une société collectiviste qui reconnaîtra, pour citer encore ce même poème d'Eugène Pottier, que

> ... la terre est une,
> qu'on ne doit pas la diviser,
> que la nature est une source
> et le capital une bourse,
> Où tous ont le droit de puiser.[12]

Dans ces conditions on a du mal à comprendre que Jacques Rougerie, l'un des plus cités des historiens contemporains de la Commune, refuse aux communards une conscience claire de la lutte des classes telle que nous la concevons aujourd'hui, lorsqu'il note: "Le communard certes ... est en état 'd'insatisfaction querelleuse' à l'égard de la société. Mais ses haines sociales restent très vagues, et mal fixées. Le bourgeois et l'aisé ... ou le riche ... Riche, aisé, monsieur, aristocrate, bourgeois, employé, dandy et petit crevée, bref tout ce qui n'est pas 'prolétaire'. Mais sauf quelques cas sur lesquels nous reviendrons, il n'est presque jamais question du 'patron'. Et cependant, presque toujours, le Communard est un ouvrier salarié."[13]

Achille Le Roy dans "Le Chant des prolétaires" réplique directement, nous semble-t-il, à cette argumentation, en désignant sans ambiguïté les responsables de l'exploitation de l'ouvrier, dont le travail seul pourtant permet l'accumulation capitaliste:

> Par l'industrie aux fécondes machines
> Toujours grandit notre production,
> Mais jusqu'ici les possesseurs d'usine
> Profitent seuls de l'innovation.
> Frelons oisifs, vous augmentez sans cesse
> Par ce système abaissant notre gain.[14]

Les propriétaires des fabriques, entourés de leur conseil d'administration et de leurs actionnaires, d'un lointain siège social écument les profits qui découlent du progrès technologique, de la division du travail et de la production en série. L'ouvrier plus que jamais est réduit à la portion congrue, maigre pitance que rognent encore les crises et les guerres. En s'emparant de la plus-value les patrons ne privent pas seulement l'ouvrier d'une partie du produit de son travail, ils renforcent constamment par l'accumulation de capital leur emprise sur les moyens de production, source de nouveaux profits. Dans un poème intitulé "Tas de coquins," paru dans *Le Chambard* du 20 janvier 1894, Jean-Baptiste Clément redit tout cela avec une verve faubourienne qui n'exclut pas l'amertume.

> Ils n'ont fait leur quatre-vingt-neuf
> Que pour supplanter la noblesse
> Et faire trimer comme un boeuf
> Le populo qui les engraisse.
> Sous leur règne tout n'est que vol:
> Ils nous ont volé les usines,
> Volé le sol et le sous-sol
> Volé l'outil et les machines
> Et ça se dit républicains.
> Tas de coquins!

Vaniteuse, brutale et spoliatrice la bourgeoisie veut encore se donner des airs de libéralisme en se prétendant républicaine. De la devise de la république française, Liberté, Egalité, Fraternité, elle n'a retenu que le premier terme et encore en lui donnant la signification de "libre entreprise," liberté d'user du pouvoir de l'argent, liberté de jouir des privilèges, en affectant de croire que tous les hommes peuvent également user de ces libertés et que s'ils n'en tirent pas parti, pour s'enrichir et s'imposer c'est qu'ils sont moins intelligents, moins persévérants, moins doués par la nature que les énergiques et brillants entrepreneurs.

Le vol et le crime, si l'on y regarde d'un peu près, sont la fondation constante des grandes fortunes, nous dit encore Clément. Certes pas le vol et le crime crapuleux qu'on commet à visage découvert et à grand risque personnel, mais vol, sanctionné par les lois de l'économie capitaliste, qu'est l'accaparement de la plus-value. Crimes à visage de fatalité ou d'accident qui se produisent chaque jour dans les ateliers et les usines où pour gagner un peu plus et dépenser un peu moins, le patron impose des cadences infernales, ignore les règles de sécurité, se moque des risques de maladie qu'il fait courir à son personnel dans des locaux insalubres. C'est ce que souligne une autre strophe de "Tas de coquins":

Bons à tout et propres à rien,
Riches des misères des autres,
Ils confisquent comme leur bien
Tout ce que produisent les nôtres.
Et tandis que dans leurs hôtels
Sainte-Orgie est la bienvenue,
Sur leurs bagnes industriels
On peut écrire: Ici l'on tue!

L'incompétence et la corruption morale de la classe patronale, chantées par Clément, seraient-elles le seul espoir du prolétariat de secouer le joug et de reprendre l'initiative? Heureusement pas et nous trouverons sans peine bien d'autres poèmes et chansons populaires qui énoncent sinon un programme du moins les lignes de force d'une action ouvrière cohérente et concertée.

Une chose est certaine aux yeux des vétérans de la Commune: il faut en finir avec les autorités, avec les patrons qui exploitent l'ouvrier et s'enrichissent de ses sueurs. Si les travailleurs s'associaient entre eux et mettaient leurs efforts en commun ils ne tarderaient pas à jouir d'une juste aisance dont les privent le complot des parasites sociaux, prêtres, militaires, propriétaires. Et même si le produit social n'est pas suffisant pour rassasier tous les appétits, qu'on serve d'abord les ouvriers. Il y a assez longtemps qu'ils attendent leur part comme l'écrivait un vieil hébertiste à Audoynaud, dans une lettre souvent citée du 28 avril 1871. Jusqu'alors comme le chante Eugène Pottier dans "Le Monument des Fédérés": " ... la bourgeoisie qui pille le travail et fait des indigents, /Embrouille tous les fils dont sa main s'est saisie/Et se tire d'affaire en massacrant les gens."[15]

C'est encore Eugène Pottier qui formulera de la manière la plus complète et la plus cohérente les grandes lignes de toute action révolutionnaire, il y a de cela plusque cent ans. Depuis plusqu'un siècle "L'Internationale" fait du chemin. Ce chant qui est devenu non sans quelque méprise le cri de ralliement des communistes du monde entier, prend des allures de cliché fatigué pour qui n'en connaît que le refrain et quelques bribes. Ses paroles ont été écrites par Pottier en juin 1871 alors que caché dans Paris il entend fusiller autour de lui. Pottier n'est pas un penseur, il n'a jamais prétendu être un théoricien. Il joue un rôle modeste mais certain pendant la Commune dont il partage les espérances et les épreuves jusqu'au dernier jour. Ce chant lucide, viril et optimiste qu'est "L'Internationale" n'en est pas moins "paradoxalement ... l'oeuvre d'un proudhonien et d'un vaincu," comme l'écrit Pierre Brochon dans sa présentation des oeuvres complètes de Pottier.[16] Ce biographe nous rappelle également que

> Ses conceptions économiques ne dépassent pas celles de Proudhon
> pour qui tout produit vient du travail et réciproquement tout capital est
> improductif, toute matière étant fournie gratuitement par la nature. Il ne
> cite que le nom de Babeuf et de Proudhon. Jamais il n'a cité Marx, ni n'a
> évoqué le marxisme à notre connaissance. ... Il se réclame encore de la
> philosophie de Fourier, mais dans ce qu'elle a été adoptée par Prou-
> dhon. ... Il se déclare partisan du fédéralisme communal de Proudhon
> et sur le plan économique du mutuellisme du même Proudhon, conçu
> toutefois comme une étape vers le collectivisme.[17]

Et de fait, si l'on relit attentivement les couplets de "L'Internationale," on
discerne vite leur caractère et leur qualité, rares dans la poésie, qui consiste
à mettre les points sur les i et à dire leur fait aux bourgeois, aux militaires, à
tous ceux qui collaborent à l'oppression et l'exploitation des travailleurs. Il
n'est pour ainsi dire pas de vers de ce chant qui ne soit entré dans la langue
populaire et qui, pris isolément, ne fasse figure d'axiome ou de proverbe.
"L'Internationale," comme la Commune de Paris, fait appel aux opprimés,
aux pauvres dont le nombre, appuyé par la raison, recèle une irrésistible
puissance: "Foule esclave, debout! debout! /Le monde va changer de base:/
Nous ne sommes rien, soyons tout!"

Le second couplet anti-autoritaire rationaliste et proudhonien exalte
l'agent de toute transformation sociale, le producteur, source de toute
richesse, de tout pouvoir comme les socialistes français l'enseignent depuis
Saint-Simon: "Il n'est pas de sauveurs suprêmes/Ni Dieu, ni César, ni
tribun,/Producteurs, sauvons-nous nous-mêmes."

Puis c'est une analyse, que ni Proudhon ni Bakounine ne désavoueraient,
du rôle de l'Etat et de la loi dans la société bourgeoise: "L'Etat comprime et la
Loi triche,/L'impôt saigne le malheureux;/Nul devoir ne s'impose au riche,/Le droit du pauvre est un mot creux."

L'Etat, loin d'être comme il le prétend, l'expression de l'intérêt général et
son défenseur, ne peut que fonctionner au bénéfice des oligarchies qui le
constituent. Passons rapidement sur la condamnation de l'accumulation
capitaliste se faisant au détriment des travailleurs et pour le plus grand profit
des "rois de la mine et du rail" pour en venir à l'admirable couplet antimilita-
riste qui garde toute son actualité et tout son mordant. Il faut le citer tout
entier car il est très souvent omis des versions trop officielles d'une "Internationale" passée du côté du pouvoir, d'un ordre qui pour être nouveau n'en est
pas moins établi et oppresseur.

> Les rois nous soûlaient de fumées,
> Paix entre nous, guerre aux tyrans!
> Appliquons la grève aux armées,

Crosse en l'air et rompons les rangs!
S'ils s'obstinent, ces cannibales,
A faire de nous des héros,
Ils sauront bientôt que nos balles
Sont pour nos propres généraux![18]

On ne saurait tracer plus précisément et plus succinctement un programme internationaliste d'action contre le principe d'autorité et les hiérarchies rigides qui serait essentiellement anti-militariste et, convenablement mis en oeuvre, viendrait vite à bout des forces militaires en apparence les plus considérables. C'est d'ailleurs pourquoi à Paris en 1870 et 1871 les hommes du gouvernement provisoire n'envoyaient contre les manifestants et plus tard contre les Fédérés, que des unités recrutées à la campagne, de préférence en Bretagne, parmi des paysans illettrés qui souvent ne parlaient même pas le français, et des policiers. C'est pourquoi aujourd'hui les gouvernements évitent de mobiliser les jeunes opposants dans les troupes combattantes et reconnaissent un statut particulier aux objecteurs de conscience. L'armée avec sa hiérarchie rigide est un parfait décalque de la structure sociale dont elle dénonce par là même les truquages qui maintiennent le peuple en tutelle. Si l'ordre social correspondait à une véritable nécessité, si ceux qu'il récompense et exalte rendaient de réels et évidents services à la collectivité, s'ils s'étaient distingués par leur talent, leur activité ou leur dévouement, les pléthoriques forces de coercition que l'état bourgeois nomme lui-même, sincère et honnête pour une fois, "forces du maintien de l'ordre," n'auraient pas de raison d'être, pas de mission à remplir dans une collectivité gouvernée par le consentement général et véritablement ordonnée.

L'armée, école du crime, comme on disait naguère, où se survivent, dans le corps des officiers, les plus barbares traditions des âges primitifs, la brutalisation des faibles, la servilité à l'égard des forts et des puissants, constitue un véritable abcès de fixation sur le corps social où se rassemblent quelques uns de ses pires poisons. Pottier avait bien compris que toute action révolutionnaire qui veut se ménager quelque chance de succès doit commencer par éliminer les membres de la caste des officiers, qu'on retrouve habituellement, leur service accompli, à tous les postes de commande de la société bourgeoise, dans les administrations, les affaires, à l'usine, à l'université et même à l'hôpital.

Le Communard au coeur tendre, doué d'une conscience de classe lucide, faisant preuve d'un sens politique certain, manifestant toujours un dévouement sans faille à la cause et à ses compagnons de lutte, tel qu'il se profile en filigrane des chansons et des poèmes de la Commune, n'est certes qu'un

portrait composite auquel ne correspond peut-être pleinement aucun individu réel ayant participé de près au grand soulèvement parisien de 1871.
Bien qu'à lire Lissagaray, Vallès, Louise Michel, Vuillaume et quelques
autres il semble que les types admirables n'aient pas manqué parmi les
inconnus, sortis des rangs de l'Internationale, des clubs politiques, ou
simplement jaillis du pavé de Paris sous la Commune. Qu'on se souvienne de
figures comme Limoges, Louise Michel, Flourens, Ferré, Wroblenski, Delescluze, et surtout Varlin dont le supplice et l'agonie ont fait un des plus
purs martyrs de la classe ouvrière.

Pourtant la question n'est pas là. L'important c'est la nature de l'image
qu'exilés et proscrits de la Commune ont entendu fixer et projeter d'eux-
mêmes. Ils ne se sont pas trop attardés à dépeindre leurs souffrances et leur
supplice. La classe dirigeante qui les avait voulus et qui les avait préparés,
avec l'enthousiaste soutien de l'assemblée des ruraux, la collaboration de la
gendarmerie et de la police qui venaient derrière la ligne parfaire sa besogne
et achever les blessés, n'en ignorait rien. L'opinion bourgeoise dans sa
majorité ne connaissait que trop bien le triste sort des travailleurs et effrayée
par leur misère voulait une répression sanglante, terrifiante d'une révolte qui
menaçait leur bien-être et leur sécurité.

Les poètes de la Commune n'écrivaient donc pas pour émouvoir ni même
pour éclairer leurs adversaires. Ils savaient qu'il n'est pire sourd que celui
qui ne veut entendre et depuis longtemps la classe possédante détournait les
yeux des spectacles atroces de la vie quotidienne de l'ouvrier que l'enquête
de Vuillermé avait révélés dès 1840, que les écrivains du peuple tels Martin
Nadaud et Agricol Perdiguier avaient illustrés et que Victor Hugo avait
magistralement orchestrés dans *Les Caves de Lille* et *Les Misérables*.

Ce qui vibre encore aujourd'hui dans les couplets et les refrains sans
prétention des poètes et des chansonniers de la Commune ce n'est pas le
reflet de la personnalité rare, étrange ou unique de leurs auteurs. Ce n'est
pas non plus un foisonnement d'images insolites qui étonnent et qui troublent
en ouvrant d'insondables perspectives sur les phantasmes du subconscient.
Ce n'est pas le chatoiement d'un langage précieux, le jaillissement poly-
chrome et polyphonique de mots neufs, inattendus, s'essoufflant dans leur
vain projet de dire l'inouï. Ce n'est pas l'ingéniosité d'une rhétorique aux
ondulations serpentines qui finalement se mord la queue.

Ce qui vibre encore aujourd'hui dans ces poèmes populaires c'est quelque
chose qui dépasse leurs auteurs, leurs idiosyncrasies, leurs particularités de
style et de talent, c'est le retentissement d'un événement singulier et boule-
versant sur la sensibilité collective d'une classe en train de prendre conscience d'elle-même et de son unité. Et l'authenticité de cet écho est attestée
par le fait qu'il nous est transmis par de simples chansons, nées des

circonstances, collant à l'actualité. Si ces chansons furent diffusées, interprétées, reprises et chantées par tout un public populaire c'est qu'elles formulaient les sentiments et articulaient de manière explicite les réflexions confuses de la foule des silencieux qui s'y reconnaissait.

La poésie populaire née de la Commune tire la leçon des événements. Après la semaine sanglante aucune illusion n'était plus possible quant à la vraie nature des rapports entre la classe ouvrière et les classes possédantes et dirigeantes du pays. Pour le prolétaire le choix avait été posé en termes sans équivoque: c'était la servitude ou la mort. *Vivre* une situation tragique n'est sans doute pas aussi exaltant qu'en *explorer* les implications dans le silence d'une bibliothèque ou d'en *observer* le déroulement au théâtre dans le fauteuil du spectateur. Aussi y a-t-il peu d'exaltation lyrique chez nos poètes mais plutôt une confiance profonde, viscérale dans la revanche de l'avenir.

Cette revanche sera d'abord une vengeance, comme le proclame avec éloquence un Eugène Vermersch:

> Un jour viendra bientôt où les enfants, les femmes
> Les mains frêles, les petits bras,
> S'armeront de nouveau, sans peur des fusillades,
> Et sans respect pour vos canons,
> Les faibles sans pâlir iront aux barricades,
> Les petits seront nos clairons!
> Sur un front de bataille épouvantable et large,
> L'émeute se relèvera
> Et sortant des pavés pour sonner la charge,
> Le spectre de mai parlera.
> Il ne s'agira plus alors, gueux hypocrites,
> De fusiller obscurément
> Quelques mouchards abjects, quelques lâches jésuites
> Canonisés subitement;
> Il ne s'agira plus de brûler trois bicoques
> Pour défendre tout un quartier,
> Plus d'hésitations louches, plus d'équivoques,
> Bourgeois tu mourras tout entier![19]

Cet appel à l'insurrection et au règne de la terreur lancé en septembre 1871 de Londres où il s'était réfugié par l'ancien rédacteur du *Père Duchène*, sent la rage impuissante du vaincu se réfugiant dans une rhétorique farouche mais de peu de prise sur la situation réelle. Pourtant des thèmes analogues sont repris quinze ans plus tard par Eugène Pottier et Jules Jouy. En 1886 dans "La Commune a passé par là" Pottier s'écrie:

> La Commune est un coup de foudre,
> Et Paris peut en être fier;
> Ce globe inquiet sent la poudre
> Tout comme si c'était hier.
> Défaite attendant sa revanche,
> Fracasse, Vautour, Loyola
> Depuis lors branlent dans le manche ...
> La Commune a passé par là![20]

Fracasse, Vautour, Loyola, personnification ironique des pires ennemis du Communard, l'officier de carrière, le propriétaire et le jésuite, n'ont jamais retrouvé leur prestige et leur autorité d'autrefois. Mais ce qui menace de mettre fin à leur règne demeure dans les limbes, ne s'est pas encore manifesté bien que Jules Jouy l'évoque ainsi dans "Le Tombeau des fusillés" de 1887:

> Loups de la semaine sanglante
> Sachez que l'agneau se souvient.
> Du peuple la justice est lente;
> Elle est lente, mais elle vient!
> Le fils fera comme le père,
> La vengeance nous guette au seuil;
> Craignez de voir sortir de terre
> Les morts enterrés sans cercueil![21]

Quand on en est, même métaphoriquement, à compter sur les morts pour entreprendre une action dont on est incapable soi-même on s'avoue ainsi bien démuni. Est-il suffisant, pour reprendre confiance, d'assigner à un hypothétique avenir une tâche bien définie comme Jules Jouy le fait dans son poème "Le Mur" du 4 novembre 1887?

> Assassins, l'avenir vous navre!
> La révolte va reverdir
> Sur ce sol de chaque cadavre
> Jaillit l'herbe du souvenir.
> Bourgeois, quand le blé des revanches,
> Au cimetière sera mûr
> On fauchera vos faces blanches
> Au mur.[22]

Ces réactions sentimentales, frisant l'hystérie, peignent bien la rageuse impuissance des Communards vaincus dont les seuls alliés vraiment sûrs en ce moment étaient bien leurs camarades morts au combat, pendant la semaine sanglante. Eux, au moins, avaient témoigné de leur engagement et de leur conviction par leur vie et leur mort et ne pouvaient plus se renier. Les poètes de la Commune dans les vingt années qui suivirent l'événement devaient mesurer amèrement l'impuissance des mots, fussent-ils les plus justes, les plus sincères, les plus généreux, fussent-ils animés d'un souffle vengeur et prophétique, devant la froide rigueur d'un ordre traduisant un rapport de forces qui les écrasait et les ignorait. De 1871 jusqu'à l'amnistie de 1886 le mouvement ouvrier en France connut l'une de ses époques de plus grande faiblesse après son bref réveil vers la fin de l'Empire. Il fallut attendre 1884 pour que soit accordé la liberté de fonder des syndicats sans autorisation préalable. En dehors de cette mesure la IIIe République se montra résolument conservatrice sur le plan social. Il faudra la crise économique de 1884-87 et le scandale de Panama pour que les anciens communards retrouvent quelque audience. Mais bientôt la crise boulangiste (1887-89) va rompre définitivement l'unité toute relative des rescapés de la semaine sanglante et de la répression qui suivit. Les regroupements politiques et sociaux se feront sur de toutes autres bases et les souvenirs de la Commune cesseront d'être un terrain de ralliement pour l'opposition ouvrière au régime.

Il est curieux de noter que les poètes de la Commune proclament leur idéal et affirment leur confiance dans l'avenir avec le plus d'éloquence et de précision dans les moments de plus grande solitude et de plus grande impuissance. Le soulèvement parisien s'était terminé en catastrophe. Les troupes de la Commune avaient littéralement fondu, brûlé au feu du combat. Les témoins des derniers jours restaient obsédés par la vision du dernier insurgé de la dernière barricade servant imperturbable sa pièce et tirant seul le dernier coup de canon le dimanche 28 mai vers deux heures de l'après-midi. En apparence la défaite ne pouvait être plus totale. Mais la férocité de la répression, le regroupement des Fédérés prisonniers et de milliers de sympathisants à Satory et autres lieux redonnèrent aux ouvriers parisiens le sentiment de leur force la tente et de la fragilité d'un pouvoir reposant sur les baïonnettes de la troupe. Aussi dès juin 1871 J. B. Clément traduisait la conviction de ses camarades lorsqu'il écrivait ce refrain: "Oui, mais ... Ça branle dans le manche/Ces mauvais jours-là finiront./Et gare à la revanche/Quand tous les pauvres s'y mettront" ("La Semaine sanglante").

Refrain auquel, quinze ans plus tard, fait écho cet autre d'Eugène Pottier qui nous fournira notre conclusion:

On l'a tuée à coups d'chassepot
A coups de mitrailleuse
Et roulée avec son drapeau
Dans la terre argileuse.
Et la tourbe des bourreaux gras
Se croyait la plus forte.
Tout ça n'empêche pas
Nicolas
Que la Commune n'est pas morte!
Et non, elle n'est pas morte![23]

La flamme révolutionnaire, l'exigence de justice, d'égalité et surtout de fraternité renaissent sporadiquement un peu partout dans le monde, à la grande surprise des classes possédantes et dirigeantes et même souvent des cadres politiques de l'opposition. La révolte des jeunes, des minorités, opprimées depuis si longtemps qu'on croyait qu'elles s'étaient habituées et résignées à leur sort, explose à Cuba, à Paris en mai 1968, en Irlande, au Québec, à Ceylan, au Maroc.

Nous pouvons donc encore comprendre et même partager dans une certaine mesure les sentiments qui animaient les Fédérés au printemps de 1871 et goûter chansons et poèmes qui y font écho. Mais l'échec même des Communards ne leur a-t-il pas permis de conserver certaines des illusions qui leur faisaient envisager la Révolution comme un événement apocalyptique, aux résonances millénaristes, qui verrait l'extermination du *Mal* et le triomphe éclatant du *Bien* dont le règne s'établirait désormais sans conteste sur la terre.

Nombre d'insurrections d'inspiration ouvrière ont eu lieu depuis la Commune dont certaines ont réussi à s'emparer du pouvoir. Les résultats en ont été le plus souvent fort décevants. On n'a pas assisté, après l'élimination de la classe possédante et dirigeante au pouvoir, à l'épanouissement fulgurant, luxuriant de la spontanéité créatrice des masses prisonnières des routines sans joie, dans un climat de fraternité et d'allégresse. On a vu se reconstituer une nouvelle classe dirigeante, avide de privilèges, réduisant le travail à la portion congrue et réprimant, avec une énergie voisinant la férocité, toute tentative de modifier le partage des biens et du pouvoir qu'elle a instauré. Si elle avait été victorieuse la Commune aurait-elle suivi les mêmes voies? L'optimisme un peu forcé et les visions parousiques que projettent les refrains communards ne nous renseignent guère là-dessus. On peut douter qu'il soit suffisant pour détruire le principe d'autorité, pour venir à bout de traditions millénaires de subordination, de hiérarchisation, de compétition et de concurrence, d'éliminer les détenteurs temporaires de l'autorité. Bakounine en était persuadé qui voyait dans le pouvoir un agent irrésistible de corruption. Il écrivait: "Si demain on établissait un gouvernement et un Conseil législatif, un parlement exclusivement composé d'ouvriers, ces ouvriers qui sont aujourd'hui de fermes démocrates, socialistes deviendraient après-demain des aristocrates déterminés, des adorateurs hardis ou timides du principe d'autorité, des oppresseurs et des exploiteurs."

Il est vrai que la Commune voulait la décentralisation de l'administration et l'autonomie locale dans le cadre d'une fédération souple. On peut cependant se demander si, même dans un tel contexte fédéraliste et mutuelliste à la Proudhon, l'égalité et la fraternité s'épanouiraient nécessairement. Jusqu'alors ce sont choses qu'on n'a jamais su et jamais pu légiférer. Les aspirations des communards restent les nôtres mais quelle voie faut-il choisir pour trouver moyen de les satisfaire? Comment trouver la réponse à ces questions plus préoccupantes et plus actuelles que jamais? Comment mesurer la valeur de témoignage et la portée pratique de la littérature et de la poésie dans les luttes politiques et sociales? Pour le savoir faudra-t-il descendre à nouveau dans la rue, les armes à la main, comme le firent en vain les Communards ou bien pourrons-nous le découvrir plus paisiblement et plus efficacement dans nos livres et dans les pacifiques débats de nos séminaires et de nos colloques?

Si Marx affirmait "L'arme de la critique ne saurait remplacer la critique par les armes," nous ne doutons pas de notre côté que la littérature ne soit rien d'autre en dernière analyse que la lutte des classes reprise et continuée avec d'autres moyens, même et surtout lorsqu'elle se prétend au-dessus de la mêlée.

NOTES

1 La Fontaine, *Fables*, livre VI, p. 8.
2 *Histoire de la Commune de 1871*, chap. XXIV (Paris, 1967).
3 Baudelaire, *Critique littéraire et musicale* (Paris, 1961), p. 79.
4 Ibid., p. 318.
5 Ibid.
6 Ibid., p. 76, sur le "Chant des ouvriers."
7 Georges Coulonges, *La Commune en chantant* (Paris, 1970), p. 177.
8 Baudelaire, *Critique littéraire*, p. 80.
9 Maurice Choury, *Les Poètes de la Commune* (Paris, 1970), pp. 140-41.
10 Ibid., p. 91.

11 Ibid., p. 187.

12 Ibid.

13 *Procès des Communards*, (Paris, 1964), p. 203.

14 Coulonges, *La Commune en chantant*, p. 207.

15 Choury, *Les Poètes de la Commune*, p. 186.

16 Eugène Pottier, *Oeuvres complètes*, présentation P. Brochon (Paris, 1966), p. 7.

17 Ibid., p. 20.

18 Coulonges, *La Commune en chantant*, p. 195.

19 Choury, *Les Poètes de la Commune*, p. 268.

20 Pottier, *Oeuvres complètes*, p. 125.

21 Coulonges, *La Commune en chantant*, p. 127.

22 Ibid., p. 218

23 Ibid., p. 132, "Elle n'est pas morte."

J. S. WOOD

La Commune
dans le roman

Un thème, bien délimité par des dates: la Commune, du 17 mars au 28 mai 1871. Période brève, guerre civile d'un type plus violent que tout autre dans l'histoire de la France où Paris, assiégé pour la deuxième fois en quelques mois, se heurte aux Versaillais, où les Français s'entre-tuent, à la grande joie des Prussiens qui assistent à cette saignée d'un ennemi déjà mourant – c'est sûrement un thème à tenter les romanciers, un thème chargé de possibilités romanesques et dramatiques.

Nous nous proposons d'examiner ici divers romanciers qui ont utilisé ou exploité ce thème, et les différentes techniques qu'ils ont employées. On constate, d'ailleurs, de la part des écrivains tout à fait contemporains des événements, une certaine hésitation. La Commune a remué trop d'eau trouble; il valait mieux laisser au gouvernement de la IIIe République le temps de se ressaisir. Ernest Daudet, dans *L'Agonie de la Commune. Paris à feu et à sang (24-29 mai 1871)*, fait un réquisitoire contre ces pourceaux et criminels de la Commune, comme il les appelle, loue les troupes si braves, si nobles du gouvernement de Versailles, et réclame (comme Thiers et Picard) la répression inexorable pour tous ces suppôts de Satan, c'est-à-dire le gouvernement de la Commune, qui sont le produit de l'Internationale. Ce livre (1871) n'a rien d'un roman. Mais sur la Commune les romanciers mêmes se sont tus. Hector Malot a écrit quatre romans sur les événements de 1870-71. Il s'y montre un observateur perspicace; il donne un excellent témoignage sur la lutte menée en province, et un de ces quatre romans, *Souvenirs d'un blessé.Miss Clifton* (1872) a suscité l'admiration de Zola.[1] Il est le premier à s'inspirer véritablement de la guerre de 1870-71 et à faire des romans, qui sont excellents, où la guerre est le fond de l'action. Mais quand il s'agit de la Commune, Malot tourne court. Il avait quitté Paris pendant la Commune, pour se retirer dans sa maison de Fontenay-aux-Roses. Dans *Le Roman de mes romans*, il parle en termes émus des fuyards, chassés de Paris et acculés aux lignes allemandes, et des incendies qui, la nuit, embrasaient le ciel. Mais dans *Miss Clifton* il suffit d'une ligne pour congédier la Commune, et le roman *Thérèse* (1876) donne de la Commune une vue très partielle. Malot détestait la Commune, il aurait préféré ne pas en parler; la date de l'action de *Thérèse* l'oblige à ne pas la passer sous silence, mais il se préoccupe beaucoup plus de faire aboutir (dans la prison de Mazas il est vrai) une intrigue d'amour qui a traîné pendant quatre volumes, que de traiter les faits historiques. Les souffrances et les malheurs de l'Alsace-Lorraine vaincue et occupée, les épreuves des citadins et des campagnards, l'amertume devant l'abandon de l'Alsace-Lorraine par la France, notamment par Napoléon III — c'est le fond de *L'Histoire du plébiscite* (1872) et du *Brigadier Frédéric* (1874), d'Erckmann-Chatrian, mais dans ces livres on ne trouve qu'une seule page sur la semaine sanglante. De même, *Le Calvaire*, d'Octave Mirbeau (1886), contient un chapitre amer sur l'armée de l'Est, mais ne mentionne pas la Commune.

Il fallait peut-être plus de recul; sur la guerre et la capitulation il y avait peu de divergences d'opinion, et peu de danger pour un écrivain qui voulait flétrir le régime impérial; dans cinq ans, l'indemnité serait payée, la tragédie était déjà liquidée, on pouvait penser à l'avenir. Mais la Commune? On continuait à envoyer des Communards (ou Communeux)[2] aux pontons de Rochefort et en Nouvelle-Calédonie (la première amnistie ne serait décrétée qu'en 1879); la Commune était une plaie qui saignait encore. C'est peut-être pour cela que, exception faite de *L'Insurgé* de Jules Vallès (1881-85), il faut attendre une génération, jusqu'en 1892, pour voir la Commune réapparaître dans le roman.[3] Et alors c'est Zola, Montégut, Elémir Bourges, suivis une dizaine d'années plus tard par Lucien Descaves, Gustave Geffroy, les Margueritte, et les Tharaud. En 1913, deux récits, de Descaves et de Léon Deffoux. La première guerre semble amener le silence sur la Commune, silence qui, autant que je sache, s'est prolongé presque jusqu'à nos jours. Aux approches du centenaire de la Commune, l'intérêt renaît. En 1970 G. Touroude publie *Les Pavés de la haine*, et Jean-Pierre Chabrol, *Le Canon fraternité*. En 1971 ont paru deux romans: *La Polka des canons*, d'Armand Lanoux, et *L'Or et le sang*, de Pierre Gamarra.[4]

Aussi bien, un dilemme se posait-il: réussir l'alliance de la vérité historique et de l'imagination romanesque dans un contexte particulièrement difficile; ne pas tricher sur les faits, mais en même temps faire appel au coeur et à l'imagination du lecteur, quitte à le blesser dans son orgueil patriotique, car ce n'était pas l'époque la plus glorieuse de l'histoire française.

Ce dilemme, très peu de romanciers l'ont résolu. Beaucoup, pour diverses raisons, n'ont pas essayé de le faire. Pour Elémir Bourges il ne s'agit nullement de décrire les événements de la Commune; celle-ci, et en particulier la semaine sanglante, sont simplement le point de départ pour ce qu'on a appelé un livre du désespoir et de la mort.[5] Le protagoniste, le mystérieux Floris, fils de la Grande-Duchesse de Russie, avait disparu à sa naissance. Bien des années ont passé; enfin on le retrouve, vivant, le 24 mai 1871. Il fait partie des forces de la Commune. Nous sommes au Père-Lachaise, il est 11 heures du soir. C'est un décor apocalyptique, une évocation wagnérienne de Paris consumé par les flammes. Est-ce là le symbole de la vie qui attend Floris?

Dans *L'Apprentie*, de Gustave Geffroy (1904), seul le premier chapitre, assez long pourtant, se rapporte à la guerre et à la Commune. Ce chapitre est excellent; en un style neutre, presque "blanc," mais où vibre une émotion discrète, Geffroy raconte les expériences et les malheurs des Pommier, une famille ouvrière, dans Paris. Les deux fils combattent, car ils sentent confusément que c'est leur devoir, et le travail régulier est en suspens. Ils sont tués, la mère est accablée de douleur, le père vieillit brusquement. C'est la fin du chapitre: ce devrait être aussi la fin du volume, puisque le lien entre ce chapitre et le reste du livre est très lâche. La paix est revenue; Geffroy se contente de nous donner des esquisses de différents types parisiens, en nous rappelant de temps en temps l'existence des filles de la famille, qui deviennent des apprenties (bien que leur activité ne soit pas décrite), et en faisant entendre que les malheurs qui s'abattent sur les Pommier (le père meurt de delirium tremens, une des filles s'adonne à la prostitution et a une enfant qui meurt, la mère meurt à 48 ans) sont le résultat des années 1870-71. L'histoire, le premier chapitre mis à part, est racontée sur un ton d'apitoiement fatigant. *L'Ami de l'ordre*, des frères Tharaud (1905), n'est qu'un bref "épisode de la Commune," comme l'indique son sous-titre. C'est, ainsi que *L'Apprentie*, la tragédie d'une famille, mais racontée avec un détachement légèrement ironique. La Commune n'a pas encore trouvé son romancier.

Serait-il Lucien Descaves? Si seule compte la volubilité, c'est à lui qu'il faut décerner la palme. Il s'agit dans *La Colonne* (1901) de la colonne de la Place Vendôme, qui a été abattue le 16 mai 1871. Mais la colonne n'est en aucun sens un thème unifiant; l'intrigue romanesque est presque nulle. C'est un livre presque entier en conversations et dialogues; les personnages échangent leurs vues sur les événements du jour et, ce faisant, expriment une bonne partie des vues de Descaves. Certains des échanges entre les personnages sont simplement un procédé qui permet à Descaves de nous donner de longs développements sur l'évolution de la société française de 1789 (et avant) jusqu'en 1871, sur l'histoire politique et surtout militaire de la France, et de formuler ses vues sur l'homme en général. On peut dire que l'attitude de Descaves, telle qu'elle est exprimée à travers ses personnages, est sceptique et désabusée. Ses sympathies sont moins fortes que son mépris pour la stupidité et la lâcheté de la plupart des hommes. Tout en étant nettement opposé à Thiers et au gouvernement de Versailles, il n'est pas fortement en faveur de la Commune. Seuls les habitants de l'Hôtel des Invalides — des blessés de guerre, des royalistes, des anti-communards — ont sa sympathie. Un des invalides, un nommé Prophète, sert vaguement de liaison entre les divers groupes, ce qui préserve un semblant de lien, purement artificiel, entre les divers épisodes dont le livre est composé. Par exemple, Prophète va visiter des parents à Belleville. Là, il entre dans un café, bientôt un ami de Prophète arrive, bientôt un autre; alors s'ensuit une discussion générale sur les élections prochaines. Cela nous vaut 50 pages.

Vers la fin, Descaves semble se rappeler qu'il avait intitulé son roman *La Colonne*. Dans le dernier chapitre, la colonne est abattue. Descaves voudrait en tirer un sens symbolique, et il s'embrouille curieusement. Sans doute la chute de la colonne est le dernier acte désespéré d'une Commune qui "était moribonde et délirait," mais il poursuit (et nous laissons au lecteur le soin d' interpréter sa pensée):

> Le 16 mai, après-midi, dans un effort pour se lever, elle flanquait par terre la colonne Vendôme, comme fait d'un bougeoir à portée de sa main, sur la table de nuit, un malade agité. Et, par un phénomène singulier, à peine avait-elle renversé ce lumignon qu'une autre main invisible écartait les rideaux et que le soleil entrant dans la chambre, mettait au front de l'agonisante un rayon d'immortalité.[6]

Ajoutons à cela la dédicace, où il parle des "Héros de la Commune, dont la gloire est d'avoir jeté bas le mât de cocagne impérial," et nous devons supposer que si la Commune est détruite, elle a préparé un avenir meilleur. C'est en tout cas le sens qui se dégage de la plupart des écrits sur la Commune.

Quant au deuxième livre de Descaves, *Philémon, Vieux de la vieille* (1913), parlons-en brièvement. C'est un livre de souvenirs sous une forme déguisée. La manière de Descaves n'a pas changé; sa loquacité est la même; à travers d'interminables conversations entre l'auteur et Philémon, aussi bien qu'entre des groupes de personnes qui se réunissent chez Philémon, nous sommes longuement renseigné sur la vie des proscrits à Genève, ainsi que sur les expériences de plusieurs vieux Communards pendant la semaine sanglante. Il y a cependant dans ce livre un élément nouveau: la divergence de points de vue entre deux générations. Philémon, vieux bijoutier et vieil artisan qui garde la fierté de son métier, a comme beaucoup de ses amis, également des ouvriers, une sorte de loyauté nostalgique pour la Commune malgré tout; certaines personnalités, comme Varlin, sont restées pour eux des figures exemplaires, dominant le désastre et incarnant la grandeur du peuple. Mais aux réunions chez Philémon assiste aussi le fils d'un des vieux Communards; par sa bouche on apprend ce que pense un homme qui n'a pas vu la Commune, mais qui a vu les perturbations industrielles et commerciales qui l'ont suivie. Réalité et romantisme se confrontent. Et cette fois la conclusion de Descaves est plus claire: la Commune ne savait pas ce qu'elle voulait, elle ne savait que ce qu'elle ne voulait pas. Sans doute était-ce une leçon de bravoure, mais considérée comme une tentative pour améliorer le sort des classes opprimées, elle a échoué.

Mentionnons aussi Léon Deffoux, dont le petit livre *Un Communard* (1913) est le portrait amusé d'un vieux fédéré, âgé de 80 ans, rebelle perpétuel, qui rêve d'actions violentes à condition d'avoir ses apéritifs et ses repas à des heures régulières. Simple croquis, de peu d'importance, mais un des rares exemples où la Commune ait donné lieu, dans le roman, à un traitement farcesque.

Restent ceux qui se sont montrés les véritables romanciers de la Commune: Vallès, les Margueritte, et à un moindre degré Montégut et Touroude. Par "véritables" j'entends ces romanciers pour qui la Commune n'est pas le point de départ d'une histoire plus ou moins fantaisiste, ni une source où ils peuvent puiser tel ou tel élément qui prête à des développements plus ou moins personnels, mais une période historique, à laquelle il est question de donner des couleurs qui la fassent revivre devant le lecteur. Il faut que le roman historique ait une valeur de témoignage qui dépasse la réalité sans la fausser.

On pourrait prétendre que *L'Insurgé*, de Vallès, est un récit purement autobiographique, donc hors de notre propos; mais à cet égard on pourrait refuser le titre de roman à bon nombre d'ouvrages qui sont qualifiés de chefs-d'oeuvre. Vallès est incapable d'écrire un roman imaginé; aucun de ses personnages n'est imaginaire, aucun de ses paysages non plus: "J'ai pris des morceaux de ma vie, et je les ai cousus aux morceaux de la vie des autres, riant quand l'envie m'en venait, grinçant des dents quand des souvenirs d'humiliation me grattaient la chair sur les os — comme la viande sur un manche de côtelette tandis que le sang pisse sous le couteau."[7] Mais cette phrase même illustre sa technique d'écrivain; son réalisme est teinté d'impressionnisme; "il sent de façon si concrète les situations et les idées, qu'il traduit celles-ci de manière visuelle."[8] Chez Vallès, qui est surtout sensible aux impressions visuelles, les couleurs se chargent d'un sens symbolique, en relation avec la politique. Ainsi, à la fin de *L'Insurgé*, ayant passé la frontière, "Je regarde le ciel du côte où je sens Paris. Il est d'un bleu cru, avec des nuées rouges. On dirait une grande blouse inondée de sang."[9] Zola ne fera pas autrement. Cette même sensibilité l'amène à noter, même dans un chapitre où il s'agit de la tuerie des otages, des détails inattendus: "Des pots de fleurs couronnent la crête des digues de pierre. La Seine roule, scintillante et bleue, entre les quais déserts, mais tout inondés de lumière."[10] Ailleurs, sa verve de conteur, capable de voir l'aspect drôle d'une situation, transforme un fait banal en haut comique. Par exemple, Vallès devient maire de la Villette pour une nuit, le 31 octobre 1870, c'est historiquement vrai; pour apprécier la scène courtelinesque que Vallès en tire, il faut lire les pages 499-503 de *L'Insurgé*. Cela n'empêche pas Vallès de traduire toute l'horreur de ces mois terribles, surtout de la semaine sanglante; *L'Insurgé* est le récit d'un témoin intelligent, passionné, aigri, mais profondément respectueux de l'humanité, ennemi de la haine sous toutes ses formes, et capable de flageller sans pitié les tyrans, les poseurs et les hypocrites.[11]

Du point de vue qui nous préoccupe, la plus grande réussite est incontestablement *La Commune* (1904), de Paul et Victor Margueritte. Avec le même scrupule qui a dicté *Le Désastre* et *Les Tronçons du glaive*, ils ont voulu sonder leur sujet et en éclairer toutes les facettes aussi clairement que possible. Ce dont ils ont horreur, c'est la guerre civile; le livre est dédié "Aux vainqueurs *et* aux vaincus de la Commune, dont la bataille sacrilège acheva sous les yeux de l'étranger de déchirer la France ... " Ils laissent les faits parler pour eux-mêmes; lorsque l'un ou l'autre des personnages condamne soit la Commune, soit le gouvernement de Versailles, c'est que la réalité lui donne raison. Impossible de prendre les Margueritte en faute; pas une seule de leurs affirmations qui ne soit appuyée par une solide documentation. Les personnages sont les porte-paroles non pas simplement des auteurs mais des événements eux-mêmes. Prenons l'exemple du chimiste, Poncet. Au début de mars, après que le gouvernement de Thiers a hâtivement conclu la paix avec l'Allemagne, et lorsque les premières tentatives de résistance se dessinent à Paris contre la politique répressive de l'Assemblée, Poncet est nettement opposé à Versailles et en faveur de la Commune. Il applaudit la garde nationale qui, le matin du 18 mars, empêche les troupes de saisir les canons à Montmartre; mais le soir du même jour, la même garde, encouragée par une foule assoiffée de sang, fusille les généraux Thomas et Lecomte. Poncet est attristé, même écoeuré; il prévoit d'autres désastres. Il n'a guère confiance dans le comité central qui est établi le lendemain:

Petits parisiens obscurs, seulement connus dans leur milieu électoral, bourgeoisie toute proche du pavé, anciens ouvriers, employés aux maigres gains, boutiquiers … ils demeuraient une quarantaine, hésitants et violents, tous, les nuls, les médiocres, les intelligents … ayant à coeur de faire aboutir les voeux de leurs commettants, tirant une force de leur anonymat, masque vague et puissant du peuple aux cent mille visages. A peine, dans ce groupe … trois ou quatre personnalités qui accrochassent le souvenir.[12]

Que Poncet soit incapable de parler de la sorte, c'est fort probable; mais ce sont bien là ses pensées. Evidemment, il n'est pas toujours possible de dire avec précision quand telle idée vient de tel personnage ou des Margueritte, mais cela a peu d'importance; c'est le cours pris par les événements qui détermine les réactions des personnages ainsi que celles des Margueritte. La technique tant acclamée du "point de vue" n'entre pas ici en jeu; dans un roman de ce genre, il ne peut être question pour l'auteur de faire en sorte que le lecteur ne perçoive que ce que tel personnage serait peut-être en mesure de sentir ou de penser, ou de voir; en l'occurrence, ce sont les événements qui priment les personnages. L'important, ce n'est donc pas de déterminer si oui ou non tel personnage nous fait croire que c'est *lui* qui parle et réagit, mais si l'auteur présente un tableau d'ensemble qui ne s'éloigne pas trop de la vérité historique. Ses personnages doivent se conformer à ce dernier critère. C'est d'ailleurs là la différence entre Descaves et les Margueritte: Descaves tient à nous faire connaître ses idées à lui, qu'elles coïncident ou non avec les faits.

Le portrait de Thiers fait par Poncet[13] ressemble à s'y méprendre à celui qu'on trouvera chez la plupart des historiens, surtout ceux de gauche. Ailleurs, le fils de Poncet aura son mot à dire sur la Commune, et cela en un langage direct et simple.[14] Dans un long passage, plus loin — aux premiers jours de mai — Poncet père (ou les Margueritte?) réfléchit sur la Commune aux abois, consumée de haines intestines, allant de récriminations en récriminations, d'expédients en expédients, et risquant de tuer "tout le rêve d'un peuple."[15] C'est une analyse rigoureuse, d'une justesse irréprochable. Le personnage de Thédenat, historien, professeur au Collège de France (c'est peut-être Renan) aura aussi un rôle important à jouer comme interprète des événements; lui, et les Margueritte, font ressortir constamment les stupidités et les atrocités des deux côtés: les horreurs perpétrées par les Versaillais dans Paris, mais aussi par le reste de la Commune; la tuerie des otages, mais aussi le traitement des prisonniers sur le chemin de Versailles.

L'histoire de la Commune ne se borne pas à ce qui se passait à Paris; en effet, qu'est-ce qui se passait à Versailles? Aucun romancier, sauf les Margueritte, n'y a fait attention. Ceux-ci utilisent les journaux et le *Journal officiel* de Versailles, ils nous font assister aux débats dans l'Assemblée, ils nous montrent la confusion qui règne à Versailles lorsque le gouvernement s'abat sur cette ville et que les soldats, libérés par les Allemands, commencent à y affluer. Députés et officiers cherchent des bureaux, des logements, une vie mondaine s'organise. C'est dans ce décor que se joue le drame du commandant Du Breuil, drame psychologique qui a dû être celui de bien des officiers de l'armée régulière à l'époque de la Commune, et dont nul autre romancier n'a rendu compte. Du Breuil s'était échappé après la capitulation de Metz (racontée dans *Le Désastre*); il se retrouve maintenant à Versailles. De nouveau, il endosse l'uniforme. Jusqu'alors, se battre faisait partie de l'ordre établi; c'était une profession glorieuse, gouvernée par la discipline et l'honneur. Mais à présent il doit remplir son devoir de soldat "contre les êtres avec qui l'on venait de souffrir pour la patrie," pendant que les Prussiens, "assis sur les remparts des ports de l'est, guettaient au loin de tout le cercle des villes occupées, contemplaient à cette tâche une des plus belles armées que la France ait possédées!"[16] Ce dilemme, qui va en s'accentuant à travers le livre à mesure que la situation empire, constitue un élément dramatique poignant. Une balle perdue qui tue Du Breuil le dernier jour de la semaine sanglante mettra fin à son problème.

Il s'agit, en somme, d'un ouvrage très riche, nourri de détails authentiques; la part d'invention est minime, juste suffisante pour tenir le lecteur en haleine, mais n'empiétant jamais sur la marche des événements. Ce qui nous reste quand nous fermons le livre, c'est la manière précise et vivante dont les Margueritte ont présenté les incidents saillants: les troupes montant à l'assaut de la Butte Montmartre, le 18 mars, à 3 heures du matin, pour saisir les canons; l'exécution de Thomas et de Lecomte; la proclamation de la Commune de Paris, le 27 mars; la malheureuse sortie des forces de la Commune contre Versailles, le 3 avril; l'entrée des Versaillais dans Paris, le 21 mai; Paris incendié; la tuerie des otages; les massacres de la semaine sanglante. Et en plus, de nombreux portraits de personnalités de la Commune et de l'Assemblée de Versailles. C'est en les opposant à ce roman qu'il convient d'évaluer ceux de Monégut et de Touroude.

Dans *Le Mur* (1892), les personnages ne sont que des symboles. Celui qui doit représenter le bon peuple, le petit nombre de patriotes sincères mais égarés, c'est Maillandru, charpentier, garde national, gai, honnête, ayant bon coeur, et doué d'une force herculéenne. En contrepartie se pose Sabouleux, sans profession régulière, nouvellement nommé colonel dans la garde, sale, mal peigné, suffisant, vicieux, et d'une taille de nain. Une troisième personne, Ludovic Charmes, préposé aux finances, est chargé de débiter le socialisme et l'idéalisme nuageux qui semblent être ceux de Montégut. Ainsi la proclamation de la Commune ne donne pas lieu à une description détail-

lée, comme dans les Margueritte, mais sert de cible aux sarcasmes de
Montégut, qui déteste la Commune: "Des roulements de tambours, des
sonneries de clairons assourdissaient l'espace. ... Ce peuple grisé croyait
prendre possession de pouvoir, et pour l'éternité."[17] Montégut aime les effets
stylistiques. Tous ces nouveaux chefs, anciens coiffeurs, anciens savetiers,
et quoi encore? sont "empanachés, galonnés, brodés d'or et d'argent, re-
haussés de pourpre et d'indigo"; ils se saoûlent de gloire, ils se sentent
historiques, des héros de roman; ils sont "mûrs pour le massacre et l'incendie," et "Ils singeaient les César avant de parodier Néron."[18] Montégut
insiste complaisamment sur les perpétuelles débauches de la garde nationale, à l'Hôtel de Ville: "toutes les salles étaient occupées par la canaille
vautrée dans une crasse exaltante, dans l'orgueil de son immondice."[19]
Devant Paris qui brûle, c'est son horreur à lui qu'il exprime, sur un ton de
rhétorique: "Le feu! le feu partout! Ils ont tenu parole. Paris brûle, Paris
meurt! Les maisons, les palais, ébréchés par les balles, éventrés par les
boulets, crevés par les obus, croulent sous l'incendie, flambent comme des
torches, fument comme des volcans ... l'Allemagne aux yeux bleus, dans sa
joie surpassée, contemple l'agonie de la Ville écarlate."[20] Ce style trop
constamment chargé d'émotion, de même que certains scénarios de mélo-
drame mal liés à l'action, font tort au roman, bien que le véritable fond de
l'action soit la Commune.

Les Pavés de la haine a des qualités et des défauts du même ordre. Comme
Le Mur, c'est un livre pleinement documenté, moins complet au point de vue
historique, puisque Touroude souligne certains incidents aux dépens d'autres, mais riche en portraits tout à fait exacts de certaines personnalités de la
Commune et de l'Assemblée de Versailles, tels Vallès, Rigault, et Picard.
Les portraits de Vallès et de Rigault sont parmi les meilleurs que nous
ayons.[21] En revanche, une intrigue d'amour domine l'action d'une manière
obsessionnelle. Sans doute devons-nous y voir aussi la victoire — enfin! — du
prolétariat, la consécration, à cent ans de distance, de cette poussée démocratique que la Commune, toute lamentable qu'elle était, n'aura fait que
retarder. Car les barrières de classe sont enfoncées; Georges Baron, le
protagoniste, membre de la Commune, et Jeanne, une riche bourgeoise
(veuve, et au début de livre la maîtresse d'un aristocrate) s'aiment d'un
amour qui transcende toutes les difficultés et tous les malheurs. Que Georges
soit déporté, cela ne change rien; il est vivant. Il revient de déportation le 13
septembre 1879; Jeanne l'attend; ils vont retrouver l'extase qui au cours de
toute la Commune les a soulevés au-dessus de la sordidité du quotidien.

Chez tous ces écrivains, pourtant, il y a certains éléments qui, avec des
variations, se répètent; ils ont certaines façons d'envisager la réalité et d'en
tirer des images qui les marquent comme romanciers. L'imagination affirme

ses droits, nous l'avons constaté chez Vallès. Les Margueritte, si discrets qu'ils soient, nous montrent Thédenat qui de la fenêtre de son appartement, très haut au-dessus du Luxembourg, contemple "cette étrange irradiation qui pour la troisième fois embrasait la nuit," et qui pense aux regards de l'Europe et du monde tournés avec stupéfaction vers cette "lueur barbare," vers "tout ce qui avait été Paris et sombrait dans … un volcan de boues ensanglantées."[22] De même, la colonne de Juillet qui paraît être en flammes semble "une énorme torche de deuil," qui "éclairait de ses reflets rouges l'agonie de ce peuple trompé."[23] Montégut, lui aussi, est frappé par cette "torche funéraire, dressée sur la Ville mourante, sur la Révolution écrasée," et par l'apparition, à travers la fumée, du génie de la Liberté, "planant quand même, en Immortel, plus haut que les humains discords."[24]

Chez Touroude, cette tendance à l'agrandissement poétique est plus prononcée, et plus artificielle; fréquemment, au bout d'un paragraphe ou d'un chapitre, il nous gratifie d'un morceau élégant. On a fusillé Thomas et Lecomte. En une seule journée l'ordre ancien a été balayé. Il faut construire une cité nouvelle. Alors? "Le soleil s'est couché. Une légère brise rend l'air soudain frisquet. Mais la vie est là, succédant à l'exaltation qui fit battre plus que de coutume le jeune sang aux tempes d'une ville généreuse et bafouée."[25] Fin de chapitre. Une grande foule suit le cortège funéraire des gardes nationaux tués pendant la sortie du 3 avril. Est-elle déprimée? Nullement: "jusqu'au cimetière de Père-Lachaise, à travers tout Paris, veuves, orphelins, parents, amis, soldats, toute une armée anonyme, avide de respect et de justice, bat le rythme du sang généreux de la capitale, dans une communion spontanée, symbole d'une espérance tenace, au-delà des frontières de la légitime peine."[26]

Mais ici, le grand maître, c'est Zola, et il faut bien lui donner sa place dans ce travail, bien que, dans l'édition Pléiade de *La Débâcle*, la partie sur la Commune ne comprenne qu'une quarantaine de pages. C'est un raccourci saisissant; tous les événements les plus saillants de l'époque 18 mars – 28 mai sont indiqués, mais l'intérêt n'est pas là. Le 18 mars, raconté rétrospectivement par Maurice, est l'occasion qui ménage la rencontre des deux protagonistes et permet à Zola de montrer l'abîme qui les sépare. Ce que Zola appelle "les jours suivants," du 19 mars au 2 avril, sont expédiés en quelques lignes, le 3 avril de même; il est évident, comme l'a noté Mitterand, et Faguet avant lui, qu'il y a une disproportion, un déséquilibre même, entre la présentation de Sedan et du désastre militaire d'une part, et celle de la Commune d'autre part. Zola ne cache pas son hostilité à la Commune, tout en ne pas minimisant la brutalité des Versaillais. Mais son intention n'était pas d'écrire tout un roman sur la Commune; pour lui, celle-ci n'est que le dernier épisode du dernier acte de la tragédie du second Empire.

C'est en une série de visions dramatiques qu'il recrée cette fin d'un monde. Contre le sinistre arrière-plan de Paris qui brûle, un Versaillais blesse un fédéré: c'est la deuxième rencontre de Jean et de Maurice. A Saint-Denis, Otto montre à Henriette tout Paris en flammes — vaste perspective cinématographique où les images et les symboles s'accumulent: "Maintenant, toute la ligne de l'horizon était en feu. ... Et l'on aurait dit que les incendies marchaient, que quelque forêt géante s'allumait là-bas, d'arbre en arbre, que la terre elle-même allait flamber, embrasée par ce colossal bûcher de Paris."[27] Le feu a la mobilité de l'eau: "des crues subites de flammes montaient sans cesse, débordaient dans le ciel, en ruissellements de fournaise"; de la "houle incandescente" de cette "mer de feu" s'élèvent des fumées qui forment une nuée de cuivre sombre, d'où descend sur la ville une "averse scélérate" de cendre et de suie.[28] Henriette jette des cris d'horreur en contemplant "la lueur d'enfer des capitales maudites et foudroyées," et Otto s'emplit les yeux de "la monstrueuse fête que lui donnait le spectacle de la Babylone en flammes."[29]

Jean, dans une tentative désespérée pour mener Maurice en sûreté, descend la Seine en bateau à rames; des deux côtés, les bâtiments brûlent (Zola est le seul à utiliser cette perspective), le bateau même semble porté par un fleuve de feu. L'intérêt se concentre fortement sur les deux personnages, non pas sur les détails de la bataille. Et au-delà de cette trouée qui est la Seine, de cette clarté aveuglante, c'est le contraste absolu du noir, "une énormité ténébreuse," "un néant," "une éternelle nuit," et le ciel mort.[30] Le délire de Maurice est accompagné par la symphonie du feu; sans relâche, le spectacle des incendies vient hanter et presque exalter Maurice, et de nouveau les images affluent.

Enfin, ces mêmes romanciers, exception faite cette fois de Vallès, bien trop engagé au sens littéral du terme, se laissent emporter par un sentiment d'espoir quand même, comme si les échappées poétiques pouvaient ou devaient compenser l'insupportable réalité. Chez les Margueritte, Montégut et Touroude persiste le thème de *Germinal*: l'amour qui triomphe de la mort. Un des rares passages lyriques de *La Commune* dépeint les amours de Louis et de Rose. Louis a été blessé à Vanves, le 6 mai; Rose le retrouve: "un air à la fois vif et tiède entrait par la fenêtre, avec toute l'ivresse de la nuit, le grand fleuve de sève du printemps. ... La loi éternelle de la vie les enlaça. Et simplement, dans leur triomphante jeunesse, dans la loyauté de leur amour, ils se possédèrent."[31] Pendant la semaine sanglante ils meurent, debout, dans les bras l'un de l'autre, faisant honte par leur calme grandeur aux soldats qui les abattent. Dans *Le Mur*, Fanchette soigne Guillaume, qui est blessé. Tous deux ont quinze ans: "Ils s'aimaient. La fuite échevelée des événements farouches précipitait, activait leurs sentiments intimes." Une explosion les jette dans les bras l'un de l'autre; quand ils ouvrent les yeux, "le péril était passé, plus loin, mais l'étreinte se prolongeait."[32] Dans *Les Pavés de la haine*, Georges sort vivant de la Commune: "Sa vie chantait dans les chaînes, la joie toute simple d'être la vie, son seul cadeau, son seul espoir, ici-bas, avec Jeanne et leur amour plus fort que la peur, la mort, la douleur."[33]

Un même élan d'espoir se trouve aussi à la fin de ces romans, *L'Insurgé* toujours excepté. Est-ce une sorte de consolation offerte au public? Ou une revanche de la part de l'auteur qui tient à s'imposer?[34] Dans le dernier chapitre de *La Commune*, Thédenat et Poncet dressent le tragique bilan; cependant Thédenat voit dans la Commune un instrument de progrès inconscient. Il faut rejeter le communisme, il faut une morale nouvelle, une religion de justice, alors ce progrès s'accomplira inévitablement. Ce long livre se termine, un peu brusquement: "Tous deux pensaient à la sève invisible, à l'éternel travail."[35] Les Tharaud font entrer dans leur récit un bizarre Américain chargé d'être l'apôtre d'un avenir meilleur. Montégut, lui aussi, sent le besoin de conclure sur une note optimiste. Le résultat est malheureux. Les dernières pages du *Mur* nous montrent Françoise et Fanchette se faufilant à travers une ville de débris et d'odeurs infectes; elles cherchent les corps de ceux qu'elles aiment. Dans un tas de cadavres pourris, Françoise reconnaît, à un anneau au doigt, un bras qui appartenait à Maillandru. Soudain, deux coups de fusil. Elles tombent foudroyées. Le silence se fait. C'est vous dire toute l'horreur qui remplit ces pages. Alors vient un dernier morceau, si dissemblable du reste du volume qu'il coupe le souffle au lecteur: "Pendant quelques minutes, ce silence dura. Puis, peu à peu, les oiseaux revinrent, rassurés, accoutumés aussi. Et, brusquement, sur l'appel d'un invisible chanteur, toutes les voix repartirent, étourdissantes, célébrant, à gorges perdues, la joie d'être, l'espace libre, la lumière d'or, la nature amoureuse et les matins d'été."[36] La fin des *Pavés de la haine* n'est guère moins truquée; elle rappelle le "close-up" d'un film quelconque, où le héros et l'héroïne, aidés par une musique allègre, unissent leur âme en un baiser interminable.

La fin de *La Débâcle* est bien supérieure. Le symbolisme en est grandiose, et amené de telle façon qu'il paraît inévitable. Un élément religieux envahit le texte. Le feu prend son rôle mystique de purificateur. Maurice meurt en même temps que la Commune, il devient le symbole du sacrifice consommé pour que Paris, ou la nation, reçoive la rédemption à travers la souffrance. Le soleil couchant, jetant ses rayons sur la ville qui brûle encore, est le messager d'un espoir nouveau, et d'une renaissance; et Jean, ayant tout perdu (Maurice et Henriette), devient celui qui doit mener à bonne fin la grande tâche pour laquelle Maurice est mort. Nous sommes en pleine mythologie païenne, et chrétienne. La Commune est oubliée. C'est la conclusion solennelle et poétique à la débâcle du second Empire. Dans la mesure où ces romans offrent un "message," c'est bien celui illustré par Zola: "et Jean, le plus humble et le plus douloureux, s'en alla, marchant à l'avenir, à la grande et rude besogne de toute une France à refaire."[37]

Cette "image" de la Commune, cette tendance à la voir comme une épreuve d'où sortira une France nouvelle, se trouvent reflétées dans les chansons populaires et la pensée philosophique. C'est peut-être là l'expression collective d'un mythe de résurgence, qui à tous les grands tournants de l'histoire se recrée dans l'esprit des hommes.

NOTES

1 Article recueilli dans *Emile Zola, Oeuvres complètes*, x (Paris, 1968), 947-50.

2 On consultera avec profit, sur l'emploi de ces termes, et d'autres, Jean Dubois, *Le Vocabulaire politique et social en France de 1869 à 1872* (Paris, 1962), pp. 177-81.

3 Paul Lidsky, *Les Ecrivains contre la Commune* (Paris, 1970), pp. 91-96, tout en signalant lui aussi cette hésitation des écrivains au lendemain de la Commune, n'en cite pas moins des oeuvres qui ne touchent qu'incidemment à la Commune, par exemple *Les Désirs de Jean Servien*, d'Anatole France (1882). C'est sous la Commune, tant haïe d'Anatole France, que Jean Servien rencontre la mort; est-ce assez pour faire de ce livre un roman sur la Commune? D'ailleurs, sous l'en-tête "roman" Lidsky groupe les *Contes du lundi*, d'Alphonse Daudet, et *Jacques Damour*, de Zola; ce classement nous semble fautif.

4 De ces deux romans, nous n'avons pu malheureusement prendre connaissance.

5 Elémir Bourges, *Les Oiseaux s'envolent et les fleurs tombent*, éd. déf. (Paris, 1924), introduction de Gisèle Marie.

6 Lucien Descaves, *La Colonne* (Paris, 1901), p. 413.

7 *L'Insurgé*, dans *Oeuvres complètes*, 3 tomes (Paris, 1969), ii, 376. Ecrit 1881-85.

8 Vallès, *Oeuvres complètes*, i, lxiv.

9 *L'Insurgé*, p. 594.

10 Ibid., p. 573.

11 Peu de témoignages ont l'animation de *L'Insurgé*. Pour le nombre considérable de livres de souvenirs véritables, transposés ou inventés, inspirés par la Commune, voir Jean Bruhat, Jean Dautry et Emile Tersen, *La Commune de 1871*, éd. rév. (Paris, 1970), pp. 377-82. Citons à titre d'exemple Léon Deffoux, *Pipe-en-Bois, témoin de la Commune* (Paris, 1932), et, plus récemment, l'excellent livre de Jean-Pierre Chabrol, *Le Canon fraternité* (Paris, 1970).

12 Paul et Victor Margueritte, *La Commune* (*Une Epoque*-iv) (Paris, s.d.), pp. 100-101.

13 Ibid., pp. 45-46.

14 ibid., p. 195.

15 Ibid., pp. 405-10. Il est impossible de s'accorder avec le jugement exprimé dans Bruhat et al., *La Commune de 1871*, p. 384: "Souci essentiel des auteurs [Les Margueritte]: trouver des 'excuses' à la Commune."

16 Ibid., pp. 219-20.

17 Maurice Montégut, *Le Mur (Mars-Avril-Mai 1871)* (Paris, 1892), p. 79.

18 Ibid., pp. 80-82.

19 Ibid., p. 145.

20 Ibid., p. 261.

21 Quant à l'authenticité des personnages, précisons que dans tous les livres étudiés dans ce travail les personnages principaux, hommes ou femmes, sont fictifs, à l'exception bien entendu de *L'Insurgé*. Cependant, plus le décor est détaillé, plus les personnages historiques entrent en scène. C'est le cas surtout de *La Commune*. Montégut, gratuitement semble-t-il, emploie seulement des initiales.

22 *La Commune*, p. 573.

23 Ibid., p. 584.

24 *Le Mur*, p. 372. Montégut est le seul romancier à donner l'explication de ce phénomène bizarre: une statue en pierre et en bronze qui "brûle." Voir p. 371.

25 G. Touroude, *Les Pavés de la haine* (Paris, 1970) p. 117.

26 Ibid., p. 184.

27 Emile Zola, *La Débâcle*, dans *Les Rougon-Macquart*, V (Paris, 1967), p. 886.

28 Ibid., p. 888.

29 Ibid., pp. 887, 888.

30 Ibid., p. 894.

31 *La Commune*, pp. 436-37.

32 *Le Mur*, pp. 271, 274.

33 *Les Pavés de la haine*, p. 316.

34 Notons aussi, sans vouloir établir des analogies trop faciles, un fait que tous ceux qui ont parlé de la Commune, y compris nombre d'historiens, ont signalé: le printemps de 1871 était radieux, si splendide même qu'il semblait être la réponse de l'espoir au néant. Les romanciers en étaient-ils affectés malgré eux? Est-ce là une idée purement fantaisiste? Mais certains d'entre nous se rappellent un printemps tout aussi radieux, à un moment aussi catastrophique: 1940.

35 *La Commune*, p. 639.

36 *Le Mur*, p. 421.

37 *La Débâcle*, p. 912.

PIERRE B. GOBIN

La Commune: thème dramatique

"Le Théâtre de la Commune de 71 est inexistant ... c'est plus tard, beaucoup plus tard, que la Commune fournira des thèmes aux auteurs dramatiques. Elle aura inspiré ce théâtre; il n'aura pas été le sien," écrit André Tissier en conclusion de son article sur "Les Spectacles pendant la Commune."[1] Une telle absence de production dramatique durant la Commune surprend au premier abord. Sans doute le temps a-t-il manqué pour monter des spectacles nouveaux, d'autant plus que les théâtres avaient été désorganisés par la guerre et le premier siège; sans doute aussi directeurs et administrateurs de théâtres, s'ils acceptaient volontiers la réouverture des salles, préféraient-ils reprendre un répertoire éprouvé plutôt que de risquer des incidents en offrant au public des pièces d'actualité.[2] Mais certaines conditions semblaient réunies pour l'éclosion d'un théâtre révolutionnaire: jamais le public parisien, purgé des éléments les plus réactionnaires ou les plus timorés en fuite à Versailles n'avait été plus réceptif idéologiquement; jamais les pouvoirs publics n'avaient été mieux en mesure de lever les obstacles financiers;[3] les acteurs n'étaient pas tous hostiles à la Commune, et les auteurs en puissance étaient nombreux comme en témoigne l'extraordinaire foisonnement et la vitalité de la presse.

Pourquoi dans ces conditions les théâtres continuaient-ils à n'afficher que des spectacles sans rapports avec la situation dans la cité, répertoire classique, féeries ou vaudevilles, oeuvres intemporelles ou productions déréalisantes?

André Tissier, après avoir rappelé l'importance des cafés et des clubs, note que "la rue [offrait] un spectacle permanent, changeant et … gratuit" et cite Edouard Moriac, qui décrit la foule des badauds se pressant pour voir une batterie qui se rendait au combat: "c'est à qui viendra au spectacle du jour."[4]

Il semble que si la Commune n'eut pas son théâtre, c'est qu'*elle était elle-même théâtre*. Henri Lefebvre a bien mis en évidence le caractère de fête populaire que revêtit l'insurrection.[5]

Le public et les acteurs, le public et les auteurs tendant à se confondre, la médiation dramatique devenait superflue.[6] Le goût des Communards pour les uniformes chamarrés, les drapeaux, les parades, si moqué par les chroniqueurs bourgeois n'est pas une naïve singerie comme le laissaient croire Goncourt ou Ludovic Halévy. Pour la première fois on voyait la force populaire se manifester au grand jour et dans un cadre institutionnel. Les révolutionnaires, se croyant assurés de détenir le pouvoir, voulaient marquer à leurs propres yeux et aux yeux du monde qu'ils disposaient de l'appareil du pouvoir. Le contrôle politique ne leur offrait pas comme aux bourgeois l'occasion de jouir d'avantages matériels, de s'affirmer dans "l'avoir"; mais il leur permettait de proclamer leur légitimité, c'est-à-dire *la coincidence merveilleuse du paraître et de l'être*.[7] Paris, ville-lumière, était aussi ville-théâtre. Si le premier siège, celui des Prussiens avait attiré les yeux du monde sur l'héroïsme des Parisiens (comme le croyaient fermement la plupart des partisans du pouvoir fédéré), la proclamation de la Commune était le lever d'un rideau — rouge et or! — sur une vaste représentation, la Révolution jouant son propre rôle pour l'édification de l'univers.[8] Sur ce désir d'offrir un exemple collectif venaient sans doute se greffer de petites vanités personnelles, la joie de poser pour l'histoire, de figurer sur des documents durables, objectifs comme l'appareil photographique même.[9] Mais cette innocente *hubris* fut, on le sait, chèrement payée, puisque les Versaillais utilisèrent ces documents pour traquer les sympathisants de la Commune vaincue. L'expérience spectaculaire, tenant du "happening" et de la présentation didactique se mua du coup en tragédie collective, avec péripétie, reconnaissance, catastrophe — et un amoncellement de cadavres sur la scène de toute une ville.

Si l'absence de théâtre *de* la Commune pose ainsi des problèmes qui ne relèvent pas seulement de la sociologie ou de l'histoire proprement dites, mais renvoient à l'esthétique, la production dramatique *inspirée par* la Commune ne saurait elle non plus être étudiée uniquement en termes d'histoire littéraire.

En particulier, la chronologie de ces pièces appelle un certain nombre de réflexions. Pour la commodité de l'exposé, je limiterai mon examen à la production antérieure au centenaire. Je laisserai également de côté la pièce de Nordahl Grieg qu'analyse par ailleurs Jean-Claude Vilquin.
Mais à la liste des cinq pièces qu'analyse Raymonde Temkine,[10] à savoir

> *La Commune de Paris* de Jules Vallès (1872), publiée en 1971 par les soins d'Anne Marie Bancquart
> *Les Jours de la Commune* de Bertolt Brecht (1937), représentée en 1956, publiée en 1957 (no. 15 des *Brecht Versuche*)
> *Le Printemps 71* d'Adamov, jouée à Londres en 1962, puis à St. Denis en 1963, publiée en 1961
> *La Butte de Satory* de Pierre Halet (1962-64), jouée en 1967 lors du concours des Jeunes Compagnies, publiée en 1967
> *Les Treize soleils de la rue Saint Blaise* d'Armand Gatti, jouée en mars 1968 au Théâtre de l'Est parisien, publiée en 1968

il me semble utile d'apporter quelques compléments. Au moins une autre grande pièce française est inspirée plus ou moins ouvertement par la Commune de Paris: c'est *La Ville* de Paul Claudel avec ses deux versions (1890-93 et 1897), la seconde étant plus concrète, mieux structurée, et évoquant, de façon à la fois moins littérale et plus cohérente, la situation historique.[11]
Par ailleurs un certain nombre d'oeuvres transposent le thème de la Commune, ou en postulent la présence en arrière-plan, comme par exemple *Les Chapons* de Darien, ou le *Jacques Damour* de Busnach, inspiré par Zola.[12] Enfin certaines productions populaires présentées comme de grandes fêtes prolétariennes évoquent implicitement les fastes de la Commune: les projets de G. Chennevières, unanimiste converti au socialisme révolutionnaire puis au bolchevisme avant sa mort prématurée en 1921, en sont un exemple.[13]
Si l'on inscrit tous ces titres avec leurs dates sur un tableau chronologique, on s'aperçoit que même sans tenir compte de l'extraordinaire activité suscitée par le centenaire, il y a en quelque sorte accélération du rythme des productions inspirées par la Commune (autre pièces seulement avant 1900, dont deux très indirectement, mais trois au cours de la seule décennie 1960-70). Toutefois cette accélération ne correspond pas au rythme de la "percée idéologique" du mythe de la commune; par ailleurs, la chronologie dramatique ne correspond pas non plus à celles des romans et des poèmes qu'ont établies MM. Wood et Aubéry. Enfin, il y a un vaste "trou" correspondant à la période 1900-1935 (si l'on fait abstraction des projets de Chennevières) ou même 1890-1935, puisque la pièce de Claudel appelle des

lectures *symboliste*, surtout dans sa première version, et *symbolique* chrétienne.[14] Ce "trou" est plus grave encore que pour les audres modes d'expression littéraire, puisque la pièce de Vallès ne fut pas jouée, et que les *Chapons* anarchisants causèrent un scandale lors de leur représentation — pourtant "privée" — en 1887 au Théâtre Libre.

En gros, on peut dire que la dramaturgie inspirée par la Commune n'a pu se manifester ouvertement ou directement avant Nordahl Grieg et Bertolt Brecht, à la fin des années 30 et cela hors de France. On pourrait naturellement déduire de cette constatation que c'est faute de rencontrer auprès du public une sympathie idéologique, et qu'il fallait attendre la rencontre d'un public favorable, et de dramaturges socialistes de talent pour qu'une dramaturgie "sur" la Commune soit viable. Ces dramaturges se diviseraient en gros en marxistes plus ou moins orthodoxes (Brecht, Adamov), en socialistes modérés (Halet) et en révolutionnaires plus "sauvages" (notamment les auteurs qui se sont manifestés depuis 1968).

Une telle interprétation me semble cependant trop simple. Il y eut des dramaturges sympathiques à la révolution avant Grieg et Brecht (quand ce ne serait qu'Ibsen qui déclarait en 1871 dans une lettre à un ami qu'il trouvait seulement la Commune trop timide et qu'il aurait mieux valu être plus radical et "flanquer une torpille dans l'arche,"[15] Shaw, ou même J. Richard Bloch). Il y eut aussi des publics "révolutionnaires," formés par les théâtres populaires qui fleurirent autour de 1900, ou le théâtre prolétarien d'Erwin Piscator.[16] Ce qui manquait, je crois, et qui pour autant que je sache manque encore à Nordahl Grieg, c'est une esthétique apte à rendre au théâtre l'impact collectif d'un événement tel que la Commune. L'examen de la pièce de Vallès va me permettre d'éclairer un peu cette hypothèse.[17]

Vallès avait ressenti dramatiquement l'impact de la Commune et avait su le rendre dans ses articles; pourquoi réussit-il à rendre cette expérience vécue en termes romanesques mais échoua-t-il dans une recréation théâtrale? Ce n'est pas en invoquant une conspiration du silence de la part des directeurs de théâtre, non plus qu'en alléguant le "manque de métier" de l'ex-communard, que l'on peut rendre compte de son échec.

La pièce de Vallès ne manque pas d'intérêt. Ses personnages sont souvent attachants et parfois mémorables; son dialogue est presque toujours alerte et bien venu. Mais, paradoxalement, elle pèche par un embarras de richesses. Non content de nous présenter la crise historique de mars à mai 1871, Vallès élargit le cadre temporel jusqu'à inclure les journées de juin 1848 et la répression qui suit la défaite des Fédérés. Si le premier épisode est traité dans un prologue, il n'en est pas de même des événements qui vont du meurtre de Victor Noir (10 janvier 1870) aux représailles confuses de Satory

(29 mai — 4 juin 1871) et à l'organisation de la cour-martiale versaillaise. Il inclut ces préliminaires et ces séquelles historiques dans le corps même de la pièce.[18] Du coup, les événements de la Commune sont accumulés en deux actes seulement (bien que leur présentation forme plus de la moitié du texte). Il en résulte deux impressions contradictoires: d'une part, un morcellement dans le temps de "l'action historique large" — la lutte sociale des révolutionnaires parisiens — et d'autre part une prolifération de l'action historique restreinte.[19] La lourdeur du traitement du temps n'est pas corrigée par le traitement du lieu.

Vallès attribue à chaque tableau un décor précis, ce qui confère à la pièce un grand réalisme "topographique" et "photographique." Mais l'intérêt documentaire qui en résulte est acquis au prix de graves servitudes pour le décorateur. Le dramaturge ne confie pour ainsi dire jamais au dialogue le soin d'établir le lieu dramatique, et la précision du cadre scénique, si elle permet de concevoir l'enchaînement des événements historiques, les ramène au niveau de l'anecdote, tout en entravant le déroulement de l'action dramatique proprement dite.[20] A certains égards, Vallès anticipe sur le réalisme scrupuleux d'Antoine. Mais ce qui est matériellement possible quand une pièce n'exige qu'un seul décor se présente comme une aberration si l'on en suppose une dizaine.[21] En tous cas, les schèmes spatiaux de la pièce, comme la façon dont le temps est traité, sont tout à fait étrangers à la façon dont on concevait le théâtre alors. Les pièces prétendument "réalistes" étaient jouées dans un décor restreint. C'est seulement lorsque l'on s'écartait de tout projet mimétique que l'on pouvait proposer un cadre plus souple, comme par exemple dans les féeries (canevas de Gautier — ou *La Biche au bois*, qui tenait l'affiche au printemps 1871) dans la théâtre à lire ("spectacles dans un fauteuil" de Musset) ou dans les pièces à grand spectacle. Vallès, proposant un théâtre exemplaire n'accordait pas une part suffisante à la vertu évocatrice du dialogue ou à l'imagination active du public. Mais puisque le public envisagé était bourgeois et que son imagination même était "conditionnée à l'irréel," pouvait-il prendre un tel risque?

L'unité de temps, comme l'unité de lieu était donc violée en fait, sans pour autant que leur principe fut résolument mis en cause. L'unité d'action et l'unité d'intérêt n'étaient pas moins compromises.

Vallès, désirant avant tout rendre un témoignage historique, intitule sa pièce *La Commune de Paris*. Mais il organise l'intrigue autour de personnages qui, bien que représentatifs, présentent avant tout un intérêt "humain." Il n'y a là rien d'anormal, dans la perspective du drame psychologique. A partir de l'interférence des problèmes personnels et des problèmes collectifs, une tension eût même pu s'établir, permettant à une éthique nouvelle de se définir.[22]

Rien de tel ici. L'intrigue sentimentale, si elle recouvre un schème idéologique et social – puisque Jeanne Beaudoin, fille du peuple, et Madame de Vernay, aristocrate versaillaise, aiment toutes deux Jacques Bryas, intellectuel bourgeois devenu chef révolutionnaire – n'est pas intériorisée. Jacques n'a pas à choisir entre les deux femmes qui font assaut de dévouement pour lui, car l'une représente la cause à laquelle il a consacré sa vie, alors que l'autre en dépit de ses efforts, demeure associée aux préjugés de Mme Bryas mère, arriviste calculatrice que répudie son fils. Les autres relations amoureuses – passion combattue de l'officier versaillais Bonnal, frère de Mme de Vernay, pour Jeanne Beaudoin dont il fit exécuter le père, association à la fois sordide et pathétique de la courtisane Adèle et du déclassé traître Racatel – ne font que souligner ce que le conflit idéologique peut avoir de mélodramatique.

Vallès a peut-être cru désarmer ses adversaires idéologiques en accordant un rôle majeur à une Versaillaise au grand coeur, ou en démontrant avec une réelle sympathie la psychologie des renégats, mais il s'est imposé une difficulté esthétique insurmontable. Quand Shakespeare dans *Roméo et Juliette* nous montre des amants pris dans un conflit politique, il les dissocie des cliques qui les entourent; quand G. Sand centre ses intrigues sur des couples de classes différentes, elle le fait "a froid," sans chercher à saisir les conflits politiques en situation de crise. Dans ces deux cas, on sacrifie le collectif à l'individuel, ce qui permet une représentation relativement facile, et s'insère naturellement dans la tradition esthétique du théâtre occidental. Pour Vallès au contraire, les relations individuelles demeurent dépendantes de l'affontement collectif. Mais dès qu'elles étaient présentées en termes distincts un directeur de théâtre du XIXe siècle si favorable fût-il aux positions politiques du dramaturge[23] n'aurait au mieux considéré le témoignage historique que comme couleur locale, décor et prétexte à des conflits entre individus, ainsi que dans *Patrie* de Sardou par exemple. Au pire, l'histoire aurait à été scotomisée, et l'action unifiée pour produire une "pièce bien faite"; ou aurait pu aussi traiter la Commune comme un "problème,"[24] comparable à ce qu'est le divorce dans les pièces de Dumas fils. Les préjugés politiques de Sarcey, si vigoureux qu'ils aient été, sont moins contraignants que les exigences de l'esthétique qu'il avait imposée.

Avant de considérer les pièces postérieures à la formulation par Brecht d'une esthétique du théâtre épique permettant de relativiser les éléments psychologiques, il convient de s'arrêter un instant sur *La Ville* de Claudel. Ici, le drame ne s'appuie plus sur une série de tableaux documentaires – permettant la défense d'un projet collectif, et l'illustration d'une vision historique – recoupés par une intrigue romanesque. Le poète n'a plus aucun souci de l'histoire comme déroulement: il n'est plus le témoin d'une époque, mais le créateur d'un mythe. Il peut dès lors librement disposer tant des personnages, dont les rapports n'ont plus besoin de justification psychologique, que des événements dont la causalité se reconstitue en fonction d'un cycle apocalyptique. C'est autour de Lâla, dépendante et dominatrice, objet de culte et inspiratrice, que gravitent les personnages masculins. Le rapport de Lâla avec ses partenaires définit l'ensemble des relations d'un être humain avec ses proches. Elle est successivement fille,[25] pupille, épouse, maîtresse et mère. Les hommes qui l'entourent ne sont point tant personnages rivaux que fonctions complémentaires, et symboles politiques. Lâla, d'abord dominée par le technocrate autoritaire, Besme, est "promise" à Lambert, son "tuteur," homme des comités; elle épouse le poète Coeuvre "dont le verbe s'incarne" mais qu'elle abandonne "pour être libre" après avois eu un fils de lui; elle est enfin entraînée par Avare, l'orateur libertaire qui déclenche les cataclysmes. A la fin de la pièce, Lâla, vieillie, s'éloigne sans rancoeur, comme la ville en ruines est rendue à la paix de la nature. Un nouveau cycle peut alors s'ouvrir. Le Prince Ivors, qu'elle a engendré et qui la répudie, peut "s'établissant dans le milieu de la ville [en] constituer les lois." Nourri de la vitalité de sa mère, fort des armes d'Avare et de l'investiture de Coeuvre devenu évêque, il assume en droit les fonctions de chef, alors que Besme, maître de fait, et Lambert, soumis au comité, n'étaient pas pleinement légitimes. Toute une série de cycles se superposent et se répondent: l'année solaire, de l'automne à l'automne, culminant dans "le fort printemps" qui grise Avare, la vie humaine, l'histoire politique, et l'histoire mythique embrassant l'apogée, la chute et le renouveau d'une civilisation. Les relations historiques sont donc à la fois minimisées et rendues représentatives, tout comme les rapports singuliers entre les personnages. Le cataclysme politique qui balaie Lambert et Besme (dont on voit "passer la tête au bout d'une pique") n'est pas spécifiquement situé, non plus que la *ville*. Il s'agit de Paris[26] et de la Commune mais aussi de *toute* cité, et de toute révolution, lieu et temps destructeurs mais féconds. Mais le schéma claudélien est inimitable.

Brecht au contraire avec *Die Tage der Commune* nous offre un modèle cohérent, conforme à la fois à une idéologie bien articulée et à une esthétique clairement définie. L'histoire peut dès lors être présentée dans son déroulement (sans être "noyée" dans le mythe, ou dépaysée) et ouvertement. Elle n'est pas prétexte comme dans une tragédie ou décor comme dans un "drame" historique. Brecht lit l'histoire de la Commune à travers une grille marxiste, ce qui lui permet de faire carrément appel à des personnages historiques en soulignant les conséquences de leurs propos.[27] Le recul du temps et la distance géographique se prêtent par ailleurs admirablement à la mise en application des techniques de *Verfremdung*.[28] Certes un public allemand ne saurait sans intérêt voir mettre en scène certains compatriotes: le cuirassier blessé qui se⁻joint aux Communards reprend le rôle de témoin; le chancelier Bismarck rappelant brutalement aux réalités les politiques versaillais qui marchandent, établit le context politique. Mais ces personnages ne sont pas au centre de la pièce, comme l'était Jacques Bruyas, *persona* de Jules Vallès.

On peut même dire qu'il n'y a pas véritablement de protagonistes dans la pièce de Brecht, contrairement à ce qui se passe dans *Mère Courage* par exemple, ou dans la *Vie de Galilée*, où certains personnages sont au foyer de la problématique. Ici, la tendance que pourrait avoir le public à s'identifier avec certains individus — comme Geneviève, l'institutrice idéaliste, ou Jean Cabet[29] le jeune garde national — n'a guère à être contrecarrée: il suffit pour les "dés-héroïser" de les placer en situation d'objet, comme Jean lorsqu'il es arrêté en train de saboter le train qui emmène à Versailles de Ploeuc et le trésor de guerre et ne peut que vociférer, ou Geneviève qui assiste impuissante et silencieuse à l'arrestation de son fiancé, espion des Versaillais. Même le dernier cri de défi de Geneviève brandissant un drapeau rouge est coupé court par une rafale. Les combattants et les théoriciens sont distincts, l'auteur ne choisit pas un seul porte parole, à qui il incomberait de formuler la leçon d'un tableau mais plusieurs (on peut en relever au moins trois — le vieux Fédéré "Papa" et son ami "Coco," et Langevin, délégué à la Commune, personnages fictifs).[30] Aucun personnage ne se présente comme la "conscience" de la pièce.

Pourtant, à l'inverse, personne n'est réduit à l'état d'abstraction (comme cela arrive dans certaines pièces didactiques), de pure caricature, ou d'élément d'une foule (comme dans *Le Congrès des blanchisseurs* par exemple). Même les grotesques, tels que le "monsieur corpulent" du premier tableau, ne sont pas entièrement déshumanisés. La figure du profiteur de guerre est complexe; elle allie le cynisme ("toutes les affaires que l'on pouvait tirer de cette guerre ont été faites") à l'égoïsme et à la naïveté ("Accuserez-vous vos chefs, généraux des armées de la France, de manquer de jugement?"). Le 'Monsieur' pousse l'inconscience jusqu'à accuser les gardes nationaux à 30 sous d'être des jouisseurs: "mais prenez garde, la patience de Paris touche à sa fin" (*les gardes nationaux en restent sidérés*). Ainsi la critique procède indirectement, par une ironie double, qui éclaire et le groupe dont fait partie le profiteur, et la situation d'ensemble. Les personnages historiques de Communards ne sont guère mieux traités que Bismarck, qui ponctue de bouffées de cigare et de commentaires grivois sur les artistes de l'opéra des conseils brutaux à Jules Favre, des considérations de profonde politique: "Sachez le bien, sachez le bien, cela ne doit pas se faire avec l'aide d'un gouvernement étranger,"[31] aussitôt niées par le rappel de faits intéressant l'action. "Vous aurez bientôt à votre disposition les 200,000 hommes que nous avons libérés."

C'est ce contrepoint continuel qui donne à la pièce son humour, grinçant quand les personnages sont déplaisants, ou pathétique quand il s'agit de braves gens ou de victimes, et qui constitue une psychologie "par différence."[32] A ce contrepoint au niveau de discours correspond d'ailleurs un montage habile de scènes parallèles. Ainsi la scène où Bismarck et Favre s'entendent pour briser la révolution est immédiatement précédée d'un discours à la Commune où le président évoque l'appui moral d'August Bebel au Reischstag et où Varlin appelle les travailleurs de tous les pays à s'unir; la scène où l'on voit l'écrasement de la dernière barricade, et la mort de François, de Jean, de Geneviève et de "Papa" est suivie sans commentaire d'un épilogue qui montre les belles dames de Versailles suivant la bataille à la lunette tout en déballant les provisions d'un pique-nique.[33]

Il n'est plus nécessaire, dès lors, de dégager explicitement le message didactique. Quelques maximes suffisent; les chansons et les ballades n'ont plus à assumer la fonction de choeur, de commenter l'action, mais d'établir une certaine tonalité, ou d'offrir un appel poignant au delà de l'univers de la pièce, au spectateur d'aujourd'hui. C'est notamment le rôle je crois de "Keiner oder alle" — personne, ou bien tout le monde — ou de "Ostern ist's" — aujourd'hui c'est Pâques,[34] auxquelles font écho des propos où la confiance en l'avenir triomphe de l'amertume du présent.[35]

"Adamov n'est point Brecht," comme le souligne Bernard Dort.[36] Pourtant l'auteur de *Printemps 71* ne faisait pas mystère de l'influence du grand dramaturge allemand, notamment en ce qui concerne l'esthétique. On peut même soutenir que la pièce d'Adamov est à bien des égards plus "brechtienne" que *Die Tage der Commune*, car elle fait un usage plus systématique des techniques de distanciation, et élargit à l'extrême le "clavier" des médiations entre l'histoire et la dramaturgie, entre la dramaturgie et l'expérience du spectateur assistant à la pièce *ici et maintenant* pour reprendre une expression chère à Adamov. En effet, si *Die Tage* jouait presque uniquement sur le contrepoint et la juxtaposition pour mettre les distances en évidence, Adamov établit un clivage entre les tableaux où évoluent des personnages fictifs, constituant un déroulement dramatique suivi, bien qu'interrompu; les guignols "intermèdes allégoriques joués par des acteurs et même sans stylisation excessive,"[37] mais dont presque toutes les paroles sont tirées de documents officiels,[38] et dont les apparitions sont mises en scène, non à partir d'un jeu réaliste, mais à partir de caricatures, évoquant Daumier, Pilotell, et plusieurs autres; et les transitions, qui font appel aux techniques audio-visuelles (projections, disques).

Enfin, il utilise tout crûment des pancartes pour situer les lieux, des symboles très gros pour identifier les guignols, des musiques très évidentes pour établir la domination de tel ou tel groupe. Autrement dit, à mesure que la référence est plus proche du spectateur, le message est plus direct et plus conventionnel,[40] mais c'est la fiction dramatique qui constitue l'univers le plus "réaliste" dans son autonomie. Cela permet à Adamov de rendre à ses personnages une certaine cohérence psychologique, d'utiliser leurs passions, ou leurs pulsions, et de donner à sa pièce une dimension existentielle qui manque parfois à celle de Brecht. Comme les guignols et les transitions (auxquelles on peut assimiler l'épilogue) situent clairement l'action sur le plan historique, Adamov peut consacrer les vingt-six tableaux à la façon dont la crise fut vécue, non par des protagonistes participant à une intrigue comme chez Vallès, mais par un groupe assez diffus de personnages représentant des tendances politiques variées, allant du marxisme à l'extrême droite versaillaise en passant par le républicanisme modéré et le proudhonisme, ainsi que des milieux sociaux, des conditions, ou des nationalités assez divers. S'il y a contrepoint ici, c'est entre les réactions de ces personnages aux événements et la position "officielle" définie par le guignol auquel ils pourraient se rallier. Les événements agissent comme révélateurs et mettent à jour certains traits de caractère latents; chaque carrière se trouve accélérée: tel brave homme se laisse gonfler de vanité, perd tout réalisme, est rappelé à l'existence concrète du peuple par l'amour d'une ouvrière, et meurt dignement, en reconnaissant trop tard ses erreurs — c'est le cas de Robert Oudet, tué sur la dernière barricade avec sa compagne Jeanne-Marie au prénom symbolique; telle femme du peuple se laisse gagner par l'enthousiasme collectif, mais demeure rongée de jalousie devant l'éclat de rivales "exotiques," plus cultivées, plus conscientes; elle sert la révolution jusqu'au bout, mais malgré elle, dans le ressentiment et la peur, et son double jeu malheureux éclate quand le drapeau rouge qu'elle veut cacher tombe sur elle et la drape dans ses plis — voilà l'esquisse du personnage d'Henriette. On pourrait suivre ainsi le développement de chaque rôle, et étudier le rapport dialectique entre les événements publics et les réactions privées liées au milieu, à l'éducation, aux contingences matérielles, à l'acquis biologique des individus, qui à leur tour amènent à des prises de position publiques.[41]

La Révolution apparaît alors comme puissance catalysatrice; elle permet la manifestation de processus demeurés sans elle à l'état latent, mais qui, une fois déclenchés, nourissent à leur tour son activité. S'il y a des éléments d'intrigue résultant des relations "interpersonnelles," ils ne sont jamais dominants comme cela arrive chez Vallès, mais demeurent subordonnés à l'action historique qui les a provoqués mais qu'ils éclairent. Comme l'écrit Claude Martin "la pièce est une composition, peut-être d'images d'Epinal,

mais où les temps forts – soigneusement disposés, bien que très discrète-
ment – font qu'insensiblement les thèmes de l'auteur s'imposent pour éclater
au sommet d'un mouvement naturel qui vous prend à la gorge."[12]

Si Adamov part d'une conception brechtienne du théâtre épique pour l'am-
plifier et en exploiter les implications, ceux qui sont venus après lui ont
abordé la Commune de façon moins ambitieuse. Plutôt que de chercher à
saisir l'événement dans son ensemble historique, ils en ont isolé un ou
plusieurs aspects, à partir desquels ils ont recréé un univers dramatique.
Deux éléments surtout semblent avoir retenu leur attention, les procès et la
survie des mythes.

La Commune a donné lieu à une série de procès exemplaires mettant en
cause la légitimité du pouvoir; le cas Rossel est significatif en ce qu'il porte le
débat au coeur même de l'institution militaire dont la grandeur et la servitude
sont liées à l'inviolabilité des hiérarchies; les procès de ceux qu'on allait
déporter permettent de projeter le destin de la Commune vers l'avenir, tout
en récapitulant les faits, et en situant les griefs réciproques. Surtout,
l'utilisation d'un procès offre un cadre commode pour les plaidoyers historiques, et les appels en recours à la postérité – aux spectateurs actuels en
l'occurrence.

Pierre Halet, dans la *Butte de Satory*, a placé Rossel au centre de
l'attention; Claude Prin, dans *Cérémonial pour un combat*, a repris le combat
de la Commune du point de vue des "pétroleuses," qui au delà de la défaite
politique poursuivent une action démystifiante, futile devant la cour-
martiale d'alors, mais exemplaire pour l'opinion de maintenant.

C'est précisément la présence de la Commune dans la conscience du
public d'aujourd'hui qui lui donne une place dans des pièces telles que *Rosa
Lux* et *Commune de Paris* de Benedetto, *Le Matin rouge* de Bisson, *Place
Thiers* de Birster, et surtout *Les Treize soleils de la rue Saint Blaise* d'Armand
Gatti. Si Bisson et Birster considèrent la question à partir d'une commémoration, Gatti et Benedetto présentent l'expérience de la Commune comme
intégrée soit à la problématique révolutionnaire mondiale, soit à la conscience populaire parisienne, et ainsi comme à la fois constituante et
génératrice pour les spectateurs actuels.

Mais, quel que soit l'élément sur lequel on concentre l'attention, les
techniques dramatiques relativisent le temps et le lieu et permettent ainsi
une liberté dans la présentation que Vallès, par exemple, ne pouvait concevoir, que Claudel n'atteignait qu'en passant par la projection cosmique,
Brecht et Adamov n'établissaient que négativement, dans le hiatus entre les
plans de distanciation, ou dans l'incongruité entre le singulier et le général.
Même une pièce assez conventionnelle de facture, comme la *Butte de*

Satory, fait appel à des "trous" à l'intérieur de la trame réaliste, où l'on plonge "dans la mémoire passée ou à venir ... pour retrouver une mobilité dans le temps imaginé." "Le temps," écrit Halet, "est pour ainsi dire mobile à l'intérieur de son immobilité."[43] Chez Gatti, la montre de Varlin, volée par son meurtrier, est à la fois l'objet d'une quête (parce qu'elle est relique; parce que son inscription commémorative — A Eugène Varlin les ouvriers relieurs reconnaissants — propose un exemple; parce qu'elle permet de remonter le temps) et le sujet d'un combat (pour exprimer le sens de l'histoire, pour retrouver un lieu, "pour inventer une culture"). Son cadran permet à un niveau assez simpliste d'assigner une place aux personnages qui semblent réunis arbitrairement.[44] Son mouvement au delà du massacre des hommes de quartiers rouges (en 1871), de la dépossession de leurs successeurs — puisque la rue Saint Blaise, dernier "témoin" va être démolie, du dénuement de tous les *damnés de la terre* — prolétaires, apatrides, nègres, femmes exploitées, petits bourgeois aliénés — appelle à une "révolution solaire," mais insérée dans le réel. Il s'agit de produire et d'inventer le monde à partir des contingences actuelles, "d'inventer une culture" ("la fabriquer avec ce que nous sommes," dit la vendeuse Doussel). Autrement dit, on passe du réel "documentable" de l'être-là au réel "possible, à ce qu'il doit y avoir," projection dans un monde changé des impératifs et des spéculations (il *doit* y avoir) de l'esprit qui explore ses rêves. La relativisation du temps permet alors d'intégrer l'histoire comme source et modèle, et le drame comme mise en oeuvre et actualisation.

La relativisation du lieu, qui s'effectue scéniquement par l'emploi d'ombres et de lumières, par la projection visuelle de décors "autres" ou de photos-documents (et ne fait alors que raffiner ce que suggéraient Brecht et Adamov — ou même Vallès, dont la pièce est un scénario très riche) est prolongée par les évocations verbales (souvenirs du Mexique ou de Metz dans la *Butte de Satory*, visions de la mer et de la Nouvelle Calédonie dans *Cérémonial pour un combat*, images de la Révolution spartakiste dans *Rosa Lux*, etc.); mais surtout elle fait du monde clos du théâtre, du "champ clos" du combat, un champ de forces qui éclatent et proposent un espace ouvert à la révolution. *Die Tage der Commune, Printemps 71* se jouaient devant une immense carte rappelant la topographie de Paris, concrétisant l'espace urbain — et c'est seulement à la fin de sa pièce qu'Adamov substituait un planisphère au plan. Les pièces nouvelles réduisent le cadre au prétoire, à la salle d'école, à la cellule de prison pour contraindre à une ascèse et à une remise en question. L'exemple parisien est alors disponible pour tous. Le fait que la Commune ait avorté comme expérience de gouvernement révolutionnaire, qu'elle laisse tant "de travaux interrompus,"[45] invite à en poursuivre la réalisation, non plus sur le plan "expérimental" mais pratique, non plus à l'échelle d'une ville, mais du cosmos (*Les Treize soleils*) ou, concrètement, du monde.

Les pièces les plus récentes, qui ont profité des recherches esthétiques du Nouveau Théâtre, poussent aussi plus loin que leurs devancières la relativisation des personnages.[46] Même dans la *Butte de Satory*, Rossel n'est pas un héros (bien que "dans le fond il ait certainement rêvé de l'être"). Thiers intervient pour le marquer comme "masque"[47] pour souligner que le martyr fut aussi comédien. *Rosa Lux* est, comme les personnages de Brecht, le foyer d'une problématique (ici multipliée). Les étudiants du cours du soir, dans *Les Treize soleils*, ont une raison sociale, un statut scolaire – au sein de ce que Moreno appellerait l'atome sociométrique, préliminaire au véritable sociodrame – une série de réactions au thème proposé par l'institutrice, des symboles où le cosmique est abâtardi ("soleil marginal") et qu'il s'agit de purger. Ils n'ont pas d'autonomie existentielle – même en fonction d'une action historique comme c'était le cas chez Adamov.

C'est dans deux pièces du centenaire, *Cérémonial pour un combat* de Prin, et *Commune de Paris* de Benedetto, que les techniques d'avant-garde sont appliquées avec le plus de succès, à la Commune comme histoire, épopée et mythe collectif. Les femmes de *Cérémonial*, alors même qu'elles se défendent contre les tentatives de l'avocat pour les dépouiller de leur responsabilité, ou du médecin pour les réduire à un ramassis de fantasmes, le font collectivement (Louise [Michel] n'est que la plus consciente) et en se plaçant sur une trajectoire qui dépasse leur individualité puisqu'elles parlent pour tous les révolutionnaires, et toutes les femmes qui doivent liquider les "non-personnages" (la guillotine, "veuve" répressive, la colonne Vendôme, socle de Napoléon qui propose une gloire mortelle) pour affirmer la vie que les révolutionnaires hommes ne savent pas plus reconnaître que les officiers du conseil de guerre. Dans *Commune de Paris*, le montage de documents, de fragments de discours de toutes provenances, de slogans de toutes tendances, dont l'attribution est laissée ouverte, est rythmé par des chants révolutionnaires repris collectivement comme une amorce de participation du public. Visuellement, cela se présente comme une succession de graffiti, qui donnent un sens au mur des contingences, tout en le dégradant, en le défiant. A la limite, une dialectique de l'outrage comme rituel destructeur, ou incitation se définit à partir des textes de Benedetto et de Prin. La force de cette incitation tient en partie de ce qu'elle utilise des formes actuelles de libération (féminisme militant dans *Cérémonial*, participation de la rue dans *Commune*) déjà à l'oeuvre dans l'expérience historique de 1871. "La ville elle-même est un mur," comme l'écrit Benedetto, non seulement parce qu'elle sert d'enceinte et de lieu scénique, mais aussi parce qu' "aire de jeu" elle invite à une nouvelle relation du théâtre et de la vie. Il ne s'agit plus d'un monument au passé mais d'une utopie. En Avignon, où le théâtre des Carmes célèbre l'épopée parisienne de 1871, c'est la Commune de 1971 qui se manifeste à l'état naissant, au lieu même où le jeu s'exerce: "On prend le palais des papes et on le fait servir à quelque chose de vivant. ... On prend le pont d'Avignon et on y danse quand on en a envie." Il ne s'agit pas toutefois d'un "happening," qui serait caduc dès qu'il a eu lieu, mais d'une fête et d'une création potentielle, ouverture sur le devenir, dans la rue et sur le papier:

> La commune ... c'est une page blanche
> ci-contre

Ainsi, la Commune de Paris, si elle n'a pas suscité "son" théâtre, a stimulé l'imagination d'un nombre important de dramaturges. La dramaturgie inspirée par la Commune n'a cependant pu s'imposer que lorsque l'opposition entre le projet historique, social, et collectif a pu être exprimée en termes dramatiques, c'est-à-dire susceptibles de médiations représentatives. Ce qui était théâtre à bien des égards (ou fête libératrice) était difficilement réductible aux dimensions d'une scène à l'italienne, aux contingences de la "pièce bien faite," mais a pu être rendu grâce à la distanciation entre l'histoire et le drame, selon l'esthétique du théâtre épique, ou à la relativisation des catégories dramatiques que propose le nouveau théâtre. Aujourd'hui, en un temps où le théâtre est "assiégé," "agonique," ou "utopique," la Commune de Paris lui sert d'analogue. Comme l'infra-tragédie ou la corrida, elle figure une mise à mort; comme la dramaturgie du nouveau langage elle est défensive, barricadée; comme le théâtre néo-épique, elle représente une action collective à la fois historique et virtuelle. Elle est donc exemplaire en tant que spectacle, comme point focal où se rencontrent les idéologies, et point d'optique où convergent les schèmes. Mais en ce foyer, lieu de paix restituée et patrie idéale, tout s'embrase et se consume, par l'ardeur des combats et l'incendie sacrificiel. Le vrai théâtre de la Commune sera donc toujours à réaliser, comme événement, plutôt que comme texte ou histoire. L'usage des documents fondant une commémoration ou un "cerémonial" du passé doit nourrir une incitation, "pour un combat."

NOTES

1 *Europe*, année 48, no. 499-500, consacré à *La Commune de Paris*, pp. 179-98.
2 Sylvie Chevalley a bien montré quel était l'état d'esprit habituel de ces milieux. Elle note ("La comédie française pendant la Commune," ibid., p. 208,) que "les documents privés ne révèlent aucune sympathie pour la Commune et les communeux" de l'administrateur ni des comédiens. La seule pièce de circonstance montée alors, le *Procès des francs*

fileurs, fut jouée au Château d'Eau, théâtre excentrique, situé dans un quartier populaire. Tissier, "Les Spectacles," p. 184. L'ouvrage de Gustave Labarthe sur *Le Théâtre pendant les jours du siège et de la Commune 1870-71* n'apporte pas d'informations supplémentaires.

3 Le public payant était peu nombreux à la Comédie Française, par exemple, mais on "faisait des salles" en distribuant des billets gratuits. Tissier, "Les Spectacles," p. 195.

4 Moriac, écrivant en 1871, parle du "théâtre de la lutte," quand il décrit les combats, et utilise de nombreuses métaphores empruntées au langage des spectacles.

5 Pp. 33-45 du présent recueil.

6 Pierre Biner dans une étude sur le *Living Theatre* nous relate l'échec d'une entreprise dramatique révolutionnaire au sein d'une société elle-même en plein ferment.

7 Il y aurait beaucoup à dire sur ce point. La manifestation des Francs-Maçons défilant pour aller planter leur bannière sur les fortifications devant Neuilly est une autre expression de la même conjonction. La société secrète s'épanouissait fièrement au grand jour. (Il est à noter que L. Halévy fait du père Cardinal un Franc-Maçon.) On assiste, je crois, lors de la Commune à un phénomène comparable au "*passage à la nomenclature*" dans *Le Balcon* de Genet, c'est-à-dire à l'émergence publique de pouvoirs longtemps occultés. L'importance du soleil et de la torche dans l'imagerie de la Commune est à étudier dans cette perspective.

8 Mon interprétation rejoint celle de Jean Duvignaud dont l'ouvrage *Le Théâtre et après* n'a été publié qu'en octobre 1971. Il y écrit (p. 59), "Pourquoi les révolutions ne suscitent-elles pas l'apparition d'un théâtre révolutionnaire? ... Parce que durant les périodes d'intense transformation de structures la société se représente à elle-même, se théâtralise, et, jouant sa réalité publiquement, se modifie en la réalisant."

9 Pierre Gascar, dans *Rimbaud et la Commune* (Paris, 1971), étudie le rôle de cette théâtralisation dans le développement d'une imagination poétique puissante. Il fait remarquer que la Commune fut la première révolution à se dérouler devant l'objectif du photographe.

10 A la liste donnée par Raymonde Temkine à la fin de son article sur "La Commune au théâtre" (*Europe*, no. 499-500, pp. 210-26) j'ajouterais *Rosa lux* d'André Benedetto (mars 1971), édité par P. J. Oswald, et *Le Matin rouge* de J. Pierre Bisson, chez le même éditeur, qui toutefois ne touchent pas aussi directement au thème de la Commune que *Commune de Paris* de Benedetto, *Place Thiers* de Birster, et *Cérémonial pour un combat* de Claude Prin, qu'elle analyse brièvement et que j'évoquerai en passant. Je n'ai pu me procurer la pièce d'Yves Jamiaque dont elle annonce la représentation. Ces oeuvres appelleraient une autre étude.

11 Le critique hollandais Byvanck avait déjà noté en 1894 que la première version faisait penser "à la révolte de la Commune." On peut lire la traduction de son article publié d'abord dans *de Giids*, dans le numéro 209-11 (1969-4) de la *Revue des lettres modernes*, *Paul Claudel 6*, consacré à *La Première version de La Ville* (pp. 105-15). Il convient aussi de lire la note de Jacques Petit "A propos de *La Ville*" dans le numéro 150-52 (1967-1) de la même revue (*Paul Claudel 4*) où sont relevées des allusions directes à la Commune dans la première version (pp. 105-106) et l'édition critique de la pièce procurée par Jacques Petit.

12 L'épisode de Florent du *Ventre de Paris* recoupe le thème de la nouvelle.

13 Il s'agissait de montages de textes révolutionnaires coupés de choeurs et d'orchestres. Le modèle était la IXe symphonie de Beethoven, mais les textes devaient exprimer un humanisme prolétarien.

14 Une édition critique détaillée de cette pièce devrait pouvoir établir la corrélation entre

trois lectures ou interprétations qui se renforcent bien plus qu'elles ne s'excluent (symbolique personnelle – la conversion – , symbolique providentielle, et symbolique historique), et permettre un déchiffrement de l'histoire comme "histoire sacrée." *La Ville* est une des pièces les plus riches de Claudel, mais est relativement négligée par les chercheurs malgré les travaux indiqués plus haut (note 11). Si La Ville restaurée est Nouvelle Jérusalem, elle figure aussi La République d'après l'amnistie des Communards et le ralliement des catholiques. Je crois que la remarque de J. C. Morisot ("Le Mythe et l'histoire dans *Tête d'or*," *Revue des lettres modernes*, 151-52 [1967], 13) demande à être nuancée: "il ne pose le problème de l'état dans *La Ville* que pour le dépasser dans une mystique."

15 Lettre, citée par Ehrard, *Ibsen* (Paris, 1898), p. 62.

16 Voir sur ce point les ouvrages d'Emile Copferman et notamment *Le Théâtre populaire, pourquoi* (Paris, 1965).

17 Je renvoie à l'article de Raymonde Temkine pour l'analyse du déroulement de la pièce.

18 Elles représentent respectivement le 2e et le 5e acte (2ème tableau; 10ème et 11ème tableau).

19 Je reviendrai plus loin sur une explication possible de cette structure temporelle.

20 E. Souriau a bien montré ("Lieu dramatique et lieu scénique," *Revue d'esthétique*, XVII, 3 [1960] 74-87, numéro spécial consacré à l'esthétique théâtrale) la supériorité du décor établi librement par le dialogue ("décor dramatique") sur le décor "scénique" construit sur le théâtre.

21 Ce problème est d'ailleurs fondamental pour toutes les pièces qui nous intéressent ici. Adamov pourra écrire à propos de *Printemps 71*: "mégalomane, je serai puni." Il avait en effet beaucoup de peine à trouver une mise en scène satisfaisante.

22 C'est à bien des égards ce qui se produit dans le théâtre cornélien, ou dans les "Histoires" de Shakespeare.

23 On sait que Vallès espérait faire jouer sa pièce hors de France, en Belgique, en Angleterre ou éventuellement aux Etats Unis.

24 C'est ce que sera la révolution pour un Paul Bourget dans *La Barricade* trente ans plus tard.

25 Le rapport avec Besme, "figure de Saturne," père détrôné (castré?) et décapité n'est qu'implicite – les autres sont explicites.

26 Dans la première version, les références étaient plus précises ("Belleville, Bièvre, la Butte aux cailles") et les noms des personnages plus explicites ("Sueur et Lerouge" délégués ouvriers; "Parpaille" – banquier protestant? et "Poulet" – suppôt de la police).

27 Par exemple la confrontation entre le vieux Beslay et M. de Ploeuc, le "gouverneur" de la Banque de France, est directement inspirée par un commentaire de Marx. Cette confrontation sera reprise par Adamov. Brecht d'ailleurs attribue à de Ploeuc un titre qu'il n'avait pas.

28 Ni la traduction "courante" de distanciation, ni le terme d'*effet V*, qui marque un aveu d'impuissance ou celui, ambigu, d'"aliénation" employé dans les traductions anglaises, ne sont satisfaisants. Il faudrait sans doute dire "l'étrangéité," le recul critique qui découvre l'insolite au delà du familier.

29 On notera cependant le symbolisme des noms, évoquant les auteurs du *Cuirassier blessé* et de l'*Icarie*.

30 Les formules lapidaires ne manquent pas. En voici une, de Langevin à la fin du 7e tableau: "N'attendez pas de la Commune plus que de vous-mêmes."

31 "Weiss ja, weiss ja, es soll nicht mit Hilfe einer fremden Regierung geschehen sein!"

32 Un autre exemple: Thiers prétend défendre la culture au nom de laquelle il faut réduire la canaille, mais déclare, "Pour nous autres possédants, Paris n'est pas un symbole mais une possession." "Für die Behörde, für uns ist Paris kein Symbol sondern ein Besitz-tum."

33 Scènes 9 et 10 (pp. 59-60 de l'édition Suhrkamp) et 13 et 14 (pp. 75-76). Il s'agit sans doute de la terrasse de Meudon ou de St. Germain.

34 pp. 67-68.

35 Par exemple au tableau 13, p. 74: "Jean: wir wissen nichts (nous ne savons rien). Geneviève: Nun, Jean, wir lernen (maintenant, J., nous apprenons). Jean: Indem wir ins Grass beissen, das wird viel helfen (quand nous serons morts, cela aidera grandement; lit: quand nous mangerons les pissenlits par la racine). Geneviève: Es wird helfen Jean (cela aidera, Jean)."

36 *Théâtre public* (1968), 261-62.

37 Préface de *Printemps 71, Théâtre*, IV (Paris, 1968), 89.

38 "Presque toutes les paroles prononcées par Thiers, le conciliateur, la Commune, etc., sont des phrases authentiques de Thiers, de Louis Blanc, du Journal Officiel de la Commune, etc.'," ibid.

39 Voir l'article de J. Leith. Adamov a publié un recueil de textes de la Commune et était sans doute le mieux documenté de tous les auteurs qui nous intéressent ici.

40 En ce sens il anticipe sur les techniques utilisées par Benedetto pour "mettre en condition" les spectateurs, et pour les "démystifier." Cf., par exemple, la mise en scène du *Petit train de Monsiieur Kamodé*, ou même les deux pièces où intervient la Commune, comme thème, comme structure ou comme souvenir.

41 On pourrait s'amuser à proposer des clés pour certains d'entre eux: l'esthète bourgeois, Anatole de Courmont, fait penser à Goncourt, la marxiste russe Sofia à Elisabeth Dimitriev, le journaliste proudhonien Robert Oudet a des traits de Vallès, etc.

42 Pour le programme du théâtre Gérard Philipe, cité par René Gaudy, *Arthur Adamov* (Paris, 1971), p. 72.

43 Introduction à la *Butte de Satory*, p. 7.

44 "Boulise retrouvait la montre de Varlin car elle c'était l'aiguille et nous tous les heures" (*Les Treize soleils*, p. 117).

45 *La Butte de Satory*, p. 115.

46 Nous avons vu que cette question fondamentale avait déjà reçu plusieurs solutions: symboles (Claudel), contrepoint (Brecht), guignols (Adamov).

47 "En plein cothurne ... que voulez-vous faire d'un homme qui choisit de se jouer son théâtre jusqu'au bout," *La Butte de Satory*, p. 115. Marx avait d'ailleurs note lors d'une controverse avec Lasalle à propos du *Prince Franz von Schickengen* (*Ueber Kunst und Literatur* [Berlin, 1949]) qu'un personnage de "révolté" ne pouvait atteindre à l'authenticité révolutionnaire et partant ne saurait être constitué en héros.

JAMES A. LEITH

The War of Images surrounding the Commune

*Bref, l'orgie des formes et des couleurs
ne le cède en rien à celle des phrases et
des idées.*[1] E. Money

The publication several years ago of Ralph Shikes' *The Indignant Eye*[2] has reminded us that since the later Middle Ages western Europeans have repeatedly employed images in their religious, political, and ideological struggles. In the fourteenth century, church reformers paraded through the streets of Prague with tableaux contrasting the behaviour of the pope with that of Christ. In the sixteenth century, all sides in the religious struggles depicted their own virtues and lampooned their opponents. While French artists portrayed Louis XIV as an heroic conqueror, the Dutch and other enemies represented him as an aggressive monster. At the peak of the French Revolution some artists glorified the Republic while others portrayed the excesses of the Terror. Again in the upheavals of 1830 and 1848 there was a resurgence of graphic warfare. But seldom in modern times have so many propagandistic caricatures, engravings, and other images appeared as just before, during, and after the Paris Commune. The Bibliothèque Nationale alone has scores of huge folio volumes preserving such material.[3]

This war of images has not been taken very seriously by western historians. In the nineteenth and early twentieth centuries some articles appeared on the subject, but they were mostly very superficial.[4] Berleux hunted down all the caricatures he could locate, but did not go beyond publishing a list of them.[5] More recent studies of caricatures in France have given scant attention to the Commune.[6] Some Russian and Czech scholars have studied the caricatures of the period, but they have treated only revolutionary artists.[7] To examine only one side is an odd way to study what they conceive of as class warfare. In any case their studies are virtually unknown in the west. Such able historians as Roger Williams, Alistair Horne, and Stewart Edwards ignore graphic warfare in their recent studies of the upheaval.[8] Some centennial displays of caricatures and other visual materials have been accompanied by useful catalogues, but these scarcely constitute serious investigations.[9] The centenary has also produced some nicely illustrated special numbers of art journals; however, the commentaries are superficial.[10] Most historians still treat caricatures simply as effective illustrations rather than as valuable sources.[11] Bernard Noël uses various caricatures among the illustrations in his *Dictionnaire de la Commune*, but does not consider most of the artists worth an entry.[12]

But the Communards did regard imagery as very important. Their iconoclasm demonstrated that they considered it harmful to tolerate images which served the old order. The destruction of the Vendôme column, capped with the figure of Napoleon, symbolized their determination to efface iconography which propagated imperialism and militarism. One Communard drew a lesson from the destruction of the monument in the final stanza of a song entitled "La Colonne":

> Peuple, apprends par cette histoire
> A n'plus porter sur ton dos
> Ces Jean-pourtres de héros
> Qui t'causent tant de déboires
> Et voilà comme en tirant
> On abat tous les tyrans.[13]

Radicals of the eleventh arrondissement called for the demolition of the statue of Voltaire because the philosopher had lauded Frederick II, praised the Prussian army, denigrated the people, and mocked the city of Paris.

In place of the old art they obviously intended to create new works which would enlighten the masses. This was clear from the concluding paragraph of the manifesto of the Federation of Artists:

> Enfin, par la parole, la plume, le crayon, par la reproduction populaire des chefs d'oeuvre, par l'image intelligente et moralisatrice qu'on peut répandre à profusion et afficher aux mairies des plus humbles communes de France, le comité concurra à notre régénération, à l'inauguration du luxe communal, aux splendeurs de l'avenir et à la République universelle.[14]

For this educational role the Communards wanted to transform, not only large

SOUVENIRS DU SIEGE DE PARIS

works of art, but little images as well. For example, *Le Père Duchêne* called for new postage stamps featuring a sharp-eyed woman capped with a Liberty bonnet, "une bonne bougresse de patriote."[15]

Some leading artists were absent or preoccupied during the peak of the upheaval.[16] The painter Corot, seventy-four years old by the time of the Commune, left Paris early in April, never having held radical political ideas. Manet went to the south of France in February and did not return until June when he did some drawings of the barricades and the dead on the streets. Millet was elected to the Federation of Artists, but declined to serve. Renoir obtained passes from both Versailles and the Commune so that he could cross the lines to visit his family and carry on his painting. Courbet was an enthusiastic Communard, but was busy with administrative chores as head of the Federation of Artists. Daumier satirized the horrors of civil war, but remained cool toward the Commune. The sculptor Dalou was kept busy as deputy curator of the Louvre. However there were numerous caricaturists who took up the cause of the Republic and the Commune. Meanwhile other artists campaigned for Versailles. The war of images extended onto posters, letterheads, calendars, medallions, membership cards, sheet music, to-bacco boxes, and even dishes,[17] but the quickest and cheapest weapon was the caricature. "Les temps sont devenus sombre et mauvais pour rire!" Pyat wrote to *La Caricature politique* on the eve of the Commune. 'Mais souvenez-vous que la satire est l'arme vengeresse; que les toniques sonts amers!"[18]

Caricatures appeared in a variety of forms and were employed in a number of ways. There were special illustrated satirical periodicals, some very short-lived, such as *L'Actualité, La Caricature politique, La Flèche, Le Lampion*, and *La Puce en colère*. Cartoons and vignettes appeared too in many popular newspapers such as *La Carmagnole, La Charge, L'Estafette*, or *Le Fils du Père Duchesne illustré*. And following suppression of the Commune, right-wing newspapers and satirical periodicals such as *Le Charivari, La Chronique illustrée, Le Grelot, Le Journal amusant, Le Monde pour rire, Le Monde illustré, La Revue comique, L'Univers illustré*, or *La Vie Parisienne*, often featured counter-revolutionary cartoons.[19] But the majority of carica-tures were printed on separate sheets, often coloured by hand in two or three colours. Sometimes they appeared in series numbered consecutively, some-times making up an album, but almost always each sheet had an independent importance. They were printed in unprecedented numbers and widely distri-buted. They were sold by street vendors, displayed in shop windows, or stuck up on walls and fences. Crowds assembled around new lithographs, joking about the themes, making caustic comments, or engaging in passionate arguments. Enemies of the Commune noted the popularity of caricatures: "L'étalage des boutiques, les murailles mêmes racontaient à leur manière la dispersion des idées, des principes et le décousu des esprits," recalled Francis Wey in his *Chronique du siège de Paris*.[20]

Among the pro-Communard caricaturists Pilotell was the most brilliant. In the last years of the Empire he was condemned several times for his political cartoons. In 1871 he founded his own journal *La Caricature politique*, took part in the abortive insurrection of 22 January, supported the revolution of 18 March, was appointed chief of the Directorate of the Fine Arts, and for a time was one of the police commissioners of the Commune. During the last days of the Empire, the siege of Paris, and the seventy-two days of the Commune he produced about sixty caricatures. The artist Moloch, a painter and decorator who had turned caricaturist during the final years of the Empire, was even more prolific, turning out nearly two hundred cartoons full of hatred for the Versailles government. Another talented left-wing caricaturist was Saïd, pseudonym of the engraver and lithographer Lévy, who did about thirty laconic but expressive pieces sympathetic to the working masses. The self-taught artist Gaillard junior, son of the worker who was at one time principal director of the barricades during the Commune, turned out a number of works full of revolutionary pathos. Other important caricaturists on the left included Alexis, Brutal, Gill, De Frondas, Dupendant, Mathis, and Rosambeau.

Some artists began on the left, but moved to the right in reaction to the Commune. Such was the case with Faustin, the most fertile caricaturist of the period, who produced eleven series and over five hundred separate sheets in 1870-71. After ridiculing the former emperor and his family, supporting the new Republic, and fulminating against the Versailles government during the Commune, he swerved sharply to the right in May, publishing anti-Communard cartoons in the counter-revolutionary periodical *Le Grelot*. The young artist Klenck, responsible for many pieces attacking the Versailles government, veered even more sharply to the right after the suppression of the Commune. Renaux, who sometimes signed his works "Marcia," at first lauded the Commune, but ended up rejoicing over its departure. Russian historians have dismissed these artists as mere turncoats, but their shift was significant. At the same time the Russians have belittled some very effective caricaturists on the right such as Bertall, Cham, Gillot, Chouquet, Darjou, Job, Nérac, Pipp, Robida, Trilby, and Théo.

The proliferation of caricatures began with the partial liberalization of press laws under the Empire, but the real flood came with the overthrow of Napoleon III. Draner shows an idle National Guard amusing himself looking at a stall selling a selection of the caricatures ridiculing the old government [plate 1]. These pieces rarely focused on imperial social policies or economic conditions, but concentrated on the alleged decadence of the régime. Many of these caricatures were obscene, exploiting the very vices they purported to condemn.[21] For example, Le Petit's "La V.... Espagnole" ridicules the strong-willed Spanish empress who was popularly believed to have the last word in the imperial household on government policies as well as domestic matters. The cartoonist depicted her as a cow — *vache* also means a loose woman — carrying on her back Ollivier, leader of the government formed in January 1870, with whom she was widely believed to have a liaison. She is shown farting in disrespect at her husband whose imperial crown of laurels has come loose to form the horns of a cuckold. The prince imperial, the only child of the emperor and empress, lies helpless on the ground [2]. A cartoon by Faustin, playing on the word *poule*, which can mean both the game or a tart, shows Eugénie lying provocatively on a billiard table, tapping a tambourine symbolic of her love of abandoned rhythmic dancing. The players with their phallic sticks are Prince Napoleon, Louis Veuillot, Bernard de Cassagnac, Emile Ollivier, Joseph Piétri, and Napoleon III. The bottles and glasses add to the impression of dissipation [3]. Another scene by Renaux purported to show the prince imperial being initiated into the ways of the court [4].

The satires of the hapless emperor took many forms. One artist built up his

LA V.... ESPAGNOLE

2

La Poule.

3

SOUS L'EMPIRE.

L'EDUCATION D'UN PRINCE.

4

likeness with pieces signifying his crimes and follies – his hair was made up of an imperial eagle, his forehead was stamped with the coup of December 2, 1851, and the capitulation of Sedan, his eyebrow was composed of the hat of Cardinal Antonelli, his nose was formed by the pope who was supported by a canon, his cheek was pieced together from bound figures symbolizing various liberties, and his jowl represented a Mexican expelling France [5]. An anonymous artist represented Badinguet – a nickname for Napoleon III after the workman he was said to have impersonated to escape from the Fortress of Ham in 1846 – setting out for war in a cartoon which when turned upside-down shows him returning as an ass [6]. Le Petit depicted him as half human and half eagle, as wicked and bloodthirsty as the Prussians [7]. Like many others Faustin showed him with the syringe used to give him enemas which became a symbol of his weakness [8]. Above all artists could contrast the ineffectiveness of Napoleon with his imperial pretensions – Pépin shows the emperor after twenty years limping along on crutches with a broken drum and accompanied by a scraggly eagle [9].

A host of caricatures lampooned other members of the defunct régime. The title page of the series *La Ménagerie impériale* by Hadol, containing thirty-two coloured engravings, portrayed the Republic drawing back the curtain to

BADINGUET REVENANT DE LA GUERRE !!!

5   6

7

La seule Colonne à laquelle il puisse prétendre.

8

9

10

reveal the creatures which have devoured France in the past twenty years, in her opinion "ruminants, amphibies, carnivores et autres budgetivoires" [10]. Ollivier, who had moved from opposition to the imperial régime to become chief minister of the Liberal government, was depicted as a repulsive serpent, a forked tongue emerging from his mouth, his body encircling a wallet [11]. Pierre Bonaparte, another republican who had become reconciled with the Empire, and had achieved notoriety by shooting a journalist, was portrayed as a wild boar, fangs protruding from his mouth, pistols in his front hooves and another gun and a dagger stuck in his red belt [12]. Piétri, former chief of the hated police, was pictured as a fly because of the similarity between the word *mouche* and *mouchard*, meaning a police spy. The false workmen whom he planted in industry had become known as "les blouses blanches" [13]. In a similar vein Faustin depicted the imperial court and its ministers as a nest of caterpillars which had stripped almost bare a tree representing France, but evidently he hoped that the leaves would soon grow in again [14]. Le Petit showed the emperor and his entourage all being swept away as rubbish by the events of September 4 [15].

Unfortunately proclamation of the Republic did not sweep away France's problems. The war continued, the Prussians advanced steadily, and eventu-

LA MÉNAGERIE IMPÉRIALE.

EMILE OLLIVIER

LE SERPENT

11

LA MÉNAGERIE IMPÉRIALE.

PIERRE BONAPARTE

N°6

LE SANGLIER

12

LA MÉNAGERIE IMPÉRIALE.

PIETRI

N°14

LA MOUCHE

13

ally Paris was besieged. Several artists depicted the humorous side of the war and the siege. An anonymous cartoon showed Napoleon III reviewing the Amazons of the Seine, although in fact this unusual corps was not recruited until after the emperor's imprisonment, and then only unofficially as a sort of women's auxiliary to assist the men on the ramparts [16]. In a series entitled *Paris dans les caves* Moloch depicted the comic aspects of life in the capital under siege. In one piece a fireman brings disturbing news to a Parisian:

> - Rassurez-vous, Monsieur, si votre maison est détruite, du moins votre épouse est sauvée, nous vous la ramenons saine et sauve.
> - Sauvée! O mon Dieu! Que vous avais-je donc fait pour m'envoyer deux catastrophes pareilles à la fois? [17]

But the main result of war was bitterness born of the conviction that the Government of National Defence had betrayed the nation and especially the citizens of the capital. Frustrated patriotism was one explosive force behind the upheaval of March 18. Faustin showed Jules Favre, the minister of foreign affairs, wearing a Prussian helmet and a tunic decorated with a cross, and running a bayonet through a female figure representing Paris [18]. The same cartoonist depicted Trochu, who bragged of having a plan to save

L'ARBRE RONGÉ PAR LES CORSES REVERDIRA!

14

15

ACTUALITÉS.

Elle me résistait je l'ai assassinée! (Anon. dernier mot)

18

LES AMAZONES DE LA SEINE.

CONSEIL DE RÉVISION

16

PARIS DANS LES CAVES.

17

France, servilely licking the feet of the German emperor while a waspish
creature excretes the word PLAN into his cracked head [19]. And this artist
again reflected the sense of betrayal felt by many Parisians when he portrayed Favre, Garnier-Pagès, Trochu, Ferry, and Thiers dropping the key to
Paris over the city wall into Bismarck's hands [20].

Already some of the techniques of the graphic propagandists should be
clear. Most often these artists liked to attack concrete personalities who in
their opinion embodied the forces to which they were opposed. This catered
to the popular tendency to see issues in terms of individuals. Thus Thiers
became the personification of betrayal and reaction. More than half the
cartoons of the period lampoon the chief executive. He appears in diverse
unsavoury roles – a would-be rapist assaulting the Republic, a mortician
nailing the Republic in a coffin, a magician who turns the Republic into a
pear symbolizing the Orleanist line, a shoemaker shaping a heel for the
Republic which will make her limp, a proprietor of a shooting gallery with the
heart of the Republic as a target, or a wet-nurse breast-feeding the Comte de
Paris and the Duc d'Aumale. Rosambeau depicted him as the blue-beard of
1871 [21]. Corseaux showed him as a gymnast balancing the varied pretenders to the throne [22]. De Frondas proposed that the figure of Thiers, king of

19   20

the capitulators, might replace Napoleon I atop the Vendôme column. He would be shown with a *coq gaulois* tied round his chest and holding in one hand a pear bearing the features of Louis Philippe, and in the other the monarch's emblem, the umbrella. In place of the reliefs of the Napoleonic campaigns of 1805 would be a list of Thiers' "heroic" achievements – the massacre of the rue Transonain in 1834, the recent capitulation of Paris, and the still more recent devastation of Neuilly and Courbevoie [23].

While artists sympathetic to the Commune depicted the members of the government at Versailles as virtual criminals, their very physiognomies distorted by their baseness, they portrayed the Communard leaders at the Hôtel de Ville as upright, noble, courageous men. Writing shortly after the demise of the Commune, Money complained that many artists had prostituted their talents in adulation of the Communards. "L'intégrité du caractère des élus de la foule, la sainteté de leur mission ne sont même mises en doute," he asserted. "Bien plus, ils professent pour eux un respect qui touche au fétichisme et, féroces pour les absents ou les opprimés, ils ne prodiguent aux maîtres du jour que de l'encens et des dithyrambes."[22] Money cited various examples of what he considered toadyism, such as the gallery of portraits, each with a eulogistic text, entitled *La Commune de Paris*. There

LA BÊTISE HUMAINE.

L'Exécutif ou la Barbe Bleue de 1871.

21

LA PYRAMIDE

22

THIERS 1, ROI DES CAPITULARDS.

A LA COMMUNE
Projet de Monument destiné à remplacer la colonne Vendôme.

23

were also individual pieces glorifying Communard leaders, such as Moloch's
depiction of the intellectual Flourens, a member of the council of the
Commune and commander of the Twentieth Legion, trampling down or
booting aside ministers of the government at Versailles [24].

However the caricaturists on the left used not only concrete personalities
to represent various camps, but also allegorical figures. Their language fated
Frenchmen to portray France, the Republic, and the Commune as women,
but these were not gentle females, rather they were muscular warrior maids
capable of coping with their opponents. Contrary to traditional canons, these
formidable females often appeared as simple women from the Parisian
suburbs with grim determination expressed on their faces. In a cartoon
captioned "Trops Petits" by Pilotell a towering female, partially attired in red
and wearing a liberty cap, finds Thiers, Trochu, and their colleagues puny
when measured by a revolutionary yardstick [25]. In a piece by Moloch,
Favre holds a candle while a diminutive Thiers attempts to violate the
Republic, a muscular female who appears well equipped to defend herself
[26]. Or in a drawing by Alexis a colossal female representing Paris demands
municipal rights for the Commune from Thiers and Favre who, wearing
Prussian helmets, approach with the regular army [27]. Corseaux depicted

24

26

CROQUIS RÉVOLUTIONNAIRES.

TROP PETITS.

25

the Commune as a militant female driving away the Versailles leaders, represented as a horde of loathsome insects [28].

Communard artists also employed an arsenal of revolutionary symbols, some of which dated back to the Revolution of 1789, others being of more recent origin. A poster dedicated to the National Guard displayed most of the traditional signs and symbols — the liberty bonnet, the pike as weapon of the common people, the cannon standing for popular force, and the fasces representing republican unity [29,30,31]. Counter-revolution as a hydra was a familiar symbol, but Brutal gave it a contemporary relevance by fashioning the various heads in the likeness of pretenders to the French throne [32]. Revolution as a thunderbolt of justice from heaven was an old Jacobin idea, but in Pilotell's version the bolt is labelled *la république sociale* [33]. More novel was the representation of the Commune as a red broom, seen sweeping away Thiers, Favre, Trochu, and other members of the Versailles government in a piece by De Frondas captioned "Espérons que ce sera le dernier" [34]. Also new was the representation of the Commune and social revolution as a rising sun, illuminating the world and causing dismay to reactionaries such as Favre and Thiers as in the caricature by Lévy [35].

Colour has commonly played a symbolic role under various régimes. Thus

PARIS.

Je veux être libre !...c'est mon droit et je me défends.

27

JUSTICE du PEUPLE

LA COMMUNE

28

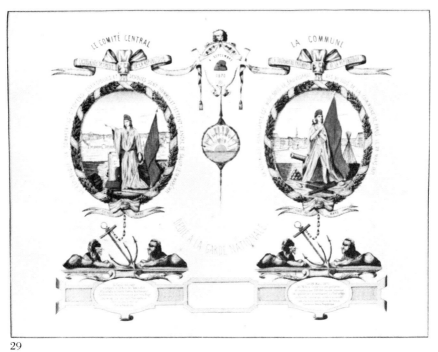

29

30   31

Approche! si tu l'oses!!......

32

Espérons que ce sera le dernier!!'

34

for Christians white – sometimes replaced by gold or yellow – had symbolized light, purity, innocence, joy, and triumph. Red stood for love, fire,
fervour, blood, and martyrdom. Blue represented heaven, truth, consis-
tency, and wisdom. Green signified growth, life, and hope. Violet expressed
penitence. For the Communards red now stood for radical revolution. How
this had come about is a curious story. In the autumn of 1789 the National
Assembly, disturbed by popular uprisings, had prescribed hoisting a red flag
as a signal that martial law had been declared to suppress mob violence.
Early in the Revolution the red flag was used several times in this way. Then
in July of 1791 La Fayette raised it when troops under his command fired on a
pro-republican crowd on the Champs de Mars. The next year demonstrators
used a red flag inscribed with the slogan "Martial law of the people against
the revolt of the court." Similar incidents in France and other countries
during the next few years established the red flag as a symbol of radical
opposition to the old order. For the Communards red spilled over from flags to
ribbons, scarves, armbands, sashes, and togas. Red warred with the
tricolour of the moderate republicans.

Pro-Communard cartoonists attempted to convey a certain view of the past
and the future. In a piece entitled "Une page d'histoire" Mathis depicted the

VOS PARATONNERRES NE CONJURERONT PAS L'ORAGE.
33

QUELLE   TUILE !

35

Commune as the culmination of successive revolutions in France since 1830.
Each leader is preceded and followed by a revolution, each represented by a
recurring female allegorical figure. Louis Philippe is at the bottom of the
heap, Napoleon III appears with a dagger to signify how he killed the
Republic, and Thiers is shown dropping a pear implying that he is a
crypto-monarchist. He is being pushed aside by a reinvigorated female
representing the Commune [36]. Dupendant attempted to propagate his faith
in the permanence of the movement in a cartoon portraying it as a statue of a
colossal female with diminutive members of the Versailles government
ineffectually trying to undermine its base [37]. And an anonymous artist
visualized the Commune as the third great volcanic eruption since 1789,
which would bring the fire of liberty down upon the various monarchies of
Europe, represented by the standards on the mountainside [38]. Although
the Commune was largely restricted to Paris, with only ephemeral support
elsewhere in France, and despite the fact that its position was precarious
from the very start, artists supporting the insurrection thus portrayed it as a
turning-point in history, an indestructible movement, an upheaval of universal significance.

Artists sympathetic to the left tried to associate the Commune with concern

ILS NE LA DÉMOLIRONT JAMAIS.

37

38

39

40

41

for the working classes. Lévy depicted a miser with his money bags fleeing from the rising sun emblematic of the Commune, while a worker strides confidently in the sunlight [39]. Kretz satirized property owners, their noses swollen enormously, expressing their spite before the decree of the Commune on rents [40]. In a piece sarcastically labelled "Pauvre propriétaire" the same artist drew a well-dressed gentleman reduced to begging, using his top hat to receive donations, with a sign about his neck explaining that he has six children and is a property owner. "O vous qui passez par ce chemin, avez-vous jamais vu un sort pareil au mien?" asks the caption [41].

Cartoonists gave effective expression to the anticlericalism of many Communards. In a drawing entitled "Simple projet de réforme" Moloch, the most bitterly anticlerical artist of the day, showed the Commune dispatching a motley crew of ecclesiastics whose backward social attitudes are suggested by the scavengers, bats, spiders, snails, toads, and reptiles which accompany them [42]. Another caricature by the same artist showed a lecherous ecclesiastic reviewing a group of nuns, several of whom are obviously pregnant, assuring them that they are "full" – playing on the double meaning in French – of the blessings of the Lord [43]. Pilotell sketched the face of a debauched priest mockingly labelled "Créé à l'image de Dieu" [44]. Dupen-

ACTUALITÉ.

Simple projet de Réforme

42

Mes chères filles, je suis heureux de pouvoir vous dire dans cette enceinte, que vous êtes toutes pleines des bénédictions du Seigneur.

43

dant portrayed the pope as a dissipated ecclesiastic, a little demon perched on his crozier, addressing Veuillot, editor of the Catholic paper *L'Univers*:

> – Mon cher Veuillot, quelle nouvelle?
> – Très mauvaise, St. Père. Les canailles de Républicains nous ont repris tous ce que nous leurs avions volés. [45]

Left-wing artists portrayed the majority of the legislature at Versailles as a group of backward fools. In a cartoon by De Frondas a representative of the right is shown as a donkey, a copy of *Le Pays* on his lectern, bragging to the Assembly that he supported the coup by Napoleon, backed the expedition to Mexico, and prepared for the campaign of 1870 [46]. Pilotell shows an idiotic fellow in a dunce's cap pushing a wheelbarrow load of members of the majority at Versailles to the lunatic asylum at Charenton, suggesting that there is where they ought to sit [47]. Allard-Cambray depicts Thiers, Favre, Trochu, and other government leaders as a troop of clowns on the steps of the National Assembly [48].

Like the Christian Church, revolutionaries have often used martyrs to arouse emotional support for their movements and provide behavioural models for the masses. Thus the Jacobins during the Terror poured out

CRÉÉ A L'IMAGE DE DIEU..,

MON CHER VEUILLOT QU'ELLE NOUVELLE.
_TRÈS MAUVAISE S'PÈRE. LES CANAILLES DE RÉPUBLICAINS NOUS ONT REPRIS TOUS CE QUE NOUS LEURS AVIONS VOLES.

45

44

46

C'EST LA QU'ILS IRONT SIEGER.

47

48

portraits of Lepelletier, Chalier, and Marat. During their brief period in
power and the bloody aftermath the Communards too portrayed their martyrs.
For example, Bar heroized Flourens who had been assassinated at Chatou by
the gendarme Desmarets [49]. Because of his long opposition to the Empire,
his international revolutionary activity, and his tragic death, Flourens had
rapidly become a republican saint. But following the suppression of the
Commune most of the martyrs were ordinary Communards, especially the
victims who died at the Mur des Fédérés. Their deaths were commemorated,
not only in paintings like that of Manet, but in sculptures, engravings, and
drawings, all of which contributed to the myth of the Commune. Pilotell
sketched the execution of a young boy to illustrate a poem by Victor Hugo
entitled "Juin 1871" [50]:

> Sur une barricade, au milieu des pavés
> Souillés d'un sang coupable et d'un sang pur lavés
> Un enfant de douze ans est pris avec des hommes.
> Es-tu de ceux là, toi? – L'enfant dit: nous en sommes.
> C'est bon, dit l'officier, on va te fusiller.
> Attends ton tour. L'enfant voit des éclairs briller
> Et tous ses compagnons tomber sous la muraille.

49

JUIN 1871

50

Il dit à l'officier: Permettez-vous que j'aille
Rapporter cette montre à ma mère chez nous?
Tu veux t'enfuir? – Je vais revenir – ces voyous
Ont peur! Où loges-tu? ..Là près de la fontaine.
Et je vais revenir, Monsieur le Capitaine.
Va t'en, drôle! L'enfant s'en va. Piège grossier
Et les soldats riaient avec leur officier,
Et les mourants mêlaient à ce rire leur râle;
Mais le rire cessa, car soudain l'enfant pâle
Brusquement reparu, fier comme Viala,
Vint s'adosser au mur et leur dit: Me voilà.

For artists on the left the capture of Paris by the Versailles troops was a
bloody repression. De Frondas drew General Vinoy, carrying an olive branch
as an insincere token of peace, stepping over bodies lying in pools of blood,
with a caption asserting that he was much more ferocious against Parisians
than he had been against the Prussians [51]. Klenck depicted the so-called
saviours of Paris as ruthless vandals appearing against a background of
flames, with a sarcastic caption explaining that the rural soldier is bringing
calm and security to the capital of the civilized world [52]. And an engraving

LE PILORI de 1871

Vinoy
Lâche devant les Prussiens, féroce à Paris

51

NOS SAUVEURS!

L'HOMME DES CAMPAGNES APPORTE LE CALME ET LA SÉCURITÉ
DANS LA CAPITALE DU MONDE CIVILISÉ

52

by Gaillard junior portrays the army spreading death and destruction. It is significant that the soldier in the foreground is shown bayonetting a woman. Overhead a repulsive bat-like female holding a dagger urges on the reactionary forces. But the caption underneath claims that above all the Commune is an idea which will never die [53]. The same theme inspired the sketch by Pilotell showing *La Commune* lying mortally wounded underneath a banner proclaiming that the movement had saved the Republic and decreed the sovereignty of labour, atheism, and the destruction of monuments perpetuating hatred among peoples. The symbolic sun is still shining over Paris. Below a quotation from Victor Hugo asserts "Le Cadavre est à terre et l'idée est debout" [54].

Right-wing artists were active in Paris even before the army moved in,[23] but in the aftermath of the so-called *délivrance* they poured out vitriolic visual propaganda seeking to show first of all that the Communard government had been irresponsible and anarchical. In a bitter engraving labelled "Le Siècle de Gugusse" – Gugusse is the stooge in a pair of clowns – Théo portrayed members of the Commune as wild men, with bulging eyes, unkempt hair, sinister smiles, or ferocious mouths [55]. In the central scene, described as an extraordinary session of the Committee of Public Safety, the members are

53

55

all sprawled out drunk amid empty bottles [56]. In a comic series lampooning the Commune, Shérer also depicted the government engaged in disorderly revelry at the Hôtel de Ville [57]. Nérac emphasized the divisions among the Communards, representing the régime as a three-headed duck — *canard* can also mean a hoax — with the head on the left representing the Central Committee of the National Guard, the central one representing the International, and the one on the right representing the Commune [58].

Hostile caricaturists also strove to portray the Commune as a tyrannical régime. In a cartoon which appeared in mid-May Bertall condemned Rigault's suppression of twenty-three opposition newspapers. The state prosecutor sits on a ladder clipping *feuilles*, meaning either "leaves" or "newspapers," from a Liberty Tree. To the right Delescluze surveys the scene while Grousset encourages Rigault. On the left two figures applaud him, the personification of *Le Père Duchêne*, the Commune's most scurrilous paper, and Vallès, editor of the *Cri du peuple*. Pyat who had approved suppression of the papers at the Hôtel de Ville, but criticized it in his *Le Vengeur*, throws a tantrum on the ground [59]. A poster which appeared after the repression of the Commune went further, claiming that the movement had perpetuated a Reign of Terror [60]. Bordered with scenes of burning build-

LE COMITÉ DE SALUT PUBLIC EN SÉANCE EXTRAORDINAIRE.
Président, Gugusse; Zodore et Polyte, assesseurs.— On ne discute pas la loi sur les boissons.

56

57

60

58

59

62

61

63

64

ings and firing squads, the background consists of decrees of the Commune. In the centre, beside the triumphant figure of France, the Commune with her torch can be seen dying, still trampling the Rights of Man underfoot as she expires [61].

Whereas left-wing artists lauded the Commune's concern for the have-nots, those on the right emphasized violation of property rights. In his series *Les Folies de la Commune* Cham showed an extremist, standing in front of the charred ruins of residences, exclaiming "Criez donc la Commune! Elle allait la résoudre, la question des loyers" [62]. Shérer depicted a tenant waving the decree on rents in the face of his landlord to justify moving without paying his rent [63]. In a ferocious poster comparing the International to a new socialist church dedicated to a disreputable life, and containing several allusions to events of the Commune, Job listed the first injunction of the Decalogue:

Tes loyers jamais ne paieras
Ni tes billets aucunement [64]

And in a number of little vignettes satirizing activities during the Commune, the cartoonist Chouquet portrayed Communards robbing the rich [65] or denouncing property owners. "Plus de propriétaires. Tous locataires," declares a speaker in a club [66].

Pour la Commune s'il vous plait.

65

Plus de Propriétaires! Tous locataires.

66

67

68

69

70

Above all, reactionary artists emphasized the destructiveness of the Commune. A flood of series appeared with titles such as *Paris brûlé par la Commune, Paris mutilé, Paris incendié, Désastres de Paris, Les Ruines de Paris, La Dévastation de Paris, Paris et ses ruines,* or *Les Incendies de Paris* [67, 68, 69]. In his series depicting the alleged follies of the Commune Cham sketched a lad viewing the charred ruins of Paris and wondering out loud why the Communards had burned cities when it was countryfolk they disdained [70]. Another caricature in the series showed an incendiary inspired by a portrait of Marat, thus linking the destructiveness of the Commune to the extremism of the first French revolution [71]. The same artist drew a wild fellow with a torch running from the rubble as regular troops appear and crying out "C'est dégoûtant! Ils ne vous donnent jamais le temps de développer jusqu'au bout vos théories sociales" [72].

The right like the left often symbolized the Commune as a militant female, but she brought fiery destruction rather than social justice. For the right the mythical *Pétroleuse*, the woman incendiary, provided a foil for the warrior maid symbolizing the Commune. Bertall's wild and roughly attired female on the barricade waving a red flag was typical [73]. As in the vicious caricature by Dubois, her emblems are not the liberty cap or the level of equality, but

71

*— C'est dégoûtant! ils ne vous donnent jamais le temps de développer jusqu'au bout vos théories sociales!

72

the petrol can and the torch [74]. These emblems appear repeatedly, for instance in Girard's sketch of a wild-eyed incendiary sarcastically captioned "La Femme émancipée répandant la lumière sur le monde" [75].

However, it was not just the so-called female incendiaries who were lampooned by right-wing artists. They ridiculed the whole rôle and social aspirations of women during the Commune. In *La Revue comique* Cham mocked the women on the barricades. "Détruire la société'," exclaims one gaily attired woman to her pipe-smoking female companion. "La bonne oui, mais pas la mauvaise. Faut songer à ses connaissances" [76]. In *Le Journal amusant* Robida depicted a female canteen-keeper in a specimen jar, with a caption explaining that this example of the emancipation of women, which had recently made so much progress, was being preserved for the edification of future times [77]. And in a double-page spread in *La Vie parisienne*, supposedly portraying disorderly activities during the Commune as sketched by Courbet, Gillot depicted a female mayor preaching in a church converted into a political club, advocating substitution of concubinage for the immoral institution of marriage, the transformation of women into men or vice versa, and the recognition of children as the offspring of everyone [78].

Professor Eugene Schulkind of the University of Sussex, who has studied

TYPES DE LA COMMUNE

LA BARRICADE

73

— PARIS SOUS LA COMMUNE —

UNE PÉTROLEUSE
Ah! si son homme la voyait.

74

N° 1

La femme, émancipée, répandant la lumière sur le monde.

75

76

CHOSES DU JOUR, — par A. ROBIDA.

77

XII. - A SAINT-JACQUES-DU-HAUT-PAS. — Sermon par madame la Mairesse : Le concubinage est substitué au mariage reconnu immoral; les femmes seront hommes; les hommes seront femmes; les enfants seront fils de tout le monde.

78

in depth the role of women during the Paris Commune, contends that radical women attacked what they considered social abuses rather than male domination, but cartoonists on the right repeatedly depicted Communard women wildly denouncing men in general, implying that such women were a menace to the whole social order. For instance, in one scene in his series recalling the events of the Commune, Shérer showed an orator in a women's club, symbolically attired in red and carrying dogs rather than children in her basket, angrily condemning all males.

> - Citoyennes, les hommes sont des gueux, l'mien m'fait mourir de
>   chagrin et il n'est pas encore pendu.
> - Citoyennes à mort tous les hommes.
> - Oui, Oui, bravo, bravo!
> - J'offre le mien en sacrifice à la patrie, faites en toutes autant!
>   Oui, Oui ... [79]

Artists on the right sought to depict the seventy-two days of the Commune as a period of sloth, drunkenness, and disorder. In *La Chronique illustrée* Belloquet depicted the Commune as a carnival of monkeys, some wearing Liberty bonnets and Communard uniforms, all engaged in drunken revelry

LE CLUB DES FEMMES

79

80

[80]. Cham drew a cartoon of a well-attired gentleman addressing a roughly-dressed fellow whose beard and long hair suggest that he is a rebel:

- Voyons, mon ami, faudrait vous remettre au travail.
- Toujours le même système, fatiguer le peuple! [81]

In one scene in a sort of comic strip which appeared on the back page of *Le Grelot* satirizing the events of May, Darjou showed lamplighters working in broad daylight because they refused to work at night, a jibe at the Communard decree freeing bakers from night work [82]. Another vignette by the cartoonist Chouquet showed a Communard offering to arrest the captain in his section to create a vacancy for his drinking companion [83]. Shérer portrayed constant commotion on the streets [84], drunken disarray on the ramparts [85], and a class disrupted by a mother demanding "linducation" for her horde of urchins [86].

Anti-Communard caricaturists, like their counterparts on the left, sought to ridicule the individuals who personified the forces to which they were opposed. For example, in a series mockingly entitled "Les Hauts d'Ignitaires de la Commune" Théo made Delescluze with a torch into a symbol of the destructiveness of the Commune [87]. Or playing on the name Fontaine,

Voyons, mon ami, faudrait vous remettre au l.
oujours le même système, fatiguer le peuple !

81

Les allumeurs de gaz ayant demandé, eux aussi, à travailler le jour.

82

Si tu veux être Capitaine, je vais arrêter le mien.

83

84

85

86

87

88

89

Nérac represented the director of public property as a fountain dispensing blood from both taps, again turning a concrete personality into a symbol [88]. And Klenck, who veered to the right following the entry of the army into Paris, managed to turn Frankel into a symbol simply by stamping PETROLE across his backside, and capping him with a Prussian helmet to suggest that as a German he was double agent [89]. However the right had no single personality to represent the Commune in the way Thiers could be made to personify reaction. The reason was that no outstanding leader had dominated the uprising.

Marx described the Commune as an assault on heaven. The graphic propagandists hostile to the movement in a way would have agreed – the Communards wanted the unattainable symbolized by the moon. In a large cartoon entitled "Les Joujoux de Paris" on the front page of *Le Grelot* Bertall depicted Paris as a destructive brat making impossible demands on his rural nurse, who evidently stands for the rest of France. A bucket with a moon reflected on the surface sits amid the debris on the floor. The caption reads

LE PETIT BRISETOUT ET SA BONNE

- Mais! sacré vingt-cinq mille noms d'un moutard! Qu'est-ce que tu veux à la fin?
- Je veux la lune! [90]

Artists on the right repeatedly depicted executions perpetrated by Communards. By emphasizing these executions they could implicitly justify the bloody repression carried out by the regular army in which about as many died as in the Terror of the first French Revolution. It was significant that, whereas the martyrs of the left were usually common people, those of the right were almost always generals or ecclesiastics. One anonymous engraving, divided into two scenes by the buildings, was designed to impress on the public the link between the insurrection on Montmartre and the assassination of Generals Lecomte and Thomas [91]. Other artists turned out scores of versions of the execution of Archbishop Darboy and Abbé Déguerry. Scenes of their martyrdoms appeared in paintings, engravings, calendars, pennants, and various other media [92].

For the graphic propagandists on the right the entry of the regular army was not a bloody repression, but a liberation from anarchy, tyranny, irresponsibility, assassination, and destruction. Many engravings appeared showing the army liberating France from the outrages of Paris [93]. In an allegorical sketch by Bar, France consoles Paris who has significantly shrunk in size. Before and after the so-called liberation is represented by the left- and right-hand sides of the piece. The Commune is associated with ruins and clouds of smoke. Liberated Paris is associated with revival of industry and

90

91

92

94

the arts. The sky has cleared and the sun – no longer the sun of social revolution – is shining brightly [94]. A similar allegory by Lemot in *Le Monde pour rire* depicted the suppression of the Commune as a veritable Resurrection. In the centre a winged Republic rises sword in hand. On the one side, darkness, ruins, bodies, female incendiaries, and petrol cans. On the other, sunlight, the arts cavorting about, a waiter hurrying with a tray, and a cock leaping vigorously [95]. For Marcia the end of the Commune meant a return to liberty through work. The triumphant figure of France is flanked by a farmer and a worker [96].

All this visual material has its limitations as historical evidence, especially the works of left-wing artists. One does not learn much about actual living and working conditions from their drawings. There are almost no scenes of housing, workshops, or factories. Also it was easier to ridicule the old régime than to depict the nature of the future society which they hoped to create. Part of the reason for this was that the Communards were not united on any precise conception of the future order, although some of them dreamt of a cooperative classless society.[24] But the main reason that the positive message was weak was the obvious one that caricature is essentially a negative art. There were of course positive elements – Communard heroes,

93

95

96

smiling workers, allegorical figures, or rising suns, but these scarcely conveyed any clear vision of the future. And for right-wing artists negative weapons generally sufficed. Yet despite these limitations the graphic propaganda, like the songs of the period, help us to recapture the spirit of the day.

The war of images did not end with the aftermath of the Commune. The right continued to try to discredit the Commune by depicting its alleged excesses in newspapers, engravings, and even dishes [97]. When an enlarged version of Bertall's collection of satirical drawings, *Les Communeux, 1871*, appeared in London in 1873, the English editor made it clear that the work, which he claimed as an eye-witness was a faithful portrayal of the events of time, was intended to serve as warning against a recurrence of an uprising like the Commune:

> And with regard to those who are of opinion that this Reproduction is late in the day, or that it were well to leave the Subject and its Actors in Oblivion; it may perhaps be enough to urge here, that tardiness in matters of Historical Truth is not always to be condemned; and since Oblivion will not wipe away the Communist Stains from our modern Civilization, nor prevent their reappearance or imitation, it were yet

97

98

better and wiser to paint them as they have been, before a renewal or resuscitation is attempted. Signs are not wanting indeed, of the gathering of Clouds in the far distance.[25]

The left especially used graphic propaganda to perpetuate its legend of the movement. In exile in London, Dalou created sculptures idealizing the Communards. Bartholomé, Dejean, Desbois, Verdier, and others commemorated members of the Commune in plaques, low-reliefs, and medallions.[26] Perré turned out busts of Louise Michel [98], Degeyter sculpted her as "La Vierge rouge," and Girardet painted her heroic exploits [99]. Numerous artists such as Pichio commemorated the executions at the Mur des Fédérés, transforming it into a shrine [100]. Purchasers of Malon's huge history of socialism received a poster by Andéral in memory of the Commune [101]. And periodically journals such as *Le Chambard socialiste* published drawings commemorating the Commune. In one by Pierre labelled 18 MARS peasants and workers stride forward singing "La Carmagnole":

Elle aura sa revanche
Vive le son du canon. [102]

100

99

In another cover by Steinlen the dead are shown climbing out of the ground beneath the wall of the Fédérés. The one atop the wall still wears his red Communard sash. "Il faut des régiments entiers pour garder ces morts-là" [103]. Steinlen was right – in a sense these men are very much alive today.

NOTES

1 E. Money, "La Caricature sous la Commune," *Revue de France*, II (avril-juin 1872), 33-54 (quotation, p. 34). Money did not exaggerate. This paper is based on the examination of about 3,500 paintings, sculptures, engravings, newspaper illustrations, and other images in various collections in Europe. Naturally only a small selection can be cited here. A more exhaustive study would have to include visual sources in provincial libraries and archives.
2 Ralph E. Shikes, *The Indignant Eye: the Artist as Social Critic in Prints and Drawings from the Fifteenth Century to Picasso* (Boston, 1969). This is a superb book, but naturally the amount of space the author can devote to such movements as the French Revolution or the Paris Commune is very limited.
3 The Collection de Vinck in the Cabinet des Estampes is especially rich, probably the largest collection in existence, but the Collection Hennin and the Collection Histoire de France are also useful. The collections in the Musée d'Art et d'Histoire de Saint-Denis,

101

102

AU MUR DES FÉDÉRÉS. — Il faut des régiments entiers pour garder ces morts-là.

103

the Bibliothèque Thiers, and the Musée Carnavalet are important, but the last is badly indexed and disorganized. The Victoria and Albert Museum, the British Museum, the Bodleian Library, the Fitzwilliam Museum, Sussex University Library, and the Bibliothèque Royale Albert 1er, all have large collections. There are also rich holdings in Prague and the Saltykov-Shchedrin State Public Library in Leningrad.

4 Money's article cited above, written just after the Commune, was sometimes perceptive, but he purposely avoided identifying the various caricaturists in order not to aggravate social antagonisms. Also he found many of the caricatures too venomous or scandalous to describe them in detail. Besides he exhibits a very strong anti-Communard bias. E. Bayard, *La Caricature et les caricaturistes. Ouvrage orné de nombreux dessins des principaux* (Paris, 1900) does not contain much on the Commune. There are biographical sketches of Daumier, Cham, and Steinlen, but most of the other political cartoonists were omitted. A. Blum, "La Caricature politique en France pendant la guerre de 1870-1871," *Revue des études Napoléoniennes*, 8e année, II (nov.-déc. 1919), 301-11, provides some useful background, especially on the outburst of cartooning precipitated by termination of imperial controls, but he barely mentions the Commune.

5 Jean Berleux (Maurice Quentin-Bauchart), *La Caricature politique en France pendant la Guerre, le siège de Paris et la Commune* (Paris, 1890). Berleux was interested only in caricatures and not in other images which appeared on posters, medallions, letterheads, newspaper mastheads, and so on. See note 16 for some sources about these other sorts of visual materials, which have been neglected by most scholars.

6 J. Duché, *Deux siècles d'histoire de France par la caricature, 1 consulat, 2 empires, 3 monarchies, 4 révolutions, 5 républiques. Iconographie et légendes de Georges Albert-Roulhac* (Paris, 1961), contains only a very summary treatment of the period 1870-75 with a few illustrations. J. Lethève, *La Caricature et la presse sous la IIIe république* (Paris, 1961) again gives little space and only a few illustrations to the Commune. P. Roberts-Jones, *De Daumier à Lautrec. Essai sur l'histoire de la caricature française entre 1860 et 1890* (Paris, 1960) contains only a few pages on the Commune. The same author's study, *La Caricature du Second Empire à la belle époque* (Paris, 1963) again treats the Commune very superficially, but in the appendix provides short biographies of some of the leading cartoonists.

7 J. Boucek, *Paříská Komuna v dejinach výtvarného uméni* (Prague, 1950); E. Teper, A. Alekseeva, i S. Manevich, *Revoliutsionnaia karikatura Parizhskoi Kommuny* (Moscow, 1961); and N. N. Kalitina, "Contribution à l'histoire de la caricature politique de la Commune de Paris 1871," *Annuaire d'études françaises* ([Moscow], 1963), pp. 283-309.

8 R. L. Williams, *The French Revolution of 1870-1871* (New York, [1969]); A. Horne, *The Fall of Paris: the Siege and the Commune* (London, 1965); and S. Edwards, *The Paris Commune 1871* (London, 1971).

9 The catalogue of the exhibition at the Victoria and Albert Museum edited by Susan Lambert, *The Franco-Prussian War and the Commune in Caricature 1870-1871* (London, 1971) is excellent, both for its commentary and illustrations, although rather thin on the Commune itself and the repression. The catalogue of the display at the Musée de Saint-Denis, *La Commune de Paris 1871-1971. Exposition du Centenaire* (Saint-Denis, 1971) is also very good, although less profusely illustrated. The catalogue of the show at the Bibliothèque Royale Albert 1er in Brussels, edited by Denise de Weert and Catherine Oukhow, *La Commune de Paris dans le livre et l'image* (Bruxelles, 1971) contains twenty-six plates.

10 For example, "Die Commune," *Tendenzen* (Munich), no. 73, 12 Jahrgang (März 1971) contains articles on "Kunstler und Insurgenten – Das Beispiel der Kommune" by Arwed

149 The War of Images

D. Gorella, "Die Karikatur in der Kommune und die Kommune in die Karikatur" by the same author, and "Pilotell" by Charles Feld. Also useful is "Pariser Kommune. Ein Bild Documentation,"*Neue Gesellschaft für bildende Kunst* (November 1971) with some excellent illustrations.

11 The centenary produced a number of large, profusely illustrated, folios and books: *La Guerre de 1870 et la Commune* (Paris [La Documentation française], n.d.); André Rossel, *1871: la Commune ou l'expérience du pouvoir* (Paris, n.d.); Georges Bourgin, *La Guerre de 1870-1871 (Paris, 1971)*; J. Bruhat, J. Dautry, and E. Tersen, *La Commune de 1871*, 2nd ed. (Paris, 1970); C. Feld and F. Hincker, *Paris au front d'insurgé: la Commune en images* (Paris, 1971; G. Soria, *Grande histoire de la Commune*, 5 vols. (Paris, 1970). See also such visual collections as A. Robida, *Album du siège de la Commune* (Paris, [1971]), and the collection of fourteen *Affiches de la Commune* (Paris, 1971).

12 B. Noël, *Dictionnaire de la Commune. Iconographie et légendes de Marie-José Villotte* (Paris, 1971).

13 "La Colonne," BN, Collection de Vinck, vol. 227, no. 26702.

14 *Réimpression du Journal officiel de la Commune* (Paris, 1872), pp. 273-74.

15 *Le Père Duchêne*, no. 38, 3 floréal an 79, p. 7.

16 On artists during the Commune see A. Darcel, "Les Musées, les arts et les artistes pendant le siège de Paris,"*Gazette des Beaux-arts*, 2e période, IV (1870-1871), 285-306, 414-29, V (1872), 41-65, 140-50, 210-29, 398-418, and 479-90; A. S. Gushchin, *Parizhskaia Kommuna i Khudozhniki* (Moscow, 1935); B. Taslitsky, "La Commune et les artistes,"*La Nouvelle Critique*, no. 27 (juillet-août 1951), 60-70; and more recently J. Kaplow, "The Paris Commune and the artists," in J. Hicks and R. Tucker, eds., *Revolution and Reaction* (Amherst, Mass., 1973), pp. 144-67.

17 For a good example of Communard symbolism see front page of *Le Père Duchesne* featuring a male figure holding a level of equality in front of him and a cannon on his left. The Red flag stands among the ruins of the old order represented by scattered mitres, crowns, and sceptres. Signs and symbols on medals and other objects were reproduced in an album by Armand Dayot,*L'Invasion. Le Siège. La Commune 1870-1871* (Paris, n.d.), but unfortunately he did not indicate the location of many of these. Also interesting is an old and rare catalogue by C. Van Peteghem, *Médailles, monnaies, jetons, livres et documents divers collectionnés pendant la guerre Franco-Allemande et le double siège de Paris 1870-1871* (Paris, 1889). There is a copy in the Cabinet des Médailles at the Bibliothèque Nationale.

18 Felix Pyot, "A la Caricature," in a letter dated 10 Feb. 1871, in *La Caricature politique*, no. 2 (11 fév. 1871), p. 2.

19 On the press see the brief but useful book by Aimé Dupuy, *1870-1871: La Guerre, la Commune, et la presse* (Paris, 1959), which contains some typical illustrations. At the end of his bibliography Berleux lists the illustrated periodicals which he searched for caricatures, but his list is incomplete. Dupuy provides a brief bibliography of earlier works touching on the press of the period.

20 F. A. Wey, *Chronique du siège de Paris* (Paris, 1871) p. 455. See too C. Mendès, *Les 73 journées de la Commune* (Paris, 1871) p. 159: "Pendant ce temps les murs éclatent de rire. Paris-gavroche, Paris-voyou, Paris-catin, se tordent d'aise devant les caricatures que des marchands ingénieux fixent avec des épingles aux devantures des boutiques et aux portes des maisons."

21 Obscene and pornographic drawings were so popular that on 6 May the Commune issued a decree prohibiting the sale of pieces which threatened public morality. This led to a

rapid increase in the price of such drawings and led dealers to display them backwards so that the buyer's curiosity was aroused.

22   Money, "La Caricature sous la Commune."

23   There is no satisfactory analysis of the changes in public opinion during and following the Commune. George Tersen, "L'Opinion publique et la Commune de Paris 1871-1879," *Bulletin de la Société d'études historiques, géographiques et scientifiques de la région parisienne*, année 34, no. 106 (1960), 15-27; nos. 107-108, pp. 26-36; no. 109, pp. 25-30, points out that a thorough study of reaction to events would involve an analysis of all the media of the day — books, journals, poems, plays, songs, images, and oral reports. Tersen makes some soundings of the press, but declares that an exhaustive investigation would be an overwhelming task, consequently he confines himself to classifying books and pamphlets.

24   The aspirations of left-wingers have been illustrated recently by the illuminating collection of documents of all sorts compiled by Eugene Schulkind, *The Paris Commune of 1871: the View from the Left*. (Toronto, 1972).

25   Bertall, *Les Communeux, 1871. Types, Caractères, Costumes* (Paris-Londres, 1871); English version, with forty rather than thirty-four plates (Paris-London, 1873), p. iii.

26   For example, Bartholomé, plaque of Malon on his deathbed (Institut international d'histoire sociale); Dejean, posthumous low-relief of Lefrançais; Desbois, medallion of Lissaragay (Collection Lucie Descaves); and Verdier, medallion of Pyat (Musée Carnavalet).

J.-C. VILQUIN

Echos de la Commune dans la pensée et la littérature scandinaves

Cet exposé se limite aux échos qu'a pu avoir la Commune en Norvège, en particulier chez Ibsen qui, dans sa correspondance, fait allusion à plusieurs reprises aux événements de 1870-71 et chez Nordahl Grieg dont la pièce *La Défaite*[1] est directement inspirée par le soulèvement parisien.

La Norvège n'est guère connue dans les pays plus méridionaux, on a souvent l'impression que rien ne s'y est passé depuis Ibsen; je me permets de rappeler qu'après une longue association avec le Danemark, puis avec la Suède, la Norvège est devenue indépendante au début du siècle. Dès 1814, alors que partout ailleurs les vainqueurs de Waterloo restauraient l'ordre traditionnel, les Norvégiens, eux, se donnaient à Eidsvoll la constitution la plus libérale d'Europe. Ce libéralisme et cet amour de l'indépendance marque encore la Norvège d'aujourd'hui toujours prompte à soutenir la cause des opprimés et intraitable vis-à-vis des régimes autoritaires.

Il n'est sans doute pas inopportun de rappeler que la Norvège est surtout orientée vers l'Angleterre dans beaucoup de domaines, que la France, terre latine, volubile, instable, berceau des révolutions, semble plus lointaine, plus difficile d'accès, plus mystérieuse. Voilà qui explique peut-être en partie les réactions contradictoires d'Ibsen devant la Commune.

C'est dans les lettres qu'il adresse au critique danois, Georges Brandes, qu'Ibsen, alors exilé volontaire à Dresde, fait plusieurs allusions aux événements de 1870-71 en France; le dramaturge qui a alors dépassé la quarantaine s'est déjà fait connaître par plusieurs pièces dont *Brand* (1866), *Peer Gynt* (1867), et l'*Union des jeunes* (1869).

A Dresde, en 1870, il observe la vie que mènent les prisonniers français capturés lors du siège de Metz et remarque qu'ils "n'ont pas l'air de se soucier outre mesure de la situation en France, ce qui est naturel chez un peuple révolutionnaire, porté à l'indiscipline et au désordre."[2] Que l'on ne s'imagine pas qu'Ibsen prend fait et cause pour la Prusse; il ne supporte pas plus la lourde machine de l'Etat prussien que la légèreté française.

Le 20 décembre 1870 il confie à Brandes: "La vieille France des illusions a été réduite en miettes; dès que la nouvelle Prusse, la Prusse 'de facto' aura connu le même sort, nous entrerons d'un bond dans l'avenir."[3]

Un peu plus tard, le 17 février, il écrit: "Je tiens la présente infortune de la France pour le plus grand bonheur qui pût arriver à cette nation."[4] Il semble donc que, pour Ibsen, la défaite et la chute de l'Empire devaient avoir sur la France un effet salutaire en dissipant les illusions et en permettant un nouveau départ.

Dans cette même lettre du 17 février 1871 Ibsen se fait plus explicite: "L'Etat doit disparaître, je participerai à cette révolution; minez la notion d'Etat, faites du libre choix et des affinités intellectuelles les seules conditions d'une association, alors vous obtiendrez une liberté qui vaille quelque chose." Voilà, les "affinités intellectuelles" mises à part, qui sonne étrangement comme du Bakounine à nos oreilles; on s'attendrait donc à ce qu'Ibsen accueille avec enthousiasme la nouvelle de l'avènement de la Commune qui précisément se faisait fort de détruire l'Etat. Or, le 18 mai 1871, une semaine avant l'effondrement des barricades, il écrit: "N'est-ce pas honteux que la Commune de Paris m'ait gâté mon excellente théorie sur l'Etat ou plutôt sur le non-Etat; maintenant l'idée en est ruinée pour longtemps; en toute honnêteté, je ne peux même plus l'exprimer en vers, mais elle renferme une vérité solide, je le vois clairement, et un jour elle sera bel et bien reprise sans être caricaturée."[5]

Rien n'étant transparent chez Ibsen (même son ami Brandes avoue qu'il ne le comprend pas toujours) il semble que l'on puisse expliquer son attitude par la déception ressentie devant les moyens utilisés par les Communards. Ayant fait du "libre choix" l'une des conditions d'une "association," prévenu contre la Commune par les affabulations de la presse de Versailles, il a pu regretter que le mouvement s'orientât vers une dictature du Comité central, qu'il utilisât des méthodes trop expéditives, et que, par conséquent, cette destruction de l'Etat faite dans de telles conditions, n'était qu'une "caricature."

Au fond, Ibsen a toujours respecté l'Etat; dans un poème écrit bien avant 1871, il répond ainsi à "Son ami, l'orateur révolutionnaire": "Vous dîtes que je suis devenu *conservateur*, Je suis ce que j'ai été toute ma vie."[6] Pour lui, le

modèle de toutes les révolutions reste le Déluge, mais Noé imposa tout de
suite sa dictature. Il n'y a qu'une solution possible: "Je place avec plaisir une
torpille sous l'Arche." Nous sommes dans le domaine du songe. ... Passons
maintenant à Grieg.

Nordahl Grieg, l'auteur de *La Défaite* (Nederlaget) est né à Bergen en 1902;
il a beaucoup voyagé, en Chine, en U.R.S.S. où il s'intéresse vivement aux
nouvelles formes du théâtre russe, en Espagne où il est correspondant de
guerre en 1937 et en 1938; en 1940, après l'invasion de la Norvège, il rejoint
les Norvégiens libres à Londres, accompagne les convois qui font la navette
entre l'Amérique de l'Angleterre, s'entraîne comme pilote au Canada, revient sur le théâtre des opérations en Europe et se fait abattre au cours d'une
mission sur Berlin en 1943. Son oeuvre compte plusieurs pièces de théâtre,
des romans, des poèmes et de nombreux reportages.

La Défaite, pièce écrite en 1937, est créée la même année au théâtre de
Bergen; elle a été reprise plusieurs fois depuis, au Danemark et en Norvège,
en particulier à l'occasion du centenaire de la Commune. La pièce n'ayant
pas été traduite en français, elle reste inconnue en France, comme maintes
autres oeuvres venant de Scandinavie.

Quelles raisons pouvait avoir un jeune écrivain norvégien de s'intéresser à
la Commune en 1937? Eh bien, d'une part, Grieg était depuis longtemps
"engagé"; n'avait-il pas, dans des ouvrages précédents, tantôt dénoncé le
milieu des armateurs norvégiens qui avaient su mettre à profit la neutralité de
leur pays pendant la guerre de 1914 pour faire des fortunes scandaleuses,
tantôt vanté le système social de l'U.R.S.S. où il avait séjourné de 1932 à
1934? La Commune était un sujet relativement neuf en 1936, elle n'avait
inspiré personne depuis Vallès dont la pièce restait inédite. Dans un journal
d'Oslo de l'époque, Nordahl Grieg s'explique ainsi: "Je n'ai pas essayé
d'actualiser l'Histoire, mais je crois que l'actualité profonde de la Commune
de Paris aujourd'hui saute aux yeux. Le combat de prolétariat de Paris en
1871 et celui du peuple espagnol aujourd'hui se ressemblent par leur
caractère héroïque et tragique. Ma pièce s'appelle *La Défaite*, mais c'est
l'opposé d'une ligne défaitiste que j'ai suivi; c'est l'espoir, l'obligation d'aller
de l'avant, c'est la confiance en l'Histoire que j'ai voulu encourager."

Voilà une bonne occasion de montrer aux Norvégiens, à grands traits,
comment le prolétariat peut tenter d'arracher le pouvoir à un régime bourgeois, et en même temps d'exposer ses idées et ses hésitations sur la méthode
à choisir pour parvenir à la victoire.

Chez Grieg, comme chez Brecht qui a écrit ses *Jours de la Commune* après
avoir lu *La Défaite*, on a affaire à une nouvelle forme de théâtre destinée à
présenter de façon schématique une fresque historique vue sous un certain

angle. C'est du théâtre didactique qui a une fin bien précise: faire naître chez le spectateur moyen une conscience révolutionnaire, consolider ou infléchir cette conscience révolutionnaire si elle existe déjà.

La Défaite, qui pourrait fort bien servir de script à un film, se présente comme une suite de tableaux illustrant les principales scènes de la Commune, de façon très sommaire, de la fin du siège à la chute en mai 1871. Tantôt nous sommes dans la rue ou dans l'une des salles de l'Hôtel de Ville, tantôt dans le bureau de Thiers à Versailles, au pied de la colonne Vendôme, sur les barricades ou au cimetière du Père Lachaise avec le dernier carré.

Les Communards, chez Grieg, se divisent en deux catéories: d'une part, le peuple, la masse, dans la rue ou sur les barricades; d'autre part, les dirigeants, les penseurs qui montrent la voie à une foule résignée. Chez Brecht, en revanche, il n'y a pas de clivage entre les responsables et le peuple proprement dit. L'autre volet du tableau, chez Grieg, est constitué par les Versaillais, noircis à l'extrême, caricaturés; c'est le cas de Thiers, bien sûr, de Galliffet, de Mgr. Darboy et de quelques autres.

Le rideau, à l'acte Ier, se lève sur une scène des plus déprimantes: une rue à Montmartre pendant le siège; d'un côté une terrasse de café et un mont-de-piété devant lequel attend une longue file de miséreux, de l'autre, la lanterne rouge d'une maison de tolérance; le long du caniveau des enfants faméliques pêchent le rat (avec une ligne et un hameçon!) qu'ils revendront au boucher du quartier; un peu plus loin une fillette semble dormir sur le trottoir (on apprendra au peu plus loin qu'elle est morte d'inanition). Les mêmes épithètes reviennent dans les indications scéniques, "apathique," "pâle," "famélique," "tourmenté,"[7] qui dépeignent un sous-prolétariat miné par des années de travail et les longues semaines de disette; on a le sentiment que Grieg a forcé la note par souci d'exotisme ou pour accuser la misère du peuple parisien. Dès le départ personnages sont comme frappés d'impuissance; on chercherait en vain chez les petites gens de *La Défaite* la vitalité et la détermination qui animent les Jean Cabet, les Babette ou les Papa dans *Les Jours de la Commune* de Brecht. Chez Grieg, le peuple, quand il n'est pas prostré, geint, maudit le sort, mais ne songe pas à agir. Il faut attendre qu'apparaissent les meneurs que sont Varlin, Rigault ou Delescluze pour que ces ombres retrouvent un peu de l'étoffe humaine.

Parmi les responsables, il faut ranger d'un côté les caricatures de personnages comme Thiers, Courbet ou Rossel dont le portrait est à peine esquissé, et les politiques de la Commune, Delescluze, Varlin, et Rigault.

Le Thiers de Grieg a une immense confiance en lui-même, en sa mission, en ses qualités d'homme d'Etat et même de stratège; pour mieux s'en persuader il couche dans le lit de camp de Napoléon qu'il fait transporter avec lui ensuite à Versailles; "ses plans n'échouent jamais";[8] la fuite à

Versailles est présentée comme une manoeuvre géniale: "on n'appelle pas fuite le mouvement du général qui va au combat,"[9] réplique-t-il à madame Thiers que cette curieuse retraite rend perplexe. Cette forte tête est la seule qui ose prendre le contre-pied de son mari; ne lui glisse-t-elle pas qu' "il y a probablement du bon chez Les Révolutionnaires d'en face, que chez eux elle sent plus de chaleur et plus de vie"?[10]

Thiers, lui, ne fait pas de sentiment; selon lui, pour sauver la propriété et la civilisation, il n'y a qu'un moyen inaccessible aux pauvres, la mitrailleuse, c'est pourquoi la victoire est assurée; cette éclatante victoire de la civilisation galvanisera l'armée en vue de la revanche contre l'Allemagne.

Courbet, ministre des Beaux-Arts de la Commune, est le seul personnage comique dans une pièce déprimante; bouillant, brouillon, il clame bien haut ses convictions et prétend ne craindre personne. "Je suis le gouvernement," dit-il, "à bas l'autorité";[11] on n'en est pas à une contradiction près! Grieg lui a fait énoncer longuement ses théories sur le réalisme en peinture et la portée sociale de son art; nous voyons ensuite Courbet près de la colonne Vendôme, discourir contre l'autorité, prendre le partie de la "jeunesse," du "mouvement," et du "printemps";[12] ce culte de la vitalité et de la nature n'était sans doute pas pour déplaire à Grieg, le Norvégien. Alors que Paris est investi, Courbet prend le temps de rêver à ses toiles, à Ornans, aux bêtes dans les bois; il va même jusqu'à sonner du cor dans les réunions de l'Hôtel de Ville; serait-ce l'hallali final?

Les vrais dirigeants, les hérauts de la révolution pour Grieg, sont traités avec plus de sérieux, encore que leur psychologie reste des plus sommaires.

Beslay, l'ancien, essaie au début de la pièce de faire l'éducation du peuple: la classe possédante entretient délibérément l'ignorance de la masse ouvrière, il importe donc que les ouvriers passent leurs soirées à étudier et à discuter pour chantent plus tard les lendemains du prolétariat. Comme maints autres personnages de la pièce, Beslay a tendance à donner dans la rhétorique, la verbosité et les sentences moralisatrices du genre: "Ce n'est pas la cupidité qui pousse au travail bien fait ... tout progrès se forge dans le désintéressement."[13]

Dans les deux scènes de la Banque de France, le pitoyable Beslay apparaît comme le complice de Versailles malgré lui. On pressent sa trahison lorsque Rossel, à qui Beslay reproche de s'être emporté contre l'incurie des civils, s'écrie: "Va-t-il trahir ce pour quoi nous combattons?"[14]

Rossel nous est présenté comme l'officier de carrière qui a vu de près l'incapacité de ses supérieurs, leur lâcheté et leur arrogance, et qui décide de changer de camp parce qu'il a honte, dit-il, de continuer à servir comme officier dans l'armée française. "Je suis avec vous," lance-t-il à la foule qu'on lui a ordonné de désarmer, "je suis pour le peuple contre les traîtres."[15] Il lui échoit la tâche difficile de commander les troupes disparates, sans formation sérieuse, et à qui l'on reconnaît maintenant le droit de destituer leurs chefs. Nordahl Grieg suit fidèlement ses sources, ou du moins ce que l'Histoire nous apprend de Rossel par la plume de Lissagaray. La situation ne tarde pas à devenir intenable, Rossel ne peut plus exercer son autorité, il va même jusqu'à s'en prendre à l'idéologie de la Commune: "Une armée repose sur l'autorité, or l'autorité supporte mal d'être contestée par des pensées nouvelles, à demi ébauchées. Penser, c'est douter. Voilà qui ne convient ni à ceux qui doivent commander, ni à ceux qui doivent obéir. Par conséquent, nous n'avons plus ni officiers, ni armée."[16]

Rossel ne peut admettre une telle incurie et se constitue prisonnier pour n'avoir pas à commander à des troupes désorganisées; il passe le commandement à Delescluze, fort embarrassé de cette responsabilité inattendue. Celui-ci fait figure de vétéran et de sage parmi tous les protagonistes. Sans illusion sur le dénouement, il encourage les troupes de fortune sur les barricades, évoque longuement sous la mitraille le combat entre les deux factions de l'humanité: les geôliers et leurs prisonniers; les geôliers, les "puissants du monde," "les bourreaux de Versailles"; et, en face, leurs prisonniers que l'on persuade, depuis le berceau, de la misère de la nature humaine, qui n'ont pour horizon, ensuite, que les usines et une autre geôle, la guerre "et loin, très loin de ça, la justice est enfermée dans cette prison qui se nomme le Ciel où mille geôliers à chemise noire veillent à ce que la justice ne s'évade pas. Eh oui, Dieu lui-même est emprisonné, mais le jour où nous nous libérerons, nous libérerons Dieu lui aussi, et alors la justice, et alors Dieu danseront libres et joyeux autour de la terre."[17] Cet optimisme, un peu simpliste à nos yeux, fait partie de l'idéalisme de Grieg; on en trouve plusieurs autres exemples dans la pièce.

Le vrai Delescluze, lui, tout mélancolique qu'il est, ne perd pas courage; il rappelle son passé, ses vingt ans de prison, son long séjour à l'Ile du Diable; tout cela n'aura pas été vain, selon lui, car "les hommes seront vainqueurs; c'est pourquoi j'ai toujours haï la prison, pour moi c'était la défaite, mais cette fois ceux qui auront été coupables de justice ne seront pas punis; une nouvelle ère commencera: on ne se *servira* plus de la personne, elle *sera*."[18]

Lorsqu'à la fin, sur la dernière barricade, l'issue est claire, Delescluze adresse ces mots à ses camarades de combat: "Maintenant nous allons mourir; je ne suis pas chrétien, les chrétiens trahissent le monde pour aller vers leur espoir lumineux; mais nous pouvons partir sereins, parce que nous voulons que notre espoir reste; l'espoir restera sur la terre; les autres là-bas peuvent roussir l'herbe avec leurs grenades, mais jamais ils ne pourront anéantir le pouvoir qu'a la terre de reverdir."[19]

Cette philosophie de prédicateur laïque reflète assez bien la confiance aveugle de Grieg en l'avenir; on ne trouve pas de telles puérilités chez Brecht!

La leçon que Delescluze tire de cette tuerie est autrement plus importante: "La vertu ne peut triompher que par la violence, c'est la leçon amère que nous avons apprise. Nos vengeurs, nos enfants, devront être d'une race inhumaine."[20]

Si Delescluze semble avoir admis la nécessité de la violence pour faire triompher la justice, il n'en va pas tout à fait de même de Varlin qui s'oppose là-dessus à Rigault tout au long de la pièce. Rigault, nous dit Grieg dans les indications scéniques, "a le visage brillant d'intelligence, dur et âpre";[21] pour lui, en effet, la violence est indispensable: "une révolte exige que l'on extermine systématiquement un certain nombre de gens ... je ne suis pas retenu par une certaine conception de la vie humaine ... la bonté est un crime."[22] Il reconnaît qu'en cela il suit les préceptes de son maître à penser, Marat. Cette froide détermination explique en partie le mépris que nourrit Rigault à l'endroit de Varlin en qui il voit un petit artisan tout juste bon à siéger dans les comités, accaparé par les détails et, surtout, trop hésitant devant la manière forte. A Varlin qui lui demande d'assister à une réunion, il répond sans détour: "Je ne suis pas ouvrier, et vous m'ennuyez" (entre eux deux le vous est de rigueur), "vous parlez d'éducation et de toutes sortes de réformes, cela est secondaire; il s'agit d'anéantir."[23]

Varlin, quant à lui, reproche à Rigault de mener grand train, de semer partout la terreur et de nuire ainsi à la cause révolutionnaire. Rigault n'hésite pas alors à condamner ses réactions de "petit bourgeois" et de "chrétien," sa "complaisance dans la défaite et le sacrifice personnel."[24] La terreur, selon Rigault, a au moins l'avantage de se manifester à visage découvert, de sang froid, en choisissant ses victimes, alors que la guerre est la forme de terreur utilisée par le bourgeois hypocrite qui préfère tuer au hasard sans prendre ses responsabilités.

Varlin apparaît comme le plus noble des dirigeants communards, mais aussi le plus faible, du fait de ses scrupules. A l'inverse du Varlin de Brecht, il n'accepte la violence qu'à contrecoeur. "Pour désarmer les Versaillais" il suffirait, va-t-il jusqu'à dire, "que nous leur montrions notre désir de justice."[25] On ne s'étonnera pas qu'aux yeux de Rigault il fasse figure d'idéaliste lucide, mais incapable de prendre nettement parti dans l'action. L'idée de défaite transparaît dans ses propos: "N'est-il vraiment pas possible, pour une fois, de vaincre? Nous ne pouvons réaliser complètement une oeuvre de paix, et nous sommes incapables de faire oeuvre de guerre ... nous sommes des combattants amateurs, alors que l'adversaire est à l'école du meurtre depuis le berceau."[26] L'allusion à la guerre d'Espagne est transparente.

Ce débat sur la violence qui nous semble dépassé conservait tout son sens pour un Norvégien en 1937. La Norvège n'avait jamais connu de violences révolutionnaires, or Grieg se trouvait soudain précipité brutalement dans la guerre d'Espagne et devait réviser ses vieux idéaux pacifiques: "Le monde se trouve devant un choix, notre arme sera-t-elle la violence ou la vertu? Celui qui choisit les deux perd,"[27] affirme Varlin, porte-parole de Nordahl Grieg; or Grieg est inscrit au parti communiste, parti révolutionnaire, donc parti violent; on mesure le déchirement de l'homme devant ce choix difficile: accepter la servitude pour ne pas renier ses principes ou employer la violence pour faire triompher la justice. C'est un très vieux problème auquel s'attaque Grieg, mais il ne le résout pas.

Brecht et Grieg ont écrit à des époques bien différentes. En 1937 l'avenir était sombre pour un socialiste, le nazisme menaçait toute l'Europe et intervenait ouvertement en Espagne contre ce que Grieg appellerait "la justice" ou "la vertu." En 1949, en revanche, au moment où Brecht écrit ses *Jours de la Commune*, le nazisme a mordu la poussière et la forme soviétique du marxisme s'étend à la moitié de l'Europe, d'où une perspective résolument optimiste chez Brecht, et un relent de défaite et de résignation chez Grieg qui avouera lui-même dans un journal du temps: "Il est bien difficile de transformer en épopée ce qui fut une défaite." Grieg a montré les divisions et les erreurs des Communards, certes, mais il n'a pas indiqué les remèdes comme l'eût fait Brecht; les personnages de *La Défaite*, écrasés par les événements, se trouvent dans une impasse, Le pessimisme qui se dégage de la pièce, malgré les protestations de l'auteur, confirme bien cette impression. On s'étonne que Grieg n'insiste pas davantage sur l'activité et les progrès de la Commune, si minces soient-ils, alors qu'il s'attarde lourdement sur les difficultés (Delescluze ne demande-t-il pas conseil à Rossel que la Commune vient de condamner?).

On a beaucoup discuté de la spontanéité de la Commune; quelle part la masse ouvrière eut-elle dans la direction de la révolte? Chez Grieg, les dirigeants mis à part, la foule reste amorphe; on chercherait en vain les brillantes figures que sont Geneviève, Jean Cabet, et surtout Pierre Langevin dans *Les Jours de la Commune*. Bien que Delescluze tente d'assurer la liaison entre la masse et les dirigeants dans *La Défaite*, il n'y a pas action commune. Les figures du peuple, simples esquisses ternes et sans relief, se laissent manoeuvrer par des idéalistes, eux-mêmes divisés, mais mieux individualisés, au point que Rigault se conduit comme un véritable despote; il est clair qu'on n'avait pas mis en garde Grieg contre les dangers du culte exagéré de la personnalité!

Brecht, quant à lui, a pris des libertés avec l'Histoire, il a créé des personnages de toute pièce, alors que Grieg se sert de vieux survivants des révolutions précédentes (ce qui Marx déplorait déjà dans sa *Guerre civile*) blasés et doutant même du sens du combat. Ploeuc de la Banque de France les comprend bien qui dit à Beslay: "Les socialistes eux-mêmes craignent le socialisme."[28]

Du point de vue idéologique, on pourrait presque reprocher à Brecht d'avoir fait de chacun de ses personnages un messager de la Révolution qui applique à la lettre les directives de Marx; chez Nordahl Grieg, il est clair que les personnages n'ont pas lu *La Guerre civile en France*.

Pour être appréciée, la pièce de Grieg doit être replacée dans son époque; c'est bien plus la réaction indignée d'un romantique attardé devant la force brute, la projection sur la scène d'un combat intérieur, que le reflet d'une épopée manquée. En ce sens, *La Défaite* est émouvante et mérite de sortir de l'oubli.

NOTES

1 Nordahl Grieg, *Nederlaget og utvalgte dikt*, ed. Asbjøn Villum (Oslo, 1949).

2 Mary Morison, trans. and ed., *The Correspondence of Henrik Ibsen* (London, 1905), p. 203.

3 Ibid., p. 205.

4 Ibid., p. 208.

5 Ibid., p. 214.

6 Ibsen, *Ungdomsskuespill og historiske dramaer 1850-64. Dikt*, (Oslo, 1966), p. 374.

7 Grieg, *Nederlaget og utvalgte dikt*, p. 22.

8 Ibid., p. 45.

9 Ibid., p. 49.

10 Ibid., p. 99.

11 Ibid., p. 37.

12 Ibid., p. 58.

13 Ibid., pp. 52-53.

14 Ibid., p. 61.

15 Ibid., p. 44.

16 Ibid., p. 60.

17 Ibid., pp. 88-89.

18 Ibid., p. 89.

19 Ibid., p. 112.

20 Ibid., p. 113.

21 Ibid., p. 33.

22 Ibid., p. 35.

23 Ibid., p. 34.

24 Ibid., pp. 67-68.

25 Ibid., p. 52.

26 Ibid., pp. 54-55.

27 Ibid., p. 55.

28 Ibid., p. 73.

J.-R. CHOTARD

La Commune et l'opinion de la province: le cas du *Phare de la Loire*

J'ai formulé l'idée d'ériger Paris en ville libre ... car il y a incompatibilité d'humeur entre Paris qui n'aspire qu'à marcher en avant et nos
ruraux, nobles, bourgeois et paysans qui ne demandent qu'à ne pas être
dérangés dans leur douce quiétude. ... C'est toujours la province qui
vient renverser invariablement les gouvernements que Paris a établis. Il
est vrai que, à quelques années de là, Paris lui rend la pareille et jette à
bas les pouvoirs que les députés des départements ont réussi à imposer
au pays. De sorte que nous nous trouvons en présence de ce fait
singulier de provinciaux qui défont ce que fait la capitale et d'une
capitale qui défait ce qu'ont élevé les provinciaux. ...
Paris est démocratique jusqu'au bout des ongles, la province réactionnaire jusqu'à la moelle des os. Que faire en pareille occurrence?
Espérer que l'un convertira l'autre? Erreur profonde, illusion complète.
La province n'est pas plus disposée, pour le moment, à se démocratiser,
que Paris à s'immobiliser dans la conservation. Il y a donc là deux
courants contraires dont le choc ne peut qu'amener des désastres.

Telle est l'opinion d'un éditorialiste dans le journal d'une ville de province,
le 18 mars 1871.[1] Le paradoxe et la redondance du texte n'ont certes aucune
prétention prophétique, ils expriment plutôt le dépit d'un républicain après
les élections législatives de février. Ils contiennent aussi une sorte d'invoca-

tion au rôle traditionnellement dynamique que jour la capitale dans l'histoire française. La Commune de 1871 dans son déroulement et dans son terme, donne cette fois une consistence particulière au vieil antagonisme entre Paris et le reste du pays.

Cette oppostion résulte moins de différences que de décalages entre l'un et l'autre. Un décalage économique, d'abord, qui, au XIXème siècle, fait de Paris une métropole industrielle aux activités diversifiées dans une France encore très rurale; décalage culturel entre les citoyens de la deuxième ville d'Europe et des provinciaux où dominent les campagnards traditionnels; décalage politique enfin entre Parisiens et provinciaux, les uns auteurs directs de trois révolutions, les autres témoins inactifs. Paris n'est pas la seule grande ville française, mais, par sa taille, son taux de croissance et les problèmes urbanistiques qui y sont liés, elle constitue pour la population parisienne un milieu de vie tout à fait étranger à celui de la province. Il n'est jusqu'à l'histoire récente, enfin, pour creuser un peu plus le fossé. Le siège, par sa durée et son acharnement, a conféré aux habitants de la capitale une impression de vivre plus directement les vicissitudes de la guerre et d'avoir une sorte de priorité politique sur le reste du pays.

Face à ce jugement, en province, on n'est pas unanime. Certains y voient une prétention insupportable, d'autres veulent y reconnaître la simple évidence des réalités. La crise de 1871 accentue cette double polarisation et l'action des Communards exacerbe les vieux clivages. Jamais peut-être, les réponses des départements ne pèseront aussi lourd dans le devenir immédiat de Paris et dans le destin du système politique français. Pourtant les opinions catégoriques ne résument pas l'ensemble des réactions. A titre d'exemple, l'analyse d'un journal d'une ville de province laisse voir une appréciation nuancée qui tente d'échapper aux simplifications. Loin d'être limitée à un organe de presse cette orientation connaît un moment une diffusion appréciable. Ses caractères, et surtout les circonstances de sa disparition, aident à comprendre le mythe de malédiction qui a escamoté la connaissance objective de la Commune.

DIVERS DEGRÉS DANS LE DÉCALAGE PARIS-PROVINCE

Devant les faits, nombre de contemporains ont réagi en adoptant une position catégorique.

La première, celle des conservateurs: ruraux, royalistes, grands bourgeois, apparaît dès les premiers événements comme un jugement de condamnation péremptoire. Elle se signale en province par une multitude de déclarations agressives, telle cette prise de position d'un journal breton.

> Nous ne cherchons pas à dissimuler que si les communards continuent à mettre en péril les plus chers instruments du pays, nos voeux les plus vifs seront pour leur destruction prompte et totale. Tout le sang qui coule dans leurs veines nous paraît de peu de valeur à côté d'une seule goutte du sang de nos braves soldats qui nous défendent. ... Qu'ils soient donc écrasés s'ils résistent: ce n'est point pour eux que seront nos larmes.[2]

Les mêmes milieux conservateurs de l'Ouest vont jusqu'à prêcher une sorte de croisade militaire contre le péril de la Commune. Dans un journal qui regrette le délai apporté à la constitution d'une troupe de répression, l'éditorialiste écrit:

> L'appel du général Charette aux jeunes conscrits de la classe 1871, n'est pas assez connu dans nos campagnes. Il est à désirer que toutes les personnes dévouées à l'ordre religieux et social s'efforcent de faire savoir aux jeunes gens désireux de conserver intacts leurs principes religieux et moraux, qu'ils peuvent, en devançant l'appel, prendre rang dans cette légion des volontaires de l'Ouest.[3]

Pareil propos est bien typique d'une région traditionnellement fervente où le clergé a vu dans les événements parisiens une sorte de manifestation démoniaque. A ce propos un journal républicain de Nantes lance une polémique contre un prédicateur qui voyait dans la Commune le châtiment de la France. L'éditorial affirme:

> Notre journal s'est permis de penser et de dire, tout à fait contrairement aux affirmations de l'abbé X ... et des autres prêtres de l'école ultra-catholique, qu'attribuer à une volonté divine les désastres et l'abaissement de notre malheureux pays, c'était commettre une impiété. *L'Espérance du peuple*,[4] s'est étonnée d'un langage cependant très conforme au bon sens le plus vulgaire. Il lui a semblé étrange qu'un journal libre-penseur pût se croire autorisé à rappeler le ministre de la religion romaine au respect de la providence.[5]

L'exemple venait de haut et l'auteur du texte oublie de mentionner que l'evêque du diocèse diffuse lui-même pareil jugement. Dans une lettre pastorale adressée à toutes les paroisses, le prélat déclare à propos de la Commune:

> Dans cette lamentable histoire rien n'égale l'affreuse période pendant laquelle régna sur la capitale un gouvernement immonde et une horde sans nom, d'où résulta cette lutte fratricide qui s'est terminée par des

crimes sans exemple et que nos neveux auront peine à croire.

Dans ces jours néfastes, le génie du mal a dépassé les limites humaines. Satan père des crimes était venu sur la terre: il inspirait, il guidait les bras forcenés de ces êtres dégradés, hommes et femmes dont le souvenir jette l'épouvante. ...

Spectacle inouï dans le siècle le plus fier de sa civilisation, dans la cité qui se dit la reine du monde, des crimes qu'on croyait impossibles, dont on aurait repoussé le pensée comme une injure à la France et à notre époque, se sont accomplis. Les spoliations les plus révoltantes, les meurtres sans motif et sans but, les assassinats les plus odieux, l'incendie, mais l'incendie inextinguible, portant le feu aux quatre coins d'une ville qui est un monde, voilà ce que nous avons à déplorer et à réparer.[6]

Ainsi les milieux conservateurs français ont-ils éprouvé et voulu faire éprouver une impression de peur qui explique leurs jugements totalement privés de nuances. L'épouvante répandue aidait, d'ailleurs, les politiciens de Versailles à isoler les Parisiens du reste de la nation.

Comparée à cette véhémence, l'opinion totalement favorable à la Commune se révèle beaucoup plus discrète. Le choc de la défaite militaire et l'occupation des zones industrielles du Nord et de l'Est par les Prussiens limitent le mouvement de sympathie active. Les quelques insurrections communales de province, relèvant d'une initiative locale et non d'une action parisienne. Si A. Leblanc, du bureau parisien de l'Internationale, contribue à organiser la commune de Lyon puis celle du Creusot, il est parti de Paris depuis la fin de février, c'est-à-dire avant le soulèvement.[7] Tous les mouvements provinciaux analogues, ceux de St. Etienne, Toulouse et Narbonne, échouent en peu de jours, seule la commune de Marseille dure jusqu'au 4 mai.

Le comité parisien n'exerce pratiquement aucune action directe, son bureau chargé des relations extérieures créé le 29 mars, ne peut influencer d'éventuelles filiales déjà disparues à cette date. D'autre part, l'action du gouvernement de Thiers empêche les déclarations parisiennes d'atteindre l'opinion provinciale. Aussi, malgré l'agitation ultérieure de quelques villes, surtout Lyon, les masses provinciales demeurent-elles coupées de l'influence politique de Paris. Comme Jules Guesde l'écrit, "c'est moins l'aspect socialiste que l'aspect politique de la Commune, sa revendication pour la République et l'autonomie communale, qui fut acclamée par les provinces."[8] Paris reste isolé sur une position extrême.

Un troisième courant, cependant, rejoint les Communards sur quelques points tout en leur adressant de nombreuses critiques, c'est celui des Républicains. L'opinion républicaine représente de larges couches de la population française et les élections municipales du 30 avril 1871 en attestent l'importance dans le pays. Contraints, pendant plusieurs décennies, à demeurer dans l'opposition, ils suivent avec un vif intérêt l'actualité d'une période de transition où la nature même de régime politique est incertaine. Cette expectative peut conférer à l'opinion des républicains une nuance d'ambiguité. Instruits par plusieurs crises politiques successives, ils ont appris à se méfier d'une nouvelle équipe d'hommes en place et des influences qu'elle finit par subir. Tantôt réticents, tantôt favorables au gouvernement qui s'implante, ils cherchent surtout à en estimer les orientations profondes. L'analyse d'un journal permet de suivre les attentes, les espoirs, et surtout les prises de position caractéristiques de ce qu'on appelle "le parti républicain."

L'OPINION D'UN JOURNAL RÉPUBLICAIN DE PROVINCE

Le Phare de la Loire, édité à Nantes, en Bretagne, constitue un cas intéressant et représentatif. Fondé au début de la Restauration, ce quotidien fait déjà figure en 1870-71, d'une institution locale.[9] Bien établi, il ne dispose cependant pas, à l'époque, d'une situation de monopole; il se partage l'audience nantaise avec trois autres journaux dont L'Espérance du peuple, quotidien catholique et légitimiste, est son adversaire habituel, souvent cité et réfuté dans ses colonnes. Quotidien républicain, Le Phare ne doit pas sa prospérité aux complaisances des régimes politiques passés mais plutôt à l'essor économique que connaît la ville, depuis 1850.[10] Il trouve dans la bourgeoisie locale une clientèle solide et financièrement bien établie. En effet, même si après la Révolution de 1848 les bourgeois nantais se sont rapprochés de l'Eglise,[11] ils fournissent toujours les cadres et les effectifs d'un groupe agissant qui rejette toutes les formes et références monarchiques. Le docteur Guépin[12] et l'avocat Waldeck-Rousseau[13] en sont les figures les plus notables.

Le Phare est à la fois un journal d'opinion et d'information. En certaines circonstances, il rappelle par une sorte de credo ses principales références idéologiques et sa carrière. Ainsi, au milieu de mars 1871, dans un temps d'incertitudes, il expose ses positions intangibles et les poursuites qu'elles lui occasionnèrent sous l'Empire autoritaire. Le rédacteur écrit:

> Le Phare de la Loire a vieilli au milieu des tempêtes et des agitations qui ont marqué chaque période de l'histoire politique de pays. Il a eu sa part dans les haines et dans les persécutions sous le poids desquelles les forces réactionnaires ont voulu écraser, à défaut de l'idée démocratique et radicale, ceux qui défendaient cette idée féconde. Il est sorti de ces

épreuves avec des convictions mûries par la longue expérience des choses et des hommes et par un examen des fautes de son propre parti, des sources de la fortune de césarisme, des moyens d'action des ennemis de la liberté en France et des conditions d'existence de la République dans notre pays.[14]

Journal d'information, *Le Phare* manifeste dans ses reportages sur l'actualité un grand souci d'objectivité formelle. Dans ses numéros du 5 et du 6 septembre 1870, par exemple, il consacre plusieurs de ses pages à la narration détaillée des événements survenus à Paris les 3 et 4.[15] Il procède de la même manière le 21 mars 1871 pour rendre compte des faits et incidents du 18. Il cite en particulier de nombreux extraits de la presse parisienne,[16] et brosse pour ses lecteurs un tableau circonstancié de l'agitation dans la capitale. Il publie fréquemment des documents, dépêches d'agences, dépêches officielles. Pendant les mois d'avril et mai, il reproduit des extraits des journaux officiels de Versailles et de la Commune. Volontiers, il fait état des contradictions ou fausses déclarations de tel ou tel parti. Ainsi relate-t-il le 10 mars que "les journaux de Paris on été tout étonnés d'apprendre par la presse cléricale de Bordeaux qu'il y avait eu une insurrection à Paris, que le sang coulait dans les rues, que la rive gauche était occupée par un émeute, et autres canards au même plumage envolés des bords de la Garonne."[17]

Tous ces éléments consituent le mode de présentation de l'actualité dans un journal qui se veut complet et exhaustif. Lui-même revendique une sorte de petite universalité quand dans son sous-titre il se qualifie "quotidien politique, littéraire et commercial." *Le Phare* est-il donc, comme il le voudrait, un journal pour tous? Sa page réservée aux contations en bourse, au mouvement du port et au trafic maritime intéresse les commerçants. Ses feuilletons, dont une partie occupe presque toujours le bas de la première page, visent à attirer des lecteurs plus populaires. La présentation d'ensemble cependant, garde une allure sérieuse et austère. Ses sept colonnes ne font jamais place à une caricature et les rares croquis, comme ceux très sommaires qui illustrent les campagnes militaires de l'automne 1870, ne dérident pas l'allure compacte de la typographie.

Tel est le journal que les événements d'août 1870 à juin 1871 arrachent à ses deux sujects favoris, la polémique anticléricale et la défense républicaine. Pour le journal de Nantes, en effet, la Commune de Paris est moins un événement singulier que le long paroxysme d'une crise de succession à l'Empire. Autant que les acteurs parisiens du 18 mars, les éditorialistes de *Phare* réagissent à un ensemble de phénomènes. De septembre 1870 au mois de mars suivant, les mêmes républicains de toutes tendances se trouvent unis en des positions voisines. Pour eux la nature du régime politique à établir et l'honneur patriotique ne font pas de doute.

Le Phare n'a pas été un journal belliciste. En juillet 1870 il note même une chose digne de remarque: "c'est le calme parfait de la presse allemande en présence des furibondes déclamations de nos feuilles officielles."[18] Cependant, quand les hostilités sont commencées, il tient un langage résolu qui exclut le défaitisme. "Gens de l'Ouest et du Midi, préparons-nous." clame un des éditorialistes à la fin de septembre[19] et, en janvier 1871, le désespoir n'apparaît pas dans les colonnes du journal.

Pendant tout ce temps, *Le Phare* émet une opinion qui suit de très près celle de la capitale. Pour les journalistes républicains, en effet, Paris symbolise un courant progressiste. Les éditorialistes nantais saluent avec enthousiasme l'avènement du 4 septembre. Sous le titre "Debout! debout la France entière," le journaliste lance un dithyrambe:

> Le moment solennel est venu. Perdu par le plus funeste des gouvernements, il faut que le pays songe enfin à se sauver lui-même. ... Trêve au formalisme de la bureaucratie. La loi suprême, c'est le salut du pays, et ce salut dépend de l'armement universel. Bientôt, sans doute, Paris, cette tête et ce coeur de la France (car l'immense majorité de la capitale n'est, en définitive, composée que de familles venues des départements), bientôt sans doute Paris ne communiquera plus matériellement avec le reste du territoire, mais le pensée sera commune. Tandis que la grande cité résistera héroïquement aux assauts furieux de l'invasion et tiendra ainsi le drapeau de l'honneur national, les fils de 89, retrouvant après 18 années d'abjection, la trace glorieuse de leurs pères, accourront au secours de la ville sainte aujourd'hui et l'aideront à purger notre sol sacré de l'odieuse présence de l'étranger.[20]

Ce texte montre à quel point, pour les républicains nantais, patriotisme et idéal républicain sont inséparables de l'hégémonie parisienne.

Dès lors, le destin de Paris et l'issue de la guerre sont liés dans l'analyse de l'actualité que propose *Le Phare*. Paris fait figure de héros tenant tête à l'ennemi extérieur. Reprenant avec verve une phrase attribuée à Bismarck, un éditorialiste titre:

> Paris cuit dans son jus! La fermentation de Paris a eu pour effet de dissoudre les éléments anormaux, de les réduire à rien, et cet autre effet de rapprocher intimement les molécules de cette masse humaine, qui aujourd'hui représente le coeur de la France. Les idées et les sentiments se sont non seulement unis, mais encore fortement élevés par le contact et sous le pression d'une crise suprême, sous l'influence

du patriotisme et de ce qui fait l'honneur et la dignité de l'espèce humaine. ...

Oui, Paris cuit dans son jus. Et la seconde édition de 89, revue, corrigée et augmentée, va sortir de la glorieuse fournaise, pour le progrès du monde, mieux préparé à la recevoir.[21]

L'annonce de l'armistice, le 30 janvier, prend, dans ce climat exalté, une nuance de prostration.[22] La bataille d'articles se poursuit mais l'insistance se porte maintenant sur le plan politique. Républicaine, l'équipe du *Phare* croit au suffrage universel, mais l'expérience de 1848 l'a rendue prudente. Déjà en septembre 1870, le rédacteur-en-chef s'était adressé sur le sujet "Aux Electeurs des campagnes":

Vous avez été indignement trompés, nous ne pouvons vous en vouloir. Nous vous invitons fraternellement à réparer vos erreurs, en ce qu'elles sont encore réparables. ...

Les paysans sont croyants et le clergé en abuse. C'est contre l'exploitation de la foi que nous nous élevons, et nullement contre la religion elle-même. Aux Etats-Unis et en Suisse, les catholiques, les protestants, les israelites, etc. ... vivent sous un gouvernement républicain et leurs croyances sont respectées. Il en a été de même en France après la Révolution de 1848 et la proclamation de la République. Il en sera encore ainsi chez nous, si les électeurs des campagnes ont la sagesse de choisir des représentants fermement résolus à maintenir la forme républicaine.[23]

Dans le période exceptionnelle de la guerre, les républicains de province, confiants dans la ligne suivie par le gouvernement provisoire, estiment difficile la tenue d'un scrutin. Ainsi, dans son édition du 10 octobre, *Le Phare* accepte-t-il l' "Ajournement des élections." L'auteur explique:

... le peuple entier comprendra qu'il y a là une preuve des nécessités impérieuses auxquelles a dû céder le gouvernement de la défense nationale, en demandant au pays de consacrer tous ses efforts, toute son intelligence, tout son courage à cette défense suprême.[24]

Logiques avec eux-mêmes, les républicains nantais critiquent les conditions dans lesquelles se tient le scrutin prévu par l'armistice avec l'Allemagne. Les décennies passées leur ont appris la puissance de ce que J. Lhomme appelle le pouvoir social.[25] Ils fondent leurs aspirations sur la décision populaire, mais ils se refusent à la consulter sans préparation. Dans un bulletin politique on affirme:

A l'heure présente, le sort de la France est remis entre les mains de représentants sortis d'un scrutin qui ne peut être considéré comme l'expression exacte des volontés du pays. Nous subissons en ce moment la loi du plus fort. Plus d'un tiers de la France est envahi, et n'a pu voter que sous la surveillance et la pression de l'autorité prussienne. ... L'on peut dire d'une façon absolue que les candidats monarchistes et cléricaux élus dans les départements envahis, grâce à l'appui de M. de Bismarck, seront véritablement les élus officiels de la Prusse.[26]

Une campagne se poursuit sur ce ton et la correspondante du journal en Ille-et-Vilaine prend à parti:

Les exploits de la province. Le résultat des élections ne m'a point surprise. J'étais persuadée à l'avance et il ne fallait pas grande dose de perspicacité pour cela, que la liste républicaine aurait inévitablement le dessous. Vu l'ignorance crasse de la province, vu l'étroitesse de ses idées, vu ses manoeuvres de sacristie, vu sa jalousie incommensurable de Paris.[27]

Ces deux extraits de presse donnent le ton des longues analyses qui sont consacrées aux élections pendant toutes ces semaines. Pour les républicains de province qui partagent le sentiment d'être submergés par les réactionnaires, le salut politique ne peut venir que des grandes villes. A partir de ces pôles de républicanisme vigoureux, les tenants du nouveau régime espèrent parvenir à renverser un équilibre qui, dans l'ensemble de la nation, leur est encore défavorable. Les journalistes nantais expriment ce point de vue et, tout naturellement, ils reconnaissent à Paris le rôle principal. A leurs yeux, la capitale, seule, possède le dynamisme pour maintenir l'innovation républicaine établie le 4 septembre. Les rédacteurs du *Phare* expriment cette opinion au début de mars 1871. L'un d'eux écrit:

La lutte s'établit vigoureusement comme il était facile de la prévoir, entre l'esprit de progrès et de rénovation dont Paris et les grands centres de populations sont les foyers vivaces, et l'esprit de ténèbres et de réaction qui domine dans les campagnes.[28]

Les rédacteurs du journal républicain de Nantes au début de 1871 sont donc attentifs surtout à deux aspects de la vie politique nationale. D'une part, ils surveillent tout ce qui leur apparaît constituer un danger monarchiste, d'autre part, ils attendent de la population parisienne une fermeté qui ne les déçoive pas. Les événements de la Commune retiennent donc leur attention et, durant trois mois ils leur consacrent la plupart du temps toute leur première page.

Au début, *Le Phare* témoigne un net préjugé favorable à la Commune. A ses lecteurs, il offre de très nombreuses dépêches et cite beaucoup d'extraits de presse. Les faits des premières journées sont relatés avec un luxe de détails. Sont publiées, même, les diverses proclamations apposées à Paris par les soins du comité central de la grade nationale.[29] La sympathie des républicains nantais se veut informée, mais sélective pourtant. Les membres de l'équipe du *Phare* se refusent à cautionner n'importe quelle aventure politique. Ils condamnent la violence en général et la mise à mort des officiers supérieurs, en particulier. L'auteur du bulletin politique écrit:

> Nous avons été saisi d'horreur en apprenant l'exécution par les rebelles de Montmartre des généraux Thomas et Lecomte. Les journaux de Paris nous arrivent pleins de détails affreux sur ce double crime. Tous le flétrissent. Nous joignons notre voix à celle de la presse honnête de la capitale pour condamner les juges et les bourreaux, et nous déclarons hautement que jamais nous ne pactiserons avec de tels hommes. Qu'ils soient châtiés![30]

Ainsi est établie sur la gauche une limite au soutien que veulent bien apporter à la jeune Commune les républicains provinciaux. Sur la droite, en cette période, la limite est affirmée aussi clairement. Et une semaine après le début de l'insurrection, le rédacteur du *Phare* accuse l'assemblée de Versailles d'avoir empêché une conciliation. Il écrit:

> L'effusion de sang était imminente. Elle a été prévenue par l'accord des députés et maires de Paris, et du Comité central, et c'est au moment où d'épouvantables calamités sont évitées que l'Assemblée, se renforçant dans ces vaines questions de légalité, refuse à un compromis désiré par tout le monde, la sanction qui devait mettre fin à la crise.

Pour fonder la justesse de son point de vue, l'auteur feint de croire que la garde nationale parisienne était, au début, réticente vis-à-vis des rebelles, et il poursuit:

> Jusqu'alors l'émeute n'avait été forte que par la passivité de la garde nationale de Paris. Celle-ci se trouvait dans la situation la plus critique: d'une part elle avait affaire à des individus, sans mandat, sans caractère, sans programme; de l'autre à une chambre dont le fanatisme monarchique et clérical est le moindre défaut. Dans ces conditions, le peuple de Paris, aussi loin de l'un et l'autre de ces partis, était resté neutre entre les deux opinions extrêmes. Mais la dernière faute de l'Assemblée a rompu cet équilibre, et il n'est pas douteux que les républicains sincères et modérés, qui à Paris et dans les grandes villes de province eussent prêté leur appui à une chambre républicaine, ne soient disposés aujourd'hui à faire retomber sur les députés de Versailles la responsabilité de tous les événements qui peuvent surgir désormais.[31]

Cette dernière menace ne doit pas faire illusion sur le choix des républicains de Nantes. Ils rejettent l'assemblée versaillaise, mais condamnent avec une vigueur égale les modalités du scrutin municipal tenu presque en même temps à Paris.[32]

La position des rédacteurs du *Phare* devient inconfortable. Dans le grand débat qui tourne à l'affrontement entre la Commune et le gouvernement, il leur est impossible de soutenir à fond, ou d'abandonner complètement, l'une des parties en présence. Aux Communards, ils formulent toute une série de griefs. Ils les accusent tout d'abord d'autoritarisme, dans la mesure où la publicité des débats du comité n'est pas assurée. Ils déplorent aussi avec force que le comité central maintienne "à l'égard d'un journal, des mesures de rigueur indignes d'un pouvoir républicain." *Le Figaro,* qui avait recommencé à publier, a été empêché de paraître.[33]

Les journalistes nantais, dont beaucoup parmi leurs lecteurs appartiennent à la bourgeoisie locale, condamnent encore les mesures et l'orientation socialistes de la Commune. Sur ce point la position du *Phare* est claire et ancienne déjà. Incidemment, en juillet 1870, le journal, attaqué par son concurrent légitimiste, proclamait nettement ses options. Il affirmait:

> Jamais nous n'avons dit que tout fut mauvais dans l'organisation sociale. Jamais la haine du travail contre le capital n'a fait notre bonheur. Jamais une grève n'a fait notre régal. Elle [*La Gazette de l'Ouest*] sait aussi que tout au contraire, *Le Phare de la Loire* s'est invariablement prononcé dans un sens hostile à ce que l'on appelle une liquidation sociale. Elle nous a vu prêcher la conciliation entre les patrons et les ouvriers, démontrer que dans le mouvement industriel et commercial, le capital et le travail jouaient chacun un rôle utile.[34]

C'est bien sur cette position intangible que *Le Phare* se tient pour apprécier la politique sociale de la Commune. Ainsi en va-t-il pour le décret sur les loyers. Avec toute l'astuce qu'un bourgeois sait déployer pour justifier le droit de propriété, le journaliste déclare que "messieurs de la Commune y ont coupé court d'une façon aussi peu réfléchie que contraire à toutes les règles de l'équité." Et il explique:

> Le conseil communal a supprimé purement et simplement la dette des loyers pour les trois termes d'octobre, de janvier et d'avril: ... Cette mesure donne le droit au propriétaire de refuser de payer de son côté et l'impôt et toutes les dettes personnelles qu'il aura pu contracter pendant ces trois termes. Combien de citoyens, en effet, n'ont pas d'autres ressources et moyen de vivre que cette propriété immobilière.[35]

Ce simple problème concret et pratique permet de saisir la distance qui sépare les républicains modérés des responsables de la Commune. Mais beaucoup plus généralement, l'équipe rédactionnelle du *Phare* déplore que "le sort de la France soit remis en jeu par les rêveries de la société internationale."[36] Avec le temps le jugement se confirme et devient plus péremptoire. L'éditorialiste affirme bientôt:

> Si quelqu'un avait jamais douté que la main et la pensée de l'Internationale fussent au fond de la révolution du 18 mars, tous les doutes cesseraient à la lecture des dernières pièces émanées de la Commune. ... Les décrets qui ont fait aux locataires remise pure et simple des loyers dûs, et confisqué au profit des communes les ateliers et les usines désertés, sont marqués de la même empreinte. La revendication de l'autonomie communale ... était dans la pensée des auteurs du mouvement une nouvelle machine de guerre.

Si ce mouvement avait réussi,

> Les lois qui règlent les modes d'acquérir eussent été abrogées et remplacées; les contrats brisés. Tout l'effort des fédérés tourne à faire passer les instruments de travail: terres, maisons, usines, ateliers, outils, capitaux de toute espèce, des mains des propriétaires actuels dans les mains de groupes de travailleurs, non point par la violence ni par la force ouverte, mais en soumettant par l'ensemble des institutions nouvelles, civiles et politiques, les capitalistes, propriétaires fonciers et rentiers à une pression universelle sans relâche, ni intermittence.[37]

Ainsi, en termes plus sereins que les conservateurs de Versailles, pour qui socialisme et flot de sang sont synonymes, les journalistes républicains de *Phare* définissent-ils une limite catégorique et infranchissable entre leur position et les velléités sociales de la Commune. Tout au plus, en mars, auraient-ils accepté les "gens de l'Hôtel de ville parisien," à titre de partenaires alliés dans une tactique d'union temporaire contre l'assemblée jugée réactionnaire.

Pour le journal de Nantes, en effet, le danger le plus imminent vient des conservateurs puisque jusqu'à maintenant ces derniers ont pu bloquer toute évolution décisive du système politique français. Pendant la crise du printemps 1871, les éditoriaux sont donc plus vigilants à l'endroit de l'assemblée et certains lui sont presque destinés. Ainsi lui est-il rappelé par exemple que

> Renverser la République, s'opposer à la réalisation des voeux de la portion du peuple qui vote et agit en pleine connaissance de cause, ce serait rouvrir l'ère des révolutions et creuser l'abîme où s'engloutiraient nos dernières espérances de revanche, de rénovation et de grandeurs morales et matérielles. ...

La République encore mal assise, contestée, ayant à lutter à la fois contre les ennemis du dehors et contre ceux de l'intérieur, n'en a pas moins donné au pays toutes les libertés vainement réclamées sous l'Empire.[38]

En termes voilés ou en attaques directes, les hommes du *Phare de la Loire* continuent de stigmatiser le danger de la droite. Le 17 mai, encore, ils affirment que l'adversaire est représenté par la conspiration monarchique.[39] Leur suspicion profonde à l'égard des députés n'est ni compensée, ni apaisée par la personnalité de Thiers. Au mois d'octobre 1870, un "Bulletin politique" du *Phare* montrait quelque agacement devant le rôle de diplomate joué par le vieil homme.[40] Son action est directement contestée dans l'échec de la conciliation mentionnée plus haut, d'abord, et plus gravement, pour le choix de sa ligne dure à l'égard de la Commune. Ensuite les auteurs d'éditoriaux stigmatisent sans cesse même le fond et la forme des dépêches officielles. L'un d'eux écrit:

> Nous déplorons le ton général et la phraséologie maladroite de la dépêche de M. Thiers. Combattre l'émeute, remporter une victoire sanglante sur des Français sont des choses trop pénibles pour que l'on doive s'en féliciter bruyamment. ...
> Raconter qu'ils [les soldats de Versailles] ont enlevé les positions de l'*ennemi,* avec un *entrain admirable,* c'est oublier qu'il ne s'agit pas là d'une victoire remportée contre les Prussiens. D'autant que si les chefs et meneurs de l'insurrection méritent la réprobation la plus sévère, des amis de la République et de l'ordre, les bataillons de l'émeute comptent dans leurs rangs beaucoup d'égarés qui ont pris les armes bien plus par haine contre les tendances réactionnaires de l'Assemblée que par sympathie pour les utopies dangereuses de la Commune de Paris.[41]

En mai 1871, les éditorialistes ne manquent pas d'assortir de commentaires identiques les textes officiels qu'ils publient à l'intention de leurs lecteurs. Mais d'ordinaire, plus que les mots de "M. Thiers" ils attaquent ses propos, derrière lesquels ils voient dissimulation et même puérilité. Ainsi, commentant les explications embarrassées du chef de l'exécutif sur des opérations militaires qui tardent à aboutir, un journaliste déclare:

> Que cet échec soit peu important, nous le reconnaissons volontiers. Mais c'est précisément pour cela que nous trouvons si puériles les explications que M. Thiers nous donne à cet égard.[42]

Souvent la critique est plus dure encore et fondée sur des faits graves. Ainsi, après avoir rapporté l'exécution sommaire du Duval sur ordre due général Vinoy,[43] le journal publie le texte d'une lettre envoyée peu après à Mgr

Darboy par Thiers lui-même, et dans laquelle celui-ci affirme: "Jamais nos soldats n'ont fusillé les prisonniers, ni cherché à achever les blessés."[44] Le maître du pouvoir est donc présenté aux républicains nantais comme un être retors et plein de mauvaise foi, avec lequel il faut témoigner beaucoup de circonspection. Il sera même accusé d'avoir ourdi une entente avec Bismarck:

> Nous devons malheureusement constater que le gouvernement a commis la faute impardonnable d'avoir fait alliance avec les Prussiens pour dompter les fédérés. La chose est hors de doute aujourd'hui. ... L'investissement rigoureux de Paris, ordonné par le pouvoir, n'a pu se faire qu'avec la connivence de l'armée ennemie, et celle-ci a prêté son concours avec une docilité intelligente et brutale qui a causé les plus regrettables malheurs.[45]

Toutes ces critiques, adressées tantôt à la Commune de Paris, tantôt au gouvernement officiel, montrent avec netteté l'indépendance du *Phare*. Journal républicain dirigé par une équipe d'hommes dont les convictions sont solides et connues, le quotidien nantais juge l'actualité selon une analyse. Il peut donc appuyer ses prises de position sur des références depuis longtemps précisées, ainsi demeure-t-il relativement à l'écart des protagonistes.

Dès le début de la crise, il leur propose un type de solution. Il avait voulu exclure tout alarmisme inutile, allant jusqu'à appeler l'événement une "comédie d'émeutiers pour rire." Il suggérait en conséquence à l'assemblée de rester calme et enjoignait aux "égarés" de "reconnaître par une soumission définitive la tolérance du gouvernement qui compte sur les effets de son indulgence plutôt que sur les forces militaires dont il dispose."[46] Les responsables du journal ne se faisaient pas d'illusion, pourtant, et leurs propos visaient davantage à exorciser tout affrontement susceptible d'enrayer le processus dont le terme était la proclamation de la république. Quand l' "irréparable" est connu, ils pensent que la conciliation devient la seule voie efficace pour apaiser et désarmer les extrêmes monarchistes ou révolutionnaires. Le 27 mars, cet objectif peut paraître réalisé, mais le beau compromis échoue.

Malgré ce contretemps, le journal nantais refuse de se laisser enfermer dans le rapport de force: Assemblée/Commune, il maintient sa position initiale et la réitère périodiquement, ainsi à la mi-avril l'éditorialiste déclare:

> L'état actuel des choses ne peut durer. Ou il aboutira à une transaction désirable, ou il aura pour dénouement funeste la rentrée en scène de l'Allemagne avide et conquérante, mettant la main sur des gages nouveaux. ...

> Un triomphe armé et sanglant de l'Assemblée nationale ne détruirait pas les causes de troubles et de malaise d'inquiétude et de ruine qui nous oppressent. ... Les monarchistes du parlement se croiraient après ce triomphe maîtres absolus de la situation et ils ne manqueraient pas de s'unir pour affirmer, avec plus ou moins d'audace, le principe de l'hérédité.[47]

Dans cette attitude sereine qu'il maintient avec obstination, *Le Phare* offre un exemple de presse intéressant. Son analyse de l'actualité rend disponible au public d'une grande ville de province un point de vue dégagé des simplifications fréquemment colportées, à l'époque, par les extrêmes de chaque camp. Le journal de Nantes serait pourtant d'un intérêt limité s'il était spécifique au point de constituer pour son temps une anomalie. Il n'en est rien, et *Le Phare de la Loire,* comme il a déjà été mentionné, s'intègre dans le courant beaucoup plus vaste d'une opinion républicaine dont d'ailleurs il se réclame.

UN MOUVEMENT RÉPUBLICAIN DE PROVINCE

Un tel mouvement se dessine tôt dans le contexte de vacance du pouvoir réel qui a inquiété Bismarck et les conservateurs français. Le 21 janvier 1871 s'est tenue, à Toulouse, une réunion de journalistes républicains. Ceux-ci s'alarment des sombres perspectives de la situation militaire et des

> ménagements extraordinaires de la délégation de Bordeaux envers les divers partis monarchiques. ... C'est pour parer à ces deux éventualités également funestes, qu'eux-mêmes délégués de la presse républicaine des départements ont cru devoir se réunir, et recommander au gouvernement les mesures suivantes, seules capables d'assurer la République contre les attaques du dedans et du dehors.

Ils lancent alors un manifeste dont les propositions visent à renforcer la lutte patriotique.

Le journal de Nantes publie ce texte en bonne place et affirme se solidariser pleinement avec le point de vue qui y est exprimé.[48] Celui-ci est d'ailleurs devenu caduc puisque l'armistice a été proclamé entretemps. Le débat se poursuit néanmoins car les "attaques de dedans subsistent en puissance."

Les journalistes étaient au fond moins préoccupés de la gloire nationale que de la nature du régime, ou plutôt ils voulaient conférer au régime nouveau le prestige d'une victoire patriotique. L'opinion républicaine doit, en conséquence, demeurer vigilante et, si le danger monarchique apparaissait, *Le Phare* pense que "les villes républicaines protesteraient énergiquement contre cette tentative."[49] Les voeux du journal nantais rejoignent des aspirations semblables en maintes autres villes de France et un mouvement s'esquisse entre les différentes agglomérations pour imposer un compromis.

> Que les municipalités de Bordeaux, de Lyon, de Rouen, de Nantes, etc. … s'unissent afin d'arrêter le carnage, qu'elles expriment tout haut les sentiments que tant de bons et dignes citoyens expriment tout bas, et en face de cette démonstration éclatante de l'opinion, il faudra bien qu'à Paris les restes de la Commune s'amendent, il faudra bien qu'à Versailles on tienne un peu plus de compte des voeux de la portion pensante et agissante du pays. Les grandes villes ne veulent au fond, ni de la dictature de Paris, ni de celle d'un roi.[50]

Tous les détails des rencontres et contacts qui rendent possible ce mouvement républicain ne sont pas explicités dans Le Phare mais leur résultat apparaît avec netteté. Au début de mai doit se tenir à Bordeaux un congrès de la ligue patriotique des villes républicaines. "Le comité décide, dans son programme, que chaque ville républicaine aura un délégué sur 20,000 habitants, et que ces délégués seront pris parmi les conseillers municipaux nommés aux élections du 30 avril 1871."[51] Au programme des réunions figure la question de l'attitude à observer vis-à-vis du pouvoir et de l'insurrection. Ainsi, sous une forme nouvelle, les républicains de province essaient-ils d'imposer le compromis dont Le Phare transmettait l'écho à son audience nantaise.

Mais, ce faisant, ils constituent pour l'assemblée un nouveau et double danger. D'une part, ils s'érigent en pouvoir concurrent pour régler une question de politique générale qui échappe à leur compétence, d'autre part, ils donnent forme à un type de fédération municipale qui rejoint certaines aspirations de la Commune elle-même. L'exécutif de Versailles ne s'y trompe pas et déclare illégal le project.[52]

Malgré les interdictions, ce que Le Phare appelle "le mouvement municipal" se poursuit. On diffuse les résolutions d'un "congrès initiateur" tenu le 4 mai à Montpellier par les représentants des villes du Sud de la France. Un "article premier" stipule: "Les conseils municipaux républicains du département enverront chacun un de leurs membres à Versailles pour faire cesser l'effusion de sang." Les auteurs vont plus loin encore et demandent la "dissolution de l'Assemblée et de la Commune de Paris et convocation à bref délai de la France dans ses comices"![53]

Mais, le 11 mai, date de sa publication, ce texte n'est même plus une déclaration d'intention. Les préfets sévissent et la presse républicaine doit se limiter à définir une opinion unique qu'elle propose à ses lecteurs.

> Levons-nous, non pour combattre et pour proscrire des républicains, mais pour faire entendre les paroles du pardon réciproque et de l'union républicaine.
>
> Manifestons avec énergie les sentiments éprouvés par tous les hommes de coeur, au spectacle des malheurs qui accablent et menacent encore la population de Paris. Il faut que le pouvoir légal connaisse ces sentiments et s'en inspire pour mettre fin à l'horrible conflit.
>
> Des Conseils Municipaux, des corporations, des Associations de toutes sortes interviennent déjà. Leur voix acclame la paix intérieure et la République, ces deux termes synonymes du pacte qui seul peut terminer de déplorables dissensions. Qu'un congrès de représentants de la presse départementale se réunisse dans une ville centrale du pays. Le temps presse. Chaque moment perdu représente la perte de milliers de vies humaines. Il est facile, dans une telle réunion, d'arrêter au plus vite le terme d'une résolution commune, qui serait portée à Versailles.[54]

Même s'il est réduit à publier des prises de position, le mouvement républicain provincial ne se dément donc pas. Sa croissance vigoureuse inquiète toujours Versailles, parce qu'elle risque d'apporter à la crise présente un type de solution étranger, sinon contraire, aux plans de l'exécutif. A cette date, Thiers dispose de troupes suffisamment nombreuses et armées pour écraser la rébellion. Lui-même et la majorité monarchiste qui le presse, ne veulent pas accepter de transiger au moment précis où le rapport des forces peut logiquement pencher en faveur de la droite. Les républicains ne seront pas écoutés, et moins encore consultés. Pour rendre leur victoire plus catégorique, les conservateurs mobilisent facilement une campagne d'opinion qui diminue l'impact de celle menée par les républicains. En une sorte de réponse au manifeste du 11 mai, une cinquantaine de journaux publient un contre-manifeste qui appelle les foudres de l'assemblée sur la Commune.

> La France attend de vous le même courage pour dompter l'anarchie et une sage direction pour la remettre sur le chemin de ses glorieuses destinées.
>
> Nous tenons pour des parricides ceux qui, après avoir été lâches devant l'ennemi, tournent aujourd'hui leurs fusils contre l'armée française; ceux qui après avoir entravé la résistance de Paris, ont fait de cette grande cité le quartier général de la révolution cosmopolite, ceux qui se sont incorporés à une bande de forcenés et de repris de justice, ceux qui suscitent d'affreuses convulsions intestines après les désastres inouis de l'invasion, ceux qui provoquent en province l'établissement de communes insurrectionnelles. ...

Vous achèverez avec énergie et promptitude la victoire de l'ordre social et de la liberté sur les auteurs de ces tentatives impies.

Le pouvoir exécutif se montrera clément pour de nombreux coupables qui ne sont qu'égarés, mais il purgera résolument notre sol des scélérats à qui nous devons tant de calamités, et du ramassis déshonorent Paris. Vous nous aiderez ensuite, MM. les représentants à refaire une société vraiment chrétienne et française, une société où Dieu, source et sanction de tous les devoirs, ne soit plus absent. ... La France honnête est avec vous, messieurs.[55]

Pour plus d'efficacité encore, dans les jours suivants, au moment où l'assaut décisif est lancé contre Paris, le pouvoir Versaillais frappe des coups de semonces. Des délégués républicains sont arrêtés alors qu'ils se rendaient à une réunion à Bordeaux.[56] Des journaux sont suspendus et des journalistes arrêtés.[57] Ce ne sont là qu'escarmouches. En pressant fort la reddition totale de Paris, la majorité conservatrice de l'assemblée fait plus qu'éliminer physiquement et déconsidérer un groupe de révolutionnaires. Elle fait disparaître un interlocuteur, à savoir la Commune. Dès lors, il n'y a plus trois partenaires, mais seulement deux. Le compromis auquel tenaient les républicains devient sans objet ou plutôt il change de nature. Seuls en face de Versailles, les partisans de la république ne peuvent plus devenir les arbitres de la situation. Ils s'étaient présentés comme les adeptes du juste milieu raisonnable, d'un centre en quelque sorte. Après l'élimination de la gauche, c'est entre leur voie modérée et la droite que va se définir un compromis.

Le Phare de la Loire est un journal test pour suivre ce cheminement. Il montre comment les républicains ont vu la crise et, pour l'immédiat, perdu l'enjeu. Le processus est amorcé dans un premier temps par la ligne dure que suit le gouvernement. Contrôlant l'information celui-ci élimine d'abord toute diffusion des opinions révolutionnaires en province. C'est le sens de l'arrestation de Blanqui dans le Sud de la France au tout début de l'affaire. Il s'attaque ensuite à l'opinion plus modérée. La nomination, le 1er mai 1871, de l'Orléaniste Dufaure au poste de garde des sceaux confirme ce durcissement. Ainsi se trouvent réduits au silence les sympathisants de la Commune tandis qu'une censure déguisée harasse les quotidiens modérés.

Un second élément vient paralyser, ou du moins, limiter l'action des républicains, c'est le respect de la légalité formelle. Ils voient dans l'institution politique un cadre légal strict, indépassable. Ils formulent de nombreuses nuances sur le suffrage universel, hasardent des restrictions sur le scrutin de février, rient volontiers des élus de la province, mais ils n'acceptent pas l'insurrection. Ils préfèrent entretenir l'illusion de convaincre les députés de Versailles à se retirer aussitôt après qu'aura été réglé le problème pour la solution duquel ils ont été élus: à savoir l'armistice et la conclusion de la paix.

Cette inhibition qui retient les républicains sur la voie de ce qu'eux-mêmes ont défini comme la légalité, est renforcée par la propagande gouvernementale. Celle-ci constitue la troisième cause de l'échec des modérés. Le pouvoir exécutif bénéficie du privilège de voir publier ses déclarations et dépêches officielles en première colonne de la première page du *Phare* et des autres journaux. Certes, les éditorialistes ne se font pas faute de les assortir de commentaires et de questions sans complaisance. Ainsi en va-t-il le 10 mai, de la proclamation lancée aux Parisiens, dans laquelle Thiers omet de mentionner le mot république.[58] Cette objectivité est sans doute coûteuse pour le prestige du chef de l'exécutif, mais elle accoutume maints lecteurs à recevoir régulièrement l'opinion de la droite, quand celle de la gauche ne leur parvient qu'épisodiquement. Comme d'autre part l'équipe des journalistes distribue aussi ses réprimandes à la Commune, maint lecteur hâtif acquiert la conviction que tous les extrêmes sont également mauvais. L'opinion de beaucoup oscille de la sorte et devient prête à condamner péremptoirement, au hasard, celui des deux protagonistes dont les excès apparaîtront les plus spectaculaires. C'est ce qui arrive avec la semaine sanglante.

Mal informés, les journalistes se font inconsciemment l'écho des affabulations officielles. Ils reproduisent le timide conseil du *Temps* qui suggère à l'armée d'éviter les exécutions sommaires[59] mais colportent de multiples bruits désobligeants pour la Commune. Peut-être Paris a-t-il été miné?[60] Les insurgés, liés à l'Internationale ne sont-ils pas les anciens hommes de main de L'Empire, "ceux qui ont fait le coup d'état de 1851"?[61] A la gêne provoquée par ces rumeurs, quelques faits accablants ajoutent chez le lecteur nantais un traumatisme supplémentaire. Les incendies causent une véritable consternation et un acquiescement à la justice punitive de Thiers. "L'inutilité absolue de leurs derniers actes incendiaires les prive de toute indulgence," concède un éditorialiste à l'endroit des Communards.[62] Beaucoup de provinciaux paisibles acceptent sans doute cette appréciation, avant même d'apprendre l'exécution de l'archevêque de Paris.

L'équipe républicaine du *Phare* en arrive ainsi, presque, à se placer, un instant, sous la houlette de Thiers. Un tel renoncement, il est vrai, ne va pas sans calculs. Les honnêtes bourgeois nantais sont sincèrement choqués par l'attitude des fédérés parisiens, mais ils n'oublient pas leurs objectifs et c'est le réalisme pratique qui est la quatrième cause de leur apparente résignation. Le calcul est clair: il consiste à sacrifier l'élément républicain le plus radical, et d'ailleurs aussi le plus encombrant, représenté par les Communards, pour bien prouver que la république est un régime modéré. Un éditorialiste laisse deviner ce dessein quand il écrit le 28 mai:

> Plus que jamais, l'heure est venue de faire une expérience honnête et loyale de la République. Les criminels qui la déshonoraient sous prétexte de la servir, vont être dans peu d'heures réduits à l'impuissance. Il ne restera plus que les républicains sincères, convaincus, et dont l'honnêteté privée est hors de tout doute. Ceux-là sont nombreux. Ils représentent la majorité des électeurs qui pensent et raisonnent; c'est par l'application de leurs principes qu'il faut essayer de rendre à la France l'ordre et la stabilité dont elle a tant besoin. M. Thiers a promis d'en faire la tentative.[62]

Cet engagement du chef de l'exécutif, auquel il est fait de fréquentes références dans *Le Phare*,[63] constitue sans aucun doute une part du nouveau compromis tacite. Aux termes de celui-ci, les républicains de province, tout réticents qu'ils soient, acceptent de se scandaliser des abus de la Commune; en échange les conservateurs de l'assemblée renoncent à tirer, tout de suite, tous les bénéfices de leur victoire militaire. Chaque partenaire y gagne en retour la stabilité relative d'un statu quo tout en maintenant intactes, pense-t-il, ses chances pour l'avenir. Une conséquence importante en découle: la Commune, vaincue et silencieuse, fait figure, devant l'opinion nationale, de responsable unique justement châtiée. Le censure gouvernementale qui s'abat sur la presse achève de travestir les faits en une version maintenant officielle.

Dès l'époque, quelques contemporains ont discerné cette falsification de la réalité, Lissagaray y insiste[64] et, au cours même des événements, la Ligue des droits de l'homme de Paris adresse aux conseils municipaux des départements une lettre explicative sur la situation. "L'isolement de Paris, écrit-elle, permet de répandre en France les notions les plus erronées sur les causes et le caractère du mouvement républicain du 18 mars 1871."[65] Ainsi, les acteurs mêmes de la Commune ont-ils craint la déformation des faits.

L'étude détaillée d'un journal provincial, représentatif de l'opinion républicaine modérée, permet de comprendre avec une précision suffisante, le processus suivant lequel l'opinion se laisse gagner par le pouvoir politique. Dans l'immédiat, la masse des Français connaît les événements de la Commune selon la version tendancieuse de l'assemblée monarchiste. Plus tard, quand triomphe la République, l'idéologie dominante passe sous silence cet épisode de guerre civile. Les républicains victorieux des années 1880 sont peu soucieux de réhabiliter une faction politique étrangère à leur orientation. Une publicité trop grande de la répression survenue en mai et juin 1871 pourrait bien fournir une confirmation à l'idée que la lutte des classes n'est pas un mythe. Pour renforcer l'union nationale sous le régime nouveau, les manuels scolaires d'histoire conservent et accréditent la même version qui minimise les faits dont le souvenir pourrait diviser les Français.

Les réactionnaires de Versailles ont remporté en 1871 deux victoires, l'une à court terme qui ne dura pas au-delà de l'ordre moral. Leur seconde victoire en revanche est beaucoup plus sûre. Ils ont legué à l'opinion publique française une connaissance falsifiée de la Commune, connaissance qui a pu, au nom de l'apaisement, se perpétuer jusqu'à nos jours. Cent ans après, le mémoire collective des Français subit toujours les séquelles de cette situation. Le gouvernement commémora le 4 septembre 1870, mais seuls, les syndicats et les partis d'opposition ont salué la Commune. L'épisode du printemps 1871 à Paris constitue l'exemple typique d'une dissimulation partielle d'événements dans un passé historique national. Dans le cas de la France, ce phénomène illustre avec une particulière netteté la durable division de l'opinion nationale en deux traditions antagoniques.

NOTES

1 *Le Phare de la Loire*, 18 mars 1871, "Tablettes Politiques" de P. G. Drevet.

2 *La Gazette de l'Ouest*, Rennes, 23 avril 1871.

3 *Le Courrier de Rennes*, 4 avril 1871.

4 Autre journal de Nantes, de tendance catholique et légitimiste. C'est l'antagoniste habituel du *Phare de la Loire*, et tous deux polémiquent régulièrement.

5 *Le Phare*, 28 mai 1871.

6 Cité dans F. Pothier, *Monseigneur Fournier* (Nantes, 1900), p. 106.

7 Julian Archer, "La Commune de Lyon (mars-avril 1871)," *Le Mouvement* Social, no. 77 (octobre 1971), pp. 5-48.

8 Jules Guesde, *Çà et là, de la propriété* (Paris, 1914), p. 75.

9 *Le Phare* était une feuille d'annonce commerciale. A partir du 17 décembre 1851, il devient un journal politique. Il paraîtra jusqu'à la deuxième guerre mondiale puis deviendra, en 1944, *La Résistance de l'Ouest*.

10 J. Delumeau, *Histoire de Bretagne* (Toulouse, 1969), p. 411.

11 P. Sorlin, *Waldeck-Rousseau* (Paris, 1966), p. 51.

12 Médecin célèbre à Nantes par son action humanitaire sous la Monarchie de juillet et l'Empire.

13 Il s'agit de René Waldeck-Rousseau, maire de Nantes, père de l'homme politique.

14 *Le Phare*, 17 mars 1871, Bulletin politique.

15 Ibid., 5 sept. 1870 et 6 septembre 1870.

16 Ibid., 21 mars 1871.

17 Ibid., 10 mars 1871, "Informations diverses: l'insurrection à Paris."

18 Ibid., 14 juillet 1870, in "Tablettes politiques" de P. G. Drevet.

19 Ibid., 30 sept. 1870, article de Ch. Lemonnier.

20 Ibid., 5 sept. 1870, éditorial de P. G. Drevet.

21 Ibid., 9 jan. 1871, éditorial de Ch. Lemonnier.

22 Ibid., 30 jan. et 31 jan. 1871. Nombreux détails relatés dans les éditions du 4 et 8 fév. 1871.

23 Ibid., 20 sept. 1871, éditorial de E. Mangin.

24 Ibid., 10 oct. 1870, éditorial de E. Mangin.

25 J. Lhomme, *La Grande bourgeoisie au pouvoir en France* (Paris, 1960), pp. 81-89.

26 *Le Phare*, 11 fév. 1871, Bulletin politique de Ch. Mangin.

27 Ibid., 24 fév. 1871, correspondance de Maria Deraismes en Ille-et-Vilaine.

28 Ibid., 10 mars 1871, Bulletin politique non signé.

29 Ibid., 21 mars 1871, citation d'extraits des journaux parisiens sur les événements du 18 mars.

30 Ibid., Bulletin politique.

31 Ibid., 28 mars 1871, Bulletin politique non signé.

32 Ibid., 29 mars 1871, Bulletin politique non signé.

33 Ibid., 1er avril 1871.

34 Ibid., 10 juillet 1870, Bulletin politique non signé.

35 Ibid., 1er avril 1871, Bulletin politique non signé.

36 Ibid., 6 avril 1871, Bulletin politique.

37 Ibid., 23 mai 1871, Bulletin politique.

38 Ibid., 17 mars 1871, Bulletin politique non signé.

39 Ibid., 17 mai 1871.

40 Ibid., 24 oct. 1870, Bulletin politique signé E. Mangin.

41 Ibid., 4 avril 1871, Bulletin politique non signé.

42 Ibid., 14 avril 1871.

43 Ibid.

44 Ibid., 22 avril 1871.

45 Ibid., 25 mai 1871, Bulletin politique signé Ch. Mangin.

46 Ibid., 19 mars 1871

47 Ibid., 13 avril 1871, article: "Ce qui ne peut durer."

48 Ibid., 31 jan. 1871, "Manifeste des journalistes républicains."

49 Ibid., 17 mars 1871, Bulletin politique.

50 Ibid., 19 avril 1871, article "Finissons-en" d'E. Mangin.

51 Ibid., 9 mai 1871, Résumé d'une note du *Journal officiel*.

52 Ibid.

53 Ibid., 11 mai 1871.

54 Trente-quatre journaux de province se rangent derrière ce texte, cf. Annexe 1.

55 *Le Phare*, 12 mai 1871, liste des cinquante-six journaux déclarés "réactionnaires" qui souscrivent à cette position, cf. Annexe 2.

56 Ibid., 17 mai 1871, Bulletin politique signé Ch. Mangin.

57 Ibid., 23 mai 1871.

58 Ibid., 10 mai 1871, Bulletin politique.

59 Ibid., 29 mai 1871.

60 Ibid., 27 mai 1871.

61 Ibid., 26 mai 1871.

62 Ibid., 28 mai 1871, Bulletin politique.

63 Ibid., 27, 30 mai 1871.

64 P. Lissagaray, *Histoire de la Commune* (Paris, 1969), pp. 389-90.

65 *Le Phare*, 15 mai 1871.

ANNEXE 1

Liste des journaux républicains publiée par *Le Phare* le 11 mai 1871

Les Droits de l'homme
de Montpellier

Le Progrès
de Lyon

L'Emancipation
de Toulouse

L'Egalité
de Marseille

Le Havre
du Havre

Le Français parleur
de Caen

Le Républicain d'Indre et Loire
de Tours

Le Progrès de Saône et Loire
de Chalon/Saône

L'Alliance républicaine
de Mâcon

La Liberté de l'Yonne
de Auxerre

Le Réveil du Dauphiné
de Grenoble

Le Contribuable
de Rochefort

Le Républicain de la France centrale
de Clermont Ferrand

Le Républicain de l'Allier
de Moulins

La Dépêche
de Toulouse

Le Moniteur de la Manche
de Valognes

Le Républicain de l'Aveyron
de Rodez

Le Progrès du Var
de Toulon

Le Phare du Morbihan
de Lorient

Les Pyrénées
de Tarbes

L'Alliance républicaine
d'Alger

L'Indépendant
de Constantine

L'Eclaireur
de St. Affrique

Le Républicain du Jura
de Lons le Saulnier

La Démocratie du Midi
d'Avignon

Le Patriote albigeois
d'Albi

La Tribune nivernaise
de Nevers

Le Gard républicain
de Nîmes

Le Réveil du Lot et Garonne
d'Agen

L'Est
de Besançon

Le Journal de Lunel
de Lunel

L'Indépendant
de Lodève

L'Indépendant des Pyrénées orientales
de Perpigan

Le Phare de la Loire
de Nantes

ANNEXE 2

Liste des journaux réactionnaires publiée par *Le Phare* le 12 mai 1871

L'Albevillois
d'Albeville

L'Album dolois
de Dôle

L'Ami du peuple
d'Angers

Le Conciliateur
de Tarascon

Le Courrier de l'Allier
de Montluçon

Le Courrier de Bourges
de Bourges

Le Courrier de Rennes
de Rennes

Le Courrier de St. Nazaire
de St. Nazaire

Le Courrier de la Vienne
de Poitiers

Le Courrier du Jura
de Lons le Saulnier

Le Décentralisateur
de Lyon

L'Echo roannais
de Roanne

L'Echo rochelois
de la Rochelle

L'Echo de la Sologne
de Romorantin

L'Echo de la Province
de Toulouse

L'Echo du Tarn
de Castres

L'Emancipateur
de Cambrai

L'Eure
d'Evreux

La Franche comté
de Besançon

La Gatine
de Parthenay

La Gazette du Languedoc
de Toulouse

La Gazette du Bas Languedoc
de Nîmes

La Gazette du Midi
de Marseille

La Gazette de Normandie
de Rouen

La Gazette de l'Ouest
de Nantes

Le Gers
d'Auch

L'Impartial du Finistère
de Quimper

L'Indépendance du Centre
de Clermont Ferrand

Le Journal de Bolbec
de Bolbec

Le Journal d'Elbeuf
d'Elbeuf

Le Journal de Forcalquier
de Forcalquier

Le Journal de Mâcon
de Mâcon

Le Journal du Maine et Loire
d'Angers

Le Journal de l'Oise
de Beauvais

Le Journal de Rennes
de Rennes

Le Journal de St. Jean d'Angely
de St. Jean d'Angely

Le Journal de Trévoux
de Trévoux

Le Journal de Vitré
de Vitré

Le Mémorial de l'Allier
de Moulins

Le Mémorial de Poitou
de Châtellerault

Le Mercure aptésien
d'Apt

Le Mercure segréen
de Segré

Le Messager de l'Allier
de Moulins

Le Messager de Toulouse
de Toulouse

L'Océan
de Brest

L'Ordre et la liberté
de Caen

Le Progrès des Charentes
de Rochefort

Le Propagateur de Nord
de Lille

La Savoie
de Chamberry

La Semeur de l'Oise
de Clermont/Oise

L'Union bretonne
de Nantes

L'Union de l'Ouest
d'Angers

L'Union du Sud-ouest
d'Agen

L'Union de la Sarthe
du Mans

L'Union savoisienne
d'Annecy

Le Var
de Draguignan

SANFORD ELWITT

Solidarity and Social Reaction: the Republic against the Commune

Célestin Bouglé, sociologist and disciple of Durkheim, wrote that solidarity had become official social doctrine in France by the end of the nineteenth century.[1] He meant that thirty years of republican rule had passed without a serious challenge to that rule being mounted from the revolutionary left. Born amidst the turmoil of military defeat and approaching civil war, the Republic absorbed the shocks of conflict and proceeded to enjoy, for France, unprecedented stability. Solidarity served as the ideological cutting edge of social policies constructed to smother class conflict. For Charles Bigot, a liberal republican, "the idea of solidarity" represented one form "of the great scientific conception of order. It is that principle which creates harmony by the collaboration of all in a single effort."[2] Harsher and more direct measures, however, were sometimes taken. The suppression of the Commune was one such episode. The Communards fell before superior military force, not the power of social science. I want to suggest here that although the revolutionaries of Paris were driven into a position of military isolation, they were, from the very beginning, isolated politically and ideologically within France.

This isolation occurred at the hands of the republicans who organized the succession to the régime of Napoléon III. Their work took on the characteristics of a radical political revolution – but, significantly, a revolution arising from the middle classes and having its own particular social ideology. By carrying out a political revolution, the republicans avoided a social revolution. Nationalist, egalitarian, devoted to economic freedom as a matter of principle as well as class interest, they strove to enforce the solidarity of all Frenchmen, the harmony of classes, and the unity of the nation. They invoked solidarity in pursuit of social peace and succeeded in establishing the foundations of their hegemony.

It may be objected that to place primary emphasis on "solidarity" injects a reactionary element into the republican movement which it did not possess; that the leading politicians of republicanism embraced a progressive political program. And so they did. However, as we shall see, their program rested on a denial of class every bit as forceful as their affirmation of equality. It may be further objected that these men were, in the context of their times, a "revolutionary left" of a sort, even though they never spoke of themselves that way; that between republicans and working class militants only differences of nuance existed. Did not the republicans sincerely believe themselves to be engaged in a popular struggle to bring liberty and democracy to France? The did; and how they interpreted that struggle will become clear in the following pages. But their definition of the popular cause and of "liberty" and "democracy" did not correspond, in the social dimension, to definitions offered by the minority of Frenchmen who were neither entrepreneurs nor farmers, who were workers. In other words, the political radicalism associated with the republican movement and the revolution of the fourth of September unfolded simultaneously with efforts to maintain social peace, through legal reform when possible, through active suppression of independent workers' movements where necessary.

The surrender of the imperial army at Sedan and the dethronement of Napoléon III opened up great opportunities and carried grave risks for the Empire's republican successors. They had worked for a political revolution to overthrow the Empire. Now the revolution was in their hands and in turn raised challenges to their efforts to turn an opposition faction into a party of government and order. At the foundation of that order, they envisioned a broad popular coalition. Their "legal revolution," to borrow a phrase from John Womack, left no room for alternative constructions of the social order. Indeed, they embraced political democracy, their distinctive class ideology, to reconcile "two enemy nations," and to defuse an explosive "class antagonism."[3] The outburst of social radicalism associated with the Commune made it clear that the republican consensus was not universally accepted. But the Commune faced an implacable alliance of republicans who had taken upon themselves the leadership and program of the revolution in the several years preceding the events of 1871.

The frequency with which bourgeois republicans stood with workers against the common imperial opponent was deceptive. That collaboration extended only to a tactical alliance. Such political alliances generally do not survive the first decisive breach in the common opponent's defences. Thus, we should look at the republicans' social program and their conception of the revolution to see just where it contradicted the popular alliance being built up. One has the distinct impression that republicans – and not only the most conservative of them – often spoke loudly of political revolution, the legal revolution in institutions, in order to silence those who would demand a hearing on the social question.

When republicans themselves confronted social questions in the general political debate of the late 1860s, they did so almost invariably in solidarist terms. Henri Allain-Targé, a radical republican from whom much was heard in the subsequent decade, in his polemic against imperial fiscal policy (published in 1868) defined democracy as the "alliance of the bourgeoisie and the people." He considered democracy to be a bulwark against class struggle and social disintegration. For that reason he attacked *grand bourgeois* oligarchs whose vision did not extend beyond their short-range class interests. He had the sense to recognize that social politics which stifled freedom, mobility, and opportunity carried within it the sources of its own liquidation and perhps national liquidation as well:

> The bourgeoisie which has dominated society by its yoke of servile and insolent bureaucrats, on a solid base of military authority and the absolute ignorance of the greatest number, this bourgeoisie resists our efforts. It does not want to lose its privilege. It wants to retain its electoral monopoly, – it does not want free and *serious* education which would be open to all: it does not want to exercise power through liberty, but rather prefers to stifle the nation under the administrative central-ization from which it derives all of the wealth, the power, and the influence through its alliance with authority.[4]

Allain-Targé here is speaking against what he observed to be the tyranny of a big bourgeois-imperial alliance, but speaking nonetheless from within a general bourgeois class position. He condemned the bourgeoisie for refusing to "exercise power through liberty," while his popular perspective, with its emphasis on the most generous, open, and egalitarian aspects promised exactly that. For he could not imagine class rule except through liberty. His radicalism, the path of legal revolution, looked for the goals of solidarity and class harmony to be achieved without social revolution; that is, without any upheaval in the arrangement of social relations. The creation, he wrote, of "a society of equals, of citizens enjoying freedom in equal measure," would provide the opportunity for honest men "to put away a little savings and acquire some property, which is the goal of every labourer." Braced by this declaration of democratic principle, Allain-Targé projected a heady vision of a Republic bound up in the solidarity of "men from every background and of all vocations" united "under a common banner."[5]

Republicans dealt with social issues largely within the context of legal reform which reflected their own distinctive class perspective. Jeanne Gaillard has described how members of the republican opposition, liberals and radicals both, sponsored producers' cooperatives and people's banks. One of them, called *Le Crédit au travail,* was launched by the liberal economist Jules Clamageran, the industrialist Charles Dollfuss, the educational re-former Jean Macé, and the farmers' publicist Pierre Joigneaux. The purpose of the bank was to stimulate workers' participation in industry. It was run according to classic free enterprise capitalist principles. Gaillard's judgment on the political implications of such an enterprise bears quoting: "Its makeup paralleled the politics of a party which sought less specifically a working class clientele than a popular clientele."[6] In the *Almanach coopérateur,* written for a popular audience by republican publicists, we encounter much of the same. One of the future high-ranking politicians of the Republic, Henri Brisson, warned: "let's not forget politics!" He rejected social ques-tions because they diverted attention from politics, and for a further good reason, in terms of one seeking the path toward social order in the midst of political uncertainty: "in isolating political questions from social questions, some hope to isolate one class from another and reign by division."[7] He was speaking of the imperial bureaucracy, which was making gestures towards "doing something for the workers." Brisson let the cat out of the bag: the politcal success of the republicans depended upon their appearing as the convincing vanguard of a popular movement. What they feared above all else was an alliance between established authority and the working class. Such an alliance could be fashioned only at the expense of the middle ranks of the bourgeoisie of country and town. They feared, proximately, their own isola-tion, and ultimately, a sharpened class conflict in which they would be the losers. But – how to maintain and strengthen the popular alliance without surrendering the ruling position of the provincial bourgeoisie? That, again, was what solidarity was all about.

Brisson was also one of those who first called for an alliance of the republican bourgeoisie with the mass of independent farmers.[8] Taking to the electoral trail in 1869, his associates in the high councils of republicanism took deliberate pains to separate themselves from "socialists" or "communists." They wanted, they said, only to re-establish healthy markets and entrepreneurial freedom. In so doing, they were led, like the radical Edouard Lockroy, to deliver sharp attacks on the fiscal apparatus of the Empire: the high price of credit, the abuses of monopolists, and the arrogance of finance capital. But these radical attacks always returned to stirring pleas for the rights of the individual producer.[9] And why not? After all, the provincial businessmen and their lawyer spokesmen, stalwarts of "legal revolution," were not above making popular alliances to gain their political ends.[10] It would not be the first time that a fraction of the bourgeoisie embraced radicalism, and the alliances it imposed, to put themselves in power. And if they could carry on that campaign under the banner of solidarity, thus combining radical political reform with social defence, then surely they had gained the best of both worlds.

Quick to rush to the defence of political allies whose verbal attacks on the régime unleashed the wrath of imperial justice, republicans were notably less eager to support workers' strike action. They seemed more concerned about mobilizing workers as auxiliary troops in the mounting offensive against the régime. When republicans made rare appearances at the scene of a strike, at Le Creusot or Saint-Etienne in 1869 and 1870, they delivered stirring appeals to solidarity and to the alliance of democrats and workers while carefully skirting specific social questions. Against the mounting wave of independent workers' action they offered "the alliance of capital and labor," "more powerful mutual aid societies."[11] Little of what they had to say distinguished their approach from that of Edmond About, journalistic oracle of a more conservative bourgeoisie. His contribution to the debate on the social question began and ended with a widely-disseminated pamphlet whose title speaks for itself: *Le Capital pour tous. Plus de prolétaires, 38 millions de bourgeois; l'ABC du travailleur.*[12] Small wonder, for in several places strikes were led against employers who also were local republican leaders. This was the case in the Loire region where the republican chieftain, Pierre Dorian, played a leading role in mobilizing employers (he himself was an important *maître de forges*) to smash strikes in the Saint-Etienne basin.[13] So, too, in upper Alsace and in the Nord, men in the forefront of the republicans' fight against the Second Empire struggled simultaneously against the social movement on their left. Auguste Scheurer-Kestner, in his autobiography, ignored this aspect of the *lutte politique* carried on by his uncles, cousins, and in-laws, while celebrating their heroic battles for the Republic.[14] Republicans in Lille blamed the government for the disruption of the social order accompanying industrial violence. To them it appeared that the author of *L'Extinction du paupérisme* might act on the generous sentiments of his youth at their expense. Gustave Masure, editor of the republican *Progrès du Nord*, summoned the bourgeoisie to its responsibilities:

> Any indifference at this juncture is doubly dangerous in this manufacturing region where all citizens, the bosses even more so than the workers, should follow closely every turn in the path of social change and should seek to forge links among all interests through the careful application of economic science.[15]

Some workers remained unmoved by this old-fashioned paternalism cloaked in democratic garb and sent forth with the benediction of science. In one area of the industrial north torn by recession, lay-offs, and unrest, the coalfields of the Pas-de-Calais. workers delivered their votes, as usual, to the Empire.[16]

In Lyon, where French militants of the First International were perhaps strongest outside Paris, the deep cleavage between republicans and socialists was most apparent. André Bastelica from Marseille and Emile Aubry from Rouen, leaders of the French section of the International, spent several days in Lyon in February 1870. They came to Lyon to support the efforts of Albert Richard, leader of the Lyon socialists, to organize workers independently of the republicans.[17] Their target was specifically the republican left for the very reason that workers were attracted to men like Bançel and Raspail whose anticlerical radical program was devoid of social content, or, shall we say, full of solidarity. The radicals had attempted to monopolize the workers' constituency in defence of middle class interests. Their newspaper, the *Progrès de Lyon*, spoke for workers in bourgeois accents. Aubry sounded the warning: "don't compromise your growing power by dupes' alliances with bourgeois radicalism."[18] His fears were not imagined. Imbedded in Bançel's and Raspail's program, we find these statements on the social question: "I think that the social question ought to be considered and advanced side by side with political questions" (Bançel); "rapprochement of all classes in society by means of common, free, and obligatory education and by the creation of associations" (Raspail).[19]

Curiously enough, Bastelica actively participated in the work of the *Ligue de l'enseignement* in Marseille.[20] The *Ligue*, true to its origins in Alsace, was subsidized by the local bourgeoisie, the same people whom Bastelica had accused of "liberal doubletalk" when they spoke of democracy.[21] In Lyon itself, one of the original founders of the *Ligue de l'enseignement*, Charles Gaumont, supervised the establishment of a privately financed *cours d'enseignement professionel* for workers. The money came from Arlès-Dufour, Eugène Flotard, and Henri Germain, all pillars of the Lyon *haute bourgeoisie*.[22] One of the "bourgeois radicals" of whom Aubry had warned,

Le Royer, joined hands with the Lyon élite in their educational projects. Bastelica's association with such an enterprise suggests that solidarity, when translated into serious reform, was not without its attractions.[23]

Indeed, among the weapons in the solidarist arsenal, popular education projects were the most frequently employed and proved to be the most effective in the long run. By the time educational reforms had been written into law, fifteen years of private initiatives had established their content. The businessmen who organized the republican movement on the local level spurred educational efforts. They found education corresponded to their nationalist and egalitarian sentiments and, on the practical level, promoted social cohesion and a disciplined and docile labor force. In the context of the times, extending free education to the poorer classes and ridding the schools of retrograde clerical influence was truly a revolutionary step and gave substance to the claims of republicans, in Gambetta's words, that "what constitutes true democracy is not the recognition of equals, but the creation of equals."[24]

The architects of what should be called social education began their work in the late 1860s and were driven by the desire to enforce the ideological solidarity of citizens against the consciousness of class. Not surprisingly, they came from the industrial classes of France or were intellectuals and politicians closely associated with them. Jean Macé's *Ligue de l'enseignement*, founded in 1866, was financed by the textile and chemical manufacturers of upper Alsace. Working through the *Société industrielle* of Mulhouse and various private philanthropic foundations, they established schools for apprentice training, schools attached to factories, and popular libraries.[25] Macé made his perspective on the social question very clear; one which his patrons could embrace with enthusiasm. He affirmed that "solidarity among all members of society is a fact which it is not permitted to deny." He likened his efforts to a military campaign upon whose outcome depended "the life or death of the nation."[26]

Macé's example was taken up elsewhere. In Rheims, the leaders of the mercantile and business establishment supplied a workers' library with books filled with the wonders of "morality, the ideals of family life ... and the pleasures of the intellect." While the workers studied their lessons in the library, their wives received instruction in home economics, child rearing, and personal hygiene.[27] At least a dozen circles of the *Ligue de l'enseignement* were founded before 1870. For the most part, industrial and commercial centres led the way. In Epinal, Emile George, a lawyer for Vosges textile interests, sponsored the *Cercle spinalien* in association with Nicholas Claude, a textile entrepreneur, and Charles Ferry. Both George and Claude became senators of the Republic. Ferry ran the family firm while his brother

Jules entered politics.[28] The *Cercle girondin* in Bordeaux solicited contributions from that city's commercial magnates, citing *Ligue* experience in other cities, especially the "happy prospects for solidifying under our influence the working class" and the importance of creating "schools for the poorer classes."[29] The Bordeaux circle rapidly expanded its operations and became the *Société des amis de l'instruction élémentaire.* Amédée Larrieu, wealthy shipper and republican leader of the Gironde *conseil général,* brought his prestige and political ambition to the foundation. In Boulogne s/Mer, the local *Association philotechnique* organized courses for working adults and established a popular library of 1,500 volumes. A total of 178 employers, from big shippers to small retailers, contributed thousands of francs to the project, which the municipal council subsidized to the amount of 400 francs.[30]

But the education of workers, beyond the rudimentary skills necessary to sustain repetitive labor, cut two ways. While becoming more efficient units of labour, workers found their universe expanded. As they mastered instruction in the more complicated processes associated with technological modernization, workers achieved a heightened perception of the world in which they functioned. Thus, for their own sake, they claimed, and received, the dispensation of apprentice and professional training. As Georges Duveau has shown, more often than not workers demanded a stake in an educational system designed initially for the bourgeoisie; and their motives had to do both with carving out a secure place in the industrial world and elevating their apprehension of reality outside the workshop. The educational program of the workers' delegation to the International Exposition at Brussels in 1867 placed high priority on an expanded program of apprentice and job training coupled to an introduction to subjects of general culture.[31] Much of what workers demanded became reality in the subsequent decade. And that realization occurred under bourgeois auspices. Industrial requirements, to say nothing of social requirements, imposed a system of education which, while it became a sharper instrument of social discipline, carried the cutting edge of social liberation.[32]

Among the provincial chieftains of the Republic, none understood this dangerous dialectic better than Jules Siegfried. The millionaire cotton broker and shipper learned about social responsibility in the best of schools — the tightly knit community of Protestant textile entrepreneurs in Mulhouse. Fresh from an immense killing on the Bombay cotton market in 1865, he donated 100,000 francs to the *Société industrielle* of Mulhouse to set up a *cercle pour travailleurs.* In Le Havre, his home, Siegfried plunged into a host of social programs aimed at elevating the moral and material position of the worker to a level of dignity, so as to consolidate the family, foundation of all social order. He became president of the Le Havre circle of the *Ligue de l'enseignement* in 1868. Under his leadership, the organization founded several schools during the next several years; and each of them concentrated on the transmission of useful skills and the principles of solidarity, social responsibility, and citizenship. Siegfried explained what he was doing in the clearest terms of social defence: "Considering that political freedom under the Republic makes the Nation, more than ever, master of its own destiny ... it is of the greatest importance that each citizen be properly instructed and carefully schooled so as to express himself on the Nation's future in the most intelligent manner possible. We regard it as our duty to state that obligatory primary education is a measure of public safety (*salut public*)."[33] Siegfried put out that statement eleven days before the people of Paris took the first steps down the road of revolution.

All of this happened on the local level, without the sanction of organized political power. During the interregnum of 1870-71, the republicans moved to consolidate their position. Almost every political action taken by the Government of National Defence, particularly at its provincial headquarters dominated by Léone Gambetta, aimed at the consolidation of republican power against independent social movements.

The installation of known men of order in the prefectures whenever possible testifies to the determination of the high politicians of republicanism to reinforce their fragile structure against the shocks of disorder. True, the provisional government had a war on its hands and could not afford factional squabbling; but, in fact, the government risked division more than once by its choices in local administration. The implications for future politics were unmistakable. To take two examples: in the department of the Saône-et-Loire, strikes had disrupted the company town of Le Creusot since 1868. Ten thousand of the town's 26,000 inhabitants worked in the Schneiders' gigantic forges and foundries. Immediately following the fourth of September the republican municipal council came under attack from workers' delegates demanding a share in the town's government. From the neighboring department of the Côte d'Or, prefect Frédéric Morin raised the danger of insurrection. His telegraph message was ludicrously understated, considering his own estimation of the seriousness of the situation: "I think that a social question is going to be raised and that the danger is serious." He urged measures to keep the workers "making guns and not politics" and "to preserve the material order." The republican government of the town held firm against the workers despite its isolation. In the midst of the troubles, the sub-prefect of Autun, under whose jurisdiction Le Creusot fell, made an observation which explained why the provisional government had to apply outside pressure to keep the town under control and why it applied that pressure against independent workers' action: "Le Creusot is like Paris or Lyon without a middle class."[34] At about the same time, Charles de Freycinet took over the prefecture at Montauban in the Tarn-et-Garonne. His mission was to suppress a nascent revolutionary commune in the name of the government of the Republic. He arrived with a well-deserved reputation as a man of order and immediately set about establishing good relations with conservative elements in the city. He did his job too well. After two weeks in office, popular disorders drove him out. Rather than capitulate to the insurrectionaries, the provisional government appointed in his place an unknown local figure with solid bourgeois credentials.[35]

Others, equally committed to republican order, defended that order with more success, and in common effort became links in the chain of provincial republican notables which was forged at this juncture: Paul Bert in the Nord; Bert's fellow *Auxerrois* Hippolyte Ribière in the Yonne; César Bertholon in the Loire where he directed the smashing of the Saint-Etienne commune; Alexandre Labadié in the Bouches-du-Rhône, a pillar of the mercantile establishment of Marseille; Allain-Targé in the Maine-et-Loire; his son-in-law Antonin Proust in the Deux-Sèvres; Jean Laget in the Gard; and in the Alpes-Maritimes, Marc-Dufraisse, self-styled defender of the "social status quo."[36]

Questions of national defence became bound up with questions of social defence. The story of the *Ligue du Midi* is a case in point.[37] Amidst the chaos of September-October 1870, delegates of seventeen southern departments gathered in Marseille to form a regional defence league. Alphonse Esquiros, Gambetta's own appointee as political commissar for the area, headed its central committee. Esquiros led the radical wing of the republican group in Marseille. This provided him with acceptable credentials among workers and socialists in the city, at least to the extent that they considered him an ally against the republican bourgeois establishment, represented by Labadié and Maurice Rouvier. But Esquiros' political radicalism, manifested chiefly by a fanatic anticlericalism and a disdain for "aristocrats," did not extend to a radical social program — or any social program at all. As he later said, the revolution in Marseille "was made" by the fifth of September — that is, when he and his fellow radicals proclaimed the Republic.[38] The *Ligue du Midi*, in his hands, was set up to give the Marseille radicals leverage against their moderate republican competitors and, at the same time, to direct working class energies into easily contained channels. For this purpose, they encouraged the formation of a proletarian *garde civique* to supersede the *garde nationale: "our duty at the time was to divert the attention of hot-heads from utopian aims (read social revolution) by getting them involved in national defence."*[39] The *Ligue du Midi*, however, never materialized as an effective regional fighting force. It did become a rallying-point for Communards in-the-making in Marseille — hardly the "diversion" Esquiros had intended. From its headquarters in Tours, the Government of National Defence hurled anathemas at the *Ligue du Midi* and at Esquiros, accusing them of "secession," "anarchy," and "disorder." Gambetta later said that he feared for the "unity of France." Clément Laurier, Gambetta's *chef de cabinet*, put the matter more directly when he voiced his fears for the social order.[40] Isolated, repudiated by the government, unable to control the situation, Esquiros abandoned the revolution as it left the path of legality. A revolutionary commune was proclaimed in Marseille. Esquiros and his republican allies took no part in it. By their silence they assented to its suppression in April 1871. Antoine Olivesi has summed up the meaning of the affair: "disagreements between radical republicans [*républicains avancés*] and socialists paralyzed the revolutionary movement."[41]

In Paris itself a significant drama was being played out in the midst of war preparations. During much of April and early May 1871, a group of republicans representing the commercial and manufacturing entrepreneurs of central Paris attempted to mediate between Paris and Versailles. This *Ligue d'union républicaine des droits de Paris* numbered among its members men who would be placed on the left wing of the republican movement: Clemenceau, Charles Floquet, Edouard Lockroy, Frédéric Morin, Allain-Targé. The *Ligue* had uneasy relations with the Commune. While it supported the principle of municipal independence (partly as a weapon against the openly reactionary government of Adolphe Thiers), it feared the social movement which the Commune embodied.[42] Charles Floquet voiced the fear that civil war would play into the hands of monarchists and bonapartists. "The Republic itself is at stake," he said. "All right then, we must not only develop a program for conciliation, but we must carry our message to the provinces."[43] However, no conciliation was possible. The provinces had already spoken with the voices of the republicans who had exercised power under the Government of National Defence. Some of the men in the *Ligue*, like Allain-Targé and Morin, came to Paris fresh from participation in that government's work in national *and* social defence. Whatever their private agonies, they could not live with the *ouvriériste* orientation of the Commune. Thus their efforts at conciliation, a kind of practical exercise in solidarity, came to grief. Once again, I quote Jeanne Gaillard: "For it [the *Ligue*], there was no question of making a revolution, the revolution had been made; the problem for bourgeois politicians was to shepherd the urban populace down the path of republican legality."[44]

I stated at the beginning that the Commune was isolated politically and ideologically within France. This happened because the republicans preempted the revolution, organized it, and set its limits. These men, provincial notables of the industrial and agrarian middle classes and their spokesmen, did so in terms of their own class interests. Solidarity, even as articulated by the radicals among them, became one of the pillars of the social order under the Republic. It stood for a social outlook and social policies, some of which I have outlined above, designed to perpetuate class rule under modified circumstances. Thirty-four years after the Commune, Léon Bourgeois addressed the congress of the Radical-Socialist party in the following terms: "The class struggle, unhappily, exists in our midst. I do not believe that by prolonging that conflict we will be brought closer to the solution of social problems. I do believe that the solution lies in suppressing class antagonisms and making all men partners in the same great work."[45] Léon Bourgeois was an heir of that political revolution which ushered in the Third French Republic. He was the heir of the Gambettas, the Allain-Targés, the Spullers, the Ferrys. Considering their descendants and the legacy they left, we are permitted to ask whether the revolution they led was a revolution at all.

NOTES

1 C. Bouglé, *Le Solidarisme* (Paris, 1920), p. 1.

2 Charles Bigot, *Les Classes dirigeantes* (Paris, 1875), p. 264.

3 Eugène Spuller, *Histoire de Napoléon III* (Paris, 1872), p. 13.

4 Henri Allain-Targé, *La République sous l'Empire: lettres, 1864-1870* (Paris, 1939), pp. 24-25. Emphasis in the original.

5 Henri Allain-Targé, *Les Déficits* (Paris, 1868), pp. 26-27. One is reminded of the Spanish republicans of the same era as described by Mr. Hennessy: "Tearful romanticism, combined with a moralistic attitude toward the working class, was very largely a literary and rhetorical convention echoed by those conservative Republicans who ... had come under the literary influence of Lamartine and the economic influence of Bastiat, but it was effective in making the bulk of Republicans cling to the myths of class harmony and association. Their social policy remained conditioned by an outlook which gave primacy to political over social revolution." C. A. M. Hennessy, *The Federal Republic in Spain* (Oxford, 1962), pp. 87-88. Lamartine, thirty years earlier, had in fact spoken of the alliance of manufacturers and workers against bankers and monopolists, much in the same terms as heard in the 1860s. Matagrin, "Le Rachat des chemins de fer en 1848," *Revue socialiste* (1904), 419.

6 Jeanne Gaillard, "Les Associations de production et la pensée politique en France, 1852-1870," *Mouvement social*, no. 51 (June-Sept. 1965), 59-85.

7 Henri Brisson, "N'oublions pas la politique," *Almanach coopérateur* (1868), 121-29.

8 Henri Brisson, "La Tyrannie au village," *Le Libéral du Centre*, Limoges, 10 March 1968.

9 Edouard Lockroy, *A bas le progrès!* (Paris, 1870).

10 "S'il n'y avait pas de misère sérieuse dans le Doubs en 1869, beaucoup de mécontentement, d'ordre surtout économique, était accaparé et exploité par la

bourgeoisie industrielle, mûe autant par la conviction doctrinale que par le souci de
défendre ses intérêts, plus ou moins biens entendus … c'était cette bourgeoisie qui avait
mené le principal assaut, acceptant même le risque de seconder le petit parti purement
révolutionnaire." R. Marlin, "Les Elections législatives de 1869 dans le Doubs,"
Cahiers d'histoire, VII (1962), 81.

11 Fernand l'Huillier, *La Lutte ouvrière à la fin du Second Empire* (Paris, 1957), pp. 45, 53.

12 Cited in ibid., p. 75n.

13 For details, see my article, "Politics and Social Classes in the Loire: the Triumph of
Republican Order, 1869-1873," *French Historical Studies*, VI, no. 1 (Spring 1969),
93-112.

14 Bibliothèque nationale, nouvelles acquisitions françaises, 12706, *Souvenirs d'un
républicain alsacien*, vol. I (typescript Mss.)

15 *Le Progrès du Nord*, 13 Sept. 1866, quoted in Pierre Pierrard, *La Vie ouvrière à Lille sous
le Second Empire* (Paris, 1965), p. 477.

16 In the plebiscite of 1870. A. Fortin, "Les Conflits sociaux dans les houillières du
Pas-de-Calais sous le Second Empire," *Revue du Nord*, 43, (October-December 1961),
354-55.

17 S. Maritch, *Histoire du mouvement social sous le Second Empire à Lyon* (Paris, 1930), pp.
231-34.

18 Ibid., p. 234.

19 Ibid., pp. 202-203.

20 Georges Duveau, *La Pensée ouvrière sur l'éducation sous la Seconde République et le
Second Empire* (Paris, 1946), p. 41.

21 Archives nationales (hereafter AN), F(17) 12527, report of the prefect of the Bouches-
du-Rhône on the *Ligue de l'enseignement* in 1869. The Marseille chapter originated with
republican freemasons and engaged in direct political propaganda. Its moving spirit was
Alphonse Esquiros who appeared alongside Gambetta in the elections in that department. His politics were certainly "radical," but not "social," at least no more so than in
the case of Bançel and Raspail, whom Bastelica and Aubry had denounced.

22 Maritch, *Histoire du mouvement social*, pp. 179-80.

23 Jean de Moussac, *La Ligue de l'enseignement* (Paris, 1880), pp. 28-29.

24 *La République française*, 9 Feb. 1876. Speech at Lille.

25 A. Dessoye, *Jean Macé et la fondation de la Ligue de l'enseignement* (Paris, 1883), p.
105; R. Oberlé, *L'Enseignement à Mulhouse de 1798 à 1870* (Paris, 1961), pp. 251-53;
Jean Macé, *Morale en action. Mouvement de propagande intellectuelle en Alsace* (Paris,
1865), pp. 48-49.

26 Macé, *Morale en action*, pp. 14-16.

27 AN, F(17) 12527, reports from the prefect of the Marne to the minister of the interior,
1867 and 1868.

28 *Bulletin de la Ligue française de l'enseignement*, II (1882), 350; L. Louis, *Le
Département des Vosges* (Epinal, 1889), IV, 382.

29 AN, BB(18) 1795(1), 9803(A), report of the attorney-general of Bordeaux to the minister
of justice, 16 Dec. 1868.

30 Moussac, *La Ligue de l'enseignement*, p. 171n.

31 Duveau, *La Pensée ouvrière, passim*.

32 See Marx's comments on this subject in *Capital* (New York, 1967), I, 487-89.

33 AN, F(17) 12527, circular of the *Ligue de l'enseignement du Havre*, 7 March 1871, signed
by Jules Siegfried; André Siegfried, *Mes Souvenirs de la troisième république: Mon père et*

son temps: Jules Siegfried, 1836-1922 (Paris, 1946); *Bulletin de la Société industrielle de Mulhouse*, XXXIX (1869), 16; *L'Education dans les écoles communales du Havre; discours prononcés par M. Jules Siegfried, maire de la ville du Havre, les 28 septembre et 5 octobre* (Le Havre, 1879).

34 *Annales de l'Assemblée nationale*, vol. 25, annexe no. 1416, 933, 1324.

35 Bibliothèque de l'Ecole polytechnique, *Fonds Freycinet*, dispatches from Freycinet to Gambetta, 7, 8, 14 Sept. 1870.

36 For the prefects see the *Almanach national*, 1871 (Paris, 1872) and Pierre Henry, *Histoire des préfets* (Paris, 1950); for Bertholon see AN, F(lb) I 156(19), dossiers individuels des préfets; for Labadié see Alphonse Esquiros, "Marseille et la Ligue du Midi en 1870-1871," *La Nouvelle revue* (1 Feb. 1883), p. 505; the quotation from Marc-Dufraisse appeared in the *Bulletin officiel de la République française* (edited from Tours by Jules Barni under Gambetta's direction), 30 Oct. 1870.

37 For the *Ligue du Midi* and the events in Marseille, see Esquiros, "Marseille et la Ligue du Midi"; Alexandre Glais-Bizoin, *Cinq mois de dictature* (Paris, 1875); *Réveil de l'Ardèche*, 20 Oct. 1870; Antoine Olivesi, *La Commune de 1871 à Marseille et ses origines* (Paris, 1950); and France, Assemblée nationale, *Enquête parlementaire sur les actes du Gouvernement de la défense nationale* (Paris, 1875), vol. II.

38 Esquiros, "Marseille et la Ligue du Midi," p. 503.

39 Ibid., p. 489.

40 France, Assemblée nationale, *Enquête parlementaire*, I, 548.

41 Olivesi, *La Commune de 1871 à Marseille*, p. 100.

42 Jeanne Gaillard, "La Ligue d'union républicaine des droits de Paris," *Bulletin de la Société d'histoire moderne*, 13th series, no. 5, 8-13.

43 AN, 49 AP 1, *Floquet Mss*.

44 Gaillard, "La Ligue d'union républicaine des droits de Paris," p. 13. Gaillard also says that this "radicalisme première manière montre que les radicaux de 1871 sont proches de la Commune." I do not think that her own argument and the evidence of the Floquet papers which both she and I have seen support that conclusion.

45 *Le Temps*, 20 July 1905.

MONTY JOHNSTONE

The Commune and Marx's Conception of the Dictatorship of the Proletariat and the Role of the Party

The Paris Commune occupies a central position in Karl Marx's political thought. Already in the first draft of his *Address on the Civil War in France*, started in the latter half of April 1871, he described it as "the initiation of the social revolution of the nineteenth centrury," which, whatever its fate in Paris, would "make *le tour du monde*."[1] It represented for him the first experience of the working class holding political power,[2] albeit extremely briefly and under exceptional circumstances in one city.

Since he had always refused on principle to follow his Utopian predecessors in "playing with fantastic pictures of the future structure of society,"[3] the Commune provided Marx with the only opportunity in his lifetime to discuss in any detail the characteristics of the transition period that he believed lay between capitalism and a classless communist society. Above all, a study of Marx's writings on the Commune is essential for an understanding of that part of his thought that has for a century aroused more bitter controversy than any other: his conception of the dictatorship of the proletariat and its relationship

This is a revised and expanded version of a paper originally presented at the University of Sussex and subsequently printed in a special number of *The Massachusetts Review*, XII, no. 3 (Summer 1971), 447-62, which was published as a book by the University of Massachusetts Press in 1973 (*Revolution and Reaction: The Paris Commune 1871*, ed. John Hicks and Robert Tucker).

to democracy. This paper limits itself to a consideration of this one aspect of the connection between Marx and the Commune.

From the autumn of 1870 Marx had opposed on tactical grounds any attempt at a rising in the French capital. In face of the German military threat he wrote that "the French workmen must perform their duties as citizens" and "calmly and resolutely improve the opportunities for Republican liberty, for the work of their own class organisation."[4] However, as soon as they saw rebellion sparked off by Thiers' attempt to seize the artillery of the National Guard, Marx and Engels declared their support for the Parisians.[5] In a private letter to Ludwig Kugelmann in Hanover on 12 April 1871, Marx expressed his admiration for the "elasticity, historical initiative and capacity for sacrifice" of the Paris revolutionaries. The Commune, he wrote, was "the most glorious deed of our Party since the June insurrection in Paris" in 1848.[6] The term "party" is used here in the "great historical sense," in which he had spoken in his letter to Freiligrath of 29 February 1860,[7] to denote the movement of the workers as an independent class, as an expression of which he was now forcefully identifying the Commune.[8] In another letter to Kugelmann, on 17 April 1871, Marx was even more enthusiastic. "The struggle of the working class against the capitalist class and its state has entered upon a new phase with the struggle in Paris," he wrote. "Whatever the immediate results may be" – and already on 6 April in a letter to Liebknecht he had expressed himself very pessimistically on these[9] – "a new point of departure of world historic importance has been gained."[10]

It does not fall within the scope of this contribution to consider whether or not Marx was right in his view of the proletarian character of the Commune. What it is my intention to establish – for this is also in dispute – is that this was indeed his view not only as expressed in his famous *Address on the Civil War in France*, issued in its final form just after the crushing of the Commune, but also on all other occasions.[11] Dr. Shlomo Avineri's assertion[12] that "the various drafts of *The Civil War in France* offer clear evidence that Marx considered the Commune not a working class affair, but a petty-bourgeois, democratic-radical émeute," just does not stand up to examination. Marx's drafts in fact emphasize again and again his view that "the red flag, hissed [*sic*][13] by the Paris Commune, crowns in reality only the government of workmen for Paris!" and that "the workmen's revolution" had delivered "the true elements of the middle classes ... from their sham representatives."[14]

In this last-quoted statement is expressed the essence of Marx's concept of proletarian hegemony, which occupies an important place in his theory of socialist revolution.[15] "For the first time in history," he wrote, "the petty and *moyenne* middle class has openly rallied round the workmen's Revolution, and proclaimed it as the only means of their own salvation and that of France! It forms with them the bulk of the National Guard, it sits with them in the Commune, it mediates for them in the Union Républicaine." Only the working class could rescue them from financial ruin, as well as converting "science from an instrument of class rule into a popular force" and "the men of science" (i.e. the intellectuals) "into free agents of thought." Indeed, the "principal measures" that the Commune had taken after its establishment were "for the salvation of the middle class – the debtor class of Paris against the creditor class!"[16]

A five-page section of Marx's first draft is devoted specifically to the peasantry.[17] The main lines of its argument are incorporated in the final *Address*, which represents the Commune's victory as the peasants' only hope of freedom from debt. A Communal Constitution for all France would bring "the rural producers under the intellectual lead of the central towns of their districts, and there secure to them, in the working men, the natural trustees of their interests."[18]

Marx did not therefore believe that the establishment of working class political power had to wait till the proletariat had grown to comprise the majority of the population.[19] Writing three years after the Commune, he explained: "Where the peasant exists on a mass scale as a private property owner, where he constitutes a more or less substantial majority, as in all the states of the Western European continent ... the following occurs: either he prevents, wrecks every workers' revolution, as he has done up till now in France; or the proletariat (for the peasant proprietor does not belong to the proletariat and even where, according to his position, he does belong to it, he does not believe that he does) must as a government take measures through which the peasant finds his position directly improved and which thus win him for the revolution."[20]

Such a working class government would be based on an alliance with other classes which accepted proletarian leadership and gave it majority support in the country. Despite efforts to do so, which were made neither consistenly nor early enough, the Paris workers did not succeed in persuading the peasant majority in the provinces that it was the champion of their true interests. In the capital itself, however, Marx saw "the working class ... openly acknowledged as the only class capable of social initiative, even by the great bulk of the Paris middle class – shop-keepers, tradesmen, merchants – the wealthy capitalists alone excepted."[21] With such a conception of hegemony in mind, he went on to declare: "If the Commune was thus the true representative of all the healthy elements of French society, and therefore the truly national government, it was at the same time, as a working men's government, as the bold champion of the emancipation of labour, emphatically international."[22] There was therefore for him no contradiction whatsoever in speaking of a "workmen's revolution" as a "people's revolution."[23] and the "working men's government" that it established as "a government of the people by the people."[24]

THE DICTATORSHIP OF THE PROLETARIAT

Marx did not actually use the words "dictatorship of the proletariat" to describe the Paris Commune. It was a term that he employed synonymously with such expressions as "the rule of the proletariat" or "political power held by the working class," which occur much more frequently in his works.[25] One would hardly expect him to use such a phrase in his one work on the Commune, the *Address on the Civil War in France*, since this was not written in his own name but on behalf of the General Council of the First International with its British trade union members, to whom it would have been unfamiliar and potentially alarming.[26] If however we compare the way in which he characterized the Commune with his description elsewhere of the function of the dictatorship of the proletariat, the identity becomes apparent.

Engels noted in 1872-73 that "the views of German scientific socialism on the necessity of political action by the proletariat and its dictatorship as the transition to the abolition of classes and with them of the state ... had already been expressed in the *Communist Manifesto* and since then on innumerable occasions."[27] In 1848, in the *Manifesto*, the conception of the dictatorship of the proletariat (though not yet the term, which is first found in Marx in January 1850)[28] is put forward as follows: "the first step in the revolution by the working class is to raise the proletariat to the position of ruling class, to win the battle of democracy. The proletariat will use its supremacy to wrest, by degrees, all capital from the bourgeoisie, to centralise all instruments of production in the hands of the State, i.e. of the proletariat organised as the ruling class."[29] In 1852, writing to J. Weydemeyer, Engels emphasized as something new in his theory, his belief that "The class struggle necessarily leads to the *dictatorship of the proletariat*" and that "this dictatorship constitutes the transition to the *abolition of all classes and to a classless society*."[30]

There is no record of Marx using the term again till 1871, four months after the end of the Commune. Then, at a dinner attended largely by Communard refugees, after referring to the Commune as "the conquest of the political power of the working classes," he noted that, before it would be possible to eliminate the basis of class rule, "a proletarian dictature would become necessary."[31] His best-known formulation of the idea in this period was made in 1875 in his *Critique of the Gotha Programme*, where he wrote: "Between capitalist and communist society lies the period of the revolutionary transformation of the one into the other. There corresponds to this also a political transition period in which the state can be nothing but *the revolutionary dictatorship of the proletariat.*"[32]

All these quotations make it clear that for Marx the dictatorship of the proletariat did not denote a classless society with a fully socialist economy. It was to be a prolonged transitional phase, in which political power had passed to the workers, who would use it to destroy the economic basis for the existence of classes.[33]

This corresponds to his earlier description of the Commune, in the first draft of his *Civil War*, as precisely such a transitional régime. It was "the political form of the social emancipation, of the liberation of labour from the usurpations (slaveholding) of the monopolists of the means of labour."[34] In the final *Address* this becomes the well-known statement that the Commune "was essentially a working class government ... the political form at last discovered under which to work out the economical emancipation of labour. ... The Commune was ... to serve as a lever for uprooting the economical foundations upon which rests the existence of classes, and therefore of class rule."[35]

It is, in my opinion, anachronistic to argue that Marx made a distinction between a workers' government and the dictatorship of the proletariat, in the way that has at times been done by some twentieth-century Marxists.[36] Nor do I find it plausible that Engels, whose agreement with Marx on all fundamental political questions is recorded in their correspondence over four decades, should have interpreted either the Commune or the concept of proletarian dictatorship differently from his great co-thinker. And Engels was to write quite unequivocally in his 1891 preface to Marx's *Civil War*: "Dictatorship of the Proletariat ... Do you want to know what this dictatorship looks like? Look at the Paris Commune. That was the Dictatorship of the Proletariat."[37]

WAS THE COMMUNE SOCIALIST?

In 1881, in an atmosphere very different from that in which, ten years earlier, he had produced his memorable vindication of Paris' March revolution, Marx wrote in a letter to the Dutch Socialist, F. Domela-Nieuwenhuis, that the Commune "was merely the rising of a city under exceptional conditions, the majority of the Commune was in no wise socialist, nor could it be."[38] I do not think that this statement invalidates the contention that Marx saw the

Commune as a dictatorship of the proletariat, at least in embryonic form, although it may at first sight appear to do so. Already during its existence he had recognised how limited were the opportunities for it to realise its potential. Thus, in the first draft of *The Civil War*, he wrote: "The actual 'social' character of their Republic consists only in this, that the workmen govern the Paris Commune! As to their measures, they must by the nature of things, be primarily confined to the military defence of Paris and its approvisionment."[39] There was "nothing socialist" in any of the Commune's decisions "except their tendency," he said, and he proceeded to welcome the fact that the "real conditions of the movement are no longer clouded in Utopian fables."[40]

Interestingly enough, neither in *The Civil War* nor in anything else that he wrote at the time did Marx criticize the Commune even for its failure to take over the Bank of France. In fact, he expressed the view that "the financial measures of the Commune [were] remarkable for their sagacity and moderation."[41] When, ten years later in the letter to Nieuwenhis, he was to make this criticism, it was not on grounds of social policy, but in terms of a *political* mistake through which the Commune had deprived itself of a vital lever for restraining Versailles.[42] In *The Civil War* he declared that "the great social measure of the Commune was its own working existence."[43]

Marx did however go farther than this in the *Address* by projecting into the future the tendencies that he believed to be expressed in the Commune's decision of 16 April in favour of the surrender to associations of workmen of all closed workshops with some compensation for their owners.[44] Thus Marx concluded that "the Commune intended to abolish that class property which makes the labour of the many the wealth of the few," aiming at "the expropriation of the expropriators" and leading to communism.[45] This placing of "the *unconscious* tendencies of the Commune ... to its credit as more or less conscious plans" was in Engels' view "justified and even necessary under the circumstances."[46] In doing so, Marx was anticipating the socialist measures that his class analysis of society (as well as his knowledge of the socialist trends and demands in the Paris labour movement) led him to expect sooner or later from a workers' government. "This political rule of the producer cannot coexist with the perpetuation of his social slavery," he wrote in the *Address*.[47] Such a concept was nothing new for Marx: it belonged to the heart of his dialectic of social development. Already in 1844, in *The Holy Family*, he and Engels had written: "The question is not what this or that proletarian, or even the whole of the proletariat at the moment *considers* as its aim. The question is *what the proletariat is*, and what, consequent on that *being*, it will be compelled to do."[48] In the first draft of the *The Civil War* he wrote: "The Commune does not [do] away with the class struggles, through which the working classes strive for the abolition of all classes ... but it affords the rational medium in which the class struggle can run through its different phases in the most rational and humane way."[49]

The Paris Commune represented for Marx a rudimentary form of working class rule, of the dictatorship of the proletariat. If he could welcome in it a high level of *Selbsttätigkeit* (initiative, self-activity) on the part of the Paris workers, he had no illusions about their comparatively low level of *Selbstbewusstsein* (consciousness), related to the inadequate level of development of industry and of the industrial proletariat.[50] He saw this reflected in the ideologies of Proudhonism and Blanquism, which he had criticized over the years and which predominated in one form or another among the largely semi-artisan Paris workers of that period. There was indeed hardly a Marxist in the Commune.[51] The Paris members of Marx's own organization, the International Working Men's Association — the First International — came from the Proudhonist school of socialism. Contrary to the stories of the anti-Communard press of the period, Marx was neither able nor willing to dictate policy to them.[52]

THE NEED FOR A PARTY

Above all, Paris lacked a working class party, such as Marx had long believed necessary for success. To the creation of such parties in the main European countries he and Engels devoted themselves particularly actively after the defeat of the Commune, influenced by its obvious weakness in this respect.[53] The famous Resolution IX of the London Conference of the International in September 1871, incorporated into the latter's General Rules, drawn up by Marx, described the "constitution of the proletariat into a political party" as "indispensable to ensure the triumph of the social Revolution and its ultimate goal: the abolition of classes."[54] These Rules opened with the declaration that "the emancipation of the working classes must be conquered by the working classes themselves."[55] For Marx and Engels these two conceptions were complementary, not contradictory. They saw the development of a working class party as a necessary stage in the development of the proletariat from a fragmented class in itself to a class for itself aware of its historical interests.[56] Already in the *Manifesto of the Communist Party* they had explained their conception of the party as the most resolute and advanced section of the class, to which it offered leadership on the basis of its higher level of theoretical consciousness.[57] This did not however imply a claim to exercise any sort of paternalist tutelage over the proletariat as a whole. The Communists, they wrote, did "not set up any sectarian principles of their own by which to shape and mould the proletarian movement."[58] In

1873, in *The Housing Question*, Engels was to write: "Since each political party sets out to establish its rule in the state, so the German Social Democratic Workers' Party is necessarily striving to establish *its* rule, the rule of the working class, hence 'class domination'."[59]

Such a party would exist openly, except when forced underground by repressive legislation. Unlike Bakunin, Marx was opposed to secret societies,[60] and did not try to organize one inside the First International.[61] Whilst denouncing Marx's alleged dictatorial aspirations in the International, the anarchist leader sought to place that organization under the control of a hierarchically organized and irresponsible secret society or societies. "If you form this *collective* and *invisible* dictatorship, you will triumph. If not, it won't," wrote Bakunin on 1 April 1870 to his supporter, Albert Richard.[62] This contrasted with the public, democratic organization favoured by Marx, who (in Engels' words) "entirely trusted to the intellectual development of the working class, which was sure to result from combined action and mutual discussion."[63] It was in this spirit that Marx expressed confidence in the socialist tendencies that he believed inherent in the French working class to "work out their emancipation" in the course of "long struggles ... transforming circumstances and men."[64] The logic of these struggles would doubtless lead them to form their own political party from out of the already existing Paris workers' organizations, especially the branches of the International, socialist political clubs, neighbourhood vigilance committees and women's associations, such as the *Union des femmes pour la défense de Paris et des soins aux blessés*.[65]

WHAT THE COMMUNE ADDED TO MARX'S THEORY

There has been much controversy as to whether Marx understood the dictatorship of the proletariat as "a social description, a statement of the class character of political power"[66] or as a description, in addition, of the political power itself.[67] My own reading is that the concept was expressed by Marx first of all as the former: the rule of the working class, with its interest in the socialist transformation of society, directly counterposed to "the dictatorship of the bourgeoisie" by which he designated capitalist rule. Later, however, after the experience of the Paris Commune, he added a general indication of the type of state that he considered in keeping with its function of creating the basis for a classless and stateless society. This is suggested in his description of the Commune as "the reabsorption of the State power by society as its own living forces instead of as forces controlling and subduing it, by the popular masses themselves, forming their own force instead of the organised force of their suppression – the political form of their social emancipation, instead of the artificial force ... of society wielded for their oppression by their enemies."[68]

To achieve this presupposed smashing the "bureaucratic-military machine" of the capitalist state rather than transferring it into other hands. This, wrote Marx, was "the preliminary condition for every people's revolution on the continent."[69] Such a conception was not to be found in the *Communist Manifesto*, which, Marx and Engels now appreciated, had "in some details become antiquated." They therefore incorporated into their preface to the German edition of 1872 the statement for their *Address on the Civil War* that "the working class cannot simply lay hold of the ready-made state machinery, and wield it for its own purposes." This point, they believed, had been "proved by the Commune."[70] When critics of Marx quote Franz Mehring's opinion that this passage cannot be reconciled with the opinions of the *Communist Manifesto*, they usually forget to add the next sentence in his great biography: "Naturally both Marx and Engels were well aware of the contradiction, and in [their 1872] preface ... they revised their opinions."[71] In so doing, they were demonstrating that they considered their theory not as a finished dogma but as a scientific hypothesis to be creatively developed in the light of new experience.

At the end of the century Eduard Bernstein was to interpret Marx' and Engels' 1871-72 formulation as implying a gradualist perspective of fighting for "all reforms in the State which are adapted to raise the working classes and transform the state in the direction of democracy."[72] A reading of Marx's second draft of *The Civil War*, which was not available to Lenin, makes it clear that he was completely correct in *State and Revolution* in insisting that such a reformist interpretation was the very opposite of what Marx and Engels intended.[73] In this draft, already very close in many of its formulations to the final version, Marx wrote: "The proletariat cannot ... simply lay hold on the existent statebody and wield this ready made agency for their own purpose. The first condition for the hold[ing] of political power, is to transform working machinery and destroy it — an instrument of class rule."[74]

As Dr. L.J. Macfarlane has noted, "it is both the class purposes which the state serves in capitalist society and the form which it takes which Marx attacks," appreciating that to serve the needs of that system of class domination a vast bureaucratic state apparatus has been created.[75] Marx had no desire to see the workers take over the hierarchical structures of the capitalist state (whose executive was but "a committee for managing the common affairs of the whole bourgeoisie")[76] to manage the common affairs of their own class. "The political instrument of their enslavement cannot serve as the political instrument of their emancipation," he wrote.[77]

The old bureaucratic state structure was therefore to be replaced by "really democratic institutions,"[78] reflecting "the people acting for itself."[79] This meant that universal suffrage, "instead of deciding once in every three or six years who was to misrepresent the people" in a parliamentary talking shop, would be extended to give the people real control over administration at all levels.[80] "The Commune was to be a working, not a parliamentary, body, executive and legislative at the same time," wrote Marx. "Instead of continuing to be the agent of the Central Government, the police was at once stripped of its political attributes, and turned into the responsible and at all times revocable agent of the Commune ... From the members of the Commune downwards, the public service had to be done at *workmen's wages.*"[81] The first decree of the Commune was the replacement of the standing army by the armed people, comprising the National Guard, the bulk of whose members were working men.[82]

Marx emphasized every anti-bureaucratic measure envisaged by the Commune. "Like the rest of public servants, magistrates and judges were to be elective, responsible and revocable," he wrote.[83] It was a question, as Engels was to point out in his 1891 preface, of the need for the working class to "safeguard itself against its own deputies and officials, by declaring them all, without exception, subject to recall at any moment."[84] All public functions, whether administrative, political or military, were to be made into *"real workmen's functions,* instead of the hidden attributes of a trained caste." The Commune pointed the way for getting rid of "the whole sham of state-mysteries and state pretensions."[85] It did not "pretend to infallibility" but "published its doings and sayings" and "initiated the public into all its shortcomings."[86]

REPRESSIVE MEASURES

These anti-authoritarian prescriptions are not contradicted by Marx's criticisms of the Commune for "an excess of moderation bordering upon weakness" toward its enemies.[87] This was, in his view, the result of the Parisians' failure to recognize from the outset that Thiers had started a civil war against them, in which through " a too 'honourable' scrupulosity" they held back from taking the necessary initiatives.[88] In particular, he argued, they should have marched at once on Versailles after Thiers' forces had retreated there following the miscarriage of their attempt to seize the cannon at Montmartre on 18 March.[89] Instead of devoting themselves to mounting such an offensive, "they lost precious moments ... by the election of the Commune."[90] It was not a question of opposing the election of a Commune, for which (as we have seen) Marx was full of praise as a model of democratic government, but of the inappropriate *timing* of these elections, which diverted attention from the urgent military task of the moment.[91] As a corollary to this, the Central Committee "surrendered its power too soon" to the newly elected Commune,[92] at a moment when its undivided authority was needed to deal with the hostile troops preparing to attack Paris from without and their reactionary supporters organizing armed demonstrations within. Marx's criticisms were dictated by considerations of wartime emergency.

It was also from this standpoint alone that Marx approved the Commune's suspension of hostile papers two weeks after the Versailles troops had started attacking the outskirts of Paris and bombarding the city. "With the savage warfare of Versailles outside, and its attempts at corruption and conspiracy inside Paris," he wrote, "would the Commune not have shamefully betrayed its trust by affecting to keep up all the decencies and appearances of liberalism as in a time of profound peace?"[93] And he stressed how "free from ... acts of violence" the proletarian revolution in Paris had remained from 18 March till the entry of the Versailles troops.[94]

If, for Marx, a proletarian dictatorship had to be prepared to have recourse to measures of coercion and repression, it should be solely against the minority of its active class enemies on behalf of the majority of the people, from whom it must derive its mandate, and only under conditions of civil war.

The difference between such a mass democratic "dictatorship" and one by a small élite was brought out sharply by Engels in 1874 in his article, "The Programme of the Blanquist Communard Refugees." In it he contrasted the Marxist conception of "the dictatorship ... of the whole revolutionary class, the proletariat" with "Blanqui's conception of every revolution as the *coup de main* of a small revolutionary minority." From the latter followed the necessity after its success of "the dictatorship ... of the small number of those who carried out the *coup* and who are themselves already in advance organised under the dictatorship of one or a few individuals."[95]

In Marx's writings on the Commune, there is nothing to suggest that he would have favoured a one-party system or any sort of monolithic political structure, let alone a "personality cult." On the contrary, what emerges is a pluralistic conception of the Commune as "a thoroughly expansive political form while all previous forms of government had been emphatically repressive."[96] In his first draft Marx quoted an extract from the London *Daily News*, which deplored the fact that the Commune was "a concourse of equivalent atoms, each one jealous of another and *none endowed with supreme control over the others.*" The last phrase was underlined by Marx, who noted that "the bourgeois ... wants political idols and 'great men' immensely."[97]

AN ALIEN BODY IN MARX'S THOUGHT?

It has been widely argued that the ideas developed by Marx in *The Civil War in France,* with their emphasis on the destruction of the power of the centralized bureaucratic state machine, constitute an alien body in his thought.[98] In my opinion this view is not borne out by an examination of Marx's writings. On the contrary, from the early1840s throughout his life, there runs the strong and continuous theme of the struggle against bureaucracy. Already in 1843 in his *Critique of Hegel's Philosophy of the State,* he was denouncing bureaucracy as "the 'state formalism' of civil society ... a *particular, closed* society in the state" which "constituted itself as an actual power and becomes its own *material* content." Its universal spirit was "the *secret,* the mystery sustained within bureaucracy itself by hierarchy and maintained on the outside as a closed corporation."[99] Opposing the monarchic rule favoured by Hegel, he argued for a democracy where "the *constitution itself* appears only as *one* determination, and indeed the self-determination of the people ... based on its actual foundation, on *actual man* and the *actual people,* not only implicitly and in its essence, but in its existence and actuality."[100] The "atomisation" of bourgeois society "in its political act" resulted directly from the fact that "the community ... , in which the individual exists, is civil society separated from the state, or the *political state* is an abstraction from it."[101]

Nine years later, in 1852, in *The Eighteenth Brumaire of Louis Bonaparte,* Marx denounced the executive power of the French state "with its enormous bureaucratic and military organisation" as an "appalling parasitic body which enmeshes the body of French society like a net and chokes all its pores." All revolutions hitherto had "perfected this machine instead of smashing it."[102]

Marx took up these themes and developed them, often in very similar terms, in *The Civil War,* presenting the Commune as "the direct antithesis" of the Second Empire with its "State power, apparently soaring high above society."[103] What the Commune envisaged, he wrote, was to "restore to the social body all the forces hitherto absorbed by the state parasite feeding upon, and clogging the free movement of society."[104] These last words were quoted and underlined by Bakunin's comrade-in-arms, James Guillaume, as "a remarkable passage ... where Marx seems to have abandoned his own programme."[105] Even Lenin, copying out Marx's reference to the "destruction of the state power" as "a parasitic excrescence"[106] alongside the copious other extracts from *The Civil War* in his famous "Blue Notebook," was led to exclaim: "By calling 'the state' a parasitical excrescence, Marx 'almost' speaks of the abolition of the state." He added, however, in my opinion correctly: "The point, of course, is not the term, but the *essence.*"[107] It is easy to "discover" any number of verbal contradictions if quotations from Marx and Engels are viewed in isolation. From their context in this case, it is clear that the state power that Marx wished to destroy was specifically "the State power which claimed to be the embodiment of [a national] unity independent of, and superior to, the nation itself."[108] This state, acting as "the master instead of the servant of society,"[109] served "full-grown bourgeois society" as "a means for the enslavement of labour by capital."[110] The Commune stood for the destruction of *such* a state and its replacement by one of a new type, in which "the merely repressive organs of the old governmental power were to be amputated," whilst "its legitimate functions were to be wrested from an authority usurping pre-eminence over society itself, and restored to the responsible agents of society."[111]

CENTRALISM AND LOCAL AUTONOMY

Did Marx's *Civil War in France* represent theoretically "a partial retreat of Marxism in the face of Proudhonism"?[112] Was Marx now championing the standpoint, which he had opposed in the International, of the French Proudhonists who wanted "everything to be dissolved into small 'groups' or 'communes', which in turn form an 'association', but no state"?[113] A close examination of the text does not support such a conclusion despite its superficial plausibility.[114]

In his first draft, Marx showed that in a France "organised into selfworking and selfgoverning communes" the "state-functions" would not disappear but would be "reduced to a few functions for general national purposes."[115] In the *Address* he emphasized: "The few but important functions which would remain for a central government were not to be suppressed, as has been intentionally mis-stated, but were to be discharged by Communal, and therefore strictly responsible agents. The unity of the nation was not to be broken, but, on the contrary, to be organised by the Communal Constitution." And, in case there should still be any doubt, he went on: "The Communal Constitution has been mistaken for an attempt to break up into a federation of small States, as dreamt of by Montesquieu and the Girondins, that unity of great nations which, if originally brought about by political force, has now become a powerful coefficient of social production. The antagonism of the Commune against the State power has been mistaken for an exaggerated form of the ancient struggle against over-centralisation."[116] Moreover, Marx made it clear that "united co-operative societies are to regulate national production upon a common plan,"[117] thereby securing the centralisation of the economic system to which the *Communist Manifesto* had attached so much importance.[118]

Such was the perspective for a Commune with prospects of effective support from the rest of France. In practice, however, it was the absence of such backing that doomed Paris' revolutionary régime to defeat.[119] With this in mind Marx wrote in his letter to Nieuwenhuis that "the only thing that could be reached at the time" by the Commune was "a compromise with Versailles useful to the whole mass of the people."[120] This statement does not imply that the Commune was not in essence a proletarian dictatorship, but only that it had no serious chance of survival without support from the majority of the people of France, who were not yet ready for a dictatorship of the proletariat. The compromise that Marx had in mind would doubtless have meant the end of the Commune as an autonomous revolutionary government in exchange for freedom within a democratic republic for the workers of Paris to reorganize their party and seek majority national support for their views. This would in fact have been a return to the perspective favoured by Marx in September 1870: "To make use of the freedoms inevitably provided by the republic for the organisation of the Party in France; action if the opportunity offers itself after such organisation has taken place."[121]

Marx had always been and was to remain a centralist. However, for him, as for subsequent Marxists, the issue was not one of centralization versus decentralization, but of finding the right balance between the two. The equilibrium was inevitably a shifting one, varying from one country to another and between different historical periods. In 1848-50, he saw the strongest possible centralization as the *sine qua non* of the bourgeois-democratic revolution in Germany directed against the feudal reaction entrenched in its petty principalities.[122] In France, in 1871, the problem was of the opposite character. Already in 1852, in his *Eighteenth Brumaire*, Marx had pointed to "the most extraordinary centralisation" of the French bourgeois state, which found its counterpart "in the helpless dependence, in the loose shapelessness of the actual body politic."[123] Even "a bridge, a schoolhouse and the communal property of a village community" were "snatched from the activity of society's members themselves and made the object of government activity."[124] One can hardly charge Marx with inconsistency for not putting forward the same demands in a proletarian revolution directed against such bureaucratic-capitalist overcentralization as he had in a bourgeois democratic revolution against feudal particularism!

The democratic transformation initiated by the Commune demanded forms of local self-government that would make possible the greatest measure of initiative and popular participation at grass-roots level, whilst preserving a united republic with a central authority. The program of the Commune – the Declaration to the French People of 19 April – incorporated both these elements.[125] The fact that the Commune adopted it with only one dissenting vote bears out Engels' point (in his 1891 preface to *The Civil War*) that in the course of the revolution the Proudhonists evolved from their hard anticentralist and the Blanquists from their extreme centralist positions. [126] Marx felt able to write approvingly of this "rough sketch of national organisation which the Commune had no time to develop,"[127] despite its ambiguity on the nature of the relationship between "the absolute autonomy of the communes" and "the great central administration."[128] This indefiniteness is reflected in Marx's account in *The Civil War*, which he did not think was the place to subject these proposals to detailed critical examination. [129] The more so because he considered the broad outlines of the suggested Communal Constitution as justified by its social essence: the superseding of the old governmental machinery "by real self-government, which in Paris and the great cities, the social strongholds of the working class, was the government of the working class."[130] Except on this condition, "the Communal Constitution would have been an impossibility and a delusion."[131]

Marx spoke favourably of proposals for a national structure whereby the rural communes, which were to be established even in the smallest hamlets, would "administer their common affairs by an assembly of delegates in the central town" of each district. "These district assemblies were again to send deputies to the National delegation in Paris, each delegate to be at any time revocable and bound by the *mandat impératif* (formal instructions) of his constituents."[132] Nowhere, however, did Marx try to present this particular method of indirect election as the only possible system for a working class administration, and he was in fact never to refer to it again. What was however of general and lasting importance for him in this connection was that future society should develop organs of local self-government with a large measure of autonomy and scope for initiative from below. [133] Thus in 1874 or '75, in his private notes on Bakunin's *Statism and Anarchy*, we find him meeting Bakunin's challenge: "The Germans number about forty million. Will, e.g. all forty million be members of the government?" with the comment: "Certainly! Since the matter begins with self-government of the commune (*Gemeine*)."[134] Similarly, twenty years after the Commune, in his *Critique of the Social Democratic* (Erfurt) *Draft Programme*, arguing for a unitary rather than a federal republic in Germany, Engels demanded within it "complete self-government in province, district and commune [*Gemeine*] through officials elected by univeral suffrage."[135]

CONCLUSIONS

Marx's writings on the Commune do not denote any dramatic change in his political outlook. The spring revolution in Paris did however provide the experience, of international relevance, that crystallized into concrete and

positive forms the attitudes inherent in his longstanding criticisms of the
political alienation found in capitalist and feudal states. With this, as I have
argued, he added a new dimension to his concept of the dictatorship of the
proletariat. This entailed the break up of the old state machine and its
replacement by a thoroughgoing participatory democracy, combining direct
democracy at the base with the election at regional and national levels of
delegates exercising both legislative and executive functions under continuous control and briefing from below. Such forms were necessary for the
adequate expression and safeguarding of the class character of the new
transitional régime, which would begin to transcend the divorce between
state and civil society that Marx had deplored as early as 1843, and to
prepare the way for a classless and stateless society.

The Commune, in the seventy-two days of its existence, could but suggest
the first steps to be taken along this road, and Marx felt himself obliged to
extrapolate some of the others from the tendencies that he perceived in it. His
views were therefore only a first outline, derived from and bearing the imprint
of this particular "model,"[136] which reflected the limitations of such a
localized experience in the historical conditions of France in 1871. It could
not be more than the initial stage of a proletarian dictatorship, neither fully
developed nor nationally based, whose days were probably numbered from
the start. Much of Marx's exposition was consequently sketchy, tentative,
and in need of development and amplification in the light of subsequent
revolutions. These never came in his own lifetime, but there has been no lack
of revolutionary experience for Marxists to scrutinize and generalize from in
the last fifty years. It is a weakness that they have not adequately done so in
order to carry much further forward the analysis of post-capitalist societies in
the light of these subsequent events, particularly in relation to the role of
political parties and the handling of political conflict.[137]

Yet, even after a hundred years, Marx's deeply democratic, anti-élitist
and anti-bureaucratic *Civil War in France* retains its relevance as the starting
point for such theoretical elaboration. Its basic ideas, reflecting his horror of
giant state bureaucracies alienating man politically, depriving him of effective control over the society in which he lives and constricting all his
activities, have a highly topical ring. So do the ideas that he counterposed,
under the inspiration of the Commune, for "the self-government of the
producers,"[138] with "the haughteous masters of the people" replaced by
"their always removable servants ... continuously under public super-
vision."[139]

NOTES

1 K. Marx, *The Civil War in France* (Peking, 1966), p. 166 (hereafter CWFP). This edition carries the two preliminary drafts in Marx's original English, previously published only in *Arkhiv Marks i Engel'sa* (Moscow, 1934), III (VIII).

2 Preface to the 1872 German edition of *Manifesto of the Communist Party*, in K. Marx and F. Engels, *Selected Works* (Moscow and London, 1950), I, 22 (hereafter SW).

3 Marx to F. A. Sorge, 19 Oct. 1877, *Selected Correspondence* (Moscow and London, 1956), p. 376 (hereafter SC). See also *Manifesto*, pp. 58-59.

4 K. Marx, *The Civil War in France*, SW, I, 451. See also Marx to Engels, 6 Sept. 1870, in K. Marx and F. Engels, *Werke* (Berlin, 1956-68), XXXIII, 54 (hereafter Werke).

5 Minutes of Meeting of General Council of 21 March 1871, in *Documents of the First International* (Moscow and London, n.d.), pp. 160-62.

6 SC, pp. 318-19.

7 *Werke*, XXX, 495.

8 It was in the same sense that Engels was to speak of the Commune, in his letter to Sorge of 12-17 Sept. 1874, as "without any doubt the child of the International intellectually, although the International did not lift a finger to produce it." SC, p. 350.

9 Ibid., p. 17.

10 Ibid., p. 20.

11 At least from 12 April, by which time he had had an opportunity to form a well-grounded impression of the situation in Paris through the reports of couriers, letters, and newspapers. He filled two notebooks with extracts about the Commune from French and British papers. The first, with extracts from 18 March to 1 May used for writing *The Civil War in France* and containing some marginal comments, was published in *Arkhiv Marks i Engel'sa*, III (VIII). The second, with extracts from 1 April to 23 May and not used for any of his works, is published in ibid., XV (1963).

12 In his erudite, stimulating, but frequently highly contentious *Social and Political Thought of Karl Marx* (Cambridge, 1968), p. 247.

13 This is, of course, a gallicism: *hissé* = raised. The sometimes bizarre English in the preliminary drafts is due to the fact that they were only notes often drawing on material from the French press.

14 First draft, CWFP, pp. 182, 178. Similar statements in the first draft can be found on pp. 136, 160, 166, 168, 170, and 171, and in the second draft on pp. 216, 218, 227, 232, 237, 244, and 247.

15 Marx had already formulated this idea in his *Class Struggles in France* (1850), in which he used the expression "dictatorship of the working class" for the first time. The French workers could not advance, he wrote, "until the course of the revolution had aroused the mass of the nation, peasants and petty bourgeois, standing between the proletariat and the bourgeoisie, against [the bourgeois] order, against the rule of capital and had forced it to attach itself to the proletarians as their protagonists." SW, I, 137. See also his *Eighteenth Brumaire of Louis Bonaparte* (1852): "The peasants find their natural ally and leader in the *urban proletariat*, whose task is the overthrow of the bourgeois order." Ibid., p. 306; emphasis in original.

16 First draft, CWFP, pp. 178-79. The Union Républicaine was a bourgeois organization formed in Paris in April 1871, which sought peace by mediating between Versailles and Paris. This draft contains a section entitled "Measures for the Working Class" (pp. 150-52), followed by one headed "Measures for the Working Class, but mostly for the Middle Classes" (pp. 152-53).

17 Ibid., pp. 173-77.

18 SW, I, 473, 476-77. This passage should not be taken to imply that he and Engels favoured a dictatorship of the city over the countryside. They disagreed in particular with the prevalent Blanquist idea of a dictatorship of Paris. See Engels to Marx, 6 July 1869: "It is a strange idea that the dictatorship of Paris over France, on which the first revolution foundered, could come about once again without further ado and with a different outcome." *Werke*, XXXII, 336.

19 Such a viewpoint was attributed to Marx particularly by German Social Democratic theorists. See, e.g., H. Cunow, *Die Marxsche Geschichts-, Gesellschafts- und Staatstheorie* (Berlin, 1920), p. 329: "In Marx's view the proletariat will only come to rule when it already comprises the great majority of the population." In his *Dictatorship of the Proletariat* (Manchester, 1919), Karl Kautsky wrote: "The dictatorship of the proletariat was for [Marx] a condition which necessarily arose in a real democracy, because of the overwhelming numbers of the proletariat" (p. 45). However, he modified this on the next page, where he stated that "as a rule the proletariat will only attain to power when it represents the majority of the population, or, at least, has the latter behind it .... This was the opinion of Marx and Engels."

20 *Marginal Notes on Bakunin's 'Statism and Anarchy'*, *Werke*, XVIII, 630-33.

21 SW, I, 475.

22 Ibid., p. 477.

23 SC, p. 318.

24 CWFP, p. 182; SW, I, 478.

25 See H. Draper's extremely well-documented study, "Marx and the dictatorship of the proletariat," in *Cahiers de l'Institut de Science Economique Appliquée*, Série S, *Etudes de Marxologie* no. 6 (Paris, 1962) pp, 5-73.

26 While it is true that two British trade union leaders, Odger and Lucraft, repudiated the *Address* anyway, nineteen other British members of the General Council approved it. See K. Marx, "A Reply on the First International," 1878, in *Labour Monthly*, XXXVI, no. 9 (September 1954), p. 420.

27 F. Engels, *The Housing Question*, SW, I, 555. Engels' statement stands in contradiction to — one might say in refutation of — those attempting to present the dictatorship of the proletariat as an incidental or subsidiary element in Marx. Among them Karl Kautsky, who referred to it as a "*Wörtchen*" that Marx used "once in 1875 in a letter" (K. Kautsky, *Die Diktatur des Proletariats* [Vienna, 1919], p. 60), and Karl Diehl for whom "the demand for the dictatorship of the proletariat, as well as the word itself, only play an insignificant role in the works of Marx and Engels" (K. Diehl, *Die Diktatur des Proletariats und das Rätesystem* [Jena, 1920], p. 44). More recently, Shlomo Avineri (*Social and Political Thought of Karl Marx*, p. 204) contrasts the passage in the Communist Manifesto (note 29 below) with the "dictatorship of the proletariat," which term Marx allegedly "does not use more than two or three times in his life, and then always in what is basically a private communication."

28 In the form of "dictatorship of the working class," in *The Class Struggles in France* (SW, I, 149). In his article (note 15 above), H. Draper attacks "the myth that Marx took the term ... from Blanqui," showing that there is no recorded use of the term by the latter (pp. 15-19).

29 SW, I, 50.

30 SC, p. 86. Emphasis in original.

31 Reported in *The World* (New York), 15 Oct. 1871, and reproduced in *New Politics*, II, no. 3 (Summer 1953), 132. (A German translation appears in *Werke*, XVII, 433.)

32 SE, II, 30. Emphasis in original.
33 See, e.g., Marx's comment on Bakunin's statement that the Marxists "console them-
    selves with the thought that this dictatorship will only be ephemeral and short": "Non,
    mon cher! The *class* rule [*Klassenherrschaft*] of the workers over the strata of the old world
    struggling against them must last for as long as the economic basis of the existence of
    classes is not destroyed." *Marginal Notes on Bakunin*, p. 636. emphasis in original. Cf.
    Diehl, *Die Diktatur des Proletariats und des Rätesystem*, p. 45, who asserts that Marx saw
    the dictatorship of the proletariat as "only a short, ephemeral state of emergency"!
34 CWFP, p. 171. Emphasis in original.
35 SW, I, 473-74.
36 Notably in June 1922, when the Communist International advanced the slogan of a
    "workers' government," seen by many of its leaders as a stage preparatory to, and
    separate from, the dictatorship of the proletariat. The resolution of its enlarged Executive
    Committee on this occasion cited the Paris Commune in support of this conception as "a
    workers' government, a bloc of the working class parties and groups opposing the
    bourgeoisie ... a stage on the road to the establishment of Socialist rule." See A.
    Reisberg, "On the Workers' Government Slogan in 1922," in *Beiträge zur Geschichte der
    deutschen Arbeiterbewegung*, IX, no. 6 (Berlin, 1967), esp. 1035-36, 1040. This ap-
    proach is reflected later in the Hungarian Marxist historian, Erik Molnar, who consi-
    dered that "a working class government is not synonymous with a dictatorship of the
    proletariat" and that Engels' characterization of the Commune as the latter was at
    variance with Marx's description. In Molnar's view the Commune "did not arrive at the
    stage of the dictatorship of the proletariat, it did not go beyond that of the democratic
    revolution and the concrete definition that one can give of the Commune is that it was a
    democratic dictatorship of the working class and the petty bourgeoisie, under the
    leadership of the former." E. Molnar, *La Politique d'Alliances du Marxisme, 1848-1889*
    (Budapest, 1967), pp. 217-19.
37 SW, I, 440.
38 SC, p. 410. This passage has been widely quoted as "Marx's final verdict on the
    Commune" (G. Lichtheim, *Marxism* [London, 1961], p. 121), which "contradicts both
    the express statements and the entire spirit of Marx's *Civil War in France*" (B. D. Wolfe,
    Marxism [London, 1967], p. 147).
39 CWFP, pp. 182-83.
40 Ibid., pp. 183-84.
41 SW, I, 478. It was Engels, in 1873 in *The Housing Question*, who first criticized the
    Commune publicly for not seizing the Bank, saying that "this was partly responsible for
    the downfall of the Commune." Ibid., p. 554.
42 SC, p. 410. Cf. Engels' preface (1891) to *The Civil War*: "The Bank in the hands of the
    Commune – this would have been worth more than ten thousand hostages." SW, I, 437.
43 SW, I, 478.
44 The decree to set up a commission to prepare for this is reported in the first draft (CWFP,
    pp. 150-51) and summarized in the *Address* (SW, I, p. 478). Its full text is given in
    Jacques Rougerie's centenary book on the Commune, along with some very interesting
    supplementary documents on its economic policies. Rougerie insists on the socialist
    spirit and perspectives which animated them. J,. Rougerie, *Paris libre 1871* (Paris,
    1971), pp. 173-90. However, despite trade union initiatives, the decree had only limited
    practical application and the Commune held back from taking over the big "monopolist"
    firms.
45 SW, I, 474.

46 F. Engels to E. Bernstein, 11 Jan. 1884, sc, p. 440. Emphasis in original. Engels was replying to a request from Bernstein to explain the passage in the 1872 preface to the *Communist Manifesto* that referred to *The Civil War*, which had for some time been giving him "some headaches." *Eduard Bernsteins Briefwechsel mit Friedrich Engels* (Assen, 1970), p. 224.

47 sw, i, 474.

48 K. Marx and F. Engels, *The Holy Family* (London, 1956), p. 53. Emphasis in original.

49 cwfp, p. 171.

50 For this reason Marx had written in 1870 that England, rather than France, was "for the present the most important country for the workers' revolution and moreover the *only* country in which the material conditions for this revolution have developed to a certain degree of maturity." K. Marx to S. Meyer and A. Vogt, 9 April 1870, sc, p. 287; emphasis in original.

51 Perhaps only A. Serraillier, Elisabeth Dimitrieff, and Leo Frankel could be called Marxists, though not at the time themselves very developed ones. See, e.g., Marx's criticism of Frankel's misunderstanding of his theory of value, *Werke*, xxxii, 474.

52 See Marx's second draft indicating that neither "the Paris, or any other branch of the International, received its *mot d'ordre* from a centre." cwfp, p. 244. His private letter to Frankel and Varlin of 13 May 1871 bears this out. sc, pp. 321-22. There is no record here or elsewhere of his attempting from London to satisfy Frankel's request for advice on reforms to be introduced by the Department of Public Works, for which he was responsible. See F. Mehring, *Karl Marx* (London, 1948), p. 449. This is in keeping with his criticism of those, like Proudhon and Lasalle, who instead of basing themselves on "the genuine elements of the class movement ... wanted to prescribe the course to be followed by this movement according to a certain doctrinaire recipe." K. Marx to J. B. Schweitzer, 13 Oct. 1868, sc, pp. 257-58. For Marx, "every step of real movement is more important than a dozen programmes" (*Critique of Gotha Programme*, p. 15). Cf. Alistair Horne, *The Fall of Paris: The Siege and the Commune, 1870-71* (London, 1965), p. 291: "At this time Karl Marx ... sat in London operating like a skilful puppet-master the strings of the various branches of the International across the world"!

53 Even before the Commune, Marx and Engels, impressed particularly by the electoral successes of Liebknecht's and Bebel's German Social Democratic Workers' Party (founded at Eisenach in 1869), were anxious that the International should promote such parties, as is shown by Engels' letter of 13 February 1871 to the Spanish Federal Council of the International. sc, pp. 314-15. After the Commune this became a central question for them.

54 sw, i, 352. For a discussion of how Marx and Engels conceived of such a party in differing historical contexts, see my "Marx and Engels and the Concept of the Party," *Socialist Register - 1967* (London, 1967), pp. 121-58.

55 sw, i, 350.

56 K. Marx, *The Poverty of Philosophy* (Moscow and London, n.d.), pp. 194-95.

57 sw, i, 44.

58 Ibid.

59 Ibid., p. 556.

60 Report of a speech by Karl Marx on Secret Societies, 22 Sept. 1871, *Werke*, XVII, 655.

61 See A. Lehning, Introduction to *Michel Bakounine et les Conflits dans l'Internationale, 1872* (Leiden, 1965), p. xix: "Bakunin was mistaken in believing that Marx's secret society, the League of Communists ... still existed in one form or another."

62 *La Revue de Paris* (1896), p. 131, quoted by A. Lehning in his Introduction to *Michel Bakounine et l'Italie*, pt. 2 (Leiden, 1963), p. xxxvi.

63 Preface to English edition (1888) of *Communist Manifesto*, p. 26.

64 SW, I, 474.

65 See E. W. Schulkind, "The Activity of Popular Organisations during the Paris Commune of 1871," *French Historical Studies*, I, no. 4 (1960), 394-415; J. Bruhat, J. Dautry, E. Tersen, *La Commune de 1871* (Paris, 1960), pp. 133 ff., 150, 153, 162 ff.; J. Dautry and L. Scheler, *Le Comité Central Républicain des Vingt Arrondissements de Paris* (Paris, 1960), pp. 255 ff.; Rougerie, *Paris libre 1871*, pp. 73-81.

66 Draper, "Marx and the dictatorship of the proletariat," p. 66. In this, Draper was following Kautsky (*Die Diktatur des Proletariats*) for whom the dictatorship of the proletariat was "a political condition ... not a form of government." For Lenin this distinction was "patently absurd" as "Marx was very clearly speaking (in 1875) of this or that type of *state*, and not of forms of government." *The Proletarian Revolution and the Renegade Kautsky*, in V. I. Lenin, *Collected Works*, XXVIII (Moscow/London, 1965), 237. Draper has recently expressed a changed view on this point, stating that for Marx and Engels "the idea of the Commune state, any genuine workers' state, is not merely a state with a different class rule but *a new type of state* altogether." "The Death of the State in Marx and Engels," *Socialist Register 1970*, p. 301.

67 This is the view of Ralph Miliband, "Marx and the State," *Socialist Register 1965*, p. 289.

68 First draft, CWFP, p. 168.

69 Marx to L. Kugelmann, 12 .April 1871, SC, p. 318.

70 SW, I, 11.

71 Mehring, *Karl Marx*, p. 453. Mehring went on to suggest, however, that after Marx's death Engels dropped the proviso about not simply laying hold of the ready-made state machinery. Although certain imprecise formulations of his may give this impression, the fact is that in 1891 Engels was still stating that "the working class, once come to power, could not go on managing with the old state machine" and speaking of the "shattering [*Sprengung*] of the former state power and its replacement by a new and truly democratic one," as described in *The Civil War*. Preface to *The Civil War*, SW, I, 438-39.

72 E. Bernstein, *Evolutionary Socialism* (London, 1909), p. xiii.

73 V. I. Lenin, *The State and Revolution* (Moscow, 1965), pp. 35-36.

74 CWFP, p. 227.

75 L. J. Macfarlane, *Modern Political Theory* (London, 1970), p. 255.

76 *Communist Manifesto*, p. 35.

77 Second draft, CWFP, p. 228.

78 SW, I, 473.

79 First draft, CWFP, p. 141

80 SW, I, 472.

81 Ibid., p. 471. Emphasis in original.

82 Ibid., p. 470.

83 Ibid., p. 471.

84 Ibid., p. 438. In his *Marxism: a Re-examination* (Princeton, 1967), p. 151, Irving M. Zeitlin refers to Engels' preface as affording "almost a verbatim anticipation of Michels' thesis on the 'iron law of oligarchy'." It should, however, be stressed that for Marx and Engels such bureaucratic dangers did not constitute an "iron law" but a *tendency* that should and could be overcome. See N. Bukharin, *Historical Materialism: A System of Sociology* (New York, n.d.), pp. 309-11.

85 First draft, CWFP, p. 170. Emphasis in original.

86 AW, I, 479. This was not fully implemented in practice, in common with certain other features or intentions of the Commune cited by Marx.

87 Second draft, CWFP, p.223.

88 Marx to Kugelmann, SC, p. 319.

89 Ibid.

90 K. Marx to K. Liebknecht, 6 April 1871, ibid., p. 317.

91 See, e.g., S.H.M. Chang, *The Marxian Theory of the State* (Philadelphia, 1931), pp. 99-100, replying to Max Beer's view ("An Inquiry into Dictatorship" - III, *Labour Monthly* [August 1922], p. 120) that Marx's criticism implied that the Commune was not a proletarian dictatorship.

92 Marx to Kugelmann, SC, p. 319.

93 SW, I, 478-79. Emphasis added. Marx's comment refers only to the suppression of "Party-of-Order" (i.e., right-wing, reactionary, anti-Commune) papers and not to the banning by the Committee of Public Safety in the last days of the Commune of some critical revolutionary papers. See F. Jellinek, *The Paris Commune of 1871* (London, 1937), pp. 295-96.

94 Ibid., p. 463.

95 *Werke*, XVIII, 529.

96 SW, I, 473.

97 CWFP, p. 157.

98 This argument was advanced first by Bakunin and his followers. See J. Guillaume, *L'Internationale: Documents et Souvenirs* (Paris, 1907), II, 191-92. It has also been advanced by such Marxist writers as J. Martov (in *The State and the Social Revolution* [New York, 1939] pp. 54-55) and A. Rosenberg, who argued that Marx had "adopted [*annektiert*] the Commune for his own purposes" (*A History of Bolshevism* [London, 1934], p. 18).

99 *Writings of the Young Marx on Philosophy and Society*, trans. and ed. L. D. Easton and K. H. Guddat (New York, 1967), pp. 184-86. Emphasis in original.

100 Ibid., p. 173. Emphasis in original.

101 *Werke*, I, 283.

102 SW, I, 301. Marx referred Kugelmann to this passage in his letter of 12 April 1871. SC, p. 318.

103 SW, I, 470.

104 Ibid., p. 473.

105 Guillaume, *L'Internationale*, II, 191-92.

106 SW, I, 472.

107 V. I. Lenin, *Marksizm o Gosudarstve* (Moscow, 1958), p. 90. Emphasis in original. This is the notebook that Lenin took into hiding with him in the summer of 1917 and which he used for writing his *State and Revolution*.

108 SW, I, 472.

109 First draft, CWFP, p. 167.

110 SW, I, 470.

111 Ibid., p. 472.

112 A. Rosenberg, *Democracy and Socialism* (London, 1939), p. 204. See also G. Lichtheim, *Marxism* (London, 1961), p. 117, and P. Ansart, *Marx et l'Anarchisme* (Paris, 1969), p. 453. This viewpoint had been strongly advanced in 1898 by Eduard Bernstein in his well-known *Voraussetzungen des Sozialismus* (English translation, *Evolutionary Socialism*, pp. 156 ff.), to which Lenin replied in *State and Revolution*, pp. 47-50, in the section entitled "Organisation of National Unity."

113 K. Marx to F. Engels, 20 June 1866, SC, p. 216.

114 It is drawn by, *inter alios*, Martin Buber, in *Der utopische Sozialismus* (Cologne, 1967), pp. 146-47.

115 CWFP, p. 171.

116 SW, I, 472.

117 Ibid., p. 474.

118 Ibid., pp. 50-51.

119 See F. Engels, preface (1895) to K. Marx, *The Class Struggles in France*, SW, I, 117: The Commune "proved how impossible even then ... this rule of the working class still was ... France left Paris in the lurch, looked on while it bled profusely from the bullets of MacMahon."

120 Marx to Nieuwenhuis, SC, p. 410.

121 Engels to Marx, 7 Sept. 1870, and Marx to Engels, 10 Sept. 1870, *Werke*, XXXIII, 57, 60.

122 See, e.g., K. Marx and F. Engels, *Address of the Central Committee to the Communist League*, March 1850: "The workers ... must not only strive for a single and indivisible German republic, but also within this republic for the most determined centralisation of power in the hands of the state authority. They must not allow themselves to be misguided by the democratic talk of freedom for the communities, of self-government." The France of 1793 was cited as an example of such strict centralization. In an explanatory note to the 1885 edition, Engels indicated however that this passage "was based on a misunderstanding" of French revolutionary experience: local authorities had acted with complete freedom, which had served as a most powerful lever for the revolution. And he drew the general conclusion that "local and provincial self-government" did not stand " in contradiction to political, national centralisation." SW, I, 106-107.

123 SW, I, 258.

124 Ibid., p. 301.

125 See full text in Rougerie, *Paris libre 1871*, pp. 153-56, and Rougerie's rejection of the interpretation of it as a "Proudhonist" document (pp. 156-57), thereby revising his previous view that it was "an entirely Proudhonist text." J. Rougerie, "Karl Marx, l'Etat et la Commune," *Preuves*, no. 212 (November 1967), 42.

126 SW,, I, 437-38.

127 Ibid., pp. 471-72.

128 Rougerie, *Paris libre 1871*, p. 154.

129 Although he does make some criticisms of Communal weaknesses in it, *The Civil War* was written primarily as a "*Kampfschrift*" (Mehring), in which Marx saw himself acting as the "Ehrenretter" of the Commune, K. Marx to F. A. Sorge, 9 Nov. 1871, *Werke*, XXXIII, 314.

130 Second draft, CWFP, p. 232.

131 SW, I, 473-74.

132 Ibid., p. 472.

133 In 1850, in the March Address, Marx and Engels had put forward a perspective of dual power, whereby alongside new official bourgeois democratic governments the workers would "establish simultaneously their own revolutionary workers' governments, whether in the form of municipal committees and municipal councils or in the form of workers' clubs or workers' committees." SW, I, 104. Later, with the Commune, Marx saw such municipal organs of working class power becoming basic units of a proletarian state.

134 *Werke*, XVIII, 634.

135 Ibid., XXII, 237.

136 See, e.g., second draft, CWFP, p. 232: "As Paris was the initiator and the model, we have to refer to it."

137 Robert A. Dahl, in "Marxism and Free Parties," *Journal of Politics*, 10 (November 1948), wrote that Marx' and Engels' "endorsement of the democratic techniques of the Commune would seem to suggest that they would have approved the resolution of conflict

by the democratic process of party competition at the polls. But they offered no concrete proposals in this sense" (p. 793). The main reason for this was their disinclination, as always, to draw conclusions about future society from inadequate empirical data, which Dahl accepts as *a* reason (p. 804), rather than inhibitions resulting from "the interpretation of party reality inherent in their own ideology," which Dahl considers "the most important reason" (pp. 806 ff.).

138 sw, i, 471.
139 First draft, cwfp, p. 169.

ARTHUR LEHNING

Michael Bakunin: Theory and Practice of Anti-state Federalism in 1870-71

For five or six years prior to the outbreak of the Franco-Prussian War, Michael Bakunin, who had returned to Europe in December 1861 after eleven years of prison and exile, had been giving definite shape to the ideas which will remain forever associated with his name.

These ideas form a coherent whole,[1] a social philosophy with which his revolutionary practice was closely linked. Very soon after his return, Bakunin had resumed his revolutionary activities. He was increasingly concerned, from 1863 onwards, not to be caught napping by the coming upheaval. It was in order to prepare for and to be able to influence such a situation, thus avoiding the errors of the revolutions of 1848-49, above all it was to thwart the "neo-Jacobin" trend, that Bakunin began to organize militants on an international scale well before the First International. The masonic and carbonist traditions, the underground activities of the followers of Buonarroti during the previous forty years, of the secret neo-babouvist and buonarrotist organizations of the Thirties, of Mazzini, the Poles, Marx and Engels, in short, the entire clandestine history of the international socialist movement from 1820 to 1850 and later, incited Bakunin, who was able to become intimately acquainted with such activities during his sojourns in Switzer-

This is a revised and expanded version of a paper originally presented at the University of Sussex and subsequently published in French in the *International Review of Social History*, XVII, pts. 1-2 (1972), 455-73.

land, France, Belgium, and Germany in the 1840s, to give his ideas the shape of statutes and programs destined for secret societies.[2]

Although these "phantom" organizations, the first of which was formed in 1864 and the last in 1872, proved to be short-lived or even nonexistent, there are two aspects of Bakunin's connection with them that should be kept in mind. In the first place, his evident mania for writing programs, statutes, and regulations induced Bakunin to outline the essentials of his ideas in these documents, a practice which has not been very favourable for their propagation. One must then consider the importance which Bakunin attached to these nuclei or kernels, for his activities and tactics before and during the revolution. Thus it was that on 1 April 1870 he wrote to Albert Richard of the Lyon branch of the International:

> Political revolutionaries, the partisans of ostensible dictatorship, once the revolution having obtained its first triumph, recommend the appeasement of passions, order and confidence and submission to the established revolutionary powers: in this way they reconstitute the State. We, on the contrary, have to foment, evoke and unleash all the passions, we must produce anarchy and, invisible pilots amid the popular tempest, we must direct it, not with any ostensible power, but by the collective dictatorship of all the allies — dictatorship without a sash of honour, without a title, without official rights and all the more powerful by virtue of not having the appearance of power. That is the only dictatorship I admit to. But in order that it may be able to act, it must exist, and for that we must prepare it and organise it in advance, for it will not create itself on its own, neither by discussion nor by debates of principle nor by popular meetings. Few allies but good ones, energetic, discreet, faithful and above all free of vanity and personal ambition, strong men, fairly serious, spirited and having their hearts in the right place and preferring the reality of strength to vain appearances.[3]

Two months later, Bakunin addressed himself in the same strain to Sergej Nečaev.[4]

As far as Bakunin's ideas are concerned, everything is quite clear; the essentials have been known since the publication in 1900 of the great biography dedicated to him by Max Nettlau.[5] We should add that for the period which interests us here, from July 1870 to May 1871, all his writings have been published posthumously with the exception of two brochures.[6] To what extent did these ideas influence his disciples and, in general, the militants of the International of which Bakunin had been a member since the summer of 1868? This is a complex question to which it is not easy to reply.

On many points we are sufficiently informed, but in the case of others a number of documents have been lost and they are lost forever. Furthermore, the exact history of the social movement of this crucial period has still to be written. Nevertheless, the documents available allow us to trace broadly the opinions of Bakunin on political events, the means which he advocated, the tactics which he wished to adopt, and his own activities.

In 1866, in a long manuscript known under the title of "Revolutionary Catechism," Bakunin set forth his political and social program. The basis of any political organization of a country must be the absolute autonomous Commune, which nominates by election and, if necessary, will remove from office all its public servants, which has the incontestable right to create its own legislation and draw up its own constitution. The province must be only a free federation of autonomous communes; the nation will be only a federation of autonomous provinces. Avoiding the concentration of all revolutionary forces of a country at a single point, the revolution "will never succeed unless it brings in all the masses from the countryside at the same time as from the town."[7]

Two years later, in 1868, Bakunin speaks again of the Commune which will replace the State and it is here that we find for the first time from his pen the expression "Federation of the barricades." The Commune will be a permanent federation of the barricades, a council made up of delegations "of one or two deputies for each barricade, one per street or per district, deputies invested with peremptory mandates, always responsible and always revocable."[8] In other words, a soviet of delegates of the nation under arms.

From the end of the 1860s Bakunin was waiting for the fall of the Second Empire and his unflagging activities were carried on in several directions at once. He was hoping that a revolution in France would bring influence to bear on the revolutionary movement in Spain and Italy and, relayed by the Slav peoples of Austria, Poland, and the Ukraine, might extend as far as the peasant masses of Russia.[9] In France, the epicentre of the upheaval, he did not count at first on a revolution in Paris but in the provinces, in the southeast, at Marseille and particularly at Lyon, the second city of France and traditionally a revolutionary centre. In this "capital of socialism" the International was solidly implanted and the ideas of Bakunin deeply rooted.

It was at Lyon on 13 March 1870, that the most characteristic manifestation of the International Workers Association took place, presided over by Eugène Varlin. Bakunin was invited and instructed Adhémar Schwitzguébel (who since 1868 had been among his intimate circle), as representative of the Jura federation, to bring a message which was to be read to his friends. Two anonymous tests (undated) from this period form the substantial parts of a program of action, the essential point of which was that "the revolutionary communes of Paris, Lyon, Marseille, Lille, Bordeaux, Rouen, Nantes, etc. having jointly and unvaryingly prepared and directed the revolutionary movement for the overthrow of imperial tyranny, declare that they will consider their task completed only when they shall have assured the triumph of the revolution by the application of the egalitarian principles which they profess."[10]

Some weeks after the Lyon meeting, Bakunin wrote to Albert Richard a letter in which he set out his program and criticized the "Jacobin" ideas of the latter. Richard, Bakunin reckoned, thought that, the revolution having broken out in Paris, the large towns would send their delegates there to form a kind of Committee of Public Welfare, which would decree revolution, abolition of the old state, social liquidation, and collectivization of property, and would organize a revolutionary state sufficiently strong to repress any reaction either from within or from outside. Bakunin declared himself to be of an opinion completely opposed to that which he believed was held by Richard: even if it were Paris which started the revolution — he did not consider this to be at all certain — its task would be solely that of destroying and liquidating the state and of declaring its total bankruptcy. To be sure, Paris would organize itself by forming the revolutionary federation of all its districts, and "federative commune," but it would immediately renounce the right to govern and organize France. Likewise, the federal revolutionary assembly of delegates from the provinces and the communes, which would rise simultaneously and independently, would not have as its task the organizing of France, but must be the expression of a spontaneous non-state organization.[11]

By mid-July Bakunin considered that the Franco-Prussian War was inevitable and likewise the defeat of Bonapartist France. This defeat could lead only to social revolution, and the revolutionaries, particularly those of the International, must be ready to take the most active part in that development.[12] At the first news of the German successes, he feverishly redoubled his activities. In three days he wrote twenty-three long letters and commenced his *Lettre à un Français*. Two fundamental ideas were to be retained from this work. Bakunin foresaw the creation of a Government of National Defence which " will have only one program: to maintain order." It was necessary to unleash a social revolution, the welfare of France depending on a general uprising of the people, but, and this point of view is new in a France dominated and overwhelmed by the weight of its capital, "it will not be Paris which will take the initiative of the true revolution this time — the initiative will belong to the provinces."[13]

Two days before Sedan he was still writing: "Paris, engrossed by one single interest and one thought, that of her own defence, will be quite incapable of directing and organising the national movement of France. If she could make this absurd, ridiculous claim, it would kill the movement and *consequently it would be the duty of France and the provinces to disobey her in the supreme interest of national welfare.* The only thing and the best thing that Paris could do in the interests of her own welfare, would be to proclaim and bring about absolute independence and spontaneity of the provincial movements; and if Paris forgets or neglects to do it for any reason whatsoever, patriotism will command the provinces to arise and organize themselves spontaneously and independently of Paris for the welfare of France and of Paris herself. *The consequence of all this is quite evidently that, if France can still be saved, it will only be by a spontaneous uprising of the provinces.*"[14]

His opinions did not alter after 4 September. On the contrary, Bakunin was convinced that it was absolutely necessary to continue the war against the invaders and at the same time to revolt against the bourgeois republican régime. Paraphrasing the words of Danton in 1792 ("before marching against the enemy, you must destroy him and leave him crippled behind you"), he said: "We must put down the Prussians within in order to be able to march on with confidence and security against the Prussians outside."[15] He would have liked to prevent the consolidation of the republican government, and had placed his hopes in a continuance of the patriotic war and a simultaneous strengthening of the revolutionary impetus, the only way in his view of winning over the country people for the revolution. Knowing full well that only the town workers would be on the side of the revolution, Bakunin was of the opinion that a revolution in the towns would bring in the peasants and that it was only on this condition that social revolution would be possible and that France might be saved.

It is evident that Bakunin was alone among the revolutionaries of the International in appreciating in this way the political situation and the revolutionary perspectives. This view, incidentally, was the complete opposite of that of Auguste Blanqui and the "neo-Jacobins," whose attitude was well expressed in Blanqui's password, "In the presence of the enemy, no more parties or shades of opinion" and who as late as October maintained their intention of collaborating with the Government of National Defence. For them, the social question had given way to the national question. Bakunin's opinions were based on a correct appreciation of the situation: defeat had not only resulted in the fall of the régime, but had weakened, even disintegrated, the military machine and through it the state. In consequence the situation contained one of the essential elements for revolution. Bakunin rejected any "sacred union," any truce with the government, which he immediately judged to be counter-revolutionary. It was in order to defend their domination and class interests that the ruling classes had become the accomplices of the invaders. All policy and action of the government of National Defence was dominated by the thought of "getting rid of the revolution."[16] The whole difference between the attitude of Bakunin and that of Blanqui is contained in the former's conviction that, above all, France's disastrous situation called for the unleashing of the social revolution instead of the dimming of it.[17]

The rallying to the government of 4 September forced itself on Marx's attention too. In the Second Manifesto on the war (9 September 1870), he writes in the name of the General Council of the International: "Any attempt at upsetting the new government in the present crisis, when the enemy is almost knocking at the doors of Paris, would be a desperate folly. The French workmen must perform their duties as citizens; but, at the same time, they must not allow themselves to be deluded by the national *souvenirs* of 1792, as the French peasants allowed themselves to be deluded by the national *souvenirs* of the First Empire. ... Let them calmly and resolutely improve the opportunities of republican liberty, for the work of their own class organisation."[18] In the same strain, Eugène Dupont, correspondent for France of the General Council, had sent from London instructions to the French correspondents of the International, insisting on the necessity of no longer continuing the war but "on leaving this bourgeois vermin to make peace with the Prussians and to profit by the liberties which circumstances will provide to organize all the forces of the working class."[19] Likewise, Auguste Serraillier was delegated to Paris by the General Council, there to thwart any attempt at an uprising.[20]

It seems clear that the Parisian Federal Council, although not opposing the patriotic trend and insisting on the maintenance of national defence, had adopted a more reserved attitude. In its circular to the members of the International in the provinces, the council advocated incitement by all possible means of the patriotism which would save revolutioary France, recommended the adoption of energetic measures against bourgeois bonapartist reaction, and pressed for the acceptance of strong defensive measures through the organization of republican committees, the first elements of the future revolutionary communes. Nevertheless, it added, "Our own revolution has not yet begun and will start it when, freed from invasion, we shall lay the foundations, by revolutionary means, of the egalitarian society that we desire."[21] In other words, war first of all, then revolution.

Prominent among the signatories to the manifesto was Varlin, who some months before, at the Congress of Basle, had defended collectivism and, from this moment on, belonged to Bakunin's intimate group. On 25 December 1869 Varlin had written that the Internationalists still needed one year, perhaps two years of propaganda and organization to carry out the revolution which would enmesh Spain and Italy as well as France, and would thus mean a European social revolution.[22]

These words were confirmed when on 30 August 1870, Bakunin wrote: "A year ago we were preparing for the revolution which we were expecting, some of us earlier and some later, and now, no matter what blind people may say, we are in full revolt."[23] The period of preparation had passed. "Let us now leave to others the task of developing theoretically the principles of social revolution and content ourselves with applying them broadly, *embodying them in the facts*. ... Now we must all set sail together on the ocean of revolution and henceforth we must propagate our principles no longer by words but *by facts* for that is *the most popular, the most powerful and the most irresistible of all forms of propaganda*. Let us sometimes be silent about our principles when politics, that is to say, when our momentary impotence in the face of a great opposing power demands it, *but let us always be unrelentingly consistent in our facts*. The whole welfare of the revolution lies therein."[24] As Maurice Dommanget has very justly noted, Bakunin, as distinct from Blanqui — and, let us add, from Marx — "held his ground as firmly as iron on the revolutionary plane and more than Blanqui, analysed the events from the point of view of the class-struggle."[25]

On 4 September 1870 Bakunin puts himself at the disposal of his Lyon comrades. In a letter to Lyon dated on that day, he sets out the revolutionary tactics to be followed. The people of France, he writes, must no longer count on any government, either existing or even revolutionary. The government machine having broken down, the people must rise up and organize themselves from the lowest to the highest, outside of any official direction, whilst declaring on all sides the downfall of the state. Only a single law must remain in force, that of the welfare of France against the Prussians on the outside and against the traitors within. While seizing arms from all who are withholding them, all districts must send their delegates to some place outside Paris in order to form a provisional government. The large provincial centres, Lyon and Marseille, must take this initiative and take it immediately. Otherwise France and European Socialism are lost. "Hesitation would, therefore, be a crime."[26]

On 15 September Bakunin arrives in Lyon[27] accompanied by his two friends, the Russian ex-officer Vladimir Ozerov and the young Pole, Valenty Lankiewicz, who is to die at the outposts of the Paris Commune. On 17 September is founded the Central Committee for the Safety of France which, on the 26th, organizes a meeting at which is read the famous appeal by the "Revolutionary Federation of the Communes," drawn up the day before by Bakunin and pasted up on the walls of Lyon on the following day. It states among other things: "All existing municipal organizations are broken up and replaced in all the federated communes by the Committees for the Safety of France which will exercise all power under the immediate control of the people."[28] It is not a question here of recalling the history of this uprising, the failure of which is known. These proclamations were nevertheless the first public protestations against the state, which some months later were to find their historical meaning in the program of the Commune of Paris.

There has been much criticism of this unsuccessful uprising as well as of Bakunin's activities. Marx considered Bakunin a "donkey" (not the only one, moreover, in the literary menagerie of Marx and Engels). "One could not have done better in the press offices in Berlin in order to serve Bismarck," said the *Volksstaat*.[29] Marx was critical of the fact that Bakunin, being a Russian, had signed the manifesto.[30] Everyone, including Karl Marx, extolled the participation some months later of foreigners in the events of the Paris Commune.

Jurij Steklov, the Marxist historian and Bakunin's biographer, criticizing the mean ironies of Marx that had been taken up by the social democratic press, summarized Bakunin's enterprise in the following terms:

> Mockery was expressed also in the social democratic press and, it must be said, Bakunin's efforts in no way deserved it. To be sure, those who do not share the anarchist ideas of Bakunin and his followers have the right and the duty to criticise his illusions and his proclamation of the 'abolition of the state' on paper. But ignoring his weaknesses, his intervention at that time was the courageous effort to arouse the dormant energy of the French proletariat and to direct it towards the struggle against the capitalist system and at the same time to repel foreign invasion. That is more or less what, six months later, the Paris Commune tried to do and to which, as we know, Karl Marx addressed his warm congratulations. What is important for us is to show that Bakunin, as a true citizen of the world, tried to lend his assistance where it seemed to him the interests of the world revolution called for it. That is what he had done in Germany in 1848-1849; and that is what he was trying to do in France likewise in 1870....
>
> Considered on its own, Bakunin's plan, if one relieves it of its specific anarchist presentation which is not indissolubly bound to this plan as such, was not so ridiculous. Bakunin thought that he had to profit by the commotion caused by the war, by bourgeois inefficiency and the patriotic protest of the masses and by their still obscure social aspirations, to attempt a decisive intervention by the workers in one of the large urban conglomerations and then to extend it to other centres, dragging in the peasants and trying to set up the first bases of world social revolution. Now *no-one*, not even the General Council, who apparently did not consider the time ripe for attempts at social revolution, *suggested a better plan at that time.*

> One must state quite frankly that if, as a general rule, it had been possible at the time to profit by the defeat of France to unleash the energies of the masses and try to achieve a fundamental social over-throw, Bakunin's plan would have been more adequate than any other plan.... The Paris Commune, which erupted six months after the first attempted rising in Lyon, was only a simple outline, incomplete and unfinished, of the grandiose plan conceived by Bakunin, a plan which he has set out in detail in his *Lettres à un Français sur la crise actuelle* and to which he tried to win over his friends.

> Furthermore, we believe that in spite of all its weaknesses and its failure, the attempted coup in Lyon showed once more that Bakunin was truly a 'master of revolution', a great man of revolution, a man of broad vision and heroic decisions.[31]

One may well argue that the effort of unleashing revolution in Lyon — at the time of the municipal elections — had come too soon and did not have much chance of succeeding. The historian always finds arguments to prove that history could not have failed to follow the course it took and it is always precarious to fix a date for a revolution. In general, it is too early or too late. In this case there is every reason to believe that it was too *late* and that if there had been a chance at any time, it was at the time of the fall of Napoleon III. It is with good reason that Dubreuilh remarked: "The Commune arose six months too late."[32] Trotsky for his part wrote in 1921: "The Commune came too late. It had every chance to assume power on the 4th September and that would have allowed the proletariat in Paris to place itself with a single blow at the head of the workers of the country in their struggle against all the forces of the past, against Bismarck as well as against Thiers."[33]

In the autumn of 1870 there had been a first revolutionary wave in which Paris did not play the premier role. The commune had begun its existence in the provinces, notably in Marseille and Lyon, in September. There appeared in the Midi and in the Southwest the outlines of confederacies which already united the essential characteristics of what was to become the Commune of Paris. If the war was then in the forefront of their preoccupations, this was because they considered it to be a revolutionary war. In the spring of 1871 the communalist uprisings were to be their only care. In March Paris did not, therefore, start the revolution, but rather started it again, too late for the provinces.[34]

Bakunin himself has clearly explained what he had in view: "We wanted to overthrow the Lyon Municipality ... at the same time throwing out the official powers ... and to convoke the National Convention for the Safety of France."[35] Following the events in which he was arrested and then released,

Bakunin left Lyon and remained for some time in Marseille, sought after by the authorities of Lyon and of Tours. He then went to Switzerland, passing through Genoa. His initial plan to go to Barcelona was abandoned, but we do not know why.

On 29 September, in a pessimistic mood, he wrote before leaving Lyon to Louis Palix: "Yesterday's movement, if it had remained triumphant, ... in replacing the Lyon municipality, half reactionary and half incapable, by a revolutionary committee emanating directly from the will of the people, this movement could have saved Lyon and France. ... I am leaving Lyon, dear friend, my heart full of sadness and sombre expectations. I am now beginning to think that the worst has happened to France. She will become a vice-royalty of Germany. In place of her living, real socialism, we shall have the doctrinaire socialism of the Germans, who will say no more than the Prussian bayonets will allow them to say. The bureaucratic and military intelligence of Prussia united with the Russian scourge of the Czar of St. Petersburg will assure tranquility and public order for fifty years at least throughout the Continent of Europe."[36] Writing to Sentiñón on 23 October, he took up these words, adding "Goodbye to all our dreams of approaching emancipation. It will be an overwhelming and terrible reaction."[37]

If indeed Bakunin was mistaken about the possibilities of revolution in Lyon, it seems to us that in his vision concerning the political situation and the tactics to be followed, there was nothing absurd or adventurous. On the contrary, his political analysis was most realistic.[38] On 4 September, on their own authority and before Paris, Lyon and Marseille had proclaimed the Republic. On 18 September in Marseille, with Alphonse Esquiros as president, the representatives of fifteen departments had founded the League of the Midi in full agreement with the Marseilles International. Its aim was to continue the war by raising a popular army and fighting the Government of National Defence. After 18 March 1871, the communal movement continued, notably in Marseille, which had its revolutionary commune for thirteen days, as well as at Saint-Etienne, Narbonne, and Limoges. It was the sole means whereby the Commune of Paris might have been saved, for it was lost from the moment that Thiers installed himself at Versailles with the intention of retaking Paris from the outside, as Windischgrätz had done at Vienna in October 1848. In the first days of the Commune, Varlin said with very good reason that, rather than come to Paris, the best way of helping the Parisians would be to stir up the provinces.[39]

After Paris had proclaimed its autonomy on 18 March 1871, one heard talk only of the "free town" and of the "independent commune." On 12 April, Pierre Vésinier wrote: "Free Paris, that is the Commune of Paris. Free France, that is federalized communal France."[40] And in all the proclamations the communalist and federalist principles were to be found once more. One of the first manifestoes emanating from the Committee of the Twenty Arrondissements, and published in *Le Cri du peuple* on 27 March, defined the general principles of the revolutionary and federalist idea. The Commune being the basis of any political state, it must be autonomous, that is to say, self-governing and self-administering. "To assure for itself the widest economic development, national and territorial independence, it can and must associate itself, that is to say, federate itself, with all the other communes or associations of communes which make up the nation."[41]

One of the first schemes put forward at the second meeting of the Commune on 29 March and drafted by Lefrançais and Vallès among others, was on the same lines and indicated the role which the Commune was to assume. "We begin by declaring that the Commune of Paris is quite ready to make a pact of alliance with any commune which is prepared to join us and that we shall hasten with all our efforts the constitution of the federation of the communes of France."[42] The project did not obtain the approval of all the members of the Commune, but the same principle found its expression fulfilled in the *Declaration to the French People* of 19 April which took note of "the absolute autonomy of the Commune extended to all localities of France," an autonomy which will have for its limits only the right of equal autonomy for all the other communes. The old French unity was only despotic centralization; political unity as Paris desired it was the voluntary association of all local initiatives. In fact, this declaration comprised many of the ideas which Bakunin had been propagating since 1866.[43]

This famous "programme of the Commune," read by Vallès at the meeting of 18 April, was wholly drawn up by Delescluze. It was evidently a program rather more Proudhonist, even Bakunist, than Jacobin-Blanquist. After having heard it read, Paul Rastoul cried out: "This is the funeral oration of jacobinism, delivered by one of its chiefs."[44] One must observe, furthermore, that the *Declaration* was not "a simple concession by the Parisians to the provinces but the expression of a well-founded political current."[45]

On 5 April 1871, in a letter to Ozerov, Bakunin analysed the events which were unfolding in France:

> In all probability, the Parisians will be defeated but they will not perish needlessly, they will have achieved a lot. May they drag along at least half of Paris! Unfortunately, provincial towns like Lyon, Marseille and others, are as bad as before, if I am to believe the news which reaches me. The old Jacobins, the Delescluzes, the Flourens, the Pyats and Blanqui himself, who have become members of the Commune, make me worry very much, too. I fear that they are dragging the movement along

and maintaining it on the old lines of 'lopping off the head' and economizing in finance. Thus everything will be lost. 'One and indivisible' will cancel everything out and above all it will lose itself. What gives value to this revolution is precisely that it has been carried through by the working class. That is what an organization can produce. During the siege of Paris our friends had had the time and the power to organize themselves; thus they created a formidable force, whilst our Lyon and Marseille friends remained jabberers. Men of talent and energy concentrate in too large numbers in Paris; I fear that they will shackle each other. But in the provinces, men are totally lacking. If it is not yet too late, one must insist on sending from Paris to the provinces a number of delegates, true revolutionaries.[46]

Bakunin left Locarno on 25 April and settled at Sonvilliers, at Schwitzguébel's. There they discussed many measures for a campaign. Ozerov tried to organize an armed column to go, with the militants of Jura, to sow the seeds of revolt in France. They had in mind the proclamation of a Commune at Besançon. But, for all that, it was too late. Soon it was only a question of rescue actions for the victims of the Bloody Week.

During the Commune, Arman Ross,[47] at that time the Russian revolutionary closest to Bakunin, found himself in Paris and was in contact there with Varlin. From Geneva he had brought a letter from Ozerov destined for Dombrowski, whom Ozerov knew from Russia and from Paris. On 5 April Bakunin sent to Ozerov a letter for Varlin, which he had written the previous day. This letter is lost and it is not known if Varlin received it. From Paris Bakunin received perspicacious letters from Ross stating that he was very pessimistic and that he considered this badly organized revolution would have an unhappy end. Ross succeeded in escaping from Paris; during the massacre he hid in Vyrubov's clinic.[48] On 10 June Bakunin informed James Guillaume that he had received a letter from Ross and had urged him "to write his diary in great detail and strictly truthfully. We shall translate it first of all for intimate friends because it is not good to relate all truth in public: we must not diminish the prestige of this immense fact, the Commune, and we must defend to the utmost at this moment even the Jacobins who died for it."[49] Unfortunately, Ross did not follow this advice.

As for Bakunin, five days earlier he had already begun his defence of the Commune, one of his most famous and most widely read writings, but which was only published posthumously.[50] "I am," he wrote, "a partisan of the Commune of Paris, ... above all because it has been an audacious and outstanding denial of the State." In his anarchist terminology of the period, he saw in the Commune this "immense historical fact," a first manifestation of revolutionary socialism, completely hostile to the state. "The communists [i.e. the State socialists and the Marxists] believe they have to organize the force of the workers to seize the political power of the States. The revolutionary socialists organize themselves with a view to the destruction or, if one would like a more polite word, with a view to the liquidation of the States." The latter have much more confidence in the instictive aspirations of the popular masses than in the profound intelligence of all the doctors and tutors of humanity. They believe that the latter has let itself be governed for too long and that the "source of these misfortunes is to be found not in this or that form of government but in principle and in the very fact of government such as it is." Therein lies the contradiction, which has already become historic, which exists between scientific communism on the one hand and widely developed Proudhonism pushed to its last consequences on the other.[51]

After the Congress of The Hague, Bakunin, arguing in a controversial fashion against Marx, returned to the anti-Marxist character of the Commune. What constituted its importance were not the very feeble efforts that it had the chance and the time to make, but the strong light which it had thrown on the true nature and the aim of the revolution, the principal feature of which was the revolt of the Commune and the workers' associations against the state. "The effect of it was so formidable everywhere, that the 'Marxists' themselves, all of whose ideas had been overthrown by this insurrection, saw themselves obliged to raise their hat to it. They did more than that: contrary to simple logic and to their true sentiments, they proclaimed that its program and its aim were theirs. It was a truly farcical travesty but strained. They had had to do it under penalty of seeing themselves overwhelmed and abandoned by everyone, so powerful had been the passion which this revolution has provoked in everyone."[52] Bakunin naturally was aiming here at *The Civil War in France*.

Even if one takes into account the fact that all contemporary writings were trying to redeem the theoretical sense, rather than to give an historical account of the concrete and complex phenomena, often contradictory, of the Commune, one can summarize by saying that the Commune, for the point of view of socialist theory, derived its fundamental tendencies from a collectivization, in the sense of Bakunin or Varlin, rather than from state control of production. Basically, it was a federalist communalism. One can well subscribe to the conclusions of Marx: "Not only municipal administration, but the whole initiative hitherto exercised by the state was placed in the hands of the Commune. ... The Paris Commune was, of course, to serve as a model for all the great industrial centres of France. The communal *régime* once established in Paris and the secondary centres, the old centralized government would in the provinces, too, have to give way to the self-government of the producers."[53]

And even if one does not go as far as Marx, who saw in the Commune an attempt to extirpate the state, one could summarize the experience and its political importance in the words of one of its members, Lefrançais: "The principal characteristic, in fact, of the movement of the 18th March, was that this movement was to have been the starting off point of a complete rupture, and without any possible return, from the various political parties which, under different titles, had claimed until then to represent the revolution."[54] As early as 1871 the theorist of "Communalism" affirmed the anti-state tendency of the Commune in writing that it "had as its aim not only to decentralize power but to make power itself disappear."[55]

It is evident that all this is difficult to reconcile with the system of Marx. It seems to me that it is making a travesty of the work and the thought of the latter, to wish to integrate the anti-state elements of *The Civil War* with scientific socialism, indeed with the theory of a dialectic process in which, when the time was ripe, the working class, organized as a political party, must conquer the state in order to concentrate the means of production in the hands of a political system which takes the name of "dictatorship of the proletariat." In *The Civil War*, moreover, these words do not appear. It is Engels who, as we know, wrote in 1891: "Look at the Commune of Paris. It was the dictatorship of the proletariat." A fine expression but one which has no meaning.[56]

The Commune did not wish to wait for the state to wither away; its abolition would not be the final and inescapable result of an historic process, of a supreme phase reached by society and determined by a form of superior production. Thus none of the conditions defined previously and later by Marx, as a prelude to the conquest of the state and to its subsequent suppression, had been fulfilled by the Commune. Marxists of all tendencies, possessed of intellectual integrity and a respect for history, such as Eduard Bernstein, Franz Mehring, Arthur Rosenberg, Karl Korsch, have recognized this fact. Franz Mehring, the biographer of Marx, for example, has written about *The Civil War*:

> The way in which the Address dealt with these details was brilliant, but there was a certain contradiction between them and the opinions previously held by Marx and Engels for a quarter of a century and set down in *The Communist Manifesto*. They had held that one of the final results of the future proletarian revolution would certainly be the dissolution of that political institution known as the state, but this dissolution was to have been gradual. ... At the same time, however, they had pointed out that to achieve this and other still more important aims of the future social revolution, the working class must first of all seize the organized political power of the state. ... These opinions of *The Communist*

Manifesto could not be reconciled with the praise lavished by the Address of the General Council on the Paris Commune for the vigorous fashion in which it had begun to exterminate the parasitic state.[57]

Besides, Bismarck's victory did not inspire in Marx and Engels at first the slightest regret. On 20 July 1870 Marx wrote to Engels: "The French need a thrashing. If the Prussians are victorious, the centralization of the power of the state will be of use for the centralization of the German working class. The German preponderance, furthermore, will transfer the centre of gravity of the European workers' movement from France to Germany, and one has only to compare the movement in the two countries from 1866 to the present, to see that the German working class is superior to the French, as much from the theoretical point of view as from that of organization. The preponderance, on a world plane, of the German proletariat over the French proletariat would, at the same time, be the preponderance of our theory over that of Proudhon."[58]

Some weeks later, on 15 August, Engels in his turn wrote to Marx: "Bismarck, as in 1866 so at present, is doing a bit of our work."[59] Naturally, Engels has in view the economic and political centralization of Germany, a preliminary condition, according to Marx's conception, for the development of socialism. We should remember, furthermore, that from 1865 onwards, for Marx and Engels the Prussian army had a national and progressive task to accomplish. The Prussian *Junker* represented a progressive force like the Prussian army, working towards German national unity. "Everything," writes Marx in 1866, "that centralizes the bourgeoisie is of course advantageous to the workers."[60]

Three months after his *Civil War in France*, Marx tried to transform the International, up till then a confederation of autonomous federations, into a centralized association, at the same time making obligatory the organization of the proletariat as a political party and its political action for the conquest of the state. We are far away from the phrases concerning the abolition of the state which one finds in *The Civil War*.

Marx regarded the Franco-Prussian War from the point of view of European politics. In the First Address by the General Council on 23 July 1870, he still considered that from the German point of view the war was one of defence.[61] In the background "looms the dark figure of Russia." When the imperialist designs of Prussia became evident, Marx was convinced that this time it was necessary for England to declare war on Prussia and on her ally, Russia. The moment to do it, he thought, had arrived when Russia repudiated the Treaty of Paris.[62] A resolution on these lines, drawn up by Engels and approved by Marx, was accepted by the General Council.[63] It is impossible to summarize here — and in general — the strange variations in the opinions of Marx and Engels on the war and the instructions which they gave through the International to the French workers, instructions, furthermore, which did not have the slightest influence.[64]

Whereas Marx, as a Russophobe, had a leaning towards the unification and centralization of Germany, derived from his conception of the conquest of the state, Bakunin saw in the same developments a dangerous tendency towards the "Prusso-germanization" of Europe. After the crushing of the Commune, Bakunin regarded the German state, created and unified by conservative forces, as the greatest danger menacing Europe. As for the Commune, he names it in 1872 once again as "this henceforth historic negation of the state."[65]

NOTES

1 Contrary to what one might think, because of the circumstantial and scarcely systematic form in which they were presented, at that time as well as later.

2 Most of these programs were only projects, several of which are still unpublished. See Arthur Lehning, "Bakunin's Conceptions of Revolutionary Organisations and their role: A study in his 'Secret Societies'," in *Essays in Honour of E. H. Carr* (London, 1974), pp. 57-81.

3 Bibliothèque de la Ville de Lyon, ms. 5401/12. This and other documents (among them the manuscript of *Lettre à un Français*) are included in the forthcoming volume of *Archives Bakounine, Michel Bakounine sur la guerre franco-allemande et la révolution sociale en France, 1870-1871*. All letters to Richard have been published by Fernand Rude, in Michel Bakounine, *De la Guerre à la Commune* (Paris, 1972).

4 *Archives Bakounine*, IV, *Michel Bakounine et ses relations avec Sergej Necaev, 1870-1872* (Leyden 1971), pp. 230-31, 236-38. Likewise in his *Lettre à un français*, Bakunin writes: "What then must the revolutionary authorities do — and let us try to ensure that it is as little as possible — what must they do to extend and organize revolution? *They must not do it themselves by decrees, not impose on the masses, but provoke it in the masses. They must not impose on them any organization whatever but by stirring up their autonomous organization from top to bottom*, work underhand with the help of the *individual influence on the most intelligent and influential individuals in each locality* for this organization to be as far as possible in conformity with our principles. The whole secret of our triumph lies there." Michel Bakunin, *Oeuvres*, II (Paris 1907), 228.

5 Max Nettlau, *Michael Bakunin. Eine Biographie*, 3 vols. (London, 1896-1900).

6 Only the *Lettres à un français sur la crise actuelle* (s.l., September 1870), 43 pp., were published, the text of which was drafted and partly adapted by James Guillaume: "shortened not to say castrated," according to Bakunin; and *L'Empire knouto-germanique et la révolution sociale, Première livraison* (Geneva, 1871), 136 pp. All the other manuscripts of this period were published in 1907, 1908, and 1910 in *Oeuvres*; they have not yet been completely edited.

7 Nettlau, *Michael Bakunin*, pp. 218, 225-26.

8 *L'Alliance de la Démocratie socialiste et l'Association internationale des travailleurs*,

Rapport et documents publiés par ordre du Congrès international de La Haye (London, 1873), p. 130.

9 Max Nettlau, *Der Anarchismus von Proudhon zu Kropotkin. Seine historische Entwicklung in den Jahren 1859-1880* (Berlin, 1927), p. 120.

10 *Pis'ma M. A. Bakunina k A. I. Gercenu i N. P. Ogarevu* (Geneva, 1896), p. 307.

11 Bakunin to Richard, 1 April 1870.

12 The opinion of Bakunin, according to Arman Ross, was that "Bonapartist France would be defeated, the Empire being gangrenous and in complete decomposition, whilst Prussia was a powerful military State. The defeat of France would unleash social revolution and the revolutionaries with the International at their head would have to hold themselves in readiness to take a very active part in the events which would not fail to take place." M. P. Sazin, "Vospominanija o M. A. Bakunine," in *Michailu Bakuninu, 1876-1926. Ocerki istorii anarchiceskogo dvizenija v Rossii* (Moscow, 1926), p. 176).

13 *La Solidarité. Organe des sections de la Fédération romande de l'A.I.T.*, Neuchâtel, no. 20 (20 Aug. 1870), p. 2.

14 Bakunin, *Oeuvres*, II, 214.

15 Bakunin to Richard, 23 Aug. 1870, Bibliothèque de la Ville de Lyon, ms. 5401/17.

16 Edouard Dolléans, in the introduction to Maurice Dommanget, *Blanqui, la guerre de 1870-1871 et la Commune* (Paris, 1947, p. vi.

17 Maurice Dommanget notes that on 14 August a revolutionary situation existed. Commenting on the opinions of Blanqui about the rising at La Villette, he writes: "Once more[Blanqui] resorts to an uprising conceived solely following the old methods, once more he confuses an isolated coup by a small group on an appointed day and hour with the revolution of a whole people surging up with common consent following a sensational event, a revolution which can succeed more easily and more rapidly if a party or a secret society assumes its control, but which is no less indelibly engraved on the face of history." Dommanget, *Blanqui*, p. 20.

18 *The General Council of the First International, 1870-1871. Minutes* (Moscow, 1964), pp. 340-41. In the same strain, Engels wrote to Marx on 7 Sept. 1870: "We must make use of the liberties inevitably granted by the Republic to organize the party in France. ... preserve the International in France until peace is concluded." K. Marx and F. Engels, *Werke*, XXXIII, 57.

19 Oscar Testut, *L'Internationale et le jacobinisme au ban de l'Europe*, II (Paris, 1872), 26.

20 See *Minutes, 1870-1871*, pp. 139-44.

21 This circular was printed in error as a poster.

22 Varlin to Aubry 25 Dec. 1869, in *Troisième Procès de l'Association internationale des travailleurs de Paris* (Paris, July 1870), p. 35.

23 Bakunin, *Oeuvres*, II, 226-27. In general, Bakunin was of the opinion that "there are periods of history when revolutions are quite simply impossible; there are others when they are inevitable." *Archives Bakounine*, IV, 230.

24 Bakunin, *Oeuvres*, II, 227.

25 Dommanget, *Blanqui*, p. 51.

26 Bakunin to Albert Richard, 4 Sept. 1870, dated in error 4 Aug., Bibliothèque de la Ville de Lyon, ms. 5401/14.

27 On 9 September Bakunin left Locarno and went via Neuchâtel, Bern, and Geneva to Lyon.

28 Testut, *L'Internationale et le jacobinisme*, II, 40.

29 12 Oct. 1870. In his letter 'To the Companions of the Jura Federation' (February-March

1872), Bakunin writes that "at last, in the month of March 1871, [the social democrats of Germany] had to open their eyes and, forced to choose between the popular and fundamentally socialist revolution of the Commune of Paris and bourgeois reaction represented by Versailles, they openly took the part of the former, thus rehabilitating even the former insurrections in Lyon and Marseilles, which they had at first so severely condemned." *Archives Bakounine*, II, *Michel Bakounine et les conflits dans l'Internationale, 1872* (Leyden, 1965), 81.

30 Marx to Beesly, 19 Oct. 1870, *Werke*, XXXIII, 158.

31 Jurij Steklov, *Michail Aleksandrovic Bakunin. Ego zizn' i dejatel'nost'*,-IV (Moscow, 1927), 46-48.

32 Louis Dubreuilh, "La Commune," in Jean Jaurès, *Histoire socialiste (1789-1900)*, XI (Paris, s.d.), 249.

33 "Les leçons de la Commune," in C. Talès, *La Commune de 1871* (Paris, 1971), p. 167.

34 Jeanne Gaillard in *Communes de province, Commune de Paris, 1870-1871* (Paris, 1971), pp. 137-39.

35 Bakunin to Esquiros, 20 Oct. 1870, in Bakunin, *Oeuvres*, IV (Paris, 1910), 240.

36 Testut, *L'Internationale et le jacobinisme*, II, 281. Nevertheless, on the same day he writes again: "Outside the care of its own defence, [Lyon] has thus a double duty to perform: that of organizing the armed uprising of the South and that of rescuing Paris. It could do and can still do both things" (Bakunin, *Oeuvres*, II, 289.) On 8 October, writing to Emilio Bellerio, he said apropos of the war: "It is a war to the death between the popular, not the bourgeois revolution – there is no longer a bourgeois revolution, these two words are henceforth incompatible – and the military bureaucratic and monarchic despotism which triumphs in Germany today." Here, too, he still nourishes hope: "Friends who have become more careful and more practical are still working actively in Lyon as in Marseilles and we shall soon have our revenge in the face of the Prussians." Nettlau, *Michael Bakunin*, n. 4038.

37 James Guillaume, *L'Internationale. Documents et souvenirs (1864-1878)*, II (Paris, 1907), 112.

38 In any case, it is difficult to subscribe to what was written by Mr. Maurice Moissonnier: "No analysis of concrete reality and of the political and social forces facing each other, contempt with regard to the daily struggle and the necessary alliances, the frenzied anarchist phrase, that is what characterizes Bakunin's influence!" "La Première Internationale et la Commune à Lyon," *La Nouvelle critique*, no. 159 (October 1964), 42.

39 Nikolaj Zukovskij to Max Nettlau, in Nettlau, *Michael Bakunin*, p. 546.

40 Jacques Rougerie, *Paris libre 1871* (Paris, 1971), p. 150.

41 Jean Dautry and Lucien Scheler, *Le Comité central républicain des Vingt Arrondissements de Paris (septembre 1870 - mai 1871)* (Paris, 1960), pp. 235-39.

42 Gustave Lefrançais, *Etude sur le mouvement communaliste à Paris en 1871* (Neuchâtel, 1871), p. 197.

43 Naturally, we must not generalize too much on the extension of the Commune. One must clearly distinguish between, on the one hand, the notions of "Municipal Autonomy" of the republican federalists or the moderate Proudhonists, the communalism of a Lefrançais, above all, the "Revolutionary Commune" of the Blanquists and neo-Jacobins and on the other, Bakunin's conception of the Commune as the basis of an anti-authoritarian and anti-state federalism.

44 Georges Bourgin and Gabriel Henriot, *Procès-verbaux de la Commune de 1871, Edition critique*, I (mars-avril 1871) (Paris, 1924), 274.

45 J. Gaillard, *Communes de province*, p. 155.

46 *Pis'ma*, p. 316.

47 Michail Petrovic Sazin, who since 1870 had been calling himself Arman Ross, was born in 1845. In 1865 he was prosecuted for having taken part in the printing of Ludwig Büchner's *Kraft und Stoff*, a work banned in Russia, and was deported in 1868 by order of the administration. In the summer of 1869 he escaped and took refuge in America. He arrived at the end of May 1870 in Geneva and immediately made the acquaintance of Bakunin. Up to 1874 he remained intimately connected with him.

48 M. P. Sazin, *Vospominanija* (Moscow, 1925), pp. 75-80.

49 Guillaume, *L'Internationale*, II, 156.

50 Published for the first time in a very free version by Elisée Reclus in 1878 and reprinted many times afterwards under the title *La Commune de Paris et la notion d'Etat*.

51 Bakunin, *Oeuvres*, IV, 251-53.

52 *Archives Bakounine*, II, 166.

53 *Minutes, 1870-1871*, pp. 382-83.

54 Gustave Lefrançais, "Communalisme," *La Commune. Revue socialiste* (Geneva), no. 3 (June 1874), 9.

55 Lefrançais, *Etude*, p. 368.

56 Or rather the contrary, as the following thesis states very well: "Engels' dictum: 'Look at the Paris Commune. That was the dictatorship of the proletariat', should be taken seriously, in order to reveal what the dictatorship of the proletariat as a political régime is not (the various forms of dictatorship over the proletariat, in its name." *Internationale situationniste*, no. 12 (1969), 109.

57 Franz Mehring, *Karl Marx: The Story of his Life* (New York, 1935), pp. 477-78. This problem is relevant also with regard to Lenin: "In *The State and Revolution* Lenin claimed to have recaptured the 'true' doctrine of Marx about the state, 'falsified or forgotten' by opportunists and reformers: in the first place the theory of 'withering away' of the State; in the second place, the period of transition between capitalist society and socialist society. According to Lenin, Marx thought it was not the bourgeois state which ought to achieve the socialization of the means of production, but the 'proletarian' state which is born after the destruction of the bourgeois state and the institution of the dictatorship of the proletariat. Lenin drew this interpretation mainly from *The Civil War in France*, the Address of the General Council of the First International on the Paris Commune, written by Marx in May 1871.

"The interpretation of *The Civil War* which Lenin proffered ought therefore to prove that the 'authentic' teaching of Marx consisted of the following: 1) the bourgeois state ought to be abolished; 2) a new centralized state machine must be created; 3) this *proletarian state* would wither away and disappear. Such were the principal phases in the role of the state in the Leninist interpretation of Marxism, and the three essential elements of the theory of the state in Leninist Marxism.

"Not only is this interpretation of *The Civil War* bizarre, but given Lenin's theory, any reference to this work is inadequate, and this is true for all three elements of his doctrine of the state. Whether or not Lenin's doctrine of the state is a Marxist teaching which he himself has recreated, one cannot see how *The Civil War* can be used for this purpose; it is a foreign body in the Leninist doctrine of the 'proletarian' state, just as it remains a foreign element in the 'scientific socialism' of Marx and Engels. This fact cannot be invalidated by a sleight of hand which contains nothing very serious." Arthur Lehning, "Anarchisme et bolchevisme," in *Anarchici e anarchia nel mondo contemporaneo* (Turin, 1971), p. 430.

58 *Werke*, XXXIII, p. 5.

59 Ibid., p. 40.

60 Marx to Engels, 27 July 1866, *Werke*, XXXI, p. 243.

61 On 15 Aug. 1870, writing to Marx, Engels repeats these comments, adding that the war of defence "does not exclude an offensive, under certain circumstances, until peace is arrived at." *Werke*, XXXIII, 40.

62 In his letter of 13 Dec. 1870 to Kugelmann, Marx writes: "The matter stands like this: by the Paris Peace Treaty of 1856, England *disarmed herself* ... The Russian and Prussian gentlemen are reckoning without their host if they imagine that the influence of the Queen, who is Prussian-ized from family interest, and the bourgeois weak-mindedness of a Gladstone, would at a decisive moment keep John Bull from throwing this self-created 'charming obstacle' overboard. And he can always strangle Russian-German sea-trade in a few weeks." K. Marx, *Letters to Dr. Kugelmann* (London, n.d.), p. 116.

63 It was said: "1) That the working-class movement in support of the French Republic ought to have concentrated its efforts, at the beginning, upon the enforcement of the recognition of the Republic by the British Government. ... 2) That England remains incapable, not only of interfering with effect in Continental affairs, but also of defending herself against the Continental military despotism so long as she does not recover the liberty of using her real war power — that is to say, her naval power, which she can only recover by the renunciation of the Declaration of Paris." *Minutes 1870-1871*, pp. 112-13. On 14 March, Marx spoke again in this sense. Ibid., pp. 153-54.

64 One of the most curious and obscure things is the fact related by the Marxist historian, Boris Nikolaevskij: "Engels sent to Gambetta's secretary, through Lafargue, a memorandum containing a carefully thought-out plan for raising the siege of Paris." Boris Nicolaievsky and Otto Maenchen-Helfen, *Karl Marx: man and fighter* (London, 1936), p. 318. This fact is also mentioned in the biography of Engels by Gustav Mayer, who mentions in connection with this affair the following document found among Engels' papers: "Packet No. 38 has been destroyed by common decision. A. Bebel, Eduard Bernstein, London, 24th July 1896." According to Mayer, these papers would have been destroyed because it was feared that the Socialist Party might later be accused of high treason. G. Mayer, *Friedrich Engels*, II (The Hague, 1934), 197, 544-45.

65 *Archives Bakounine*, II, 213.

MARIAN SAWER

The Soviet Image of the Commune: Lenin and beyond

While the Paris Commune has become part of the living memory of workers' movements everywhere, within the Soviet Union, the original workers' state, it has undergone a strange metamorphosis. Elsewhere a symbol of heroic protest against the treacherous government of privilege or privilege of government, in the Soviet Union the Paris Commune has become part of the legitimizing apparatus of a bureaucratic state.

It was extremely important to the early Bolshevik leaders that their own revolution should be viewed as the direct descendant (via the 1905 Revolution) of the Paris Commune, rather than as the descendant of, for example, the Pugachev rebellion. While native antecedents were not to be completely ignored,[1] to the lineal descent from 1789, 1793, 1871 was attributed far greater importance. The genealogy of the Russian Revolution was to be European rather than Russian, in support of its universalist aspirations. Insofar as the Bolsheviks were pursuing Marx's concept of socialism, based as it was on the European historical experience, they needed to annex European history to their own.

The early Bolshevik leaders were on the defensive with regard to the immaturity in Marxist terms (particularly as understood by the leaders of the Second International) of the objective conditions for a socialist revolution in Russia. In the absence of the anticipated help from fraternal proletarian revolutions in Europe, the relationship of the October Revolution to the Paris Commune was the lifeline of socialist legitimacy. After all, Marx and Engels had hailed the Paris Commune as the embodiment of the concept of the dictatorship of the proletariat, despite the fact that it consisted of the isolated rising of a single city. A revolution which soon encompassed a large part of the Tsarist Empire had a correspondingly greater claim to socialist legitimacy, even before Stalin's propagation of the concept of socialism in one country.

The relationship of the Bolshevik Revolution to the Paris Commune was all the more easy to establish in that Lenin had reiterated again and again in the period preceding October the importance of the lessons of the Paris Commune for the impending Russian revolution. While the Paris Commune did not exactly provide a blueprint for the building of socialist society it provided more clues, at least in Marx's interpretation of it, than could be found elsewhere.

Marx had been notoriously reluctant to predict in detail the institutions of the future socialist society. His argument was that the subjective change brought about through participation in revolution would introduce a new factor, socialist man, whose institutional correlates could not be anticipated. Lenin, being a practical man, was anxious to have some more concrete plans at his disposal in the prelude to a revolutionary takeover. Marx's *Civil War in France* was his indispensable companion in this period: going into hiding in Finland he took only one other book with him.

By an easy progression the constant acknowledgement of the lessons of the Commune was to lead to the claim that the Soviet regime was the realization of the dream of the Communards. If it was easier for the Bolshevik leaders to succeed because they were "standing on the shoulders of the Paris Commune"[2] then the Bolsheviks must be pursuing the same goals, dreaming the same dream, as their revolutionary forebears or caryatides.

For Lenin the Paris Commune had already served as a talisman for many years before 1917. At the time of the 1905-1906 revolution Lenin did not yet recognize the kinship between the soviets and the Paris Commune as institutional forms of the dictatorship of the proletariat. Lenin was distrustful of the spontaneous and non-party character of the soviet movement at this time.[3] However, there was still a relevant lesson to be drawn from the Commune. This was that the "representatives of the socialist proletariat," together with the petty-bourgeoisie, might need to conduct the democratic revolution where the bourgeoisie had already become a reactionary political force. This was in fact what had occurred in the Paris Commune: "the real task the Commune had to perform was primarily the achievement of the democratic and not the socialist dictatorship, the implementation of our 'minimum programme'. "[4] Lenin, though more slowly than Trotsky and Parvus, and still paying lip-service all the time to the concept of separate democratic and socialist revolutions, was beginning to move towards the theory of permanent revolution. Trotsky also utilized the example of the Paris Commune in arguing that the proletariat as a result of particular historical circumstances might be obliged to take power before the bourgeois democratic republic had been achieved.[5]

At this time, however, both Trotsky and Lenin saw the relevance of the Paris Commune in much more specific and limited terms than in 1917. There is no hint of Lenin's later commitment to build the"Paris Commune type of state" in Russia.[6] In 1905 Lenin's view was that, "It is not the word 'Commune' that we must adopt from the great fighters of 1871; we should not blindly repeat each of their slogans; what we must do is to single out those programmatic and practical slogans that bear upon the state of affairs in Russia and can be formulated in the words 'a revolutionary-democratic dictatorship of the proletariat and peasantry'. "[7]

Another rather different lesson that was to be drawn by Lenin from the Paris Commune in the aftermath of 1905-1906 was the necessity of turning national wars into civil wars. Armed civil war was essential at a certain stage of the struggle by the proletariat for proletarian objectives: "it dispelled patriotic illusions, and destroyed the naïve belief in any efforts of the bourgeoisie for common national aims."[8] Even failures served to school the masses in the hostility between their own interests and those of the bourgeoisie, which had been papered over by the patriotic and nationalist ideology of the bourgeoisie. They also proved what the proletariat could achieve on their own, once disencumbered of the alliance with the bourgeoisie.

Marx's acclamation of the historical initiative of the Communards demonstrated that unity between revolutionary theory and practice which was sadly lacking among the Marxist reformists, who preached social peace between the bourgeoisie and proletariat, and common national aims.[9]

Two mistakes had been made by the Commune, Lenin believed. In the first place, although the fact of civil war had helped to dispel patriotic illusions, the French proletariat themselves suffered from such illusions. Their position was made hopeless by the fact that they undertook two simultaneous tasks, the national liberation of France and the social emancipation of the workers. Instead, according to Lenin, the Communards should have "let the bourgeoisie bear responsibility for the national humiliation — the task of the proletariat was to fight for the socialist emancipation of labour from the yoke of the bourgeoisie."[10] The supposedly common national task blurred the real lines of battle, and made the Communards irresolute in dealing with their class enemies. Here was the kernel of the "revolutionary defeatism" later proclaimed by the Zimmerwald Left.

The second mistake of the Paris Commune, in Lenin's opinion, was that it underestimated the significance of direct military operations in civil war and instead attempted to exert moral influence over its enemies. The lesson to be drawn from this mistake was that "there are times when the interests of the proletariat call for ruthless extermination of its enemies in open armed clashes. This was first demonstrated by the French proletariat in the Commune and brilliantly confirmed by the Russian proletariat in the December uprising."[11]

The threat that the proletariat would resort to civil war to protect its interests if bourgeois governments declared war on each other was to be taken over by the Second International in the manifesto of the Basel Congress of 1912 (which in the event was not acted upon). The Basel manifesto cited as examples the Paris Commune emerging from the Franco-Prussian War, and the 1905 Revolution emerging from the Russo-Japanese War.

Lenin was to propagandize tirelessly on this theme throughout 1915 and 1916, referring frequently in his articles to the example of the Paris Commune. The only way to remove the burden of the imperialist war from the backs of the proletariat was through civil war. "The transformation of the present imperialist war into a civil war is the only correct proletarian slogan; it was indicated by the experience of the Commune and it logically follows from all the conditions of an imperialist war among highly developed bourgeois countries."[12] A true democratic peace could only be achieved by civil war, now that the economic interest of the bourgeoisie was so inextricably intertwined with imperialist policies. Social pacificism was no solution, while social chauvinism and defencism bore part of the responsibility for the war and the deception of the proletariat.

Lenin's stance on imperialism during the First World War brought him into an intellectual position close to that of the Left Marxism which had emerged in Germany shortly before the war, and which after the war was to manifest itself as the Left-Communist tendency. This in turn led Lenin to examine more closely the Left critique of the Marxist theory of the state as interpreted by Kautsky and accepted by the leaders of the Second International. This study by Lenin culminated in *The State and Revolution*, the Gettysburg address of the Bolshevik revolution, which has served as its theoretical justification up to the present day.

The radical Dutch Marxist, Anton Pannekoek, who was one of the leading theorists of the prewar German Left, had conducted in 1912 a debate with Kautsky on the new conditions of proletarian struggle created by the era of imperialism. The basis of this critique was the view that the growing strength of the labour movement was being misdirected and squandered in the struggle to increase parliamentary representation when under the conditions of imperialism parliaments were becoming more and more powerless.[13]

Pannekoek, like the other members of the German Left, was arguing against the reification of the forms of proletarian struggle to which Marx had lent his authority in the pre-Paris Commune era – i.e., parliamentary and union activity. According to the Left these forms reflected the needs of the proletarian movement while the bourgeois system was still in an ascending phase. By adopting the bourgeois forms of indirect representation, bureaucratic machinery, and contractual bargaining, the proletarian organizations served to ameliorate the position of the proletariat within the bourgeois system while the latter was still viable.[14] In the period of the decline of the bourgeois order, signalled by the growth of imperialism, such forms of proletarian organization became a positive obstacle both to effective action in the interests of the proletariat and to the creation of structures appropriate to a socialist society. Under imperialism the proletariat must necessarily resort more and more to extraparliamentary mass action, creating in the course of the struggle a proletarian power structure that was a real alternative to the bourgeois state.[15] (Noteworthy here is the prefiguring of the concept of "dual power.")

The *annihilation* of state power was the crux of the proletarian struggle according to Pannekoek.[16] "The struggle of the proletariat is not simply a struggle with the bourgeoisie over the state power as object, but a struggle against state power."[17] Kautsky's response to this frontal attack on the state-oriented tradition of German social democracy was as follows: "The goal of our political struggle remains the same as it has been up to now: the conquest of state power through winning a majority in parliament and raising parliament to be the master of government. Not, however, the destruction of state power."[18]

Kautsky's affirmation of the state was part of his general position that specialized bureaucracies were intrinsic to modern society, and that democracy meant the plurality of bureaucracies, not the abolition of bureaucracy. Pannekoek, on the other hand, argued that in the bourgeois state the bureaucracy becomes "a class in its own right, with its own interests which it attempts to achieve even at the expense of the bourgeoisie." The proletariat could not simply take over such a bureaucracy for its own ends, because it comprised a class of exploiters in its own right, with interests antithetical to those of the proletariat.[19]

Lenin published Pannekoek's "Imperializm i zadachi proletariata" in *Kommunist* (Geneva, 1915), and had reviewed favourably one of Pannekoek's pamphlets before the war in *Zvezda*,[20] but he did not seriously address himself to Pannekoek's critique until after it was taken up by Bukharin in 1916. Bukharin was arguing in 1916 that with the development of militaristic state capitalism, the fundamental task of the proletariat was the literal smashing of the swollen state machinery of the bourgeoisie. It was Bukharin's article "Der imperialistische Raubstaat" published in December 1916 that started Lenin off on the research into Marx's concept of the state and revolution which illuminated all his programmatic statements of 1917, beginning with the April Theses.

Already before the February revolution Lenin had reached a position similar to Pannekoek's on the need to smash utterly the bureaucratic state-machine and replace it with the institutions of proletarian democracy — which were the negation of bureaucracy.[21] However, while Pannekoek was concerned to evolve Marxist theory in conjunction with the new conditions of proletarian practice, without any necessary reference to the classic texts, Lenin's own move to the left arose out of his re-examination of Marx in order to refute Bukharin, in particular Marx and Engels on the Paris Commune.

First Lenin retrospectively evaluated (in Zurich, January-February 1917) the soviet movement of 1905-1906 as comprising institutions of the Commune type, in which direct democracy replaced the bourgeois forms of representation, division of legislative and executive functions, nonelective bureaucracy, judiciary, and so on. Already in the April Theses Lenin was calling for a "commune state," in which the police, (standing) army, and bureaucracy would be abolished and replaced by officials elected through the soviets, paid workmen's wages, and revocable at any time.[22] The soviets represented the only possible form of revolutionary government, according to Lenin, if one recalled "what Marx and Engels said in 1871, 1872, and 1875 about the experience of the Paris Commune and about the *kind* of state the proletariat needs."[23] The move back from the higher forms, already half-superseding the state, found in the Commune/soviets to the bourgeois parliamentary republic would damage irreparably the proletarian revolution. "The concrete Marxist proposition requires that institutions now as well as classes be taken into account."[24]

Lenin used the Paris Commune to prove that Marx had withdrawn his approval from the bourgeois parliamentary system as the instrument to be used by the proletariat in the struggle for socialism. The leaders of the Second International, from Kautsky to Plekhanov, were therefore mistaken in directing the political energies of the proletariat towards the parliamentary arena. They had misguided the proletariat because they had not assimilated the lessons of the Paris Commune, that is the need to smash the bourgeois state which was oppressive by its nature regardless of its class composition, and replace it with qualitatively different institutions of public power.

These propositions by Lenin were linked with the proposition concerning dual power, which he also legitimized by reference to the Paris Commune.[25] As noted above, Pannekoek had foreshadowed the concept of dual power in 1912, the concept of alternative structures of power competing for allegiance with the masses. Lenin argued that the claim of the soviets was based on the fact that they represented a higher type of democracy, where the organs of administration were no longer composed of privileged nonelective officials divorced from the people and nondemocratic in essence. The soviets encouraged instead mass participation in the making and execution of social decisions. They "reproduce the type of state which was being evolved by the Paris Commune."[26]

Thus the soviets must *compete* with the provisional government rather than cooperate with it, on the basis of their superior claim to democratic legitimacy, as well as on the basis of their different class composition, just as the Paris Commune had contested the legitimacy of the Versailles government through its own more direct and accountable representation of the popular will.

When Lenin actually wrote *The State and Revolution* in August and September 1917 he added a wealth of detailed references to the works of Marx and Engels from his Zurich notebook, but nothing substantively new. The main emphasis was on the smashing of the bourgeois state machine; its replacement by a transitional state in which the organs of public power were completely subordinate to popular control; and the withering away in turn of this state, once the need for the coercion of the minority privileged by the old system was over.

The State and Revolution is remarkable in comparison with Lenin's pre- and post-1917 works in that the role of the party is mentioned only three times, twice incidentally and only once more substantively (but then in an indirect way).[27] It is a testament to the influence of the Left on Lenin at this crucial time and the related influence of Marx's evaluation of popular initiative in the Paris Commune. However, the fact that Lenin never resolved the tension between his left position of 1917 and his organizational beliefs concerning the nature and role of the party facilitated the later withering away of the Paris Commune as an operational concept in Soviet society.

While the Paris Commune was undoubtedly of the greatest importance in guiding Lenin's actions in 1917 (see his espousal of workers' control in industry alone), it became, soon after the seizure of power, no more than a legitimating myth.[28] This was due both to Lenin's distrust of "spontaneous" popular control being exercised over the party, and the grim realities of the Civil War period and beyond, which appeared to require the retention of the old bureaucratic forms. The Commune was indeed an important operational concept in the smashing of the bourgeois parliamentary system in Russia, but *not* in the implementation of continuing popular control over the new organs of power.[29] The year 1921 signalled the end of the soviets as significant organs of popular control and the reconciliation of Lenin with the need for bureaucratic state capitalism under the guidance of the vanguard party (although he continued to warn against bureaucratic excesses).

But during the initial stages of the revolution the Paris Commune was an ever-present reality to the participants. And it was not only the Bolsheviks who felt themselves to be re-enacting the drama of 1871. At a meeting of the Executive Committee of the Congress of Soviets the Menshevik M. I. Lieber broke into a virulent tirade, demanding the violent repression of the Bolsheviks. There was a sudden interjection from the bench where Martov was sitting, "Versalets!"[30] This was immediately understood as meaning that the repressive measures proposed by Lieber were equivalent to the actions of Thiers against the Paris Commune.

Zinov'ev, in his famous article "What not to do," warned that although conditions in Petrograd closely resembled those in Paris in 1871, and favoured an uprising of the same type, the soldiers and workers must not follow the example of the Communards. If they did so it would end in the same way as the Commune.[31]

As already pointed out, the Paris Commune provided a constant frame of reference for Lenin in a situation which would otherwise have been a plunge into the unknown. Moreover Lenin succeeded in the name of the Commune where the Commune had failed, in retaining power. In January 1918 Lenin was already able to declare that the Soviet government had lasted for five days longer than the Paris Commune and was in an immeasurably stronger position.[32] In alliance with the Left Socialist-Revolutionaries the Bolsheviks were successfully combating the forces which had crushed the Commune, "the French Cadets, Mensheviks and Right Socialist-Revolutionary Kaledinites."[33]

The Bolshevik revolution was the heir of the concrete experience, and as became more important, of the glory of the Commune. Although Lenin did become disturbed towards the end of his life over whether the Russian revolution was in fact taking the road indicated by 1871, it was still entirely fitting that this would-be Communard should have been shrouded after his death in the Commune flag. It was also part of the symbolism which bound the Russian experiment to the revolutionary tradition of Western Europe.

The survival of the Soviet revolution, and its continued self-identification with the Paris Commune led to the posing of the question why the Bolsheviks had succeeded where the Communards had failed. The answer provided by Soviet historiography in the whole period up the present day has revolved around two fundamental issues: the role of the Party, and the relationship with the peasantry.

All Leninist historiography has necessarily attributed the Bolshevik success to Lenin's further development of Marxism and creation of a "Marxist-Leninist party of a new type." The defeat of the Commune was due to the lack of "a Communist party worthy of the name."[34] Ironically, it was Plekhanov who initiated this line of argument in *Iskra* in 1903 when he wrote that the failure of the Commune was due to the fact that the workers' movement in 1871 still had a spontaneous and unconscious character. "The chances for the success of the proletariat in their struggle with the defenders of the existing order grow in the same degree that their movement loses its spontaneous character and becomes conscious. And in exactly the same degree grows the influence on the proletarian movement of social democracy, which with its systematic activity serves as the conscious expression of the unconscious historical process."[35]

The demand for scientific proletarian consciousness embodied in the proletarian political organization, became, of course, the keystone of Leninism. The important lesson of the Commune was the "necessity of a revolutionary workers' party for the victory of the revolution"; in other words, that "the dictatorship of the proletariat is impossible except through the Communist party."[36]

When Lenin finally closed down on non-party proletarian organization in 1921 he stated that only the Communist Party was capable of "guiding all the united activities of the whole of the proletariat, i.e., of leading it politically and through it, the whole mass of the working people. Without this the dictatorship of the proletariat is impossible."[37] As Trotsky wrote in support of Lenin's position: "Page after page of the Commune's history will reveal the same lesson: there must be a party giving leadership."[38] Or as he wrote elsewhere: "In this 'substitution' of the power of the party for the power of the working class there is nothing accidental, and in reality there is no substitution at all. The Communists express the fundamental interests of the working class."[39]

Having learnt the lesson of the Commune and created a successful revolutionary party, Lenin was in a position to pass back the benefit of his experience to the country where the first attempt at the dictatorship of the proletariat had taken place. "The absence of a revolutionary Marxist party was one of the reasons for the destruction of the Paris Commune. The struggle for the creation of a Marxist-Leninist party of the new type which unfolded in France under the direct influence of the victory of the Great October Revolution, was completed in December 1920 with the backing of the Communist International and the help of V. I. Lenin."[40] Not only had the

Paris Commune become part of the revolutionary tradition of Russia, but the Bolshevik revolution was to be part of the revolutionary tradition of France.

The second great failing of the Commune was the absence of an alliance between the working class and peasantry. This also became an inextricable component of Soviet historiography of the Commune. As mentioned previously, Lenin began as early as 1905 and 1906 to place tremendous stress on the need for a revolutionary alliance between the proletariat and the peasantry. It was "the correct solution of the peasant question that enabled the proletariat of Russia to win in October 1917."[41]

Stalin was to sum up the problem as follows: "The French revolutions of 1848 and 1871 perished mainly because the peasant reserves appeared on the side of the bourgeoisie. The October Revolution was victorious because it succeeded in wresting from the bourgeoisie its peasant reserves, because it succeeded in winning these reserves to the side of the proletariat and because the proletariat appeared in this Revolution as the sole leader of the massed millions of working people of town and village."[42]

The Parisian Communards did not attempt to establish such an alliance with the peasantry, being unaware of its crucial importance. The French socialists adhered to the "erroneous" view (in fact shared by Marx though here attributed to Blanqui and Proudhon) that the peasantry as a whole were a reactionary force. That is, the Communards did not have the advantage of Lenin's distinction between the majority of exploited poor and middle peasants, and the minority of kulaks. This lack of understanding of the peasantry reinforced the wall standing between the Commune and the provinces, as did the lack of any consistent effort to propagandize the benefits the revolutionary government would bring to the peasantry.[43]

Some Soviet historians linked the failure of the proletariat to win the support of the peasantry in 1871 to the patriotic and defencist illusions of the Communards criticized by Lenin. After the fall of Napoleon the urban proletariat and petty-bourgeoisie had wished to defend the Republic, while the peasantry, who had borne the brunt of the fighting, were attracted by the pacifism of the bourgeoisie who wished to return to "business as usual."[44]

The only major Soviet historian to run counter to the Leninist line on the revolutionary potential of the peasantry overlooked by the Communards was M. N. Pokrovsky. Pokrovsky adopted the more orthodox Marxist position[45] that the peasantry were by their class nature reactionary, and that they were an overwhelmingly counterrevolutionary force in 1871.[46] However, Pokrovsky was swimming against the tide represented by the Leninist and Stalinist re-evaluation of the revolutionary potential of the peasantry, which was reinforced by the turn towards the East in 1920. In this period even Bakunin was singled out for praise, for his efforts to bridge the conflict of interests between proletariat and peasantry in 1870-71.[47]

Meanwhile another concern had emerged in the Civil War period of 1918-20, the need to justify terrorism. The great debate on terrorism was initiated by Karl Kautsky in his *The Dictatorship of the Proletariat* published in 1918. Basically this pamphlet was a defence of democratic (parliamentary) means of achieving socialism as against the dictatorship employed by Lenin. In particular, Kautsky seized on the Bolsheviks' use of the Paris Commune to justify their dictatorship.

In fact, according to Kautsky, the Soviet régime was a great step backwards from the Paris Commune, rather than an advance beyond it. Whereas the Paris Commune legitimized itself immediately through elections based on universal suffrage and the free participation of all political tendencies,[48] the Bolshevik régime was created by a coup d'état and maintained itself in power through the suppression of all other socialist parties and the use of force. The Bolsheviks needed force, because they did not enjoy the democratically expressed support of the vast majority of the people. The Paris Commune had no need to employ force, because it was the work of the whole proletariat.

Kautsky ignored certain features of the Commune (as interpreted by Marx) such as direct rather than representative democracy and the abolition of the distinction between legislative and executive functions. He did this in order to make the Commune a justification of the support by the proletariat for parliamentary institutions rather than for the soviet-state. He also set out a critique, that was more valid in Marxist terms, of Lenin's assumption that only one party could be really coterminous with the interests of the proletariat.[49] Lenin was justifying his steps towards a one-party state with the argument that only the Bolshevik party represented the historic interests of the proletariat and that all other parties must be objectively hostile to the interests of the proletariat, and must therefore be suppressed.

Kautsky's attack elicited an immediate response from Lenin in the form of the pamphlet *The Proletarian Revolution and the Renegade Kautsky* (1918). Here Lenin ridiculed the assumption that the Paris Commune was based on universal suffrage, when the flower of the bourgeoisie, whose government was based on universal suffrage, had fled to Versailles and were not present to vote.[50] The mistakes made by the Commune *were* however caused by too much respect for bourgeois democratic forms, which hindered the vigorous action they should have taken against their class enemies.

Kautsky developed his critique further in his *Terrorism and Communism* of 1919. Trotsky replied in a pamphlet of the same name written on his famous military train in 1920. Twenty pages of Trotsky's answer were devoted to proving that insofar as the Paris Commune was committed to principles of "democratic legality" this was its undoing. Ten militarily vital days were lost by the preparation and holding of the election. Furthermore the "sentimental humaneness" and "generosity" of the Commune towards its enemies were in effect responsible for the eventual bloodbath. ("In the revolution in the highest degree of energy is the highest degree of humanity.") Nonetheless, despite the political timorousness of the disorganized Commune leadership, the logic of the struggle had already, before the end, led to the adoption of increasingly dictatorial measures against the enemies of the proletariat.[51]

Also, the clinging to the appearance of democratic legality rested from the beginning on a contradiction, the fact that the Commune represented the dictatorship of working-class Paris over peasant France (that is, military operations against the government supported by peasant France).[52]

The basic lesson then of the Commune was the need for "red terror" to combat the inevitable "white terror" instigated by the supporters of the old order. This "is not a renunciation of the Commune – for the traditions of the Commune consist not at all in its helplessness – but the continuation of its work. The Commune was weak. To complete its work we have become strong. The Commune was crushed. We are inflicting blow after blow upon the executioners of the Commune. We are taking vengeance for the Commune and we shall avenge it."[53]

The argument of this period, that the Paris Commune was not in fact based on formal democracy, and that, on the other hand, the democratic illusions of its leaders were responsible for its defeat, remained prominent in Soviet historiography of the Commune throughout the 1920s.[54] Meanwhile, with the consolidation of Stalin's dictatorship the Commune became an increasingly formal legitimation of a regime in which it was no longer a living inspiration of any kind. Changes in historiographical emphasis accompanied the changes in political line they were intended to justify.

Thus with Stalin's development of the concepts of socialism in one country and of the increase in scope and intensity of state power during the period of the dictatorship of the proletariat the Soviet image of the Commune also underwent a sea-change. The concept of smashing the state and replacing it with a qualitatively different transitional state which would immediately start withering away lost the salience it had enjoyed in the 1917-18 period. Nor was it so much a question of the application of terror (as in the Civil War period) but of the "more active and more powerful role of the proletarian state."[55]

A useful statement appearing to support the Stalinist position was discovered in Engels' correspondence, and much utilized in this period: "But after the victory of the Proletariat, the only organization the victorious working class finds ready-made for use is that of the State. It may require adaptation to the new functions. But to destroy that at such a moment, would be to destroy the only organism by means of which the victorious working class can exert its newly conquered power, keep down its capitalist enemies and carry out that economic revolution of society without which the whole victory must end in a defeat and in a massacre of the working class like that after the Paris Commune."[56]

From this could be derived the Stalinist position that the failure of the Commune was primarily due to the "weakness and lack of centralization of its state apparatus."[57] According to Molok another factor involved in the failure of the Commune was that the international situation was not at that period favourable for the victory of "socialism in one country."[58] Molok was to survive for longer than any other Soviet historian of the Commune (his first work on the subject was published in 1922) through constantly adapting himself to current political exigencies. In 1952 Molok was hailing Stalin as the great interpreter of the Commune, whose work had thrown a "bright light" on its historical significance, the causes of its downfall and its political lessons. "The views expressed by Stalin on the Paris Commune bear on the different periods in the life of our fatherland, the revolutionary movement of its working class and the activity of Soviet power. They are indelibly united with the history of the struggle of our Party against all the enemies of the workers (especially against the Trotskyist and Bukharinist traitors, those agents of the fascist spy services)."[59]

The other major Stalinist historian of the Commune, P. M. Kerzhentsev, also stressed the problem of espionage, treachery, and wrecking activities in the Commune, and the lessons to be learnt from the failure of the Commune police to deal with these phenomena in a firm way.[60]

The Stalinist period saw the use of the Commune from time to time in limited criticisms of bureaucratism, although the solutions of the Commune were seen as "too simple" for present conditions. The only thoroughgoing critique of Soviet bureaucracy in the light of Lenin's prescriptions in *The State and Revolution* came from the pen of Trotsky. Trotsky argued that Stalin's claims to have achieved socialism in the U.S.S.R. were completely disproved by his need to continually reinforce state power.[61] In fact the "best index of the depth and efficacy of the socialist structure" in a given post-revolutionary society was the degree of the dissolution of the state.[62] Trotsky also foreshadowed (although this has of course been denied by Mao) the Chinese concept that supplementary revolutions are required after the establishment of the dictatorship of the proletariat to prevent the bureaucratic degeneration of the revolution. "The proletariat of a backward country was fated to accomplish the first socialist revolution. For this historic privilege it must, according to all evidences, pay with a second supplementary revolution — against bureaucratic absolutism."[63]

Today in the Soviet Union the Paris Commune retains all its symbolic importance as the legitimation of the régime. The appeal to the moral authority of the Paris Commune serves to obfuscate the real existence of stratification and political privilege at home. Thus Leonid Brezhnev in 1970: "The cause for which the Paris Communards of 1871 fought and fell, the cause of proletarian revolution, proletarian dictatorship, and the remaking of the world according to socialist principles has been triumphantly achieved in our country and in a series of other countries. The time will come when the great ideals of socialism and communism will triumph over the whole of our planet."[64]

The Soviet Union, however, is now threatened by the rise of a great socialist power in which the Paris Commune appears to be much more important as an operational concept. The Chinese, particularly since the Cultural Revolution, have asserted the need for continuous revolution as the antidote to the tendency of state organs under the dictatorship of the pro-letariat to transform themselves from the servants into the masters of the masses.

The Paris Commune has been used again and again in China since 1965 as a model of antibureaucratic and egalitarian measures.[65] The lesson of the Commune is that a true proletarian dictatorship must be a "basic negation" of state power.[66]

The Soviet response to this challenge has been to place increasing stress on another lesson to be drawn from the Paris Commune, the need for the international solidarity of the proletariat. The Paris Commune owed its existence to "the development of the international working-class movement in the 1860s in which the First International had played a leading role."[67] The Commune displayed its internationalism in both its composition and its acts, and in return received the full support of the international working class movement.[68] Lenin and the Third International revived the principles of proletarian internationalism embodied in the First International, while the Soviet régime represented the rebirth of the Commune in a more durable form. The implicit message is that the Chinese revolution also owes its existence to the international working-class movement (led by the Soviet Union), but that it is now disrupting international proletarian solidarity through dogmatism, sectarianism, and struggle against the Soviet Union.

The lessons of the Commune relating to the need for international solidar-ity were constantly reiterated in the Soviet celebrations of the centenary of the Paris Commune.[69] Loyalty to proletarian internationalism was hailed as the "prerequisite for the efficacy and correct orientation of united action by the Communist and Workers' Parties, a guarantee that they will achieve their historic goals."[70]

The Paris Commune has also been used in the Soviet critique of what is viewed as Chinese militarism ("power grows out of the barrel of a gun"). Soviet writers point out that neither the Paris Commune nor the Bolshevik revolution was the outcome of protracted revolutionary war — they were initially almost completely bloodless. Civil war came afterwards and with outside assistance, rather than being the policy of the revolutionary proletariat.[71]

Otherwise, the Soviet writings on the Commune which appeared in 1971 were characterized by a flatness and repetitiveness which reflect the formality of the relationship between the Commune and present Soviet reality. Constant citations of Marx, Engels, and Lenin take the place of any realistic appraisal of the connection between the 1871 and 1917 revolutions.[72] As a consequence the Soviet image of the Commune tends to be distorted in order to support current Soviet developments, while an even greater distortion of Soviet reality takes place to support its claim to legitimacy as the heir of the Commune.

Where the Commune was once, even if for a brief period, a close relation, it is now simply a prestigious forebear, towards whom a correct but empty piety is maintained. The moral authority borrowed from the Commune in which the Soviet Union continues to clothe itself has grown as thin as the Communard banners preserved in Moscow.

NOTES

1 E.g., L. Trotsky, *The History of the Russian Revolution*, trans. Max Eastman, 1 (London, 1932), 28.
2 V. I. Lenin, "Report to the Seventh Congress of the R.C.P. (B), March 8, 1918," *Collected Works* (Moscow, 1960-70), XXVII, 133.
3 "The Soviet of Workers' Deputies is not a labour parliament and not an organ of proletarian self-government at all, but a fighting organization for the achievement of definite aims." "Socialism and Anarchism" (Nov. 1905), *Collected Works*, X, 72.
4 V. I. Lenin, concluding paragraph of "The Paris Commune and the Tasks of the Democratic Dictatorship" (17 July 1905), *Collected Works*, IX, 141. In 1917 Lenin took over the more Marxist position that when democracy ceased to be formal and became actual, as in the Paris Commune, this already entailed the dictatorship of the proletariat and the gradual implementation of socialist objectives.
5 L. Trotsky, preface to Marx, *The Paris Commune* (St. Petersburg, 1906), pp. x-xi. One of the ten different editions of the *Civil War in France* which appeared in Russia at this time including ones edited by Lenin and Lunacharsky. The first Russian translation by the Narodnik, Kliachko, had been widely distributed in Russia in the 1870s.
6 E.g., Lenin, "Report to the Seventh Congress of the R.C.P. (B)," pp. 126 and 140.
7 Lenin, "The Paris Commune," p. 141.

8 V. I. Lenin, "Lessons of the Commune" (1908), *Collected Works*, XIII, 477.

9 Plekhanov also had already become guilty of the latter. See V. I. Lenin, preface to *Letters of Marx to Kugelmann* (St Petersburg, 1907), *Against Revisionism* (Moscow, 1959), pp. 66-70.

10 Apart from the more specific mistakes such as the failure to take over the Bank of France or to pursue Thiers to Versailles at the outset: these "mistakes" are cited again and again in the Leninist literature.

11 Lenin, "Lessons of the Commune," p. 478.

12 V. I. Lenin, "The War and Russian Social Democracy" (1914), *Collected Works*, XXI, 34.

13 Anton Pannekoek, "Massenaktion und Revolution," *Die Neue Zeit*, Jg. XXX, ii (1912), 541ff.

14 See Pannekoek's later presentation of this argument in his *Weltrevolution und Kommunistische Taktik* (Vienna, 1920), in S. Bricianer, ed., *Pannekoek et les conseils ouvriers*, (Paris, 1969), pp. 176-77.

15 Pannekoek, "Massenaktion und Revolution," pp. 544ff.

16 Ibid., pp. 543ff.

17 Ibid.

18 Karl Kautsky, "Die neue Taktik," *Die Neue Zeit*, Jg.XXX, ii (1912), p. 732. Cf. Marx's preface to the 1872 German edition of the *Communist Manifesto*, where he argued that the practical experience of the Paris Commune especially proved one thing: "the working class cannot simply lay hold of the ready-made state machinery and wield it for its own purposes."

19 Anton Pannekoek, *Die taktischen Differenzen in der Arbeiterbewegung* (Hamburg, 1909, reprinted 1973), pp. 86-87.

20 V. I. Lenin, [Review of *Die taktischen Differenzen* ...], *Zvezda*, no. 1 (Dec. 1910), *Collected Works*, XVI, 347-52.

21 Lenin acknowledged in *State and Revolution* that Pannekoek had reached by 1912 the position he himself reached only at the beginning of 1917, that is, that the proletariat must aim to smash bourgeois state power rather than to capture it. In September 1916 Lenin was still describing this position, as enunciated by Bukharin, as "semi-anarchist" and incorrect from a Marxist point of view. See Stephen F. Cohen, "Bukharin, Lenin and the Theoretical Foundations of Bolshevism," *Soviet Studies*, 21 (1970), 451-54.

22 V. I. Lenin, "April Theses," *Collected Works*, XXIV, 23-24. Lenin's swerve to the left in the April Theses caused a furore among the Bolsheviks, many of whom thought that Lenin's new position was a departure from, rather than a development of, orthodox Marxist teaching on the state. See N. I. Bukharin, "Lenin kak marksist," *Ataka* (Moscow, 1924), p. 269.

23 Lenin, "April Theses," p. 26 See also ibid., pp. 32-33, and "Marksizm o gosudaistve" (Zurich, Jan.-Feb. 1917), *Leninskii Sbornik*, XIV (1928), 238, 312, 314.

24 Lenin, "April Theses," p. 32.

25 See in particular, "The Dual Power," and "The Tasks of the Proletariat in Our Revolution,', *Collected Works*, XXIV, 38-41; 57-58.

26 Lenin, "The Tasks of the Proletariat in Our Revolution," p. 69.

27 There are two important articles on this issue: Robert V. Daniels, "The State and Revolution: A Case Study in the Genesis and Transformation of Communist Ideology," *The American Slavonic and East European Review*, XII (1953), 22-43; and Ralph Miliband, "Lenin's *The State and Revolution*," *Socialist Register 1970*, pp. 309-19.

28 Though this myth was also of great influence on overseas Marxists such as the Italian,

Antonio Gramsci, who was inspired by the belief that the soviet movement had triumphed in Russia, bringing an end to the old state form of public authority. In Russia less than a year after the original publication of *State and Revolution*, Lenin was protesting against Bukharin bringing out a new edition of it. On the later fate of the eponymous soviets see Olga A. Narkiewicz, "Political Participation and the Soviet State," *Participation and Politics* (Manchester, 1972), pp. 169-217.

29 Cf. Engels on the Commune: "in order not to lose again its only just conquered supremacy, this working class must, on the one hand, do away with all the old repressive machinery previously used against itself, and on the other, safeguard itself against its own deputies and officials, by declaring them all, without exception, subject to recall at any moment." (Preface to the 1891 German edition of *The Civil War in France*, K. Marx and F. Engels, *Selected Works*, I (Moscow, 1951), p. 438.

30 N. N. Sukhanov, *The Russian Revolution 1917*, ed., abr. and trans. Joel Carmichael (Oxford, 1955), p. 401.

31 G. Zinov'ev, "Chto ne delat'," *Rabochii*, 12 Sept. (30 Aug.).

32 V. I. Lenin, "Report to the Third All-Russian Congress of Soviets, January 11th, 1918," *Collected Works*, XXVI, 455.

33 Ibid.

34 G. M. Stekloff (Steklov), *History of the First International*, trans. Eden and Cedar Paul from 3rd Russian edition with notes from 4th edition, first published 1928, reissued 1968 (New York, 1968), p. 199.

35 G. V. Plekhanov, "Martovskie idy," *Iskra*, no. 36 (15 March 1903), *Sochineniia*, 12: 334-41. Cf. Lenin on the advantages of the Soviet regime over the Commune: "The Paris Commune was a matter of a few weeks, in one city without the people being conscious of what they were doing. The Commune was not understood by those who created it." *Collected Works*, XXVII, 133.

36 A. F. Shebanov et al. ed., *Gosudarstvo i pravo Parizhskoi Kommuny* (Moscow, 1971), p. 87.

37 V. I. Lenin, Preliminary Draft of the Resolution on the Syndicalist and Anarchist Deviation at the Tenth Congress of the R.C.P.(B), *Collected Works*, XXXII, 246.

38 L. Trotsky, preface to Talès's, *La Commune de 1871* (Paris, 1921), in E. Schulkind, ed., *The Paris Commune of 1871* (London, 1972), p. 303.

39 L. Trotsky, *Terrorism and Communism* (1920; Ann Arbor Paperback, 1961), p. 109.

40 A. I. Korolev, ed., *Parizhskaia Kommuna i Sovremennost'*, (Leningrad, 1971), p. 174.

41 F. Konstantinov, I. Krylova, *Harbingers of a New Society* (Moscow, 1971), p. 82.

42 I. Stalin, *Sochineniia*, VI, 363, cited in P. M. Kerzhenstev, *Istoriia Parizhskoi Kommuny*, rev. ed. (Moscow, 1959), p. 479.

43 Konstantinov and Krylova, *Harbingers*, pp. 78-79. This line and even phraseology is taken from Soviet classics such as N. M. Lukin's *Parizhskaia Kommuna 1871g.* (Moscow, 1922) and A. I. Molok's *Parizhskaia Kommuna i krestianstvo* (Leningrad, 1925); more distantly it derives from Lenin.

44 E.g., V. M. Friche, *Parizhskaia Kommuna 18 Marta - 27 Maia 1871g.* (Moscow, 1921), cited in K. Meschkat, *Die Pariser Kommune von 1871 im Spiegel der sowjetischen Geschichtsschreibung* (Berlin, 1965), p. 182.

45 E.g., H. Mayer, "Marx, Engels and the Politics of the Peasantry," *Etudes de Marxologie*, no. 3 (June 1960), 91-152.

46 M. N. Pokrovsky, *Frantsiia do i vo vremia voiny* (Petrograd, 1918), cited in Meschkat, *Die Pariser Kommune*, p. 182.

47 Ibid., p. 183.

48 K. Kautsky, *The Dictatorship of the Proletariat* (Ann Arbor Paperback, 1964), pp. 44-47.

49 Ibid., pp. 31-34.

50 V. I. Lenin, "The Proletarian Revolution and the Renegade Kautsky," *Collected Works*, XXVIII, 239-40.

51 Trotsky, *Terrorism and Communism*, p. 76.

52 Ibid., pp. 80, 84.

53 Ibid., pp. 89-90.

54 For two imprtant examples see the book by N. M. Lukin cited above and A. Slutsky's *Parizhskaia Kommuna 1871g.* (Moscow, 1925), Post-1956 works concur that the democratic aspects of the Commune were a practical shortcoming, but also argue that the limitations placed on democracy in the Civil War period through strict centralization and discipline, and special agencies of coercion, were in themselves, "latent with dangerous tendencies"; to some extent they left the way open to their abuse in the cult of personality. See F. V. Konstantinov, M. I. Sladkovsky et al., eds., *A Critique of Mao Tse-tung's Theoretical Conceptions* (Moscow, 1972), pp. 121-22.

55 Kerzhenstev, *Istorii Parizhskoi Kommuny*, p. 434. In the period after the Stalin Constitution the Civil War distinction between democracy and dictatorship (employing terror) was no longer drawn.

56 F. Engels to P. van Patten, 18 April 1883, *Marx and Engels: Selected Correspondence*, 2nd rev. ed. (Moscow, 1965), p. 362.

57 A. I. Molok, *Parizhskaia Kommuna 1871g.* (Leningrad, 1927), p. 120, cited in Meschkat, *Die Pariser Kommune*, p. 111.

58 Ibid., p. 121

59 A. I. Molok, "Staline et la Commune de Paris," *Cahiers du communisme*, no. 3 (1952), 309, cited in Meschkat, *Die Pariser Kommune*, p. 163.

60 Kerzhentsev, *Istorii Parizhskoi Kommuny*, pp. 364ff. Cf. the entry on the Paris Commune in the second edition of the *Bol'shaia Sovetskaia Entsiklopediia*.

61 L. Trotsky, *The Revolution Betrayed* (London, 1937), pp. 106-107. Stalin had made one of his most drastic revisions of Marxist theory in 1930 when he reported: "we stand for the strengthening of the dictatorship of the proletariat, which is the mightiest and strongest state power that has ever existed. The highest development of state power with the object of preparing conditions for the withering away of state power – such is the Marxist formula." J. Stalin, Report to the Sixteenth Congress of the C.P.S.U., *Works*, XII, 381.

62 Trotsky, *The Revolution Betrayed*, p. 105.

63 Ibid., p. 272. Cf. the Constitution of the Communist Party of China, adopted 28 August 1973, on the Cultural Revolution as an example of "continued revolution" under the dictatorship of the proletariat, and the suggestion that "Revolutions like this will have to be carried out many times in the future" (i.e., more than one supplementary revolution as suggested by Trotsky).

64 L. I. Brezhnev, *Delo Lenina zhivet i pobezhdaet* (Moscow, 1970), p. 5, cited in A. A. Smirnova and p. i. Mukhin, *Parizhskaia Kommuna 1871 goda* (Moscow, 1971), p. 70.

65 Cf. P. M. Kerzhentsev: "The politics of the Commune had, of course, nothing to do with 'egalitarianism'." See Kerzhentsev, *Istorii Parizhskoi Kommuny*, pp. 6, 408.

66 Liu Hui-ming, "The General Election System of the Paris Commune," *Hung Ch'i*, 21 Aug. 1966, p. 1.

67 Konstantinov and Krylova, *Harbingers*, p. 99.

68 E.g., "Parizhskaia Kommuna i Sovremennost'," *Pravda*, 12 March 1971.

69 E.g., the editorials of 18 March 1971 in *Pravda* and *Izvestiia*, and the commemorative articles in *Kommunist*, nos. 2 and 3 (1971).

70 A quotation from the Proceedings of the International Conference of Communist and Workers' Parties held in Moscow, 1969, to combat the influence of the Chinese. It was much cited in the Commune celebrations.

71 Konstantinov, Sladkovsky et al., *A Critique*, Russian ed. (Moscow, 1970), p. 120. The Chinese riposte was that "To find a pretext for their fallacy of 'peaceful transition', this group of renegades wantonly distort history, even preaching that the Paris Commune was 'initially' an almost completely bloodless revolution!" *Long Live the Victory of the Dictatorship of the Proletariat! In Commemoration of the Centenary of the Paris Commune* (Peking, 1971), p. 22.

72 E.g., A. I. Korolev, ed., *Parizhskaia Kommuna i Sovremennost'*, A. F. Shebanov et al., eds., *Gosudarstvo i pravo Parizhskoi Kommuny*, and B. Itenberg, ed., *Rossiia i Parizhskaia Kommuna* (Moscow, 1971).

GÜNTER GRÜTZNER

The Impact of the Commune on Political Thought in Germany

IMMEDIATE INFLUENCES AND EMERGENCE OF A DOUBLE COMMUNE MYTH

A study of the effects of the Paris Commune on political ideas reveals first of all that it was not the historical fact of the uprising as such, but rather the legends which grew up around it that generated the extraordinarily strong reaction which distinguishes the Commune as a politically relevant factor.[1] From its inception, the Paris Spring Rebellion of 1871, a patriotic-chauvinist revolt against the conservative *Capitulards* from Bordeaux and Versailles, was assigned an important place in international politics by virtue of the fact that the French government press immediately circulated misleading news bulletins: the International Workers' Association was said to have initiated the revolutionary movement and also to have seized power in Paris.

The grain of truth which functioned as a necessary agent for the sweeping success of this *canard*, was simply the fact that — of all the people — it was the eminently nationalistic members of the Paris section of the International who took part, though very reluctantly, in the revolutionary actions of the National Guard. In fact, the movement itself was determined almost entirely by

The present article is a condensed and updated version of a longer study, *Die Pariser Kommune: Macht und Karriere einer politischen Legende; die Auswirkungen auf das politische Denken in Deutschland, Staat und Politik*, vol. 2 (Cologne, 1963).

a Jacobin-Blanquist spirit, and its demands referred only to the Paris situation, with the exception of a few exaggerated proclamations. After the election of the Council of the Commune it also became evident that the workers who had played a decisive role in the insurrection remained a minority in the council, a minority of which again only half were Internationalists of the Proudhonistic persuasion. Nevertheless the lie about the international socialist, or even communist, revolution was readily accepted everywhere. The class-conscious workers of many different countries broke out in spontaneous demonstrations of approval; and above all, members of the bourgeoisie, especially in Germany, were seized once again by the panic-stricken fear of the so-called "red phantom" familiar to them since 1848. It was especially the relationship between the liberal bourgeoisie and the proletariat that suffered a decisive setback from such an interpretation of the Paris rebellion. Although the hostile separation of the bourgeoisie and the incipient proletarian movement in Germany — as well as in France — dated back as far as June 1848, it was the impression left in Germany by the events of 1871 in Paris which extinguished the last spark of revolutionary consciousness in its indigenous liberalism.[2] Indeed, one of the very first obvious repercussions of the French Commune was that it aggravated the problem of European class-disparities to an unusually strong degree.[3]

This latter fact was also reflected in the German daily press of the time. In their assessment of the events in Paris, the semi-official and conservative, and also the ecclesiastical, newspapers attacked the Liberals by recognizing the alleged communist uprising as an inevitable and natural product of the ideas of the French Revolution, and by pointing out with satisfaction that now the bourgeoisie on their part had become the object of proletarian activities. The liberal press adopted a most aggressive stance toward the Communards; they viewed the events in the French capital as a basically criminal outburst which had its roots in France's moral rottenness. The socialist newspapers, on the other hand, celebrated the Commune as an epoch-making victory of the "Red Republic" and were of the opinion that even a defeat (which they considered unlikely) of the Paris workers' régime could only be of a temporary nature and of short duration. Differences of opinion of that magnitude, which were passionately put forward, naturally led to the most violent mutual attacks in the newspapers of the various political factions.

The German socialists of both factions, i.e. the General German Workers' Association (der Allgemeine Deutsche Arbeiterverein) and the Social Democratic Workers' Party (der Sozialdemokratische Arbeiterpartei), who already in 1870 had together welcomed the proclamation of the French Republic, now proceeded to send declarations of solidarity and greetings to the Communards who were most strongly condemned and abused by every bourgeois and conservative party. Although the behaviour of the indigenous Social Democrats was considered as treacherous and provocative in non-socialist circles, it was the statements made by Bebel, the Social Democrats' representative in the Reichstag, which had a much stronger impact on the political consciousness of the German public. Among other things Bebel had attacked the dissemination of false information by the bourgeois press, and had maintained that the Commune was proceeding with a degree of moderation, especially towards high finance, which would not be employed – when the time came – in Germany. Furthermore he had derided Bismarck's interpretation of the Commune's "justifiable core," which had also become historically effective, and which, Bebel said, was aimed at the establishment of the Prussian Municipal Statutes. Finally Bebel had passionately characterized the Paris movement as a small "outpost skirmish" that would flare up again all over Europe within a few decades.

The singular vehemence expressed both in Bebel's statements and in the press-feud arising from them can largely be interpreted as a symptom of the great extent to which public feeling in Germany was aroused by the events of la *semaine sanglante* in Paris. On the one hand, the opponents of the Commune believed they had solid evidence available to them in the extensive cases of arson and execution of hostages by the Confederates, which ultimately embodied for them the most typical manifestation of the dreaded social and even communist revolution. On the other hand, the Commune, which had proved itself to be inefficient and which could have remained only an ephemeral episode in French history, achieved truly tragic greatness by the boundless excesses and hitherto unheard-of brutalities of the Versailles soldiery. The fact that it was mainly the Parisian artisan and working class which supplied the victims for the appalling massacres perpetrated by the government army subsequently bestowed on members of this class a proletarian character and secured for them undying fame within the socialist movement. Emotions created in such a manner might generally be considered as likely to generate the kind of "sentimentalism" characterized by Bénoit Malon as the most irresistible revolutionary power in the world.[4]

In the two schools of thought mentioned above, i.e. in the mythically pessimistic and in the benevolently mystical attitudes towards the Commune, the influence of the actual historical events should, in principle, have asserted themselves. Immediately after the end of the fighting in the French capital, what is certainly the most celebrated defence of the Commune was published in Germany: Karl Marx's *Civil War in France*, a work unsurpassed in its historical impact and by means of which its author created a theoretically well-argued revolutionary myth out of the latest events in Paris. Here Marx simplified and idealized complicated phenomena and brought them to a common historical denominator, proclaiming them to represent a workers' revolution of world-historical importance. Even the Commune's Program of Federation, which — though influenced by the spirit of Proudhon and Bakunin — was in fact carelessly and almost fortuitously compiled, won Marx's complete approval and admiration. Coincidentally, the adoption of these ideas, which were completely contradictory to Marxist thought, became the basis for ensuing quarrels about the true nature of Marxism. But for the moment it was much more important that Marx, in his so-called *Address to the General Council*, identified — contrary to the facts — the Commune with the International, thereby burdening the latter organization, which was also deeply rooted in Germany, with the problematic heritage of the French rebellion.

As a result of this, the erroneous view of the complicity of the Socialist Workers' Movement with the French insurrection became a generally accepted falsification, which was to make history from then on.

SIGNIFICANCE OF THE COMMUNE IN DEVELOPMENTS UP TO 1914

Its influence on legislative attempts to suppress Social Democracy

Bismarck, by referring to the existence of international subversive powers — a fact which, he claimed, had become evident since the events in Paris — sought in his foreign policy to come to an agreement with Austria; it was for this purpose that the Meeting of the Three Emperors took place in Berlin in September 1872. Domestic policy was dominated by the same notions which took concrete shape *inter alia* in repressive police measures.

Bismarck tried to suppress obnoxious socialist publications by means of a Reich Press Law (*Reichspressegesetz*). The genesis and text of the bill clearly reflect the impact of experiences gained in the aftermath of the Paris rebellion. The rejection of the bill by the Reichstag initiated a period of stringent legal procedures against the political Workers' Movement on the basis of pettifogging interpretations of the law. The punishable act of "Glorification of the Commune," for example, was subsumed under the heading of the instigation of class-hatred. It was these stringent legal means of suppression, applied with equal force against the adherents of both parties after the Reichstag elections of 1874, in which the Socialists had been relatively successful, that became the last and decisive factor in merging both workers' organizations into the Socialist Workers' Party (*Sozialistische Arbeiterpartei*).

After this union of the two workers' parties, which was very alarming for the government, Bismarck proposed an amendment to the penal code, giving the possibility of prosecution under the rubric of instigating class-hatred a far broader base. During the deliberations, the Paris insurrection — already a permanent object of mutual provocation in parliament — was again introduced into the debate; and it became almost a habit to refer continually to Bebel's famous statements of 1871.

Similarly, during the debate on the Emergency Measures Act, directed against the Social Democrats and introduced after two attempts to assassinate Kaiser Wilhelm in 1878, the pros and cons of the emergency measures were illustrated by examples taken from the genesis of the Paris Commune insurrection. Here Bismarck rather surprised the German public with his statement that Bebel's Commune address of 1871 was the sudden flash of lightning which had revealed to him the dangers of socialism and the necessity of fighting it. In the following debate Bismarck held the view that after the Commune insurrection the International had moved its experimental operations to Germany on account of the prevailing liberal state of affairs there.

During the twelve years' existence of the Emergency Measures Act the visible political life of the Social Democrats was concentrated in the activity of the Socialist members of the Reichstag. The increasingly acute embitterment of the Social Democrats manifested itself for example during the debate on the extension of the law in 1880, when the Social Democratic representative Hasselmann openly professed nihilism and declared the actions of the Communards and anarchists to be worthy of imitation. This statement, the subject of lively comment in the press, naturally had unfavourable consequences for the vote, and Puttkammer, the minister of the interior, was able to maintain that in all probability the antisocialist law had prevented a catastrophe in Germany comparable to the Commune of 1871.

Generally speaking, the radical mood of the Social Democrats had reached something of a climax at this time, as exemplified by election manifestoes and illegal pamphlets which placed a particularly strong emphasis on the Paris insurrection. This attitude was to change from 1884 on, at least in the Reichstag, after the Social Democratic representative Rittinghausen had appealed for an end to the citing of the Bebel statements and the continual use of the example of the Commune against the Socialists; he went on to say that Social Democracy neither had anything to do with the Commune nor could learn anything from it. During the following years the Socialist representatives maintained as a general principle a detached and nonprovocative attitude whenever the French insurrection was mentioned.

But the Right continued to attempt to link the Social Democrats to the spectre of the Commune. During the last debate on the extension of the Emergency Measures Act the government in its arguments for the bill used the horrors of the Commune in a most graphic manner — with the help of forged documents — as a means to influence the vote. An important factor in the final defeat of the bill was the fact that the Social Democrats succeeded in exposing to the public the forgeries and manipulations of the facts concerning the Commune.

The comparatively novel attitude which the Socialists displayed during the discussion of the Commune corresponded with the actual attitude of the party; as Paul Kampffmeyer said, "all allusions to Social Democratic glorifications of the Commune, which in its basic character as a violently revolutionary Blanquist movement, and certainly not a legal, Social Democratic one, do not reflect the quintessence of German Social Democracy."[5] On the contrary, the fate of the Paris insurrection served as an urgent warning signal to the German Workers' Party not to allow themselves to be provoked to acts of violence.[6]

Role of the Commune in counter efforts at reform and critical evaluation of it by the German bourgeoisie

Parallel to the governmental measures of suppression against the democratic socialism which was inconsistent with the basic authoritarian character of the Reich, supplementary efforts were made to contain this alarming domestic development by means of social reforms. Erroneous ideas about the Commune had pushed the "social question" into the foreground, but this new course of social policy began very hesitatingly and with little promise of success. It was only during the period of the Emergency Measures Act, aimed at the Social Democrats, that concrete results in the form of social legislation were achieved.[7]

Within the ranks of the German bourgeoisie, however, voices were heard here and there advocating the necessity of social reforms. Rodbertus, a political economist, chided the German press for having used only terms of abuse about the Paris insurrection, which, he pointed out, from an historical point of view represented the reverse side of the foundation of the German Reich and also was a hint by Providence that Germany, after having solved her national problems, should now solve the social question.

The historian von Sybel, who saw the ultimate cause of the Paris insurrection in France's suppression of religious freedom which in turn gave rise to godlessness, suggested state social legislation — pointing to England's example — and cautioned against a possible radicalization of the working class by referring to Bakunin's role in the Paris rebellion.

On the whole the "writing on the wall" in France seems to have inspired a huge amount of literature on the social question, publications in which all too frequently the much feared social revolution was hinted at. After 1871 the so-called academic socialists, who earlier had stressed the importance of social policy, made public appeals far more often in their speeches and publications.

Significant research was done by Protestant and even more by Catholic scholars on the historical background of the Commune and of the International which was considered akin to the former. There was talk about the "dual stream" of socialist and Jacobin tendencies, a stream starting with Rousseau and continuing with Babeuf and Blanqui to the June battle and the last Paris insurrection. Elsewhere Hobbes's and Rousseau's doctrine of an "antisocial natural state and the elevation of the contract to a social principle," as well as Hegel's "deification of history" and his "worship of the success of power" as the roots of "social radicalism," were recognized. The conviction which evolved from these ideas, i.e. the belief that something created by man can also be altered by him again, was said to have been the cause of social experiments and of the tidal wave of the French Revolution. When planning and putting into practice social models of that nature, however, it was of crucial importance, these theorists emphasized, to take into consideration not the ideal but the real nature of man.

Eugen Dühring, a famous lecturer at the University of Berlin, was the author of a completely different kind of book about the Commune, which was widely read by the educated public. He praised the generally humane behaviour of the Communards and condemned the bestialities of Versailles in terms which are certainly unsurpassed in intensity and harshness. He explained the insurrection as a product of the situation in Paris, and stated that Marx attached far too great an importance to the International. From the anomalous political forms of the Commune Dühring drew the inference that the proletariat had to find a new and different political course. Comments of this nature, accompanied by an abundance of original thought, caused a sensation in Social Democratic circles as well.

At the same time, however, readers from almost all social classes were to be spurred on to new heights of prejudice against the Commune or to have their old misinterpretations reinforced by the popular writer Johannes Scherr. Scherr published a novelistic, superficial, and totally subjective history of the Commune in the form of a series of articles in the then most widely-read German popular magazine, *Gartenlaube*.

Two publications by Professors Adolf Held and Adolf Wagner which appeared a little later contain, incidentally, remarkably objective and pertinent analyses of the Paris insurrection; above all, they pointed out that the Social Democratic praise of the Commune was given only for reasons of propaganda, and did not correspond to the facts.

Shortly after the attempts to assassinate the kaiser, Professor Treitschke, both in the influential monthly *Preussische Jahrbücher* and also in the national-liberal weekly *Grenzbote*, renewed the memory of the days of terror in Paris and demanded the passing of an Emergency Measures Act. As a general result of the atmosphere of crisis in domestic affairs in 1878 publications on social politics gained a strong new impetus; this also precipitated an increased interest in the Commune which was dealt with in special essays and books, all distinguished by their anti-Commune bias.

In the middle of the Nineties, that period of extreme internal tensions in Germany, during which plans to change the laws with regard to coups d'état and the franchise were openly discussed, two voluminous works on the Paris Commune, books which obviously smacked of political expediency, were published by members of both the conservative and the clerical factions. Both publications were intended to serve the purpose of creating public feeling in favour of an inflexibly hard course against the Social Democrats with the aid of the example of the Paris insurrection, a well-tried and reliable deterrent used by the bourgeois-conservative parties from the very beginning.[8] An even crasser but apparently final spectacular example of the linking of the Commune with current politics can be found in an editorial entitled "Weckruf" (Reveille) which was given much prominence in the Conservative *Kreuzzeitung* in 1911. Here an attempt was once again made to resurrect the now rapidly fading spectre of the terror of the French insurrection in the face of irresistible developments on the domestic political scene.

The events of 4 August 1914, when at the outbreak of the war Social Democrats in the Reichstag voted — with only two dissenting members — for the issue of war bonds, proved that the real or pretended fear of a potential Social Democratic revolution was without foundation; this marked the end of the practice of using the Paris Commune as an object-lesson in practical politics. By this time it had outlived its usefulness for nonsocialist circles in Germany; for towards the end of the war the Russian October Revolution broke out and this proved to be an event that overshadowed by far the Commune in its role as the ultimate nightmare of coming social revolution. Naturally, the brief episode in Paris in 1871 with its few remaining after-effects could not even be compared with the practices of Bolshevism now being exhibited in Russia to the eyes of the world.

THE COMMUNE IN SOCIALIST THEORY BEFORE AND AFTER WORLD WAR I

Its influence on internal differences of opinion within Social Democracy

At the very time the Paris Commune ceased to be interesting for the German bourgeoisie as a political "writing on the wall," it gained excessive importance for German Social Democrats, first in their internal theoretical disputes and later in their discussions of Russian Communism. Some of Friedrich Engels' publications in the period following the repeal of the Anti-Socialist Law (*Sozialistengesetz*) acted as especially important sources of information for disputants on both sides of the argument. These were works written by the "patriarch" of socialism during a time when the ideas formed by the Commune insurrection were still of practical value for the Social Democrats in their fight for self-assertion in domestic politics.

Within the framework of new socialist literature written after 1890 there was above all a revival of Marx's interpretation of the Commune, which now also raised questions and problems about the state of the future. Before that time Marx's *Civil War in France* had probably had something like a myth-making effect in Germany, but it had not led to a profound discussion of the political theories that could be derived from it. Furthermore, Bebel's and Liebknecht's views on the use of the Paris movement's dubious program differed from the ideas expressed in Marx's pamphlet.[9] It was only after 1890, when Marxist thought had become more widespread, that Marx's special attitude towards the Commune was to exert a stronger influence. Friedrich Engels wrote a preface to the new edition (1891) of *Der Bürgerkrieg in Frankreich*, a preface which was also printed in the chief publication of the Social Democrats. This contained supplements, which describe the Commune *inter alia* as an example of the dictatorship of the proletariat and which underline the "destruction [by the Paris Commune] of the previous power of the state, and its replacement by a new and truly democratic power." Only "a generation that has grown up in a new, free society" would be able to abolish the state as such.

In view of the continuing tense situation in domestic politics in Germany, Karl Kautsky, the noted party theorist, implored the Social Democrats to avoid at all costs provoking the ruling classes into using force in order to prevent a catastrophe comparable to the French insurrection of 1871; because, he continued, the destruction of the Commune was in fact the last great defeat of the proletariat. Similarly, Wilhelm Liebknecht cautioned against provoking enemies of the proletariat who had the monopoly in armaments. The June battle and the Commune insurrection are proof that the time for putsches has passed. The emancipation of the working class will have to be the work of a majority, a process which gives a special significance to universal suffrage.

Friedrich Engels, in his so-called political testament, the preface to Marx's *Klassenkämpfe in Frankreich* (*Class Struggles in France*) of 1895, praised the tactics for achieving universal suffrage which the German Social Democrats had worked out in such an exemplary manner. He rejected "old-style rebellion," described "street fights with barricades" as outmoded and inappropriate under the given circumstances. Social Democracy, in his opinion, should consider its prime objective to be continuing growth and the winning over of the majority. Only a large-scale confrontation with the military forces would be able to halt this process. Nevertheless, as can be seen in the then unpublished passages of his preface, Engels did not intend to advise the Socialists against any use of force especially in cases where a sufficiently progressive development could lead to revolution.

Political ideas influenced by the Paris movement can also be found among the theoretical bases of so-called revisionism. Bernstein, for instance, refer-ring to the example of the Commune, was of the opinion that Blanquist policies are reasonable only in a state of political suppression, but not under a democratic government. From this he argued *inter alia* that the Social Democrats should take a stand on universal suffrage not only in practice, but also in theory.

Rosa Luxemburg, a representative of the radical wing, argued that the difference between Blanquist putsches and the proletarian seizure of power lies in the fact that the latter must be based on economic conditions. In her opinion the Commune was only a special situation in which power fell into the hands of the workers as unclaimed goods. Moreover, the victory of the proletariat requires a whole series of attacks, so that it makes no sense to speak of "premature attacks" on the part of the working classes.

Karl Kautsky, on the other hand, maintained that the Commune would have had a different effect, had it not been prematurely provoked by the war. Consequently, he said, there was no reason to desire the precipitation of social revolution by a war which the bourgeoisie would probably even try to prevent for fear of a repetition of the events of that time. Kautsky, during the so-called "mass-strike debates," demonstrated with the help of the Com-mune as a precedent, that the Commune was the cause of a change in the strategy of the political struggle: it transformed the so-called strategy of overthrow into a strategy of exhaustion. Kautsky dwells at great length on the interpretation of the Paris insurrection as a prime example of the absolute necessity of a solid proletarian organization. The insurrection proved conclu-sively, he states, that the strongest vehicle of power, the greatest heroism, and the most brilliant victory remain meaningless without the organized support of the masses.

Whereas shortly before World War I the revisionist camp exhibited objectivity in assessing the historical importance of the Commune, Rosa Luxemburg deliberately exaggerated the customary idealization of the French insurrection. She talked about the "rule of the glorious Commune," of its "great and holy tradition," and of its capacity to be a "monument of the irreconcilable antagonism between proletariat and bourgeoisie." At the same time the Congress of the International decided upon a manifesto which, among other things, warned governments of the possibility that an imminent war might result — as in the case of the Commune and the Russian Revolution of 1905 — in social revolution.

After the outbreak of World War I the theorists of the Social Democratic party majority, in order to justify their patriotic behaviour, referred mainly to an article by Engels, published in 1892, which stated that in case of war the German Socialists would fight at the side of their fellow-countrymen in order to prevent a victory of Russian despotism, as otherwise a repetition of the fate of the Paris Commune might occur on German soil. If that happened, Engels wrote, bourgeois governments — including that of Germany — would not miss the opportunity of liquidating Social Democracy.

In contradiction to this, Rosa Luxemburg argued that in case of a Russian or French proletarian revolution the German armed forces would take part in its suppression as in 1871; she even denied the national character of the continuing war and, referring to Marx's *Civil War in France*, demanded the immediate arming of the populace.

Role of the Commune in the Social Democratic dispute with Bolshevism

The Russian October Revolution, and especially Lenin's revolutionary ideas which were now being put into practice, and which were formulated in his *State and Revolution* and distributed in this version in the German-speaking world, initiated a renewed discussion of the Paris Commune of hitherto unequalled intensity, following a period when interest had been slowly waning, even among Social Democrats.

Under the motto of the "re-establishment of Marx's true doctrines of the state," Lenin had evolved a new theory of his own, using specially selected fragments of Marx's and Engels' ideas, in which both the experience of the Commune and "Marx's analysis" were of fundamental importance. Faithful to Marx's amendments to the Communist Manifesto and to their exegesis as stated in a letter to Kugelmann, Lenin propagated the idea that the proletarian revolution means the destruction of the state machine and its replacement by a form of political organization true to the model of the Paris Commune which Marx had sketched.

He claimed that opportunists had either forgotten, ignored, or distorted all of these perceptions, especially Marx's criticism of the "corrupt and decayed parliamentarianism of bourgeois society," and above all Marx's demand that the representative bodies should be transformed from "garrulous debating clubs" into "working," i.e. simultaneously legislative and executive bodies. Whereas the "traitors to socialism" were afraid of the political revolution which Marx had discovered in the Commune, and therefore desired only a "shift in the power structure," the Communards taught the Bolshevists to display "unlimited boldness" in the "overthrow of the bourgeoisie," the "destruction of the bourgeois parliamentary system," the establishment of a "Commune-type Democratic Republic" or of a Republic of soviets of workers' and soldiers' delegates, and the practice of the dictatorship of the proletariat.

The reaction of the German Social Democrats to these theories and their practice in Russia was, after initial enthusiasm, bitterly negative, and it was Kautsky especially who joined issue with Lenin's arguments. He recognized the Paris Commune as the model for the Marxist dictatorship of the proletariat, but he disputed the Bolshevists' claim that they were acting in accordance with the directives given therein. First, he said, the Commune was the work of the entire proletariat, whereas the Bolshevist despots had only gained power by means of a coup d'état and by excluding all other socialists. Secondly, the Paris régime had contained the widest possible application of democratic ideas on the basis of universal suffrage, so highly praised by Marx, whereas in Russia only a privileged class was given the right to vote. Kautsky argued that it was precisely the defeat of the French insurrection of 1871 which represented the ultimate example of the fact that a nation is not ready for socialism as long as the majority of its people decides against it. Therefore, for German Social Democracy, democracy and socialism are an inseparable unity. Marx's "dictatorship of the proletariat" does not at all aim at a dictatorial form of government, but rather signifies only a state of affairs to be attained by virtue of necessity. According to Kautsky, it is almost inconceivable to think that the dictatorship of the proletariat is irreconcilable with democracy since one must assume with Marx and Engels that the proletariat will ascend to power only be reason of its being a majority within society.

The noted Social Democrat, Heinrich Cunow, who attacked the Bolsheviks because of their unjustified identification of their own dictatorship with that of the proletariat, also declared all arguments for justification brought forward by the Russians to be null and void because Marx did not think in terms of the rule of a small party clique, but rather in terms of the large proletarian masses. According to Marx, Cunow states, only existing, nascent forces should be released; social changes cannot be made at will by issuing government decrees. Even if some of Marx's occasional remarks made in the light of revolutionary events might have given cause for Bolshevist interpretation, his basic concept of the relationship between the state and social order never changed. At the same time, Cunow directed these and similar arguments against the German Communists, who opposed the convocation of a German National Assembly.

Even Rosa Luxemburg, in her posthumous writings, criticized Bolshevism severely. In her judgment, the abolition of democracy in Russia was worse than the evils it was supposed to rectify. With the decline of the political life of a country, Luxemburg wrote, power was bound to be concentrated in the hands of individual politicians and to lead to a dictatorship in line with bourgeois, Jacobin thinking. Moreover, no prescription exists for establishing socialism, which in any case cannot be simply imposed on a people against their will. Rosa Luxemburg accused both Lenin and Kautsky of being equally far removed from true socialist policies, as both maintained that democracy and dictatorship contradict each other; her own demand for the proletarian revolution was the dictatorship of the working class, and not that of a party or clique, a dictatorship with the participation of "the broadest masses of the population" in an "unrestricted democracy."

This controversy, so far contained within Marxism, became far more bitter and changed its character considerably when in Russia the Bolshevists took drastic measures against the Social Democrats, when in Germany the Social Democrats did the same to the Communists, and when Lenin completed the break by the founding of the Third International. This was followed by a downright "war of pamphlets" in which the inherent Commune debate was continued with a far greater degree of intensity.

For example, in his address to the first Congress of the Communist International Lenin stated that the Russian soviets were a continuation of the work of the Communards, whereas the "traitors to socialism" had forgotten the "concrete doctrines" of the French insurrection and were adhering to the old state apparatus in their bourgeois-democratic republics. Only a soviet organization of the state, he said, could fulfil the legacy of the Paris Commune, which after all was not a "parliamentary institution."

The fact that Lenin was continually referring to the events of 1871 in Paris induced Kautsky to undertake his study, famous in its time, of *Terrorismus und Kommunismus*, in which he contrasted the Bolshevik form of government critically with that of the Commune. The most striking differences, according to Kautsky, consisted in the fact that the Paris revolution was not planned, but happened spontaneously; that, as was confirmed by Marx, the revolution refrained from terrorism up to the time when the Versailles forces appeared upon the scene; that no force was used against the opponents of the proletariat, and that the Central Committee of the National Guard, i.e. the workers' and soldiers' councils, did not claim sole power for itself. Kautsky went on to say that it was universal suffrage which led to the heterogeneous, and not purely proletarian, make-up of the Commune Council; and indeed it was not theories but compromises that generally dominated the political actions of the Paris rebels.

Kautsky pointed to the humanitarian spirit that was noticeable both in the

Commune and generally in the working classes of the nineteenth-century — in stark contrast to the latest excesses in Russia and in Germany. The "assuagement of morals," mainly brought about by the influence of democracy and Marxism, Kautsky wrote, was becoming untenable in Russia, above all because Marxist thinking was dying out. The Bolsheviks were trying to conceal this fact by usurping the formula of the "dictatorship of the proletariat." They wanted to establish socialist morals, of a kind that inspired the Communards, by means of a régime of terror. Their main fault consisted in the replacement of a democratic form of government by a dictatorial one, yet nothing could be further from the truth than the idea that the parliamentary and democratic systems represent bourgeois institutions; in fact, both terms stand for solid moulds that can be filled with different substances.

The Communist refutations distributed in Germany, especially Trotsky's and Radek's retorts, attacked Kautsky's arguments, using the method of the *reductio ad absurdum*, by reference to the Commune and with the help of the relevant Marxist exegesis. Radek maintained above all that the Paris insurrection was actually directed against the results of universal suffrage in France, and that the humanity of the Communards was in fact their greatest weakness. Trotsky asserted that whoever objects on principle to terrorism against the counter-revolution renounces socialism. Kautsky, according to Trotsky, sees the merits of the Commune in exactly those places where the Bolsheviks see its faults. The French insurrection, in Trotsky's opinion, aimed at a Blanquist dictatorship of the revolutionary city over the whole country: its terroristic nature could not become really effective because of "ill-designed compromises." It was only because it feared to take on responsibility that the Central Committee of the National Guard had appealed to universal suffrage in Paris and later on agreed to dual sovereignty with the Commune Council. In Trotsky's view, it was not the democratic forms of the Paris régime that mattered to Marx, but rather its class-character. By approving the "centralized organization of the Communes throughout France" Marx had also accepted the multiple-stage character of elections — in other words he had accepted the Soviet system.

The subject of Kautsky's rejoinder, *Von der Demokratie zur Staatssklaverei* (*From Democracy to State Slavery*), published in 1921, was again a substantiation of the democratic character of the Commune with the aid of quotations from *The Civil War in France*: in view of the fact that Marx advocated the abolition of a standing army, the secret police, and the bureaucracy, one can prove unequivocally, Kautsky says, that the Bolsheviks accomplished the very opposite of all this. The Russian theorists might better desist, according to Kautsky, from referring to Marx and the Commune altogether. Kautsky also stresses Lenin's incorporation of Blanquist ideas into Marxism; dictatorship had therefore existed in the Bolshevik Central Committee for a long time before it was extended to a state-wide government which had been taken over by means of a surprise attack. In the light of this, the Third International also becomes a conspiracy against the entire proletariat. Unlike Bolshevism, Kautsky continues, the Commune tended towards progress; it brought about the defeat of Proudhonism and the transformation of Blanquism into Marxism. Half a century later, the Bolsheviks are interpreting Marxist terminology in a way that puts them back in the 1840s.

The above-mentioned pamphlets more or less concluded the controversy between German Social Democrats and Russian Communists. In 1925 Kautsky noted in an article in *Gesellschaft* that now the Bolsheviks were less inclined to draw a comparison with the Commune as the differences had become too obvious. In the Thirties Kautsky redefined the Marx-Engels concept of the "dictatorship of the proletariat" as follows: only anarchy or democracy, but never dictatorship, can serve as a conceivable form of government for this postrevolutionary period. The two "patriarchs" (Marx and Engels), when formulating this concept, probably had been thinking of the existence of a particularly strong government, Kautsky suggests. In 1930 Paul Kampffmeyer published a study on *Sozialdemokratische und bolschewistische Staatsauffassung (Social Democratic and Bolshevik Concept of the State)*, challenging the view that a universal theory of social revolution could be deduced from the short period of the French insurrection. He argues that from Marx's "deliberately slanted concept of the programmatic demands" of the Communards, Lenin wrongly drew the conclusion that the proletariat must destroy the state altogether and establish a dictatorship of its own. In particular, Engels' plea for a people's militia force and his *Testament* (1895), stressing seizure of power by legal means, are at variance with Lenin's view.

Following the Russian October Revolution the German Social Democrats were engaged in debates on the Commune, and this activity resulted in a strong demand for Marx's and Engels' publications on the events of 1871, which had long since been out of print. At the same time a tendency emerged to counter the numerous and contradictory interpretations of the historical events of the Paris Commune with well-researched scholarly criticism. The most significant result of this new endeavour was Alexander Conrady's sensational commentary on the new collected edition (1920) of pertinent statements by Marx and Engels on the subject of the Commune. This new commentator was against the creation of any myth, and he refuted and corrected many passages, especially in *The Civil War in France*. He maintained that Marx's definitive point of view could not be found in this work, especially as Engels' subsequent statements on this topic were at considerable variance with Marx. In a similar manner, the socialist historian, Franz

Mehring, in his biography of Marx had pointed out that after Marx's death Engels had reverted completely to his former point of view, which had been called in question by Marx's praise of the Commune.

The Commune in scholarly critiques of Marxism

After the Russian Revolution and parallel to the German Social Democratic debate on Bolshevism a new development emerged: professional historians began to conduct a scholarly critique of Marxism, which received widespread public attention.

According to Oswald Spengler, Marx's "dilettante praise" of the totally inefficient Paris "council system" documented the lack of creative qualities in the founder of Marxism. In Russia, he said, the Commune, "this misunderstood creation of the West," was transformed into "stark reality" in a senseless and disastrous manner.

Karl Diehl, Rector of the University of Freiburg, criticized the intellectual sterility of modern socialists, who, he said, were only capable of rehashing old slogans. Moreover, the Bolshevik revolution was carried out in accordance with a Blanquist, antidemocratic model and not with a Marxist one. Marx, as a democrat, did not want to promote his "dictatorship of the proletariat" as a form of government contradictory to democracy, but rather wished to characterize it as a temporary state of emergency. The Commune therefore cannot be viewed as a first step towards Soviet organization, Diehl points out, nor can Marx be regarded as an enthusiastic supporter of that petit-bourgeois Paris movement. Furthermore, the Commune regime, based on universal suffrage, was not nearly as terroristic as Bolshevism, which was founded not on Marx's ideas, but on those of Babeuf and Blanqui, with some additional elements taken from the ideas of Bakunin, Herzen, and Owen.

Wilhelm Mautner, a professor of constitutional law, came to the conclusion in his widely read book on Bolshevism that from the statements made by Marx and Engels it was not clear whether the transition from the capitalist social order should take place peacefully or by violent means. Mautner went on to say that Lenin, in a very biased way, had compiled only those statements made by the two great socialists which reflected his own views. As Engels considered both the democratic republic and the Paris Commune to be an expression of the dictatorship of the proletariat, the constitution of the Commune, which was democratic anyway, could not be represented as the only way. Besides that, Mautner added, Kautsky had expressed Marx's ideas when he postulated democracy as the foundation of the dictatorship of the proletariat.

Lenin was right, Mautner says, in his interpretation of the famous Kugelmann letter, but this was contradictory to a speech given by Marx in The

Hague a little later, when he implied that social development without revolution was possible. Mautner saw an obvious contradiction of Marx's teachings on the Commune in the fact that Lenin had armed only the proletariat, and not the whole population, that the franchise had been limited to the so-called "workers," and that, generally speaking, the democratic character of the socialist movement had ceased. In addition, Lenin's theory about a revolutionary vanguard leading the population to socialism is, Mautner says, noticeably inconsistent with the teachings of the *Communist Manifesto*, according to which Communists should neither form a separate party outside of the proletariat nor establish a set of principles on the basis of which they were to "shape the proletarian movement." While Marx can therefore be considered a democrat, Lenin, by establishing minority rule over the proletariat, has turned out to be a Blanquist, or a despot resembling Robespierre who justifies terror with a belief in man's natural goodness. At the same time, Lenin has tried "to put more 'Commune' into practice" in the Soviet constitution than was to be found in the Commune itself, just as Marx had introduced more socialism into the Paris insurrection than it actually contained.

In 1920 Kelsen, a professor of constitutional law, published a contribution of great importance. He pointed out that even the *Communist Manifesto* had demanded a "struggle for democracy" by violent means and that Lenin had correctly deduced from Marx's supplement of 1872 the right to smash the machinery of government, although it was precisely *The Civil War in France* which substantiated the fact that it makes no difference whether one talks about the transformation or the destruction of the apparatus of the state. Kelsen goes on to say that Marx's version of the achievements of the Commune relating to constitutional law can be summed up as follows: monarchy is replaced by a "democratic-republican constitution impregnated with certain elements of immediacy," with the emphasis being placed on the "replacement of people exercising governmental power." Lenin's view that this meant the abolition of the parliamentary system was based, Kelsen argues, on "an obvious, though comprehensible misunderstanding," since a representative body definitely does not lose its parliamentary character as long as short legislative periods exist as well as instructions to be given about elections, and as long as it is also the representatives' duty, in addition to legislation, to elect executive officers. Kelsen was unable to find a fundamental distinction between anarchism and the anti-state tendency of Marx's interpretation of the Paris insurrection; in fact, the Commune was a state like any other. However, it remains incomprehensible, Kelsen says, that such an obsolete prototype of the state can still serve today as a model for the dictatorship of the proletariat. Lenin, by restituting Marx's doctrines of the state and revolution, gained a meritorious niche in the history of literature, but he contributed nothing, either in a practical or theoretical sense, to the future vision of Marx-Engels Communism.

Max Adler, a sociologist, opposed Kelsen's "formalistic-legal" arguments. He began by stating that the idea of democracy was first called into question by Bolshevism. Lenin deserves recognition, Adler says, for having forcefully asserted the class character of the state against people who displayed an opportunistic and inconsistent attitude towards Marxism. But, Adler points out, the application of Lenin's theories is in complete contradiction to Marx's doctrine of the state. Therefore Kelsen's criticism of Bolshevism does not strike at Marxism itself. Whatever he has to say against the latter, he believes he is able to substantiate, above all with the help of the Commune, and especially by proving that the Commune was a democratic state-reform with a coercive character. All these seeming contradictions between constitutional-legal reality and Marx's conclusion can be resolved, Adler says, by a conceptual differentiation between political and social democracy, the former implying external democratic forms and the latter the social aims of the state of the future. Under this aspect Marx's demand for the destruction of the state machine also becomes comprehensible. Marx saw the essence of the Paris political system in its "new form of social work," not in its coercive organization which was obviously present; Marx did not think in terms of the abolition of the parliamentary system as such, but of the specifically bourgeois one. The "communization" Marx propagated did not imply a demand for decentralization, but for the abolition of class differences by codetermination and by sharing of responsibility.

Adler goes on to say that Marx's dictatorship of the proletariat embodies dictatorship in accordance with political democracy in which a bourgeois autocracy is simply replaced by a proletarian one. Rosa Luxemburg, Adler writes, expressed the same idea when defending the unity of dictatorship and democracy against Trotsky and Kautsky. Terrorism – i.e. the use of violence by minorities – is in sharp contrast to democracy, just as a future social democracy is irreconcilable with dictatorship, because then an antagonistic "majority will" can no longer exist. A contradiction only occurs when "social democracy" is to be established by means of dictatorship. Thus Bolshevik dictatorship of the proletariat is not commensurate with the Marxist concept of the dictatorship of the proletariat, which must rest on the numerical and economic superiority of the working class. As these conditions did not exist in Russia, Lenin disastrously transformed Marx's concept into the dictatorship of the party. This modification, already formulated in *State and Revolution*, drifted towards Blanquism whilst still using Marxist terminology and resembled a "new species of enlightened absolutism." Moreover, Adler continues, Bolshevik theory remains an attempt to vindicate the constantly changing policies applied in Russia.

The arguments between Kelsen and Adler practically brought to an end the scholarly discussions of Bolshevism which had focused on the Commune; the role of the latter as a preeminent factor in forming political opinion in Germany was now over.

The myth of the Commune as a factor in totalitarian ideology

The impact of the Paris Commune, detached from its historic reality and elevated to a myth, manifested itself primarily and most enduringly in socialist thought, i.e. in the ideas and actions of the German Social Democrats. But the French insurrection not only exerted considerable influence on the workers' movement as such, it acted at the same time as the godfather of Marxism as a politically effective ideological power.

Led on by the indelible impression that this allegedly socialist insurrection made on the whole of the working class, Marx and Engels identified themselves with the Paris insurrection, even though they had little influence on it, and despite the fact that the ideas of Blanqui, Proudhon, and Bakunin had dominated it.[10] Marx's declaration of solidarity with the Commune, considered sensational at that time, brought about an instantaneous, worldwide, and permanent rise to fame for Marx and the organization led by him. Marx's tactics of accepting minor setbacks in return for disproportionately greater advantages in the future, achieved a degree of success one can only term classical, even though it was true that this method entailed immediate disadvantages for the socialist movement, since all European governments mobilized their forces against it. In addition to the concrete results obtained by Marx which affected the Social Democrats' organizational development of power, the Paris Commune, unconditionally accepted by Marx, now gained an entirely new significance in the field of revolutionary theory, a significance which, in importance and momentum, was to surpass all other historical consequences of the Paris insurrection.[11]

Concerning Marxist revolutionary ideology it can be said that in the 1840s Marx had points of contact with Blanqui, the putsch-politician par excellence, as far as the former's demand for the seizure of political power by violent means was concerned. Of course he differed from Blanqui by opposing a political putsch, the seizure of power by *coup de main*. According to Marx the "struggle for democracy" — as it is called in the *Communist Manifesto* of 1848 — should not be the action of a determined minority, but should rather be an historical process carried forward by the proletarian masses on the basis of economic development. According to Marx's basic deterministic concept, sufficient economic maturity was the primary condition for a revolution, even though the role of violence as "midwife," in the words of *Das Kapital*, was still recognized. The Commune insurrection, which erupted spontaneously under very special circumstances and which was a Jacobin-Blanquist revolt by nature could not be fitted objectively into such a pattern. When the Commune model was adopted after all – a fact which might be explained either by reason of Marx's subjective thinking on the lines of the class-struggle or by his familiar pragmatic approach – it added a new Blanquist dimension to Marxist thinking.

In summing up, it must be reiterated that Marx and Engels never changed their views on the nature of the communist society of the future, although they deliberately left them undefined; they do, however, seem to have modified their views regarding the period of transition from a capitalist to a socialist society.[12] In 1872, for example, the prerequisite for proletarian revolution was no longer the taking over of the old government apparatus, but rather its destruction. A little later, however, Marx let it be known in The Hague that in some democratic countries social revolution could be brought about by peaceful means. In 1874 Engels criticized the Blanquist refugees from the Commune – one supposes with Marx's approval – strictly repudiating their coup d'état theories, because, he said, they did not result in the rule of the working class, but rather led to the dictatorship of a few, and indeed even of one individual. After Marx's death Engels stressed that the state must not be eliminated during a political upheaval, as the state represents the most powerful vehicle for revolution; and in 1891, in his preface to Marx's *Civil War*, he wrote that the demolished state-machinery must be replaced by a new and democratic one. At the same time he called the Commune the prototype of the dictatorship of the proletariat, after having previously characterized the democratic republic as the best form of proletarian dictatorship. In his so-called political testament, Engels emphasized the value of universal suffrage for the socialist movement and cautioned against an armed conflict with the military, though in saying this he had no wish to exclude the possibility of the use of force in cases where things had developed to a sufficiently advanced degree.

After all these ambiguous statements by the two great socialists, it should be reemphasized that the quasi-Blanquist concepts contained in Marx's address to the General Council were later no longer held to be valid – at least not by Engels – and that the old views in line with basic Marxist concepts were once again given prominence. It can be concluded in summary that Marx saw the feasibility of the violent and revolutionary as well as the peaceful path towards socialism. As far as the question of Marx's democratic leanings is concerned, it can be said that it is simply impossible to deny his belief in democracy in the sense of the absolute rule of the majority on the basis of universal suffrage.[13] His concept of the dictatorship of the proletariat must also be analysed in this light. According to this, dictatorship could never have been intended to be a form of government, because in its very essence it is supposed to represent a "workers' democracy" (Eduard Heimann) supported by an overwhelming majority.[14] What remains much less clear, however, are the details of the form Marx wished the government, democratic in any event, to assume. This problem seems to have been of no intrinsic importance to Marx – true to his doctrine of the preponderance of the economic basis – so that it was unnecessary for him to propose a definite solution to it, let alone a definitive one.[15] In the light of this, Karl Kautsky is certainly right in maintaining that Marx's doctrine of the state is to be seen as a "theory of relativity."[16]

The German Social Democrats made use of this insight in their practical party politics. While keeping their revolutionary goals in mind, they swore allegiance to democratic procedures, using strictly legal means. Marx's interpretation of the Commune thus carried little practical weight; rather, the German Social Democrats – remembering Engels' advice – were determined to make sure that their numbers continued steadily to increase. The fate of the Paris insurrection of 1871, however, served as a perpetual warning to the Social Democrats against any untimely policy of violence and as a reminder of the need for a solid proletarian organization.

Lenin acted in an entirely different way. He considered the Commune, or rather the image of the Commune as sketched by Marx, to be an established model that had to be transformed into reality. Whereas the German socialists in principle agreed with the general Marxist line both in theory and in practice, but disagreed with those directives in Marx's essay on the Commune which they considered untimely or indeed questionable, Lenin's own theoretical conclusions basically corresponded to Marx's arguments as put forward in *The Civil War in France*. Admittedly at that time Marxist dogma in fact precluded such theories from being put into practice in a country as economically backward as Russia. Furthermore, the violent enforcement of plans construed in such an abstract manner and executed under the horrendous motto "Fiat communismus, pereat mundus" (Gustav Mayer),[17] permits of a comparison, frequently made, between Lenin and Robespierre.

An historical juxtaposition of Robespierre's misinterpretation of Rousseau, of Marx's analysis of the Commune, and of Lenin's *State and Revolution*,[18] demonstrates that these three basically similar misrepresentations of the facts were destined to have an unprecedented historical career.

In addition, Lenin's interpretation of the *Address to the General Council*, questionable as it is (especially as regards the establishment of the council system, the radical destruction of all existing government institutions, and the unlimited use of terror), clears the way for completely new speculations on important topics. The questions as to whether and to what extent objectively ascertainable falsifications were due to subjective and honest misunderstanding or to deliberate, pragmatic, and calculated deceit may be left open both in this and in the other two cases.

The already mentioned course of development of revolutionary theory, dating back to the eighteenth century, and the coexistence of radical Jacobin and socialist currents, had been occasionally pointed out by members of the conservative and clerical factions in Germany in their reactions to the Paris Commune. More recently J. L. Talmon established the existence of a double current of liberal and totalitarian democratic ideas, originating in Rousseau's philosophy of Enlightenment and flowing onward via the French Revolution. The criterion for both movements, Talmon says, is not to be found in their respective aims, but rather in their attitudes toward practical politics, which in the case of the "empirical liberal democracy" were concentrated in the "trial and error" method, and in the case of the "totalitarian messianic democracy" in an all-embracing system of political coercion.[19] According to Talmon, the latter, a modern form of political messianism based on a perfectionist image of the nature of man, first took on concrete forms in the Jacobin dictatorship of the French Revolution and in Babeuf's conspiratorial plans. Embodied *inter alia* in Marxism, this system eventually disappeared after the collapse of the Commune in the parliamentary democratic development of Western European countries, to be revived again in its former shape only in Russia.[20]

Although Marxism, with its qualities as an "atheistic religion of salvation" (Eduard Heimann), kept the messianic traits of totalitarian-democratic development, the specific methods of violence which it recognized were modified considerably in favour of the empirical democratic version of "trial and error." But much more than Marxism, it was Blanquism — especially as regards its policy of violence and putsch — which seemed to have taken over the heritage of the Jacobins and above all Babeuf's legacy; this situation was most clearly manifested in the Commune insurrection, which was borne up mainly by the spirit of Blanqui and was generally considered to be a typical eruption of the totalitarian currents prevalent in the nineteenth century.[21]

In the historical process of the development of absolutism and liberal democracies, the Paris insurrection of 1871 gained a two-fold importance: on the one hand, for the Social Democratic workers' movement, it marked a turning-point toward empirical politics, on the other hand, it represented a new model, a "manual for action" for the totalitarian movement. It thus came as no surprise when Lenin based his revolutionary theories to a large extent precisely on Marx's *The Civil War in France*, the very work that remained, as it were, a foreign body in the Marx-Engels system of thought. By propagating the rigid Commune pattern, Lenin reverted unequivocally to Blanquism, which had previously been considered obsolete but which he now rescued from the nineteenth century, preserving it in the twentieth century.

Entirely in line with the Jacobin-Blanquist spirit, the creator of Bolshevism promulgated his new doctrines of the party's claim for leadership over the proletariat and the domination of revolutionary theory over social realities – thus "bending" Marx's philosophy and goals "at least initially" into "totalitarian and dictatorial forms" (Hans-Joachim Lieber). [22] Moreover, this transformation of Marxism into an ideology of justification for a tyrannical minority with its belief in (or pretense of being in possession of) redeeming truth, soon degenerated into "substitutionism," [23] which Trotsky later described as Bolshevism's original sin, and by means of which the exercising of absolute power could devolve upon one single person.

Talmon attempted to bring forward historical evidence of totalitarian characteristics in messianic democracy which had persisted from the French Revolution up to the Russian October Revolution, but he considered this only as an ideological trend which had manifested itself from time to time. [24] It was left, however, to Bolshevik reality in Russia and, after World War II, in eastern and central Europe, actually to put totalitarianism into practice to the fullest possible extent. Here the socialist myth of the Commune played a decisive role in shaping the prevailing and universally accepted political dogma. The publications and official celebrations marking the occasion of the centenary of the Paris Commune provide eloquent testimony to its continuing strength and impact.

While commemorative articles and books on the Commune or on recent Commune research appeared in the pluralistic western democracies such as France and the Federal Republic of Germany in the form of historical evaluations, spectacular festive celebrations and state ceremonies were held in Moscow and East Berlin. In Peking, where the Commune is often cited, commemorative articles in the press contained vitriolic attacks on the Soviet Union, whereas the East German press, for example, accused the Chinese of disgracing the memory of the Commune.

Organized by the French Communist party, commemorative ceremonies also took place in Paris and were attended by official delegations from countries of the Eastern bloc, especially from East Berlin. Articles and books published in East Germany to mark the occasion and also the commemorative speeches given there contained, it goes without saying, nothing but fulsome homage, the usual Marx-Engels exegesis, and a continuing ideology of justification for conditions existing in the German Democratic Republic.

In the face of a world-wide confrontation with political practices which,

aided by the most modern instruments of power and by all the capabilities of a
world or hegemonic power, are attempting by force to transform a coercive
ideology into reality for the whole of human society — a process in which the
Commune, misused and mythologized, has had to play such an important
role — a question arises almost of its own accord. This is the question asked
by the French philosopher Henri Bergson: "Que serait une humanité où la
force brutale tiendrait lieu de force morale et qui aurait perdu avec le sens de
la justice la notion de la vérité?"

NOTES

1 Professor John Morris Roberts has argued that the importance of the Commune lay more
  in its impact as a myth than in its repercussions as an event. See his "The Myth of the
  Commune," *History Today*, no. 5 (1957), 290-300; "La Commune considérée par la
  Droite: dimensions d'une mythologie," *Revue d'histoire moderne*, xix (avril-juin 1972),
  181-205; and *The Paris Commune from the Right*, suppl. no. 6 to *English Historical
  Review* (London, 1973). The case of Germany further substantiates his thesis.
2 See in this connection Karl Kautsky, *Der politische Massenstreik* (Berlin, 1914), p. 38.
3 See also Frank Jellinek, *The Paris Commune of 1871* (London, 1937), p. 411.
4 Cf. Bénoit Malon, *Précis historique, théorique et pratique de socialisme* (Paris, 1892), p.
  185.
5 Paul Kampffmeyer, *Unter dem Sozialistengesetz* (Berlin, 1928), p. 80.
6 Cf. Kautsky, *Der politische Massenstreik*, p. 268.
7 Laws on Medical Insurance (1883), Accident Insurance (1884), Old Age and Disability
  Insurance (1889).
8 Ernst Blümel, *Die Kommune von Paris. Ein Erinnerungs und Warnungsbild für das
  deutsche Volk* (Leipzig, 1896) and Albert von Holleben, *Die Pariser Kommune unter den
  Augen der deutschen Truppen* (Berlin, 1897).
9 See in this connection Paul Kampffmeyer and Bruno Altmann, *Vor dem Sozialistengesetz*
  (Berlin, 1928), p. 68.
10 Cf. Gustav Mayer, *Friedrich Engels*, ii (Berlin, 1933), p. 230.
11 See also Jellinek, *The Paris Commune*, p. 418.
12 See in this connection Edward S. Mason, *The Paris Commune* (New York, 1930), p.
   311.
13 See also Willy Strzelewicz, *Die russische Revolution und der Sozialismus* (Berlin and
   Hannover, 1956).
14 See also Eduard Heimann, *Vernunftglaube und Religion in der modernen Gesellschaft.
   Liberalismus, Marxismus and Demokratie* (Tübingen, 1955), p. 122.
15 Cf. Willy Strzelewicz, *Die russische Revolution*, pp. 93 and 95f.
16 See Karl Kautsky, "Vorwort," in Karl Marx, *Die Inauguraladresse der internationalen
   Arbeiterassociation* (Berlin, 1928), p. 16.
17 See Gustav Mayer, *Aus der Welt des Sozialismus* (Berlin, 1927), p. 61.
18 See in this connection Ernst Fraenkel, "Parlament und öffentliche Meinung," in
   Festgabe für Hans Herzfeld anlässlich seines 65. Geburtstages am 22. Juli 1957 (Berlin,
   1958), p. 170.

19 Cf. J. L. Talmon, *The Origins of Totalitarian Democracy* (London, 1952), pp. lff.

20 Cf. ibid., pp. 252ff., 258.

21 Cf. ibid., p. 258.

22 These theses are developed primarily in Lenin's paper "What is to be done?", in which he says *inter alia* that "there can be no revolutionary movement without a revolutionary theory"; see in this connection Hans-Joachim Lieber, "Philosophische Grundlagen des Bolschewismus" (manuscript of lecture broadcast by *Sender Freies Berlin*, 1958), pp. 4 and 7.

23 Cf. Isaac Deutscher, *The Prophet Armed. Trotsky: 1879-1921* (London, 1954), p. 487.

24 Cf. Talmon, *Origins*, p. 258.

JOHN BRYAN STARR

The Commune in Chinese Communist Thought

Contemporary Chinese political thinkers and writers, Mao Tse-tung among them, have come relatively recently to the study of the experience of the Paris Commune and to the application of that experience to Chinese domestic and foreign politics. This interest can be traced to two important political events. In the first case the deterioration of Sino-Soviet relations in the early 1960s caused the Chinese to reconsider the experience of the Communards – particularly their seizure and loss of political power – as a standard against which the post-Stalin Soviet leaders and their policies of "peaceful coexistence" and "peaceful transition" could be measured and found wanting.

In the second case the alleged deterioration of revolutionary zeal and pursuit of "modern revisionism" by many of the most powerful men within the Chinese Communist Party during the late 1960s caused Mao to reconsider the experience of the Commune and especially its structure and operation. He apparently found there a model for an organizational form to replace the

Substantial portions of this paper are based on the writer's article, "Revolution in Retrospect: The Paris Commune Through Chinese Eyes," *China Quarterly*, no. 49 (Jan.-March 1972), 106-25. I am grateful to the American Council of Learned Societies, the Social Science Research Council, and the Center for Chinese Studies, University of California, Berkeley for research support during the period in which this paper was written. These institutions are not, however, responsible for the interpretations and conclusions herein.

Party Committees which were emasculated and discredited during the early months of the Cultural Revolution. The Commune was an especially appealing model for Mao, promising as it did to serve as a resolution of some pervasive contradictions within Chinese society. In this reconsideration of the Commune the Chinese departed somewhat from Marx's, Engels', and Lenin's interpretations in placing great emphasis on what they saw as the spontaneity of political life in the Commune and the important role which mass political participation played in that political life.

The Commune model was actually implemented briefly in February 1967 in China's two largest cities. Ultimately, however, the model proved to be desirable but unattainable within the limits of the political conditions of the Cultural Revolution.

Since the Cultural Revolution the Paris Commune has been treated by the official Chinese press as having relevance only for the world revolution, but not for Chinese domestic politics. It is thus once more the manner in which power was seized and lost by the Communards which is seen as most important. It is apparent, however, that there are those in China who continue to regard the structure and operation of the Commune as a model to be duplicated within China and who thus consider Mao and his colleagues to have abandoned short of their realization the goals for the transformation of domestic political life which lay behind the Cultural Revolution.

ORIGINS OF CHINESE INTEREST IN THE PARIS COMMUNE

The Chinese historian Li Shu, writing in 1963, contended that "the Chinese Communist Party (CCP), ever since its very early days, has paid attention to the experience of the Paris Commune, regarding it as important as that of the Russian Revolution."[1] By almost any lights Li's statement seems to be an exaggeration. To be sure, the Chinese were aware of the treatment of the experience of the Commune in the Marxist-Leninist canon. From this canon they learned to regard the Commune as having exemplified the principle that a revolution must produce new political forms rather than merely remanning the existing state structure.[2]

There were, in this canonical view of the Commune, three important characteristics. First, the new political structure was to be directly responsive to the citizenry through the exercise of election and recall in such a way as would prevent the progressive alienation of state from society as had been characteristic of the prerevolutionary state structure.[3] Second, the functions of legislation and execution of policy were to be combined in a single "working, not a parliamentary body."[4] Third, the Commune discouraged the emergence of a privileged stratum of bureaucratic leaders by obliging all officials to work for the same wages as those of the average workingman.[5]

In addition to these fundamental characteristics of the Commune the canon treated certain of the economic and political reforms as being of particular importance. In place of a standing army there existed a "national" guard conscripted from the citizenry.[6] Church and state were separated through the secularization of the schools, the ending of the state subsidy for priests, and the transfer of the ownership of church property to the Commune.[7] The police was, as Marx put it, "stripped of its political attributes and turned into the responsible and at all times revocable agent of the Commune."[8] Finally, the Commune spurned parochialism and espoused internationalism: "the foreigners elected to the Commune were confirmed in office because 'the flag of the Commune is the flag of the World Republic'."[9] In the economic realm rents were remitted and reduced, factories abandoned by their capitalist owner-managers were opened and run by worker cooperatives, pawnshops were regulated, and night work for bakers was abolished.[10]

Despite these positive characteristics, however, the Commune was overthrown. There was, nonetheless, an important lesson to be drawn from this defeat. Engels spoke of it in his essay, "On Authority": "Would the Paris Commune have lasted a single day if it had not made use of this authority of the armed people, against the bourgeoisie? Should we not, on the contrary, reproach it for not having used it freely enough?"[11]

Li Shu's contrary implication notwithstanding, Mao Tse-tung manifested relatively little interest in the Paris Commune prior to 1957. It is mentioned only twice in his *Selected Works*, and in both instances it was the failure of the Commune rather than its structure and policies to which he referred. One of these references appears near the end of his 1937 essay, "On Contradiction," where he asks a rhetorical question: "Why is it that in Russia in 1917 the bourgeois-democratic February Revolution was linked directly with the proletarian socialist revolution, while in France the bourgeois revolution was not directly linked with a socialist revolution and the Paris Commune of 1871 ended in failure?"[12] The answer, he says, lies in the "concrete conditions of the time. When certain necessary conditions are present, certain contradictions arise in the process of development of things."[13] His answer suggests the reasoning behind his reluctance to rely too heavily on models drawn from foreign or historical circumstances.

Mao only returned to a consideration of the Commune some twenty-two years later during the course of his highly charged speech at a plenary meeting of the Party Central Committee at Lushan in July 1959.[14] The context of his reference on this occasion is especially interesting because he so clearly identifies himself with Marx and the Paris Commune with the Great Leap Forward then in progress. Addressing himself at one point in the speech to Marx's "errors," he said, "In regard to speed Marx also committed errors. He hoped every day for the advent of European Revolution, but it did not come." "Wasn't this impetuousness? Wasn't this bourgeois fanaticism?" he asked rhetorically, echoing his own critics at the meeting. He continued: "Marx also opposed the Paris Commune at the beginning, while Zinoviev was against the October Revolution. Zinoviev was executed later, but was Marx executed? When the Paris Commune was established, he supported it. He thought it would fail, but seeing that this was the first dictatorship of the proletariat, it would be good even though it lasted only three months. It seems to be impossible to judge the result if economic accounting is applied."[15]

This preoccupation of Mao's with the failure of the Paris Commune may constitute at least a part of the explanation of the fact that the Commune played so slight a role as an exemplary precedent at the time of the establishment of either the rural or the urban people's communes in China in 1958-59.[16] That it was regarded as an inappropriate example at that point may also be explained by the fact that the establishment of the communes was seen by the Chinese much more in terms of its social and economic significance than in terms of its political significance. Whereas the Commune would in later years be cited as a model for political organizations, at this point Mao was quoted as viewing the rural people's communes as an organization of "industry, agriculture, commerce, education and the military into a big commune, thereby forming the basic units of the society." This new organization was said to fulfil the last of the ten measures in the *Communist Manifesto* by combining agriculure and industry and facilitating the elimination of the distinction between town and country.[17]

This preoccupation of Mao's with the failure of the Paris Commune may constitute at least a part of the explanation of the fact that the Commune played so slight a role as an exemplary precedent at the time of the establishment of either the rural or the urban people's communes in China in 1958-59.[16] That it was regarded as an inappropriate example at that point may also be explained by the fact that the establishment of the communes was seen by the Chinese much more in terms of its social and economic significance than in terms of its political significance. Whereas the Commune would in later years be cited as a model for political organizations, at this point Mao was quoted as viewing the rural people's communes as an organization of "industry, agriculture, commerce, education and the military into a big commune, thereby forming the basic units of the society." This new organization was said to fulfil the last of the ten measures in the *Communist Manifesto* by combining agriculture and industry and facilitating the elimination of the distinction between town and country.[17]

Mao's relative lack of interest in the lessons of the Commune during this early period should not be taken as indicative of his disagreement with the principles which lay behind them. There is no question that the tenor of his political theory and strategy during the pre-Liberation period favoured the idea of the violent seizure of state power and the need to replace the existing state organs with structures of a new type. On the other hand, he was too much engaged during these early years with actually carrying out these tasks to permit himself the time to speculate about their nature. It seems to have been only when developments in the international communist movement and at home suggested to him that the new organs of state power which had been established in China following Soviet models might well produce the same alienation of state from society which the Commune set out to rectify that he began to consider more seriously the nature of the Commune experience.

THE PARIS COMMUNE IN SINO-SOVIET POLEMIC

An active interest in the details of the experience of the Paris Commune and a concern with its relevance to contemporary Chinese domestic and foreign policies seem to have arisen during the course of Mao's formulation of the polemical arguments with the Soviet leadership during the years 1957-64. In December 1956, in the article, "More on the Historical Experience of the Dictatorship of the Proletariat," written in response to the de-Stalinization program in the Soviet Union begun at the CPSU 20th Party Congress, the Paris Commune is mentioned, but only to point out that it was shortlived and that the October Revolution thus marked the point at which "scientific socialism was transformed from a theory and an ideal into a living reality."[18]

A year later, during his visit to Moscow in conjunction with the celebration of the fortieth anniversary of the October Revolution, Mao delivered an "Outline of Views on the Question of Peaceful Coexistence," which contained an illusion to the lesson which Marx and Lenin had drawn from the Paris Commune: "The working class cannot simply lay hold of the ready-made state machinery and wield it for its own purposes."[19] It was this aspect of the Commune experience as described by Marx which was to be the primary one for the Chinese during the period prior to the Cultural Revolution, for it constituted one of the important elements in their case for the illegitimacy of the idea of peaceful transition.

The nature of this lesson drawn from the experience of the Paris Commune was more clearly delineated in the article, "Long Live Leninism," published in commemoration of the ninetieth anniversary of Lenin's birth. The article begins by noting that the uprising which led to the formation of the Paris Commune took place just a year after Lenin's birth. Citing Marx's comment that, despite the short life of the Commune, its principles are "perpetual and indestructible," Mao makes two points about those principles.[20]

First, he contends that the most important among them is that "the proletariat must use revolutionary means to seize state power, smash the military and bureaucratic machine of the bourgeoisie, and establish the proletarian dictatorship to replace the bourgeois dictatorship."[21] Second, he seeks to establish a line of legitimate succession on the basis of these principles, linking the Commune, the October Revolution, and the Chinese Communist Revolution — a line of legitimacy which implicitly excludes the post-Stalin Soviet leadership. "The experience of the Russian soviets," he says, "was a continuation and development of the experience of the Paris Commune. The principles of the Commune [were] continually expounded by Marx and Engels and enriched by Lenin in the light of the new experience of the Russian Revolution."[22] Similarly, "the Chinese Communist Party, integrating the universal truths of Marxism-Leninism with the concrete practice of the Chinese revolution, has led the people of the entire country in winning victories in the people's revolution, marching along the broad common road of socialist revolution and socialist construction charted by Lenin."[23] Thus it was that Mao introduced the idea that the experience of the Paris Commune might, if correctly integrated with "concrete practice," serve as a useful guide in contemporary Chinese politics.

These lessons were reiterated the following year in a number of articles written to commemorate the ninetieth anniversary of the Commune.[24] Also in conjunction with this anniversary, a number of books were published, including Chinese translations of two substantial historical studies on the Commune[25] — a publishing effort which made available to Chinese readers considerably more information on the Paris Commune than they had previously had at their disposal.

Three years later the state of Sino-Soviet relations and his view of the nature of the policies being pursued by Stalin's successors caused Mao to draw a new lesson from the experience of the Commune in the article "On Khrushchev's Phoney Communism and Its Historical Lessons for the World," written in 1964. In listing these "historical lessons," he alludes first to the line of succession which began with the Paris Commune: "The international proletarian revolution has a history of less than a century counting from 1871 when the proletariat of the Paris Commune made the first heroic attempt at the seizure of political power."[26] Just as the initial success of the Paris Commune marks the beginning of one line of succession, however, its overthrow marks the beginning of another — this one a series of "capitalist restorations" which includes, in addition to the armed suppression of the Commune, the overthrow of the Hungarian Soviet Republic in 1919, and somewhat incongruously, the unsuccessful Hungarian uprising of 1956. More insidious, Mao argues, because more difficult to observe, but nevertheless included in the same succession are the contemporary examples of "peaceful evolution": Yugoslavia and the Soviet Union. As in the case of the first line of succession, where the Chinese Communist Revolution figures as the most recent example, so in the case of this second line there is the possibility at least that a capitalist restoration might make China the most recent example of "peaceful evolution" as well.[27] The post-Stalin Soviet leaders had thus come to be seen not only as having lost sight of the example of the Paris Commune but, much worse, as following the example of those responsible for its suppression.

The Paris Commune was thus very much a part of Mao's thinking as he formulated his ideas concerning the problems which arise during the period of socialist society and as he developed his "theory of continuing the revolution under the dictatorship of the proletariat" designed to attack those problems.[28] As the Cultural Revolution approached, however, there occurred an important shift in those aspects of the Paris Commune which were seen as its most salient lessons.

THE PARIS COMMUNE AND THE CULTURAL REVOLUTION

A major article in *Hung-ch'i* in March 1966, if read with the retrospective knowledge of the events which occurred in the months following its publication, conveys a sense of this shift of emphasis in the use of the Paris Commune as a model for Chinese politics. Written by Cheng Chih-ssu and entitled, "The Great Lessons of the Paris Commune," the article commemorated its ninety-fifth anniversary.[29]

The introduction to the article as well as the first two of its four sections reiterated the now-familiar lessons drawn from the experience of the Commune, that is, that armed revolution, the seizure of power, and the smashing of the bourgeois state structure are necessary and thus that "peaceful coexistence" and "peaceful evolution" are both unorthodox and doomed to failure.[30]

In the third section, however, Cheng developed some ideas on the relevance of the experience of the Commune to domestic politics in China which had not previously been raised by Chinese writers. He took as the heading of this third section a phrase drawn from Engels' introduction to Marx's discussion of the Commune: "preventing the transformation of the proletarian state organs from the servants of society into the masters of society."[31]

Engels had listed "two infallible means" of preventing this transformation: the system of direct election and recall, and the setting of low maximum salaries for officials. Cheng discussed both of these points. He described the election system as crucial and cited specific examples of Commune officials who were recalled. He also expanded on Engels' idea of the significance of the limitation of official salaries: "It turned the conduct of state affairs simply into one of a worker's duties and transformed functionaries into workers operating 'special tools'. But its great significance lay not only in this. In the matter of material rewards it created conditions for preventing the degeneration of functionaries."[32]

Cheng went beyond Engels' "two infallible means" and discussed a third one of his own, which was apparently the product of research in sources other than the accounts of Marx, Engels, and Lenin, and which proved to be of particular significance to domestic events in China at the time of his writing. "The masses were the real masters in the Paris Commune," he began, and then described in some detail the wide-scale organization of the populace and the breadth of participation and discussion evoked through these basic-level organizations. Twenty thousand activists attended daily meetings, he claimed, "where they made proposals or advanced critical opinions on social and political matters great and small. They also made their wishes and demands known through articles and letters to the revolutionary newspapers and journals. This revolutionary enthusiasm and initiative of the masses was the source of the Commune's strength. ... The Commune ... seriously studied and adopted proposals from the masses. ... The masses also carefully checked up on the work of the Commune and its members."[33]

Cheng's article thus carried the Chinese interpretation and use of the experience of the Paris Commune into a quite new area. Mao's 1964 article, as I have shown, suggested that the events of 1871 had particular saliency for the problems of embourgeoisement and "peaceful evolution." This reinvestigation of the Commune pointed up that its experience contained not only the lessons of defeat, but lessons of prophylaxis as well.[34]

When Mao himself first spoke of the relevance of the Paris Commune as a precedent for the Cultural Revolution, he, too, alluded to the Commune's measures for mass participation. Shortly after the posting of the first *ta-tzu-pao* ("big character poster" or wall newspaper) at Peking University in late May, Mao described it in a talk with "leaders of the Central Committee" as a "declaration of a Chinese Paris Commune for the sixth decade of the twentieth century, the significance of which surpasses that of the Paris Commune itself."[35]

Mao's metaphor was elaborated upon in the text of the sixteen-point "Decision of the Central Committee of the CCP Concerning the Great Proletarian Cultural Revolution." The ninth point was devoted to a discussion of the organizational forms for the movement. It noted that many organizational forms had grown up spontaneously and that they were both "new and of great historical importance." They are seen as serving three vital functions: they provide a vehicle for the education of the masses "under the leadership of the Communist Party," they serve as a "bridge to keep our Party in close contact with the masses," and they constitute "organs of power" for conducting the movement.[36]

In the process of transforming these organs from temporary and spontaneous entities into permanent institutions, two aspects of the Paris Commune as explicated in Cheng Chih-ssu's article five months earlier were cited as relevant: the system of direct election and recall on the one hand, and broad mass political participation on the other:

> It is necessary to institute a system of general elections, like that of the Paris Commune, for electing members to the cultural revolution groups and committees. ... The masses are entitled at any time to criticize members of the cultural revolution groups and committees and delegates elected to the cultural revolutionary congresses. If these members or delegates prove incompetent, they can be replaced through election or recalled by the masses through discussion.[36]

The relevancy of the Commune's system of election and recall to the Cultural Revolution was spelled out in greater detail in an article in *Hung-ch'i* on the subject later in the same month. There the notion of the amalgamation of the legislative functions and executive functions into a single "working organization" was discussed in such language as to suggest that actual communes were to be established after the Paris model: "Commune committee members must work among the masses, personally implement the laws passed, personally examine the results of the implementation in practical life, maintain a close contact with the people, listen carefully to their opinions, make work reports to the people and carry out self-criticism."[38] The election system would, the article concluded, become "more forceful and perfect" as a result of its implementation in the course of the Cultural Revolution.

Ch'en Po-ta appears to have shared Mao's enthusiasm for the Paris Commune analogy.[39] Summarizing the development of the Cultural Revolution during its first two months, he noted with approval the demise of the Party work teams — an organizational form which he regarded as having served as the vehicle for opposition to the Cultural Revolution in its nascent stages. At the same time, he warned of the persistence of the line followed by the Party work teams, suggesting that this line was at present being pursued by those who opposed the Paris Commune election system and who advanced instead "their own ideal 'preparatory committees' and 'revolutionary committees'."[40] Three months later he spoke at a two-day meeting of the

Central Committee Cultural Revolution Group with "representatives of revolutionary rebel organizations from certain schools" in Peking. "In my
opinion," he said,

> the seizure of power on a city-wide basis ought to be like that of the Paris
> Commune, making use of a representative body of workers, peasants,
> soldiers, students and merchants to seize power. This requires some
> preparation, however. Don't you think you should first consult the
> workers, peasants, students and merchants, as well as the cadres and
> urban residents concerned, and on that basis form a preparatory com-
> mittee with representation from the entire Peking municipality?
> Granted this will be a temporary organ of power, but it is certainly better
> than a bunch of small groups seizing power from one another. What do
> you think?[41]

Readers of the official press during the fortnight following this meeting
were left with little doubt that the events in Paris in 1871 were of particular
relevance to the current phase in the Cultural Revolution. On 31 January,
Jen-min Jih-pao ran on its front page an editorial by the *Hung-ch'i* editorial
board some days in advance of its publication in that journal.[42] The editorial
cited Marx's assertion that the Paris Commune had demonstrated the necessity to smash, rather than to reman, the prerevolutionary organs of power. It
then made the first reference in the official press to Mao's description of the
Peita *ta-tzu-pao* as a declaration of a "Peking Commune for the sixth decade
of the twentieth century."[43] The editorial continued:

> At that time Chairman Mao ingeniously foresaw that a new form would
> appear in our state machinery and mobilized from bottom to top hun-
> dreds of millions of people to seize power from the handful of persons
> within the Party who are in authority and are taking the capitalist road,
> smash the old things, create a new situation and open up a new era in the
> history of the international proletarian revolution and in the history of
> the international proletarian dictatorship, which will considerably en-
> rich and develop the experience of the Paris Commune, the soviets and
> Marxism-Leninism.[44]

Three days later the issue of *Hung-ch'i* containing this editorial was
released. It contained in addition a large number of articles describing
successful power seizures, as well as a long article entitled, "On Revolutionary Discipline and the Revolutionary Authority of the Proletariat," which
dealt at length with Engels' essay, "On Authority," and its contention that the
failure of the Paris Commune was attributable to its having been "too
restrained in the use of its authority."[45]

The move from theory to practice was especially prompt. On 28 January a municipal revolutionary committee was formed in T'aiyuan which quickly passed a resolution that concluded with the following prognostication: "We firmly believe that in the not too distant future, a completely new form of political organization, based on our richly developed experience of the Paris Commune and more in keeping with the socialist economic base, namely, the T'aiyuan Commune, will appear."[46] Six days later a printed leaflet was distributed on the streets of Peking announcing the imminent formation of a Peking People's Commune based on the Paris Commune model.[47]

On 6 February, in Shanghai, a mass rally was held to proclaim the formation of the "Shanghai People's Commune" – "a 'new Paris Commune' in the sixties of the twentieth century, conforming to the conditions of the proletarian dictatorship ... an outstanding contribution made by Chairman Mao to international communism."[48] Three days later, the revolutionary rebel organizations in Tsingtao followed suit and formed a "political and judicial commune" to wield "party, government, financial and cultural power."[49] On 13 February Agence France Presse reported posters in the capital announcing the appointment of Hsieh Fu-chih as director of a newly formed "Peking Commune."[50] Three days later revolutionary rebel organizations in Harbin held a mass rally to announce the seizure of Party and government power in the name of the "Harbin People's Commune."[51] In an effusive message to Mao the Harbin leaders used language not unreminiscent of that used almost a decade earlier in conjunction with the formation of the rural communes. The new municipal communes were spoken of as a "shining and lustrous new page which you have written for the history of the international communist movement."[52]

Not everyone was prepared to accept this assessment of the nascent Commune movement – a reluctance apparently shared even by the purported author of the "shining and lustrous new page" himself. Late in January, Chou En-lai had attempted to cool the ardor of the potential Commune-builders, pointing out that the implementation of the Paris Commune election system presupposed the "integration of the revolutionary organizations with the masses of the people": the gradual education and transformation of rightist elements, the isolation of ultra-leftists, and ultimately the "uniting with 95% of the masses and 95% of the cadres." "We are far from having reached that stage at this point," he reminded his listeners.[53] Vague echoes of Chou's sober viewpoint are found in an editorial in the *Shansi Daily* of 2 February which, though it claimed to espouse the principles of the Paris Commune, succeeded in distorting them to the point of absurdity: "We have proclaimed the Paris Commune election methods. However, only with the revolutionary factions in a superior position, with the handful of those in authority taking the capitalist road completely overthrown, knocked down, and discredited, and only when the conservative forces have been completely wiped out can there be a general election to elect a leadership of the left."[54]

More significant, and considerably more difficult to interpret, however, is Mao's own apparent abandonment of the Paris Commune as a model for the organizational changes in the Cultural Revolution. During the week of 12-18 February he summoned to Peking Chang Ch'un-ch'iao and Yao Wen-yüan, both members of the Central Committee Cultural Revolution Group and, respectively, head and deputy head of the new Shanghai Commune. He is reported to have had three meetings with the two leaders, during which the question of the nascent Commune movement was raised. According to one brief account, Mao raised only one objection to the use of the name, "commune," in Shanghai, and it was a strange objection indeed: "If the entire nation established People's Communes, should the name of the People's Republic of China be changed? If it is changed to the 'People's Commune of China' will we be recognized by everyone? The USSR may not recognize us. After the name is changed, what happens to our embassies in the various countries? Have you considered these and other questions?"[55] A considerably longer summary of Mao's comments is contained in a speech given by Chang Ch'un-ch'iao several days after his return to Shanghai. This particularly interesting account provides a somewhat more comprehensible context for Mao's objections. According to Chang, Mao spoke of such diverse political entities as the Paris Commune, the Soviet Union, the current governments of South Vietnam, Cambodia, India, and Nepal, and the "examples of the Chou, Han and other dynasties." His object was to suggest that "names should not be changed too frequently because the form is only of secondary importance, while the content is primary. The main thing is: which class is in power."[56] Mao went on to make the argument about the problems of nonrecognition paraphrased above and concluded that the large number of requests for approval of the establishment of Communes which had been received following the example set by Shanghai would not be granted. Shanghai, on the other hand, might continue to use the name "commune," if changing it would "undermine the enthusiasm of the people of Shanghai [or] jeopardize the general situation."[57] Clearly, then, it was the name and not the principles of the Paris Commune which Mao seems to have found objectionable.

Chang concluded his report on this aspect of his conversations with Mao by noting that "we should unanimously agree to changing the name," and, indeed, the rally at which he was speaking reached such a decision and the report of the rally was issued in the name of the "Shanghai Municipal Revolutionary Committee."[58] The Shanghai Commune was thus laid to rest after only eighteen days, its only recorded act the issuance of a resolution on municipal sanitation.[59] Four days later, wall posters in Peking indicated that a similar change of name had occurred there.[60] Significantly, however, in none of the four cases do there appear to have been changes in either structure or personnel following the abandonment of the name "commune."

Following the events of February, the belated commemoration of the ninetieth-sixth anniversary of the Commune in April, with its description of the seizure of power during the spring of 1967 as constituting the most recent instance in a series of seizures of power beginning with the Paris Commune, had a somewhat hollow ring to it.[61]

THE PRINCIPLES OF THE PARIS COMMUNE ARE ETERNAL

No mention was made in the official press of the relevancy of the experiences of the Paris Commune to domestic politics in China after the spring of 1967. The shortlived use of certain aspects of those experiences as a direct model for the organizational changes in the Cultural Revolution quickly gave way to the discussion of the so-called "three-in-one alliances" and, subsequently, of Revolutionary Committees. Some effort was still made through these organizational forms to realize what Marx had regarded as the central goal of the Paris Commune — that is, the resolution of the alienation of state from society — but it was made without reference to the experiences of the Commune.[62]

The new year editorial for 1971, however, suggested that Chinese interest in the Paris Commune had not disappeared completely: "1971 is an important year for the Chinese people to continue the revolution under the dictatorship of the proletariat. We are going to greet the 50th anniversary of the founding of the great, glorious and correct Communist Party of China and the Fourth National People's Congress, and commemorate the centenary of the Paris Commune."[63] As it unfolded three months later, however, the commemoration was so subdued as to suggest a certain incongruity in the linking of the three events.[64] It was marked by the republication of the volume of Marxist-Leninist texts on the Paris Commune,[65] and by the publication of a joint editorial, "Long Live the Victory of the Dictatorship of the Proletariat."[66] Four postage stamps were issued commemorating the anniversary, photo exhibitions were staged, and posters put up in public places.[67] The event was upstaged, however, by the announcement on 16 March of the launching of China's second satellite and the attendant celebration of that event under the aegis of the People's Liberation Army which was arranged for the very day of the Commune centenary.[68]

The centenary editorial makes it clear from the outset that it is once again in conjunction with the struggle against revisionism abroad and not in conjunction with domestic politics that the principles of the Commune are to be studied – a shift of emphasis very much connected, we may surmise, with the proximity in time of the centenary to the opening of the 24th Congress of the CPSU in Moscow a fortnight later. The editorial reiterates Marx's insistence on the necessity of the destruction of the old state structure and its building anew, but argues that this process took place in China in the years leading up to 1949. No mention is made of the effort in 1966 and 1967 to destroy the state machine once again in the name of the principles of the Paris Commune.[69] On the other hand, the relevance of the lessons of the Commune to the world outside of China is emphasized: "To persist in revolutionary violence to smash the bourgeois state machine and establish the dictatorship of the proletariat, or to maintain the bourgeois state machine and oppose the dictatorship of the proletariat ... it is precisely on this fundamental question ... that all revisionism, from the revisionism of the Second International to modern revisionism with the Soviet revisionist renegade clique as its center, has completely betrayed Marxism."[70] Even in those sections of the editorial in which the experience of the Cultural Revolution is of obvious relevance – sections dealing with the role of mass movements and that of the "genuine Marxist-Leninist Party" – mention of domestic relevance is assiduously shunned. "The revolutionary movement of the proletariat is always international in character," the editorial concludes. "The Chinese revolution is a part of the world revolution. The revolutionary cause of the Chinese people is closely bound up with that of the other peoples of the world."[71]

The uses to which the Paris Commune model was put by the Chinese at the centenary thus completed the full circle which was begun a decade and a half earlier when the relevance of the experience of the Commune to Chinese politics first began to be explored. The relevance was initially confined to the realm of international polemic and only subsequently expanded to include domestic politics. Now, once again, it was confined to the international realm. Even when, in 1974, a major campaign was mounted to "study the experience of the dictatorship of the proletariat," only minimal attention was devoted to the experience of the Paris Commune and that attention focused upon its failure sufficiently to exercise its dictatorial powers over the bourgeois class.[72] How did it happen that the Cultural Revolution not only constituted the apex of the exploration of its relevance but also appeared to bring about the dispelling of a great deal of the fascination which the Chinese had obviously acquired for the experience of the Commune?

To find an answer one needs, I think, to go beyond the superficial arguments advanced by Mao to the proponents of the Shanghai Commune in

February 1967. There was, to begin with, a great deal of truth in Chou En-lai's comments on the Commune election system late in January. The operation of the Paris Commune — fitful and inefficient as it may actually have been, Marx's description notwithstanding — did depend on the fact that the principal enemies of the Communards were located in Versailles, not in Paris.[73] This balance and placement of forces was clearly not duplicated in China's urban areas in the early months of 1967 — months when the Maoist press itself began to speak for the first time of the forces of the Left as a minority. Once the Commune's election system was seen as inappropriate, the model had, in effect, been emasculated so far as its applicability to the reorganization of Chinese local politics in the wake of the movement to seize power was concerned.

Equally important in making the Paris Commune an inappropriate model was Mao's own decision in mid-January 1967 to call formally for the intervention of the Army "to support the broad masses of the Left."[74] Whether a fixed organizational role in domestic politics for the army was a part of the bargain for securing its support for Mao and the "broad masses of the Left," or whether such a role simply proved to be the only effective means of rendering this support, in either event, the Paris Commune model offered no precedent at all for the active participation in local politics of representatives of a military force controlled from without. Quite the contrary. Among the first acts of the Commune as Marx described it was to abolish the standing army and replace it with a citizen army wholly under the control of the Commune.

On the other hand, in many respects the Paris Commune was well chosen as a model for the early stages of the Cultural Revolution, for in intent, the two movements had much in common. Both were predicated on some highly idealistic assumptions about the nature of revolution and of the exercise of political power. Both did seek to destroy the existing state structure and to rebuild a new one, and in both cases, the ideal for the new structure was the same: it was to be a structure which was highly responsive to its constituents and which would thereby serve to break down the alienation of state from society typical of the old order. The strong element of antibureaucratism which characterized the Cultural Revolution was not at all dissonant with the political goals of the Communards. Thus for some in China — particularly among the student activists, and perhaps for Mao himself, despite his ambiguous professions to the contrary — the Paris Commune remained an ideal organizational model long after it ceased to be regarded as such in official circles.[75]

The principles of the Paris Commune may prove to be eternal as Marx averred and as the Chinese have recently reasserted. They have at least survived their first century. Like the riddles of the sphinx of which they reminded Marx, however, it is clear that they are subject to diverse interpretations.

NOTES

1 Li Shu, *Marxism and the Chinese Revolution* (Peking, 1963), cited by Mineo Nakajima, "The Commune Concept in Mao Tsetung Thought," Paper for Committee on International Relations, August 1969, translated in *Chinese Law and Government*, 4:1-2 (Spring–Summer 1971), 81.
2 Marx, *The Civil War in France*, in K. Marx and F. Engels, *Selected Works* (Moscow, 1958, I, 516. Lenin later pointed out that this "one principal and fundamental lesson of the Paris Commune" was considered sufficiently important by Marx and Engels to have been included as a "substantial correction" to the 1872 edition of the *Communist Manifesto*. Lenin, *State and Revolution* (Peking, 1965), p. 45.
3 Marx, *Civil War*, p. 520.
4 Ibid., p. 519. Cf. Lenin, *State and Revolution*, pp. 54ff.
5 Marx, *Civil War*, p. 519. Cf. Engels' introduction to Marx, *Civil War*, p. 484, and Lenin, *State and Revolution*, p. 52.
6 Marx, *Civil War*, p. 519.
7 Ibid., pp. 519ff. Cf. Engels' introduction, ibid., p. 478.
8 Marx, *Civil War*, p. 519.
9 Engels' introduction, ibid., p. 478.
10 Ibid., pp. 478ff.
11 Engels, "On Authority," October 1872, in Marx and Engels, *Selected Works*, I, 639. Treating the question of the defeat of the Commune, Lenin returned to Engels' critical comment of 1872 and argued, "It is still necessary to suppress the bourgeoisie and crush its resistance. This was particularly necessary for the Commune; and one of the reasons for its defeat was that it did not do this with sufficient determination." *State and Revolution*, p. 50.
12 *Mao Tse-tung hsüan-chi* (Selected Works of Mao Tse-tung), 1 vol. ed. (Peking, 1969), p. 306. English translation in *Selected Works of Mao Tse-tung* (Peking, 1965), I, 341. The other reference is found in a note giving the source for a comment of Marx's to the effect that "once an armed uprising is started there must not be a moment's pause in the attack," a lesson Marx drew from the defeat of the Communards and conveyed in a letter to L. Kugelmann. Cited in *Mao Tse-tung hsüan-chi*, pp. 183, 244n; *Selected Works*, I, 208, 252n.
13 *Mao Tse-tung hsüan-chi*, p. 306; *Selected Works*, p. 341. Mao echoes in general terms here Marx's thoughts on the subject expressed in a letter to F. Domela-Nieuwenhuis dated 22 February 1881. There Marx says, " ... a socialist government does not come into power in a country unless conditions are so developed that it can immediately take the necessary measures for intimidating the mass of bourgeoisie sufficiently to gain time ... for permanent action." In Lewis S. Feuer, ed., *Marx and Engels: Basic Writings on Politics and Philosophy* (New York, 1959), pp. 390ff..
14 It was at this meeting that Mao's critics mounted their attack on his policies in the Great Leap Forward and particularly the movement to establish rural people's communes. The

minister of national defence, evidently a leader in this criticism of Mao, was dismissed and replaced by Lin Piao during the course of the meeting. As I have argued elsewhere, I consider this meeting to have marked an important turning point in the evolution of Mao's political philosophy. Starr, "Conceptual Foundations of Mao Tse-tung's Theory of Continuous Revolution," *Asian Survey*, 11:6 June 1971.

15 Speech at the Lushan Conference, 23 July 1959, *Chinese Law and Government*, 1:4 (Winter 1968-69), 42. Mao is referring to Marx's opposition to the Commune as voiced in his Second Address on the Franco-Prussian War delivered on 9 September 1870. There he cautioned the Parisians that "any attempt at upsetting the new government in the present crisis, when the enemy is almost knocking at the doors of Paris, would be a desperate folly" (*Civil War*, p. 497). Mao returned to the same theme yet more vehemently two weeks later. C.F. "Comments on How a Marxist Should Correctly Deal with Mass Movements," 15 Aug. 1959, in *Chinese Law and Government*, 1:4 (Winter 1968-69), 71.

16 Roy Jofheinz, "Rural Administration in Communist China," *China Quarterly*, no. 11 (July-September 1962), 155ff., notes a reference to the Paris Commune in a report by Wu Chih-pu, then governor of Honan Province. The reference, however, is scarcely more than a passing one and the context is narrow: "The unification of *hsiang* (township) and commune is actually the unification of economic and political organs. The people's communes are, on the one hand, the basic units of production and livelihood, and on the other hand, they are the basic level political organs ... . In the communes there are also military organs – the militia and the public security organs. Thus the unification of the *hsiang* and the commune is very much like the Paris Commune in that it constitutes a unification of economic and political organs." "Lun jen-min kung-she" (On people's communes), *Chung-kuo Ching-nien pao*, 16 Sept. 1958, 2.

17 Ch'en Po-ta, "Tsai Mao Tse-tung t'ung-chih te ch'i-chih hsia" (Under the banner of Comrade Mao Tse-tung), *Hung-ch'i* (Red Flag), no. 4 (16 July 1958), 8 (hereafter HC).

18 "More on the Historical Experience of the Dictatorship of the Proletariat," 29 Dec. 1956, *On the Historical Experience of the Dictatorship of the Proletariat* (Peking, 1956), p. 26.

19 "Outline of Views on the Question of Peaceful Coexistence," 10 Nov. 1957, in "The Origin and Development of the Differences Between the Leadership of the CPSU and Ourselves," Comment I on the Open Letter of the Central Committee of the CPSU of 14 July 1963, 9 Sept. 1963 (Peking, 1963), app. I, pp. 89ff.

20 Concerning Mao's possible authorship of this article, see Stuart R. Schram, *Mao Tse-tung* (Harmondsworth, Middlesex, 1966), p. 302.

21 "Long Live Leninism," 22 April 1960 (Peking, 1960), pp. 1ff. The point is reiterated on pp. 41ff.

22 Ibid., p. 2.

23 Ibid., pp. 53ff.,

24 "Pa-li king-she te wei-ta ch'uang-chü" (The great innovations of the Paris Commune), *Jen-min Jih-pao* (Peoples Daily) (hereafter JMJP), editorial, 18 March 1961; Shih tung-hsiang, "Chi-nien pa-li-kung-she" (Commemorating the Paris Commune), *Hung-ch'i*, no. 3 (16 March 1961), translation in *Peking Review* (hereafter PR), 4: 11 (17 March 1961), 6; Ai Ssu-ch'i, "Pa-li kung-she pi chiang pien-pu ch'uan shih-chieh" (The Paris Commune will encompass the entire world), JMJP, 18 March 1961; Chang Chung-shih, "Pa-li kung-she ho ma-k' o-ssu lieh-ning chu-i shih-yeh te fa-chan" (The Paris Commune and the development of the cause of Marxism-Leninism), JMJP, 18 March 1961.

25 The two translations were of P.M. Kerzhentsev, *History of the Paris Commune of 1871* (Moscow, 1959) and of P.-O. Lissagaray, *Histoire de la Commune de 1871* (Paris, 1947). Four other books dealing with the Commune appeared in conjunction with the anniversary: *Ma-k'o-ssu, en-ko-ssu, lieh-ning, ssu-ta-lin lun pa-li kung-she* (Marx, Engels, Lenin and Stalin on the Paris Commune) (Peking, 1961); *Pa-li kung-she hui-i chi-lü* (Protocols of the meetings of the Paris Commune) (Shanghai, 1961); *Pa-li kung-she huo-tung-chia chuan lüeh* (Brief biographies of the Paris Communards) (Hong Kong, 1961) and *Pa-li kung-she shih-hsuan* (a translation of Jean Varloo, ed., *Les poètes de la Commune* [Paris, 1951]) (Peking, 1961). It is interesting to compare this substantial corpus of material with the slim volume by Shih Wei entitled *Pa-li kung-she*, the publication of which marked the occasion of the 85th anniversary of the Commune (Shanghai, 1956). Shih's work is almost entirely dependent on the Marxist-Leninist canon on the subject, augmented only with occasional reference to the Chinese edition of the Soviet Academy of Science *Course of Instruction in Modern History* (*Chin-tai shih chiao-ch'eng*).

26 "On Khrushchev's Phoney Communism and Its Historical Lessons for the World," Comment IX on the Open Letter of the Central Committee of the CPSU of 14 July 1963, 14 July 1964 (Peking, 1964), p. 90. With regard to the probability of Mao's authorship of these comments I support Chalmers Johnson's conclusion ("The Two Chinese Revolutions," *China Quarterly*, 39 [July-September 1969], 24) that Mao must have been intimately involved in their formulation.

27 "On Khrushchev's Phoney Communism," pp. 90-93.

28 I have discussed this theory and its relationship to the corpus of Mao's thought more completely elsewhere. "Conceptual Foundations ... ".

29 Cheng-chih-ssu, "Pa-li kung-she te wei-ta chiao-hsün," HC, no. 4 (March 1966), translated in PR, 9:14 (1 April 1966), 23-26, 9:15 (8 April 1966), 17ff, 25, and 9:16 (15 April 1966), 23-29. The range of sources which Cheng cites suggests that he made use of the material published in China five years earlier in his attempt to go somewhat beyond the distillation of the history of the Commune provided by Marx and Engels, using that distillation as a model, but not as his exclusive source of data. He cites the Kerzhentsev and Lissagaray histories as well as the *Protocols*, all of which had been translated in 1961. In addition, he refers to Arthur Adamov's *La Commune de Paris 18 mars-28 mai 1871, anthologie* (Paris, 1959).

30 Cheng contends that "revisionist" Soviet historians have attempted to negate this lesson by over-emphasizing the significance of the elections held in Paris on 28 March and minimizing the role played by the force of arms in establishing the Commune.

31 Engels' introduction to Marx, *Civil War*, p. 484.

32 Cheng, "Pa-li kung-she," PR, 9:16 (15 April 1966), 25.

33 Cheng, "Pa-li kung-she."

34 The lessons of defeat were not, however, entirely irrelevant. Two months later there appeared an article in *Chieh-fang-chün Pao* (Liberation Army News) (hereafter CFCP) which served as a kind of public position paper on the nascent movement as it moved from a purely cultural campaign to one covering a much broader segment of society. Two purposes were listed for the expansion of the Cultural Revolution: "to defend the dictatorship of the proletariat ." and to provide "training in actual class struggle for every one of our comrades." The article served as well to notify the PLA of the fact that they would be expected to take an active part in the movement. "While struggling against the enemy without guns," the article noted, "we should give close attention to the enemy with guns." Here again, in the process of launching the Cultural Revolution, the experience of

the Paris Commune was evoked. "Although [the bourgeoisie] are only a tiny percentage of the population, their political potential is quite considerable and their power of resistance is out of all proportion to their numbers." The Paris Commune failed, the article continues, as a result of the superior force of the armed counter-insurrection of the bourgeoisie. "Raise High the Great Red Banner of Mao Tse-tung's Thought and Carry the Great Proletarian Cultural Revolution Through to the End," CFCP, 6 June 1966, in PR, 9:29 (15 July 1966), 20.

35 Talk Before Central Committee Leaders, 1966, in U.S. Consulate General, Hong Kong, *Current Background* (hereafter CB), 891 (8 Oct. 1969), 58. The date of these remarks is unclear, but a marginal note in the Chinese original gives the date as 21 July.

36 Chinese Communist Party, Eighth Central Committee, "Decision Concerning the Great Proletarian Cultural Revolution," 8 Aug. 1966, text in PR, 9:33 (12 Aug. 1966), 9.

37 Ibid., p. 10.

38 "The General Election System of the Paris Commune," HC, no. 11 (21 August 1966), 36ff; translated in U.S. Department of Commerce, Joint Publications Research Service (hereafter JPRS), 37902 (29 Sept. 1966), 46-48.

39 Ch'en, for many years Mao's amanuensis and among the leading figures in the Cultural Revolution, has recently disappeared from public view, suggesting a fall from grace which remains as yet unexplained.

40 "Ch'en Po-ta tui ch'u-pu wen-hua ko-ming yun-tung tsung-chieh ch'üan wen" (Ch'en Po-ta's summary of the opening phase of the Cultural Revolution) (24 Oct. 1966), *Hsing-tao Jih-pao* (Hong Kong), 28 Jan. 1967. In the same article, Ch'en spoke of the Cultural Revolution theretofore as having been "even more tumultuous and reverberant" ("keng hsiung-yung p'eng-p'ai") than the Paris Commune and the October Revolution. I am grateful to Chin Ssu-k'ai for having pointed out to me Ch'en's interest in the Paris Commune model as represented in this and the following reference.

41 "Chin-hsing pa-li kung-she shih ta tu-ch'üan" (Bring off a Paris Commune style seizure of power), *Hsin Pei-ta*, 9 Feb. 1969, reprinted in *Ming Pao* (Hong Kong), 23 Feb. 1967. The meeting in question was held on 22 and 23 January 1967. It is interesting that Ch'en is the only one among the members of the Cultural Revolution Group whose remarks are reported here to speak of the Paris Commune as an example for the seizure of power.

42 "On the Proletarian Revolutionaries' Struggle to Seize Power," JMJP, 31 Jan. 1967, HC, no. 3 (3 Feb. 1967), translated in PR, 10:6 (3 Feb. 1967), 1015.

43 It is interesting to note that this official account made it a *Peking* Commune, rather than a "*Chinese Paris* Commune," as it had read in the unofficially circulated version. Cf. note 35 above.

44 "On the Proletarian Revolutionaries' Struggle to Seize Power."

45 HC, no. 3 (Feb. 1967), 19-21. Cf. note 11 above.

46 New China News Agency (hereafter NCNA), 4 Feb. 1967. This was to be the only reference to a new commune carried by NCNA.

47 P.H.M. Jones, "Vive la Commune!" *Far Eastern Economic Review*, 55:7 (16 Feb. 1967), 225.

48 Radio Shanghai, 6 Feb. 1967. This description was echoed in a *Wen-hui Pao* (Shanghai) editorial on 8 February where the Shanghai Commune was spoken of as "a result of the creative study and application of Mao Tse-tung's thought by the worker revolutionary rebels and all other revolutionary rebels in Shanghai, and a glorious product as well of the integration of the great thought of Mao Tse-tung with the workers' movement, the peasants' movement, and the students' movement in the Shanghai area."

49 Radio Tsingtao, 9 Feb. 1967. Power had initially been seized in Tsingtao on 22 January.

This announcement thus appeared to involve merely the renaming of an existing organ of power. It is noteworthy that no further mention of the "political and judicial commune" occurs, despite the relatively extensive coverage given to the Tsingtao power seizure. Cf. NCNA, 14 Feb. 1967, JMJP, 15 Feb. 1967.

50 *China News Summary* (Hong Kong), no. 160 (9 March 1967), 3. The poster was written by Red Guards of Peking's Fifth Middle School.

51 Radio Harbin, 16 Feb. 1967.

52 Ibid.

53 "Chou En-lai t'an tu-ch'üan wen-t'i" ("Chou En-lai on the question of power seizure") *Hung-se chan-pao* (Red Struggle News), 17 Feb. 1967; reprinted in *Hsing-tao Jih-pao*, 21 April 1967. Chou's remarks were made to a meeting of representatives of revolutionary rebel organizations held in Peking on 26 January. Another version of what appear to be the same remarks appeared in *Hung-se Chih-kung*, no. 3 (29 Jan. 1967) and were translated in JPRS, 41107 (22 May 1967), 4-6.

54 Radio Taiyuan, 3 Feb. 1967.

55 "Chairman Mao's Remarks at his Third Meeting with Chang Ch'un-ch'iao and Yao Wen-yuan," February 1967; translated in JPRS, 49826 (12 Feb. 1970), 44. Implausible as this objection seems it was nevertheless widely disseminated as the explanation for the scrapping of the Paris Commune model. Agence France Presse reported posters giving this explanation being displayed in Peking on or about 4 March 1967. *China News Summary*, no. 160 (9 March 1967), 3. Chou En-lai repeated the rationale during a speech to "representatives of mass organizations from three northeastern provinces on 28 September 1967. U.S. Consulate General, Hong Kong, *Survey of the China Mainland Press* (hereafter SCMP), 4088 (28 Dec. 1967), 1-19. He added to Mao's comment his own thoughts on the subject which are reminiscent of Ch'en Po-ta's report of Mao's views in 1958: "Commune is used only in the rural areas. An organization embracing many trades and lines of business and using the title of 'commune' is another organ of power."

56 "Comrade Chang Ch'ün-ch'iao Transmits Chairman Mao's Latest Directives," *Kuang-chou Kung-jen Pao* (Canton) *Tzu-liao chuan-chi* (Special Collection of Reference Materials), 10 Feb. 1968, translated in SCMP, 4147 (27 March 1968), 7.

57 Ibid.

58 NCNA, 24 Feb. 1967. A discussion of the Shanghai Commune from the point of view of politics within the city is found in Neale Hunter's *Shanghai Journal* ([New York, 1969], 244-67). He points out that Chang Ch'ün ch'iao was personally committed to the commune model but that rival forces led by Keng Chin-chang opposed Chang and the commune. Chang used his position as a member of the Central Committee's Cultural Revolution Group to maintain his personal ascendancy in Shanghai, despite the necessity to abandon the form of the Commune which he had sponsored.

59 The text of which was broadcast on Radio Shanghai, 8 Feb. 1967.

60 *China News Summary*, no. 160 (9 March 1967), 3. The official launching of the Peking Municipal Revolutionary Committee did not occur until 20 April, Hsieh Fu-chih in the meantime chairing a preparatory committee.

61 NCNA, 22 April 1967; in SCMP, 3926 (26 April 1967), 2.

62 Exemplary of this movement to "revolutionize the Revolutionary Committees" are the "Regulations of the Heilungkiang Provincial Revolutionary Committee Concerning Certain Systems," NCNA Harbin, 28 June 1967; in SCMP, 3975 (7 July 1967), 14ff.

63 "Advance Victoriously Along Chairman Mao's Revolutionary Line," JMJP, HC, CFCP editorial, 1 Jan. 1971, in PR, 14: 1 (1 Jan. 1971), 9.

64 Incongruities such as this one lend credence to the view of those observers who regard

discussion of the Commune as having become a kind of shorthand reference for policies espoused by the more radical members of the Maoist camp. They thus interpret its occasional use in the press as indicative either of an improvement in the position of those members or at least as a placebo thrown in their direction by their opponents.

65 Cf. note 25 above. Also newly published were two pamphlets: the first a picture history of the Commune (*Pa-li Kung-she* [Shanghai, 1971]), the other a brief and unannotated history of the Commune (*Pa-li kung-she* [Hong Kong, 1971]). The comparison with the magnitude of the publication effort on the anniversary a decade earlier is striking.

66 JMJP, HC, CFCP editorial, 18 March 1971, translated in PR, 14:12 (19 March 1971), 3-16. In addition there were pictorial articles on the Commune in *China Reconstructs* (Hua Cheng-mou, "Defend the Principles of the Paris Commune," 20:3 [March 1971] 12-17) and in *Jen-min hua-pao* ("Chi-nien pa-li king-she i-pai chou-nien" ("Commemorating the centenary of the Paris Commune"), no. 3 [March 1971] 2-11). The latter inspired Rewi Alley to compose the poem, "Marx in Peking": "Quietly, thoughtfully/the portrait of Marx greets/from a magazine front cover;/turn the page, and Engels/is there; then on to/the Communards who dared, and/in so doing dramatized the fact/that the social struggle is/international." *Ta-kung Pao Weekly Supplement* (Hong Kong), no. 255, 25-31 March 1971, 14. Finally, a long poem entitled "Battle Flag" appeared in *Chinese Literature*, no. 6 (1971), 7-14. See below, pp. 313-17.

67 JMJP, 18 March 1971.

68 NCNA, 16 March 1971, JMJP, 19 March 1971.

69 Discussion of the events of 1966-67 is limited to the following summary: "the salvos of the Great Proletarian Cultural Revolution initiated and led by Chairman Mao himself have destroyed the bourgeois headquarters headed by the renegade, hidden traitor and scab Liu Shao-ch'i and exploded the imperialists' and modern revisionists' fond dreams of restoring capitalism in China." "Long Live the Victory ... ," 18 March 1971, p. 12.

70 Ibid., p. 4. Some readers were alleged to have taken the editorial very seriously indeed on this point. After an outbreak of incidents involving the planting of bombs in Hong Kong – some real and many bogus – to protest a rise in charges for water and a failure to adopt Chinese as a second legal language, the following comment appeared in the local press: "One source close to the New China News Agency said that some communist leaders felt that the extremists could have been misled by the recently published articles marking the centenary of the Paris Commune." *South China Morning Post* (Hong Kong), 30 March 1971.

71 "Long Live the Victory ... ," 18 March 1971, p. 12.

72 See, for example, Yu Tong, "Kung-ku wu-ch'an chieh-chi chuan-cheng te kang-ling" (Program for the consolidation of the dictatorship of the proletariat), HC, 12 (1973), 5-11, translated in PR, 17:3 (18 Jan. 1974), 4-7.

73 Such opposition as there was in Paris appears to have taken the form either of passive resistance or voluntary emigration. Virtually every account speaks of the deserted appearance of the streets of Paris during the weeks of Commune control. Even Marx alludes to the absence of the customary licentious street life, an absence which he attributes to the Communards' displacement of bourgeois immorality.

74 Mao Tse-tung to Lin Piao, 17 or 18 Jan. 1967, in CB, 892 (21 Oct. 1969), 50. (The date is from Jürgen Domes, "The Cultural Revolution and the Army," *Asian Survey*, 8:5 [May 1968], 353ff.)

75 Klaus Mehnert describes at some length the fascination it held for certain groups of "ultra-Leftist" young people in China in his monograph, *Peking and the New Left: At Home and Abroad* (Berkeley, Calif., 1969).

YU TSUNG-HSIN # Battle Flag

Turn a leaf of the calendar
and as March 18 appears,
suddenly I seem to hear the strains of *The Internationale*;
before my eyes rises the image
of the Red Flag of the Paris Commune —
glorious flag,
flag of battle.

I

Many years, many centuries
have heard the indignant sounds and shouts
raised to break the yoke of the old society;
"Arise, you prisoners of starvation!"
"Arise, you slaves, no more in thrall!"
The miners all over Europe shouted this,
clenching their hardened fists;
all over black Africa the slaves shouted it,
flames of rage burning in their hearts;
beside the Huangpu River boatmen shouted it;
stamping shook the earth;

Reprinted from *Chinese Literature*, no. 6 (1971), 7-14.

the prisoners in Siberia shouted it,
life returning to their rugged bones;
bitter sounds came from the slums
up from the poorest of the poor.
"Arise, we shall be masters,
arise, we shall be over all."

The Manifesto of the Communist Party
of Marx and Engels
was a spark in the darkness of night
lighting up the gloom of the old society;
then unfurled the battle flag glowing red,
March 18, 1871
in Paris
it flew as
battle songs and cheers shook the air:
"Long live the Commune!"
Like sun driving away mist at dawn
rose working people with arms in their hands,
announcing the dawn of a new era,
the rule of the bourgeoisie
overthrown for the first time by revolutionary violence,
the red banner of working folk
making all Paris glow.

The Red Flag of the Paris Commune
proved
the old society is only
a collapsing structure.
Workers of all lands unite,
lift your weapons and fight,
tearing down the old structure, making its rubble
foundation for building the new society to come.

II

The Red Flag of the Paris Commune
filling with confidence the proletariat to win;
on the slopes of Belleville blood was spilled; still the red flag
was held aloft by the working people.
As in a hurricane
thick fog was driven away;
like a torch the red of our flag

illuminated the whole world,
its brilliance shedding a glow of a new era.

Fighting under the Red Flag of the Paris Commune
Lenin
led the Bolsheviks
on the Neva River against the bourgeoisie
launching the October Revolution by shelling;
then in the Winter Palace
the last candle went out, and
the light of the Paris Commune
shone over Soviet land.

Marching under the Red Flag of the Paris Commune,
along the path of the October Revolution,
Mao Tse-tung
victoriously led the way
from Chingkang Mountains to Tsunyi,
from Yenan to Peking,
across thousands of mountains and rivers hallowed by history,
lifting the Chinese people to their feet in the midst of gunfire,
then when the first five-starred flag so red
fluttered from Tien An Men
a glowing sun
casting its brilliance
rose from the East.

III

The Red Flag of the Paris Commune
the more it was lifted, the more splendid it looked;
the epic of the Paris Commune
the more it became known, the grander it appeared.

In 1966
spring thunder
resounded through the world;
Chairman Mao
through the storm clouds saw
fresh blood stains on the "Wall of Communards" in Paris,
driving away the mist; saw too how
the Red Star in the Kremlin was dying out;
so did he himself kindle

the flames of the Cultural Revolution,
its tempest sweeping over thousands of miles.

Look, seven hundred million of our land
sound war drums, raise red banners;
we shall not permit the restoration of capitalism in China,
never permit that rotten traitor Liu Shao-chi
to undermine the building of the Dictatorship of the Proletariat,
to tear away the building stones
of the foundations of socialism.

Hold to the continuing revolution,
get rid of decay in the superstructure
and rubbish in ideology, taking hold of
the wheels of history, steering them
along a solid revolutionary path
towards communism, thus
advancing swiftly towards our goal.

The Great Proletarian Cultural Revolution
brought a cleansing wind to socialist China,
establishing the Dictatorship of the Proletariat
as firm as a bastion of steel;
flowers of socialist construction
as splendid as the colours of a rainbow;
a century ago
the Red Flag of the Paris Commune
illuminated
a bright new starting point,
today
Chairman Mao raises the Red Flag
extending the revolutionary road of the Paris Commune
forty thousand kilometres.
Look, the Red Flag of the Paris Commune
and our red flag of victory are blending with
each other.
Listen, the sound of the footsteps of the Communards
are one with the sound of ours
continuing the revolution.

IV

The Red Flag of the Paris Commune
streams high throughout the world.
The fire of the red flag
glows
on the panes of windows of the Commune committee,
reflecting the flames of armed struggle,
levelling
the edifices of imperialism, revisionism and reaction.
"Peoples of the world, unite and
defeat the U.S. aggressors and all their running dogs!"
In Indo-China
the call of people's war
heralds the march to victory.
In the Jordan River valley, guerrillas lift rifles
battling colonialists;
from rugged coasts of the Atlantic
to scorching sands of windswept Gobi
revolutionary flames burn everywhere.

Today I see
how the storm of *The Internationale*
leaps over mountain peaks.
"Let each stand in his place!
the Internationale shall be the human race!"
Victory will for ever belong
to Marxism-Leninism-Mao Tse-tung Thought,
victory will for ever belong to
the revolutionary peoples daring to fight, daring to make revolution;
victory will forever belong
to a battle flag stained with the blood of those who die for it.

EUGENE SCHULKIND

The Historiography of the Commune: Some Problems

It is sometimes said that the Paris Commune of 1871 has had less than its share of good historical scholarship. And indeed, it would be rather difficult find many studies in depth that embody the kind of erudition, analytical rigour, and informed insights that would be needed in coming to grips with this elusive, complex, and controversial revolution. General histories, above all, have tended to concentrate on sensational and anecdotal aspects, on uncritical adulation of the Communards, or, more recently, on modish sociological explanations that disregard elementary principles of evidence. And although there have certainly been a number of excellent documentary studies in the past ten to fifteen years,[1] most writing about the Commune — even when concerned with issues of fundamental importance for its history — has been weakened by insufficient care to avoid some classical historiographical pitfalls: neglect of important primary sources, loose use of descriptive terms, insufficient rigour in drawing inferences and making generalizations.

In this paper I should like to focus attention on two of the principal areas of Commune studies and debate in which these weaknesses are most readily apparent: (a) attempts to describe the common beliefs of Communards, including members of the Commune government, and (b) the debate over Karl Marx's interpretation of the Commune's historical significance.

To begin with, let us consider the first of these, namely, the problem of describing the predominant attitudes of the population of Paris towards the Commune. One recent attempt to discuss "Ideology and Motivation in the Paris Commune" in eleven pages, is a characteristic example.[2] It concludes — without having offered serious substantiation or qualification — that "Most of those who fought did so reluctantly, with desperation, nagged by wives or friends." The "nagging wives" are admittedly a rather original explanation for the supposedly "reluctant" self-sacrifice of twenty to thirty thousand Communards in a week of barricade fighting. In any case, the quality of the observation in this instance is no more specious than either more traditional or more trendy generalizations about *the* Communards or *the* people of Paris. As an instance of the latter, one could refer to a recent history of the Commune, in which the author, drawing inspiration from Henri Lefebvre's conception of the Commune as a kind of fête, reaches the conclusion that the Commune "was not just a ritualistic acting out of repressed desires but the active conquest of urban time and space, a restructuring of the city."[3] The sociological jargon is imaginative and the view certainly has a degree of interest. But how can one speak so categorically about the "ritualistic acting out of repressed desires," let alone apply this to one to two hundred thousand people of varying outlooks, circumstances and personality?

It will be apparent to anyone who takes the trouble to consult a substantial sampling of primary sources that the predominant views of the people of Paris at the time of the Commune ranged from militant socialism all the way to active support of the Versailles enemy; moreover, that among Communards alone, the distribution of the political spectrum is also broad and quite different in late May from what it had been when the Central Committee of the National Guard first assumed state power on 18 March. In short, to probe aspects of collective attitudes and motivation in this particular historical situation requires informed sensitivity to their complexity, elusiveness, and changing nature. Certainly, there needs to be greater consciousness that whatever observations are made, they are but hypotheses to be checked against documentation whose typicality can be established with a degree of certainty.

Turning then to the nature of the popular support for the Commune, one perceives that an insurrectionary stance was indeed shared by at least the 229,000 voters of Paris (not to mention the tens of thousands of those, like women, ineligible to vote) who consciously defied the Thiers government by participating in the 26 March elections for a *Commune* that would govern in Paris. However, one must qualify this fact by adding that since the Commune came into existence without any precise program beyond the implicit commitment to a republican form of government, this new revolutionary state retained for some time a plurality of political and social meanings among supporters. Moreover, this confusion in perspectives was exacerbated by the absence of any influential popular organization capable of exercising ideological leadership on behalf of a coherent set of objectives.

As it became apparent to increasing numbers of Parisians that the Commune might be unable to win, let alone survive the civil war, and as social radicalism became more prominent, the bulk of the moderate, middle-class support that had rallied to the Commune initially appears to have evaporated. Much of it even appears to have become as hostile to the Paris government as to the one in Versailles. Thus, even allowing for the predictably small voting turnout at the unimportant 16 April by-elections to fill several Commune vacancies, one can see the sharpest drop in votes cast in predominantly non-working-class areas. By contrast, among working-class sections of the population, public meetings, organizations and other forms of popular activity were increasingly militant and influential during both April and May.[4] Thus, as the civil war continued, a noticeable degree of polarization seems to have occurred; a narrowing of the social and political composition of the Communards along class lines. By the time of the final week on the barricades, tens of thousands of largely working-class men and women were prepared to, and often did, give their lives in an armed struggle in which there was no hope of doing more than contributing indirectly to a working-class success in the remote future. Yet at the end, this predominantly working-class core of militants still did not exhibit clearly defined ideological features. Like most of the members of the Commune itself, they appear to have shared, independently of the immediate concern for survival of the revolutionary government, a will to achieve concrete improvement in working and living conditions and to secure the more egalitarian social and political structure that the Commune was seen to announce. But that is the approximate limit of their ideological homogeneity.

I am not suggesting that the collective attitudes of the Communards are a hopelessly intractable subject. It is simply that there is no single outlook that one can point to. There are, instead, several somewhat nebulous currents of social and political belief. The issue is further complicated by the fact that so much of the popular activity and expression was never recorded and that what has come down to us is unevenly fragmentary and of wide-ranging typicality. Groups issuing wall posters were composed as readily of three people as of three hundred; articles in large circulation dailies sometimes spoke only for the editors, while those of an impecunious, ephemeral bulletin may have contained views approved by a large public meeting. Additional difficulties are inherent in comparing statements that can range from pompous phrase-mongering to incisive analyses, from fantasies of the lunatic fringe to judiciously formulated suggestions, from propaganda slogans to carefully thought-out projects. In short, uncommon care is needed in assessing the representative character of each statement that has been preserved. The historian who selects only those formulations that reinforce his assumptions and seem to substantiate his interpretation has not offered a viable basis for generalizations about the social and political views of the Communards.

It would not be irrelevant to point out, parenthetically, that there has been too little resistance to the temptation to rely uncritically upon observations made in years following the Commune by former participants or by supposedly objective eye-witnesses. It should be platitudinous to point out that these accounts often reflect prejudices, the operation of hindsight, or subsequent political attitudes. And as for diaries, articles, and notes recorded during the Commune's lifetime, one must remember, as Ernest Labrousse once cautioned, that the first row of a cinema can provide a distorted view of a film.

Exercising a critical eye in reading primary sources naturally presupposes being on the same linguistic wavelength. Unfortunately, there is frequent misunderstanding of Communard statements through an oversimplified or anachronistic reading of the political and social terminology or through disregard of the specific situation in which particular items were written. Terms like *République sociale, socialisme, démocratique*, or even *Commune* itself, had a very wide range of meanings in 1871 that, in any event, sometimes differ noticeably from today's usage. One might mention here that although there now exists an immensely helpful tool for apprehending this indispensable semantic context, viz. the meticulous study Jean Dubois made of *Le Vocabulaire politique et social de 1869 à 1972*,[5] this seminal contribution has evidently made little impact upon recent historical writing. This is reflected in the continued practice of attaching ideological labels to members of the Commune. Thus, projecting back to 1871 today's relatively sharp delineation of political parties and doctrines, historians of all shades of opinion still divide the members of the Commune into neatly defined groups of "Jacobins," "Blanquists," "Proudhonists," and a few "Marxists."

Now it is true that various socialist ideas had commanded ever growing sympathy among the working-class population of the capital during the three to four years leading up to the establishment of the Commune and especially during its exercise of state power. This is reflected in the rapid growth in the prestige and activity of the *Internationale*, the sustained admiration for Auguste Blanqui's revolutionary stance and the spread of Proudhonist ideas of worker-owned cooperatives. However, articles, posters, and other records make it abundantly clear that both before and during the Commune these currents formed an amorphous mixture of socialist attitudes rather than precisely defined approaches to aims, organization, or tactics.[6]

Directing relatively little attention towards this socialist aspect of Communard consciousness, many historians have argued that the frequent use of nomenclature and institutional forms derived from the Jacobin phase of the French Revolution (Committee of Public Safety, the revolutionary calendar, names of newspapers like *le Père Duchêne* and *l'Ami du Peuple*, etc.) demonstrates that the revolutionary thrust was in the main confined to repetition of political objectives associated with their earlier Jacobin models.

Unquestionably, many if not most Communards did indeed draw inspiration from this phase of the French Revolution. However, the imitation of forms and language can be very misleading if one overlooks the abundant evidence of a fundamental change in their content, especially among working-class Parisians.[7] In 1871, the *république* had become for many militants the *République sociale*. As one member of the Commune expressed the difference at the time:

> La Révolution du 18 mars ... consacre l'avènement politique du prolétariat, comme la Révolution de 1789 a consacré l'avènement politique de la bourgeoisie. ...
> Il ne s'agit pas de continuer les errements des gouvernements précédents, en se bornant simplement à mettre dans les fonctions politiques des travailleurs à la place des bourgeois. ...
> Il faut renverser de fond en comble l'ancien édifice gouvernemental, pour le reconstruire, d'après un plan tout nouveau, et sur les bases de la justice et de la science.[8]

Note that although Vermorel's newspaper characteristically draws its very name from that of Marat, the comment clearly reflects a conception of the Commune that differs fundamentally from what Marat and other Jacobins had in mind insofar as it is explicitly working class in orientation and structure.

Similarly, the editor of the Commune's *Journal officiel* expressed this approach in the following terms, just three days after the Central Committee of the National Guard had seized governmental power in Paris:

> Les travailleurs, ceux qui produisent tout et qui ne jouissent de rien, ceux qui souffrent de la misère au milieu des produits accumulés, fruit de leur labeur et de leurs sueurs, devront-ils donc sans cesse être en butte à l'outrage? ...

> La bourgeoisie, leur aînée, qui a accompli son émancipation il y a plus de trois quarts de siècle, qui les a précédés dans la voie de la révolution, ne comprend-elle pas aujourd'hui que le tour de l'émancipation du prolétariat est arrivé? ...

> Le prolétariat, en face de la menace permanente de ses droits, de la négation absolue de toutes ses légitimes aspirations, de la ruine de la patrie et de toutes ses aspirations, de la ruine de la patrie et de toutes ses espérances, a compris qu'il était de son devoir impérieux et de son droit absolu de prendre en main ses destinées et d'en assurer le triomphe en s'emparant du pouvoir. ...
>
> Le cours du progrès, un instant interrompu, reprendra sa marche, et le prolétariat accomplira, malgré tout, son émancipation![9]

Of course, it would not be difficult to provide a passage where no such change is reflected; that would even suggest a quasi-literal imitation of Jacobin objectives. In other words, drawing inspiration from the Jacobins did not in itself define an individual Communard's approach to political and social ideas: various and sometimes conflicting outlooks could be seen by individual Communards to be in the tradition of 1789 and 1793.

Similarly, there is a need for greater clarity in the traditional practice of dividing members of the Commune into a supposedly authoritarian majority and a supposedly socialist minority. The only substantial evidence adduced for this division of the Commune into a body resembling a modern parliamentary majority and its opposition are the two votes taken on the creation of an all-powerful Committee of Public Safety during the last three weeks of the Commune's life. However, several members voting in favour specified that they did so only because of the critical military situation or because of reluctance to split the Commune.[10] Admittedly, the cleavage around this issue – the only major one to appear in the Commune's history – is a useful aid to more general inferences about the attitudes of *some* Commune members towards the nature of a revolutionary state in time of acute civil war. But the vote on the measure is at the same time a misleading and insufficient basis for study of the outlooks of other members and, moreover, had little to do with the question of socialist ideas. Just as one of the five members elected to this Committee of Public Safety, G. Ranvier, was a leading militant in the *Internationale*, conversely, a major spokesman for the "minority," Léo Frankel, was also a leading militant in this socialist organization. Not unexpectedly, an instance of vehement Jacobin-style support for the establishment of the committee can be found in the influential organ of the strong Ivry-Bercy section of the Paris *Internationale*.[11] In short, socialists in all their variety could be found simultaneously among those supporting and among those opposed to the measure.

It is evident then, that the two votes on this measure as well as the reactions of rank and file Communards to the question, are also not a viable basis for assigning ideological labels and political categories. And it is not without relevance that the votes on measures that are today referred to as more explicitly socialistic in direction, e.g. the plan to transfer ownership of unused factories and workshops to worker-owned cooperatives or the proposal to assist in creation of cooperatives for women workers, generally commanded the assent of virtually all members of the Commune, whether of the alleged majority or minority, whether supposedly Jacobin, Blanquist, or Proudhonist.

Essentially, the points of clarification that I have referred to are intended to suggest that whatever specific ideological affinities are indeed distinguishable among a number of members of the Commune, it appears to have been the concrete realities of each immediate situation rather than fidelity to any doctrine, that were decisive in motivating their actions and statements. Much the same could be said regarding militant figures among National Guard, trade union, and club groupings. In short, although ideas recognizable as vaguely Proudhonist, Blanquist, or simply Jacobin, were certainly present among the Paris working class at this time, elements of these currents tended to coexist, even inconsistently, within the minds of given individuals. This should not be surprising for a largely spontaneous revolution that evolved by day-to-day improvisation rather than as implementation of any program.

There is a not unrelated source of confusion present in discussions of the importance of municipal autonomy or decentralization as a Communard objective. It is known, of course, that during the Second Empire and earlier régimes some liberals had expressed dissatisfaction with the fact that Paris did not enjoy even the limited municipal rights of other French cities. And still greater attention was given to the criticism of the rigid centralization of all aspects of French administration. During the first weeks of Commune rule, when considerable sections of middle class Paris rallied to the Commune on largely democratic and patriotic grounds, this idea readily gained some ascendancy as an implicit principle of government underlying the new régime. However, the great publicity that surrounded the activity and statements of liberal groups like the Freemasons, drawn mainly from the more moderate sections of the republican population, has often been taken incautiously by some historians as proof that decentralization was at the heart of the Commune's objectives.

Actually, among Communard clubs and other influential popular groupings, the issue of municipal autonomy appears to have been seen most often as marginal to the overall democratic and social objectives associated with the Commune. Indeed, for some Communards, decentralization was even viewed as a diversion from the central issue at stake in the civil war. The executive committee of the most influential women's organization, for example, wrote in an address to the Commune:

> Le mouvement qui vient de se produire a été si inattendu, si décisif, que les politiques de profession n'y ont rien compris et n'ont vu dans ce grand mouvement qu'une révolte sans portée et sans but.
>
> D'autres se sont attachés à circonscrire l'idée même de cette Révolution en la ramenant à une simple revendication de ce qu'ils nomment les franchises municipales.
>
> Le peuple, qui n'est pas lui, aveuglé par la fiction gouvernementale, ni par la prétendue représentation parlementaire, a, en proclamant la Commune, nettement affirmé ... la création de l'ordre nouveau, d'égalité, solidarité et de liberté qui sera le couronnement de la révolution communale que Paris a l'honneur d'avoir inaugurée.[12]

Once it became apparent, following the failure of the Commune's National Guard offensive in early April, that the Versailles government was going to remain in power in the rest of France, the issue of municipal autonomy within a republic did receive attention, implicitly, as a perspective for resolution of the civil war without defeat. In other words, the critical military situation of Paris gave the issue a largely tactical importance in the desperate effort to secure support from cities and towns whose populations did not share the more left orientation of the Paris government. Given the effectiveness of the Thiers regime in suppressing some parallel insurrections that had occurred elsewhere and in discrediting the Commune throughout France, this had become the last remaining life-line that might possibly save something of the revolution. In the only statement resembling a program – the *Déclaration au peuple français*, that was adopted almost unanimously on 19 April – the Paris government portrayed itself as demanding:

> L'autonomie absolue de la Commune étendue à toutes les localités de la France et assurant à chacune l'intégralité de ses droits.

Yet the *Déclaration* nevertheless insists,

> Mais, à la faveur de son autonomie et profitant de sa liberté d'action, Paris se réserve d'opérer comme il l'entendra chez lui, les réformes administratives et économiques que réclame sa population.

and as part of the conclusion, reaffirms explicitly:

> C'est la fin du vieux monde gouvernemental et clérical, du militarisme, du fonctionnairisme, de l'exploitation, de l'agiotage, des monopoles, des privilèges, auxquels le prolétariat doit son servage, la Patrie ses malheurs et ses désastres.[13]

Just why study of attitudes of members of the Commune and of Communards generally has been so lacking in clarity, accuracy, and rigour is a matter for conjecture. It may very well be in part because, far more than other nineteenth-century revolution, the Commune has tended to engage the political prejudices of those who have written its history. This would certainly not be an implausible explanation for the confusion that informs the second focal point of this paper, viz. the polemic surrounding the interpretation formulated by Karl Marx in London as the Commune was moving towards its painful death on the barricades.[14]

It is well known that the theoretical positions developed by Marx from his characterization of the Commune have been of importance to Socialists and Communists in developing guidelines for political transitions to a socialist society. By contrast, a number of historians have, in the past generation, criticized Marx's interpretation, as a "myth" superimposed upon a quite different historical reality for dogmatic political considerations. This has, in fact, now become one of the central issues underlying most debate about the Commune. Is there a distinction to be drawn between a factual description of the Commune and a Marxist myth? Was the Commune only a patriotic and democratic outburst or was it in addition, and more significantly, an embryonic form of unprecedentedly democratic working-class state, having as implicit long-term perspective the elimination of social inequality?

Disinterested newcomers to study of the Commune might rightly suggest that the debate could be resolved by a simple comparison of the principal policies and structure of the Commune with the arguments adduced by Marx in support of his interpretation. Unfortunately, such a seemingly obvious procedure has rarely been attempted seriously. First of all, instead of turning directly to what Marx actually wrote – above all, to the drafts and final version of *The Civil War in France* – many historical writers appear to have relied upon such dubious sources as schematic second-hand summaries, isolated phrases removed from their immediate context, or popularizing tracts issued by Marxist parties. It is not surprising that in their cavalier dismissal of a Marxist "myth" they seldom perceive distinctions between Marx, Marxism, and Marxists; and this in an age when anyone from airplane hijackers to trendy student adventurers may pass for "Marxist"; when language ranging from "structuralist" jargon to Mao's sanctified aphorisms is called "Marxism." From what I have read in the past twenty years, it seems to me that partisans of the "myth" criticism have frequently attributed views to Marx that seem to reflect only indiscriminate acceptance of their own impressionistic prejudices.[15]

What could have led so many historians to pay so little heed to minimum principles of textual substantiation? Quite apart from the occasional operation of political prejudice, this may often be simply a matter of over-reaction to the tendencies among a number of Marxist historians to substitute for fuller understanding of the reality of the Commune experience, a facile selection of evidence that would provide justification and inspiration in contemporary political situations. It is not this use of the past as inspiration for the present that I find objectionable but the failure to distinguish between a popular schematic idealization of that past and accurate perception of exactly what happened and why. As suggested in another context above, selecting evidence that will "prove" what one already "knows," can demonstrate virtually any interpretation about the character of the Commune or the beliefs of Communards and others in Paris at the time.

While it is not within the aims of this paper to embark on an assessment of Marx's characterization of the Commune, it may be helpful to call attention to several fundamental points where confusion in criteria as well as unfounded assumptions continue to impede discriminating examination of the issue and scrutiny of relevant documentation.

For instance, although it is maintained by some historians that the Commune was for Marx a "model," taken literally in the sense of a "prototype" of proletarian revolution,[16] this happens to be the very opposite of Marx's actual approach to analysis of the Commune and of other major events in French history. Such mechanistic vulgarization of his view of historical development was already common during Marx's lifetime and not least even among some French "Marxists": the latter caused him to comment wryly on one such occasion, "je ne suis pas un marxiste." Repeatedly and in varying contexts he, like Engels, stressed (as he phrased the point in relation to supposed "lessons" of the Commune, a decade later): "The thing to be done at any definite, given moment of the future, the thing *immediately* to be done, depends of course entirely on the given historical conditions in which one has to act. ... No equation can be solved unless the elements of its solution are involved in its terms. ... The doctrinaire and necessarily fantastic anticipation of the programme of action for a revolution of the future only diverts one from the struggle of the present."[17] In short, the interpretation presented of the Commune in *The Civil War in France* and in other writings is not some kind of "rule" to be applied by "disciples," a "formula" for proletarian revolutions.

Secondly, one must distinguish between Marx's interpretation and the theoretical concepts that were developed, in part, from this interpretation. It is indeed regrettable that for many historians, assessment of the accuracy of his picture of the Commune's character is so often allowed to depend upon acceptance or rejection of the concepts, or what are thought to be the concepts, he developed from this picture. The theoretical considerations are a separate even if related subject; they are, by the way, discussed with care by Monty Johnstone elsewhere in this volume.

The reader of *The Civil War in France* knows that Marx saw in the Commune a kind of workers' state insofar as it had improvised an unprecedentedly democratic governing structure such as he felt to be appropriate to effecting a transition to a socialist society. Now contrary to an erroneous impression shared by many historians, the basis for his conclusion is not the number of "socialist" measures such as nationalizations. Even if the Commune had wished to elaborate such a program, any desire to discuss long term social measures would have been subservient to the urgent military and survival needs of the besieged population. Under these circumstances, for Marx, "the greatest social measure of the Commune was its own working existence. Its special measures could but betoken the tendency of a government of the people by the people" (*The Civil War in France*). Similarly, the fact that for the first time in history about a third of the members elected to a revolutionary government were manual workers, while significant in itself, is not the kernel of Marx's argument. Assessment of the argument is thus also not a matter of ascertaining the precise class origins, occupations, or political affiliations of the individual members of the Commune; rather, it is to determine what they in fact did as a government independently of their verbiage. As Marx pointed out a decade after the Commune's defeat, "apart from the fact that this was merely the rising of a city under exceptional conditions, the majority of the Commune was in no wise socialist, nor could it be. With a modicum of common sense, however, it could have reached a compromise with Versailles useful to the whole mass of the people — the only thing that could be reached at the time."[18]

Marx made it quite clear that in his view, whatever may have been the spontaneous origins of the Commune, its preoccupation with day-to-day needs of the population and its confused improvisation, the core of the Commune's historical significance lies in its having substituted itself for the entire complex of political, administrative, judicial, and military-police structures of the existing capitalist order; that for the first time in history, this new kind of state placed all facets of state power under electoral control of the majority of the population, i.e., in this instance, the working class of Paris. For Marx, one of the most significant aspects of this popular control was that the National Guard, as citizen army directly under control of the elected Commune, replaced the repressive forces (standing army, police, courts, etc.) that had been independent of any popular control under other régimes.

If then, we wish to take Marx's interpretation as a kind of hypothesis to be checked against a discriminating examination of Commune documentation, there is no alternative to straightforward analysis of the actual state structure and the relationship that was emerging between it and the working class, i.e., the majority of the population of Paris.

To conclude, there is one final historiographical observation I should like to make concerning the relative importance attached to different types of primary source material in study of the Commune revolution. It would be pretentious to expatiate here on the difficulty of divorcing fact from interpretation and of the dependence of research results and substantiation upon the sort of questions for which one seeks answers. Yet it is worth emphasizing that the very choice of primary sources is shaped by what it is we wish to know about the Commune and the criteria we employ in generalizing from the particular.

Until recently, for instance, efforts have generally been concentrated on more accessible and well-known sources such as large-circulation Paris and Versailles newspapers, official records of the two governments, the writings of revolutionary celebrities like Jules Vallès or Louis Michel, eye-witness accounts of distinguished observers such as the Goncourts, and upon the official overall army report of the court martial proceedings. Without in any way suggesting that these are not important, it could be pointed out that in a revolution rooted so deeply in spontaneous popular initiative, the documents containing concrete expression of political and social attitudes among rank and file Communards required as much, if not more, attention because relatively less was recorded and a still smaller proportion was preserved. It is not a matter of choosing between history "from the top" and "from the bottom"; both are one-sided and result in distortion of the overall picture. But it must be said that intensive study of the massive documentation relating to the popular movement, fragmentary though it may be, would seem to be a prerequisite to generalizing inferences that are to reflect more than imaginative conjecture.

The possible explanations for the continued neglect or superficial utilization of the results of recent research among these sources are no doubt dependent upon the criteria employed by historical writers in selection of what would bring the Commune to life most effectively for the general reading public.

It is, of course, platitudinous to say that abundant reproduction of documentation and detail does not in itself make an exciting or incisive historical study. On the other hand, there is a temptation that few historians of the Commune have succeeded in controlling: taking as typical that which is only striking or colourful. No doubt we all share the fascination afforded by the bizarre *fait divers*, the humorous anecdote, the striking gesture, the dramatic barricade scene. And undoubtedly, Stendhal's *petit fait vrai, pris sur le vif*, will always remain immensely effective in rendering impersonal historical forces with the flesh and blood immediacy of everyday individual life. We want to know what it felt like to be a Communard, both during the euphoric beginnings of the revolution and when the barricades were being held in the face of an implacable advance.

The problem is not easily solved and is very much one of proportions and priorities. While the stage needs several cameras for capturing different angles of observation, the principal one, it seems to me, should concentrate upon the ideas, movements, and other major forces that interacted at this particular historical moment.

This means that the historian would give proportionately greater attention to searching for the significant; that the vividness of his picture and ardour of his interpretation would both be tempered by critical analysis. The historical writing I have in mind is common enough in certain subjects; one thinks offhand of the Civil War in England, the French Revolution, slavery and reconstruction in the United States. If the Paris Commune remains one of the most vigorously debated nineteenth-century subjects, one for which there is little likelihood of a "definitive" history, it is also one whose documentation is yet to be studied thoroughly.

Greater understanding of the Commune is not merely a matter of satisfying curiosity: in its own amateurish way, this aborted revolution was the first to envisage large-scale popular control over a state oriented towards a more egalitarian social order. Judging from some less than successful twentieth-century experiences. a penetrating study of the first attempt might not lack relevance.

NOTES

1 Among the best one could mention Dautry and Scheler, *Le Comité central républicain des vingt arrondissements de Paris* (Paris, 1960); J. Rougerie, "L'A.I.T. et le mouvement ouvrier à Paris pendant les événements de 1870-1871," *International Review of Social History*, XVII (1972), pts. 1-2; and R. Wolfe, "The Parisian *Club de la révolution*, 1870-1871," *Past and Present*, no. 39 (April 1968).

2 R.D. Price, in *The Historical Journal*, XV, 1 (1972).

3 S. Edwards, *The Paris Commune of 1871* (London, 1971), p. 365.

4 For some indications, see my "Activity of Popular Organizations during the Paris Commune of 1871," *French Historical Studies*, I, 4 (Fall 1960).

5 (Paris, 1962)

6 For a careful analysis of the major socialist organization at the time see J. Rougerie, "L'A.I.T." Many documents illustrating socialist consciousness among Communards are included in my *The Paris Commune of 1871: the View from the Left* (New York, 1974).

7 See the stimulating discussion of this point in J. Bruhat, "Pouvoir, pouvoirs, état en 1871," *Le Mouvement social*, no. 79 (avril-juin 1972).

8 A. Vermorel, in *L'Ami du peuple*, no. 2, 24 avril 1871.

9 *Journal officiel*, 21 mars 1871.

10 See the illuminating discussion of this aspect in J. Rougerie, *Paris libre, 1871* (Paris, 1971).

11 *La Révolution politique et sociale*, no. 6, 8 mai 1871.

12 Archives historiques de la guerre (Vincennes), carton I, 22.

13 *Journal officiel* (Commune), 20 avril 1871.

14 The drafts and final version of the *Address of the General Council of the International Workingmen's Association on the Civil War in France, 1871*, presented by Marx and adopted on 30 May 1871. Generally published since then as part of *The Civil War in France*. See also, from this period, letters to Kugelmann, 12 and 17 April 1871, *Selected Correspondence* (Moscow, 1965), pp. 262-64.

15 See note 16 below.

16 Just two examples: E. S. Mason, *The Paris Commune,* reprint ed. (New York, 1967), p. x: "The Marxian version has it that the Commune was socialist because proletarian 'for the proletariat can fight for no other cause than socialism'"; J. Joll, *The Anarchists* (Longon, 1969), p. 114: "For the Marxists the Commune was a classic example of a proletarian revolution directed by the International."

17 Marx to F. Domela-Nieuwenhuis in Holland, 22 Feb. 1881, *Selected Correspondence*, p. 337-78.

18 Ibid.

CHRONOLOGY

1789   Beginning of the French Revolution. Creation of a municipal government in Paris called the *Commune de Paris* which in various forms lasted until 1794.

1792   August: Louis XVI overthrown and imprisoned. Paris Commune dominated by radical commissioners chosen by the sections. September: creation of the First Republic.

1793   April: formation of the Committee of Public Safety. Pressure on the government from the Commune and the sans-culottes. Emergence of a dictatorial *gouvernement révolutionnaire* under the Committee of Public Safety, subordinating the Commune.

1794   Crescendo of the Terror. July: overthrow of Robespierre and dissolution of the Commune. Dismantling of Revolutionary Government. Suppression of the Jacobins.

1795   Last futile spasms of the popular movement in Paris. Establishment of the conservative republican Directory.

1796   Suppression of a plot led by Babeuf to establish a communistic republic of equals.

1799   Coup d'état by Napoleon overthrows Directory.

1804   Napoleon proclaimed Emperor.

1815	Restoration of Bourbons under Louis XVIII.
1830	July: overthrow of the Bourbon Charles X. Installation of the Orléanist Louis-Philippe.
1831	October-November: revolt in Lyon.
1834	Revolt again in Lyon. Massacre in the rue Transnonain in Paris.
1836	Attempted coup of Louis Bonaparte in Strasbourg.
1839	Louis Bonaparte's *Les Idées napoléoniennes*.
1840	Attempted coup of Louis Bonaparte in Boulogne. Proudhon's *Qu'est-ce que la propriété?*
1846	Escape of Louis Bonaparte from Ham.
1847	July-December: campaign of banquets.
1848	February: establishment of Second Republic. April: election of a conservative Assembly. June: bloody suppression of leftist uprising. December: Louis Napoleon elected president.
1850	Publication of the *Communist Manifesto* in England. No French edition until 1886.
1851	December: coup d'état by Louis Napoleon.
1852	Second Empire approved overwhelmingly by plebiscite. Mass arrests and deportations.
1856	Amnesty for a thousand political prisoners.
1857–1858	First republicans elected to the legislative chambers. Creation of five military zones in France. Passing of a Public Safety Bill.
1859	General amnesty for political prisoners. Many exiles return.
1860	First constitutional changes.
1863	The Proudhonian Tolain and other socialist candidates put forward a socialist program for the May elections. Tolain visits London on the invitation of English workers where plans are laid for an international working-class organization.
1864	September: formation of the International Workingmen's Association – the "First International" – in London. Working-class journals founded and law prohibiting unions repealed in France.
1865	Law of Public Safety allowed to expire. Republican students riot in Paris.
1866	September: first congress of the International in Geneva with French delegates.
1867	Imperial decree announcing some political reforms. Relaxation of restrictions on the press. Second congress of the International in Lausanne with French delegates.

1868	March: fifteen Parisian leaders of the International convicted. International becomes semi-clandestine. May: second trial of leaders of the International. Second Empire further liberalizes its rule. Third congress of the International in Brussels.
1869	National elections with republican victories in the big cities. Fierce election riots in Paris. Emperor announces further political reforms including ministerial responsibility.

1870

Jan.	Formation of a "liberal" cabinet under Ollivier.
March	Strikes in the Le Creusot mines and factories.
May	Liberal reforms approved by a plebiscite giving Napoleon III a large majority. Riots and barricades in Paris.
June	Third trial of leaders of the International.
July	Outbreak of the Franco-Prussian War.
Aug. 14	Ineffective march by followers of Blanqui against the Empire following news of French defeats.
Sept. 2	Surrender of Napoleon III and most of his army at Sedan.
Sept. 4	Insurrection in Paris and proclamation of a republic. Formation of a Government of National Defence led by Thiers. This government authorizes enlistment of 384,000 men for the National Guard, in effect arming Parisian workers. Formation of a Committee of Public Safety in Lyon.
Sept. 7	Parisian section of the International and the Federation of Trade Unions form committees of vigilance in all the wards of the city. Delegates from each form a Republican Central Committee of the Twenty Arrondissements.
Sept. 18	Siege of Paris begins. First peace negotiations between Favre and Bismarck.
Sept. 20	Protests in Paris follow news of these negotiations.
Sept. 28	Failure of an insurrection led by Bakunin in Lyon.
Oct. 5	Radical demonstrations led by Flourens at the Hôtel de Ville in Paris.
Oct. 10-11	Blanqui, Flourens, Ledru-Rollin, and other red republicans fail in an attempt to establish a Commune.
Oct. 31	News of the surrender by General Bazaine at Metz provokes another abortive effort to establish a Commune.
Nov. 3	The government wins by a huge majority a plebiscite intended to test it support in Paris.
Dec. 1	Failure to break out of Paris at Champigny.

1871

Jan. 5	Prussian bombardment of Paris begins.
Jan. 7	The Republican Central Committee of the Twenty Arrondisse- ments calls for replacement of the provisional government by a Commune in Paris to resist the Prussians more vigorously.
Jan. 18	Proclamation of the German Empire in the Hall of Mirrors at Versailles.
Jan. 22	Insurrectionary demonstrations by some National Guard units against Thiers' surrender to the Prussians, followed by severe repression and suppression of seventeen national newspapers.
Jan. 28	Armistice signed yielding Alsace-Lorraine, imposing a huge indemnity on France, and providing for a symbolic march down the Champs-Elysées by the Prussians. To prevent clashes, cannons purchased by public subscription are moved from central Paris, many to Montmartre.
Feb. 8	Nationwide elections create a National Assembly dominated by monarchists of various hues. Thiers is named chief executive.
Feb. 12	The Assembly convenes in Bordeaux.
Feb. 15	The government cancels pay for the National Guard except on proof of indigence.
Feb. 19	A socialist declaration of principles issued by the Central Committee of the Twenty Arrondissements.
Feb. 20	The Central Committee of the Twenty Arrondissements form a "revolutionary socialist party."
Feb. 24	Further demonstrations in Paris.
Feb. 26-27	National Guard moves more cannons to working-class suburbs.
March 1	Prussians begin a short token occupation of Paris.
March 4	Withdrawal of Prussian troops leaves a power vacuum in the capital.
March 10	National Assembly decides to move to Versailles, ends the moratorium on rents and commercial bills, and orders debts to paid immediately.
March 11	Six more republican papers suspended in Paris. Blanqui and Flourens, two of the most popular radical leaders, condemned to death in absentia.
March 15	Formation of the Central Committee of the National Guard.
March 17	Thiers retreats to Versailles. Blanqui arrested far from Paris. Although his death sentence is commuted, he remains impris- oned.

March 18	Thiers despatches the regular army under Vinoy to seize the cannons atop Montmartre. The people gather to protect the weapons which they have helped to purchase. The soldiers fraternize with the women and children and refuse to shoot into the crowd. Generals Thomas and Lecomte are seized by their troops and executed. Thiers withdraws government forces and officials from Paris.

THE COMMUNE

March 19	The Central Committee of the National Guard decrees elections for a *Commune de Paris*, sets up a provisional administration, and begins to release many political prisoners.
March 22	A Commune proclaimed in Lyon.
March 23	Communes proclaimed in Marseilles and Toulouse.
March 24	Attempts to establish Communes in Narbonne and Saint-Etienne.
March 26	In Paris about 227,000 voters out of a male electorate of 485,000 choose members of the Commune, the great majority revolutionaries difficult to categorize – so-called Jacobins inspired by the ideals of 1793, Proudhonists who support cooperatives and a federation of communes throughout France, Blanquists who want a form of socialism imposed by a revolutionary dictatorship, various other socialists, and only one Marxist. After by-elections to replace mayors and moderates who withdrew, there are eighty-one members, most of whom are professional men or lower middle class, but of whom about twenty-five were *ouvriers*. A Commune proclaimed in Le Creusot. Collapse of the Commune in Lyon.
March 28	PROCLAMATION OF THE COMMUNE AT THE CITY HALL. Fall of the Communes in Toulouse and Saint-Etienne.
March 29	Commune establishes nine commissions to administer the city. Abolishes conscription, making the National Guard, that is armed citizens, the only military force in the city.
March 30	Commune renews the wartime moratorium on rents.
March 31	Commune fails in Narbonne.
April 2	Commune decrees separation of church and state. Sets annual salaries for all members of the government and civil servants at the same level as skilled workers. Versailles forces begin bombardment of Paris.
April 3-4	Major defeat of a Communard offensive against Versailles.

	Attempt to establish a Commune in Limoges. Commune crushed in Marseilles.
April 5	Commune proclaims that it will seize hostages for possible retaliation against execution of prisoners by Versailles.
April 8	The International in London authorizes an "Address to the People of Paris" which will later become Marx's *Civil War in France*, appearing in final form just after the bloody suppression of the Commune.
April 11	Formation of a socialist-led Association of Women for the Defence of Paris and Aid to the Wounded. Elizabeth Dmitrieff sets up the Union des Femmes. She is already active in a Comité des Femmes helping to convert workshops to communal use.
April 12	Commune extends the moratorium on commercial bills. Orders the demolition of the Vendôme column. Versailles begins a major campaign against Paris.
April 16	Commune transfers abandoned factories and workshops to workers' cooperatives. By-elections for the Commune with reduced participation by voters. Demonstrations in support of the Commune in Bordeaux and Grenoble.
April 19	Commune issues a Declaration to the People of France.
April 25	Commune requisitions all vacant lodgings.
April 28	Commune decrees that bakers no longer have to work at night. Municipal elections throughout France result in substantial gains for republicans.
May 1	Commune votes 45 to 23 to delegate its powers to a Committee of Public Safety reminiscent of 1793.
May 5	Commune suspends seven pro-Versailles newspapers.
May 7	Commune decrees restitution of objects held by national pawnshops.
May 11	Commune suppresses six more newspapers.
May 12	Commune recommends that its commissions give preference to cooperatives in awarding contracts and that the workers participate in determining conditions of work.
May 15	Delegates of trade unions meet to discuss implementation of the decree on abandoned workshops. Attempt to form a federation of neighbourhood clubs. Declaration by members of the minority of the Commune against delegation of powers to a Committee of Public Safety.
May 18	The Assembly of Versailles ratifies the Treaty of Frankfurt

ceding Alsace and much of Lorraine to Germany and imposing a huge indemnity on France. Commune suspends ten more newspapers.

May 21   Versailles troops, largely provincials, under General Mac-Mahon easily breach the walls of Paris. Women convene at the City Hall to draft a constitution for a Federal Chamber of Working Women.

May 24-25 Execution by Communards of sixty-three hostages, including Darboy, the Archbishop of Paris.

May 21-28 *La semaine sanglante*. Fighting street by street. Communards burn buildings associated with the Empire – the Tuileries, the Palais Royal, the Hôtel de Ville, Thiers' residence – buildings containing archives of the Empire, and any building whose destruction might impede advance of the Versailles troops. The Versaillais shoot more than 20,000 Parisians. Later more than 30,000 others were arrested and subsequently executed, jailed, or deported.

1871–   Further executions of Communards. Many liberal intellectuals
1874   abandon their leftist sympathies.

1873   MacMahon replaces Thiers as president of the Republic and announces a program of "moral order." Courbet imprisoned, ordered to pay personally for reconstruction of the Vendôme column, and condemned to exile.

1875   Constitutional laws approved, definitively establishing the Third Republic.

1879   Partial amnesty for the Communards.

1880   Total amnesty for all Communards.

1917   On the eve of the Soviet Revolution Lenin cites the achievements of the Paris Commune.

1967   For a time the Chinese Communists establish municipal communes in Shanghai and elsewhere modelled on the Paris Commune.

1968   Manifesto "Whither China" cites the example of the Paris Commune. A demonstration in Peking supporting the student-worker rebellion in France displays the slogan: Long Live the Revolutionary Heritage of the Great Paris Commune.

1971   Commemorative publications, conferences, exhibitions, postage stamps, and medallions in many countries including China. Exhibition in the "red suburb" of Saint-Denis, but significantly none at the Bibliothèque Nationale.

Contributors to the Glen Shortliffe Memorial Fund

Alumni Fund
Walter S. Avis
Eva B. Bagley
Gérard Bessette
Alison Bishop
Christopher M. Blackburn
Una Brownell
Sandra Burger
H.L. Cartwright
C. Cloutier-Wojciechowska
J.A. Corry
Mr. and Mrs. Dairiki
Stephen Day
John J. Deutsch
E. Diamond
Hans Eichner
Martyn Estall
W.H. Evans
Alice Falchetto
Carol Findlay
A.M. Fox

F.W. Gibson
P.B. Gobin
E.J.H. Greene
H. Pearson Gundy
Edward Hamer
Eric Harrison
G.A. Harrower
David M. Hayme
L.M. Heer
Dale Hodorek
Mr. and Mrs. A.S. Hunter
A. Ibbotson
Alan Jeeves
Eugene Joliat
A.M. Keppel-Jones
Mary Paterson Kester
David W. Kincaid
F.A. Knox
B. Kropp
S.M. Kushnir
Hilda C. Laird

John C. Lapp
Stanley Lash
Arsène Lauzière
A.M. Laverty
W.R. Lederman
J.A. Leith
S. Lewis
Arthur R.M. Lower
M. Lundlie
G.W.E. McElroy
Illa McIlroy
Mr. and Mrs. K. McNaught
Julia A. Melnyk
Norman Miller
Frank Mueller
J.A. Nuechterlein
Marion Page
Francis Parmentier
Gary Rathwell
Oriel Diaper Redmond
Mrs. Charles K. Richards
E.M. Robertson
Marion Robins
Mr. and Mrs. Eric Robinson
Elizabeth A. Rodger
Lois Ross
H.R.S. Ryan
C.M. Sadler
J.B. Sanders
D.M. Schurman
Mr. and Mrs. D.E. Shortliffe

Mrs. D.L. Shortliffe
Dr. and Mrs. E.C. Shortliffe
Mr. and Mrs. G.E. Shortliffe
Mrs. Glen Shortliffe
Mr. and Mrs. J.W. Shortliffe
Eric Smethurst
David Smith
Waldo Smith
Pat Soberman
D. Soda
John Stedmond
Hazel Sutherland
Donald Swainson
J. Sylvester
J.S. Tassie
Hugh Thorburn
A.W. Thorn
F.V. Tonge
Gordon L. Tracey
Herman L. Tracey
Grace Trout
Harry Walker
M. Ann Walsh
Jack Warwick
R.L. Watts
George Whalley
Pearl Wilson
S.F. Wise
Winspear Foundation
Joyce Wyllie
Barbara Yorke

Index

Shanghai Commune, 301-303, 309n
Shérer, Léonce, 130, 133, 138, 139
Siegfried, Jules, 194-95
Sieyès, Abbé, 3, 4
Socialism: in one country, 246, 256-57; uto-
  pian, 201. *See also* German Socialism
Solidarity, doctrine of, 187-98
Soviets, 246, 251-52
Soviet Union, 245, 258, 302; and China,
  258-59, 291, 295-97
Spain, 153, 157, 158, 227, 230
Spontaneity, revolutionary, 33-45
Stalin, J.V., 246, 254, 256, 257, 262n
State, 1-18; Marx and Engels on, 21-31,
  208-10, 221n, 256-57, 260n, 261n, 329;
  withering away of, 35, 37, 42; Lenin on,
  37, 248-51; Ibsen on, 152; Bakunin on,
  226-27, 236-37; in Soviet Russia, 256;
  Trotsky and, 257; Chinese Communists
  on, 297-302, 304, 305
Steinlen, T.A., 146
Strikes, 191-92, 195

Talmon, J.L., 286
Terrorism, 255-56
Tharaud, Jerome and Jean, 71, 80
Theatre, 83-96, 153-54
Théo, Ringuès, 105, 128, 139
Thiers, Adolphe, 29, 41, 44, 69, 95, 233; in
  novels, 72, 75; signs peace with Germany,
  75; defence of culture, 99n; in cartoons,
  112-13, 115, 116, 120, 124; in *La
  Défaite*, 154-55; and republicans, 173,
  174, 177, 180, 197; proclamation to
  Parisians, 179; Marx and, 202, 210;
  moves to Versailles, 234, 260n; defied by
  Parisian voters, 320
Third Republic, 69, 187, 198, 244n; so-
  cially conservative, 64, 180; and artists,
  104; in cartoons, 107, 112, 115, 120; and
  education, 194
Thomas, General, 74, 76, 141, 170
Toulouse, 164, 175
Touroude, G., 70, 73, 76, 77, 78, 79
Tridon, Gustave, 10, 17
Trochu, General, 110-12, 115, 116, 124
Trotsky, L.D., 233, 247, 257; on the party,

253; and Kautsky, 255-56, 278; and
  bureaucracy, 257; and Luxemburg, 282;
  critique of Bolshevism, 287
Trotskyists, 35, 36

Union des Femmes, 208
Union Républicaine, 203, 217n

Vaillant, Edouard, 17
Vallès, Jules, 53, 61, 70, 73-74, 77-79, 86,
  87, 92, 94, 98, 130, 153; *La Commune de
  Paris*, 85, 87-88
Varlin, Eugène, 61, 73, 94, 234; calls for
  workers' unity, 91; Grieg's protrayal of,
  154, 157, 158; Marx and, 220n; and
  Bakunin, 227, 230, 237
Vendôme column, 71, 72, 95, 102, 113,
  154, 155
Vermersch, Eugène, 53, 62
Versailles, 30, 44, 77, 78, 91, 152, 255,
  265, 277, 305; compared to Vichy, 49;
  campaign against Paris, 69, 74-75; repression, 84, 87, 127, 267, 326; writers,
  artists, and, 72, 104-105; in cartoons,
  105-13, 115-16, 120, 124; in *La Défaite*,
  154-56; and provinces, 164, 170, 172-73,
  174-79; press, 166, 330; Marx on, 206,
  210, 211, 213
Veuillot, Louis, 106, 124
Vietnam, 26, 35, 302
Vinoy, General, 127, 173

Weydemeyer, Joseph, 29, 204
Women in the Commune, 135-38
Working class: Marx on, 22-25, 27, 208;
  tradition of solidarity, 47; and
  bourgeoisie, 47-48, 52, 54, 56-57, 58-59,
  61; life-style, 48-49, 50; singing, 75-76;
  Grieg and, 153, 154; and republicans,
  171, 188, 195-96; strikes, 191-92; education, 192-94; and political power, 203; in
  Commune, 206, 321; government, 215;
  alliance with peasantry, 254; Parisian,
  323-24, 329. *See also* Proletariat

Zinoviev, Gregory, 252, 294
Zola, Emile, 70, 74, 78, 79, 81, 85